担保物権法講義

Kawakami Shoji
河上正二［著］

日本評論社

はしがき――時代の変化と担保法

1　ここに『担保物権法講義』をお届けする。本書は、法学セミナー誌の660号から682号（2009年12月～2011年11月）にかけての連載をまとめて若干の補正を加えたもので、これまでの拙著『民法学入門』、『民法総則講義』、『物権法講義』（いずれも日本評論社刊）の続編にあたる。連載が完結してから既に3年あまりが経過し、単行本化を希望する声を数多く頂戴したにもかかわらず、筆者の怠慢で関係者にご迷惑をおかけしたことを、先ずもってお詫びしたい。言い訳にもならないが、数年前から引き受けた公務に予想以上の時間をとられて研究時間が大幅に縮減し、単行本化の準備が中断した。民法（債権法）改正についての動きにも今少し対応したいと考えたが、気力・体力ともに限界があった。

2　本書の執筆にあたっての基本姿勢や考え方は、『民法総則講義』以来変わっていないため、ここでは繰り返さない。制度の趣旨や基本的考え方の叙述に重心を置いた本書によって、読者に、新たな問題への対応への基礎の一端が提供できれば、これにまさる喜びはない。

3　それにしても、担保物権法の世界は奥深く、かつ法技術的性格が強い。この分野にあまり手を染めてこなかった筆者にとっては、教科書とはいえ、毎回の連載が冷汗の連続であった。幸い、現在、筆者の勤務する大学には、担保法の優れた専門家がそろっており、研究会や日常の議論を通じて多くを学ばせていただく機会を得たものの、それらを充分に活かせている自信はない。どうやら、私は、あまり「担保には向かないらしい」と何度も痛感させられた。しかし、そうは言っても、債務者の信用力に過度に依存した「裸の債権」はあまりに無力である。弁済や充当、求償等を確実ならしめ、債権回収の確実性を高める工夫は常に必要とされるだけに、担保は、取引秩序の基

本的インフラともいうべきものであるから、民法学習における重要度は高い。しかも民事執行や倒産法制、さらに実務との関連にも目配りが必要であり、学習者は、その法技術的性格ゆえに論理的思考の強さが試される領域であることを覚悟しなければなるまい。

4　日本の担保法制は、時代の変遷とともに大きく変化している。とくに最近の動きは著しい（試みに、金融法務事情創刊2000号記念128頁以下［2014年］「金融法務年表」を参照されたい）。周知のように、戦後の高度成長期からバブル経済で絶頂期を迎えた日本経済も、1990年頃から急激に崩壊し、これにつづく長い低成長・経済停滞の時代を経験した。ここにいたって、担保はその真価を問われることになったが、不動産担保による多額の貸付の焦げ付き、不良債権化（住専処理問題、金融機関や証券会社等の大型倒産など）によって、問題は深刻になり、一時持ち直しはしたが、2007年の米国サブプライムローン破綻に端を発する世界金融危機により、再び不景気の時代へ突入した。最近になって、景気回復への薄明かりが射してはいるが、決して楽観できる状態ではない。この間、不動産に過度に頼らない担保融資としての動産・債権担保の見直し（1998年の債権譲渡登記制度、2004年の動産・債権譲渡特例法制定の果たした意義が大きい）や、担保収益執行などをはじめ、不良債権処理の過程で旧来から指摘されていた多くの障害や問題に立法的対処がなされたこと（2003年の担保執行法の大改正）は記憶に新しく、電子記録債権による資金調達の可能性も開けてきた（2007年電子記録債権法［2008年12月施行］）。社会的に見ても、家電業界やIT関連産業に典型的に見られるような産業構造の変化、円高と中小企業を含む製造業の海外移転と国内の空洞化、インターネットを中心とするIT機器の日常生活への浸透・普及、少子高齢化の進展と、実にめまぐるしい情勢の変化が政治や経済に新たな課題を突きつけている。

　さらに、それに追い打ちをかけるように発生した阪神・淡路大震災、東日本大震災や原発事故という未曾有の災害や、水害・土石流、御嶽山の噴火など、数え切れない自然災害による人々の生活破壊、地球温暖化をはじめとする深刻な環境問題などは、我々の進むべき道を、ますます見通しの悪いものにしている。このような大きな変動の中で、法のなし得ることは何かと、考

え悩む者は少なくないであろう。しかし、このような時代ならばこそ、基本に立ち戻って、豊かさの追求の中で、我々が見失いがちになっていた本来の人間生活や法のありようが問い直されねばなるまい。

5　実は、本書のもとになった連載途中で3.11東日本大震災に遭遇した筆者は、幸い、東京にいたために難を免れたが（仙台に残した拙宅内部は惨憺たる状況であった）、人々の財産やかけがえのない生命が、無惨にも津波に押し流されるさまを見ながら、あらためて容易に素人を寄せ付けない専門的な担保法の議論が果たしうる役割について考え込まされ、何度も連載を中断したいという衝動に駆られた。しかし、復興に向けて立ち上がろうとする人々の逞しい生命力に、後押しされるような気持で、かろうじて筆を進めることができた。

　もともと、債権は人と人をつなぐ「鎖」であって、債務の履行によって債権を消滅させることこそが債務者の第一の義務である。担保は、まさにそのような義務の履行を保証するところにこそ本来的意味がある。日本の担保の源は「質」にあったらしいが、字の原義において、「質」は「実」に通じ、「実」は「誠」に通ずる。債務者には、常に己れの誠を賭して、義務を履行することが求められ、かかる誠実な態度が「信用」を生んだ（先頃の大震災や津波被害は、物的財産が如何にもろいものかを知らしめ、同時に、逆境の中で立ち上がろうとする人間が如何に強いものかも教えてくれた）。担保法は、ややもすると、屍に群がるハイエナのように、最早活動力を失った債務者の最後のか細い肉を分配するための過酷な欲得ルールのように思われるかも知れないが、決してそうではない。債権者が自己の利益を担保によって適切に守られ、担保によって信用力を高めた者が、より良き自己実現のための活動を展開できるよう支援することこそが担保法にとって最重要の課題なのである。債権者・債務者を取り巻く様々な人々の間の集団的秩序にも目配りしつつ、議論を展開することは決して容易なことではないが、重要かつ興味深い作業である。契約法は2人の当事者間の債務内容の確定でけりが付くことも少なくないが、担保物権法では多くの場合に3人以上の登場人物があって互いの利益調整を求める。その意味でも、物権法・担保物権法の世界は、緻密な利

益衡量に馴染む問題領域であるが、同時に、強靱な法的構成が求められる領域でもある。

　ちなみに、シェークスピアの「ヴェニスの商人」には、金貸しのシャイロックが、債務者の人肉1ポンドを担保にとっていたところ、法官に扮したポーシャの機転で、債権回収を阻まれて地団駄を踏んで悔しがる場面がある。それにしても、「血を一滴もこぼさずに肉1ポンドを切り取れ」というのは、およそ理に適わない執行で、もともと「四肢分離」によって債権者達が「債務者の『肉』を正しく分け合え」という十二表法以来の法準則は、債務者の「市民としての基本財産」を正しく分け合うことを要請していたに過ぎない（本当に、人肉を担保に取ったのなら、そのような合意は良俗にも反していようから、担保として無効と言わねばならない）。しかし、もっと大事なことは、債務者の肉1ポンドを賭させることによって、債権者が債務者の「覚悟のほど」を確認するところにこそ、担保の重点があったということではないか。シャイロックが、本気で、債務者の人肉を欲していたとは誰も思うまい。担保は、ときに優先弁済請求権や目的物換価権であったり、物の返還拒絶、債権者・債務者間の特殊な充当合意であったりするが、要は、債務者の信用ひいては債権の価値を高める法的工夫でしかないことを忘れてはならないであろうし、屍肉を競って喰い合う無機質の制度というより、人々の生活を守り、夢を実現したり、悲惨な状況からの再建を実現する手段であって欲しい。

＊　＊　＊　＊　＊

　拙いながらも、本書がなるに当たっては、多くの方々の御厚意に支えられた。とくに、長期にわたる連載を支えてくれている日本評論社法学セミナー編集部の皆さんには御礼の言葉もない。また、連載やゲラ校正の段階で、貴重な意見を寄せてくださった東京大学法科大学院の院生の皆さんや、畏友の成田博氏（成城大学）をはじめ、森永淑子氏（成城大学）、王冷然氏（徳島大学）、四ッ谷有喜氏（北海学園大学）にも心からお礼を申し上げたい。

平成27（2015）年4月

河上　正二

担保物権法講義
目次

はじめに i

凡例 xv

第1章　担保物権法総説 … 1

第1節　担保物権とは何か … 2
　1　担保物権の意義と機能 … 2
　　⑴担保物権の意義　⑵担保の種類
　2　担保物権の性質 … 8
　　⑴担保物権の物権的性質　⑵担保物権で問題となる効力　⑶担保物権に概ね共通する性質
　3　担保法の理念と土俵 … 16

第2節　担保物権法の概要 … 18
　1　留置権 … 18
　2　先取特権 … 18
　3　質権 … 19
　4　抵当権 … 19
　5　（補）非典型担保 … 20

第2章　留置権 ……23

第1節　序説 ……24

1　留置権とは ……24
　(1)留置権の意義　(2)商事留置権

2　留置権と同時履行の抗弁権 ……26
　(1)同時履行の抗弁権との異同　(2)同時履行の抗弁権との競合

3　留置権の性質 ……30
　(1)物権的性質　(2)担保物権としての性質

第2節　留置権の成立 ……32

1　他人の物の占有 ……32
　(1)他人の物　(2)二重譲渡の局面

2　その物に関して生じた債権 ……34
　(1)物と債権の牽連性　(2)賃貸借をめぐって

3　債権の弁済期の到来 ……36

4　占有が不法行為によって開始したのではないこと ……36

第3節　留置権の効力 ……38

1　留置的効力 ……38

2　果実収取権 ……39

3　費用償還請求権 ……40

4　競売権 ……40

第4節　留置権の消滅 ……42

第3章　先取特権 ……43

第1節　先取特権の意義 ……44

1　先取特権とは……………………………………………………44
　　2　先取特権の性質…………………………………………………45

　第2節　各種の先取特権の内容……………………………………………48
　　1　先取特権の分類…………………………………………………48
　　2　一般先取特権（306条）………………………………………48
　　　(1)一般先取特権の趣旨と成立　(2)一般先取特権の実行
　　3　動産先取特権（311条）………………………………………52
　　　(1)動産先取特権の趣旨と成立　(2)動産先取特権の内容
　　4　不動産先取特権（325条）……………………………………58
　　　(1)不動産先取特権の趣旨と成立　(2)不動産先取特権の内容

　第3節　先取特権の効力……………………………………………………62
　　1　総説………………………………………………………………62
　　　(1)優先弁済的効力　(2)物上代位など　(3)実行手続
　　2　一般先取特権の効力について…………………………………66
　　3　動産先取特権の効力について…………………………………67
　　　(1)追及力の限界　(2)物上代位
　　4　不動産先取特権の効力について………………………………74
　　5　先取特権の消滅…………………………………………………76

第4章　質権……………………………………………………………………77

　第1節　序説…………………………………………………………………78
　　1　質権とは…………………………………………………………78
　　　(1)占有移転型約定担保物権　(2)質権の種類
　　2　質権の現実的利用………………………………………………80

　第2節　動産質………………………………………………………………83
　　1　動産質権の設定と対抗…………………………………………83

　　　　　(1)設定行為　(2)占有の継続と対抗

　　2　動産質権の効力 ……………………………………………………………87
　　　　　(1)質権の効力が及ぶ目的物の範囲　(2)果実収取権・善管注意義務など
　　　　　(3)留置的効力　(4)動産質権における優先弁済権の実現　(5)質権侵害に対
　　　　　する救済

　　3　転質 ………………………………………………………………………90
　　　　　(1)転質とは　(2)転質の要件・効果

　　4　動産質権の消滅 …………………………………………………………93

第3節　不動産質 ……………………………………………………………………94

　　1　不動産質の設定と対抗 …………………………………………………94
　　　　　(1)設定行為　(2)対抗要件としての登記

　　2　不動産質権の効力 ………………………………………………………96
　　　　　(1)被担保債権の範囲　(2)効力が及ぶ目的物の範囲　(3)優先弁済効

　　3　不動産質権の消滅 ………………………………………………………99

第4節　権利質 ……………………………………………………………………100

　　1　権利質とは ………………………………………………………………100

　　2　債権質の設定と対抗 ……………………………………………………101
　　　　　(1)設定行為　(2)債権質の対抗要件

　　3　債権質の効力 ……………………………………………………………106
　　　　　(1)直接取立権　(2)質権設定者への拘束　(3)第三債務者の弁済制限　(4)質
　　　　　権設定者と第三債務者の相殺

　　4　株式等の質入れ …………………………………………………………110

第5章　抵当権──抵当権の意義および設定 ……………………………………113

第1節　抵当権の意義 ……………………………………………………………114

　　1　抵当権とは ………………………………………………………………114
　　　　　(1)不動産長期金融の手段として　(2)非占有移転型担保として　(3)公示の

必要　(4)質権との違い

　　2　目的物の利用と抵当権 …………………………………………………… 117
　　3　特別法上の抵当権 ………………………………………………………… 118
　　4　抵当権の一般的効力 ……………………………………………………… 120

第2節　抵当権の設定と公示 ………………………………………………… 121

　　1　抵当権設定契約 …………………………………………………………… 121
　　　(1)抵当権設定の合意　(2)抵当権をめぐる当事者　(3)目的物の処分権限
　　　(補論) 抵当目的物の第三取得者の地位
　　2　登記 ………………………………………………………………………… 126
　　　(1)公示の原則　(2)特定性の原則　(3)順位昇進の原則
　　3　被担保債権 ………………………………………………………………… 129
　　　(1)金銭債権・非金銭債権　(2)実行時の被担保債権の範囲

第3節　抵当権の効力の及ぶ目的物の範囲 ………………………………… 132

　　1　付加物・付加一体物 ……………………………………………………… 133
　　　(1)「付加物」とは　(2)付加物の例外　(3)付加物と付合物
　　2　従物 ………………………………………………………………………… 135
　　　(1)「従物」とは　(2)抵当権設定時の従物　(3)抵当権設定後の従物　(4)建物の敷地利用権（借地権）　(5)果実の扱い　(6)担保目的物にかかる制限
　　3　抵当不動産からの分離物について ……………………………………… 145

第4節　抵当権侵害に対する効力 …………………………………………… 148

　　1　抵当権の侵害 ……………………………………………………………… 148
　　　(1)抵当権が侵害されるとは　(2)具体的場面
　　2　抵当権侵害に基づく損害賠償請求権 …………………………………… 151

第5節　物上代位制度 ………………………………………………………… 154

　　1　物上代位とは ……………………………………………………………… 154
　　2　物上代位の客体（目的物） ……………………………………………… 155
　　　(1)売買代金など　(2)賃料・用益物権の対価　(3)目的物の滅失・損傷によ

る補償金など

　　　3　物上代位の要件……………………………………………………164
　　　　　(1)目的債権の差押え　(2)払渡し又は引渡しの前

第6節　抵当権の優先的効力とその実現………………………………… 169

　　1　抵当権の優先弁済的効力……………………………………………169
　　　　(1)抵当権の実行と優先的効力　(2)抵当権の実行方法（不動産競売と収益執行）　(3)その他の方法

　　2　担保不動産競売手続による抵当権の実行………………………174
　　　　(1)抵当権の実行のための要件　(2)担保不動産競売手続

　　3　担保不動産収益執行………………………………………………179
　　　　(1)担保不動産収益執行の意義　(2)収益執行手続の要件　(3)収益執行手続の流れ

第7節　抵当権と目的不動産の利用権……………………………………185

　　1　抵当権と利用権の関係……………………………………………185
　　　　(1)抵当権の対抗　(2)短期賃貸借保護をめぐる議論　(3)平成15（2003）年の改正

　　2　法定地上権…………………………………………………………201
　　　　(1)法定地上権とは　(2)法定地上権制度の具体的適用をめぐる諸問題
　　　　(3)法定地上権の内容・登記・消滅　(4)一括競売（389条）の可能性
　　　　(5)小括

第8節　抵当権と目的不動産の第三取得者………………………………222

　　1　売主の担保責任……………………………………………………223
　　2　第三者弁済など……………………………………………………224
　　　　(1)履行の引受　(2)第三者弁済・債務引受　(3)代価弁済　(4)抵当権消滅請求

第9節　抵当権の処分………………………………………………………233

　　1　転抵当………………………………………………………………233
　　　　(1)転抵当の意義　(2)法的性質など　(3)要件・効果　(4)対抗要件　(5)転抵

　　　　当権の実行
　　2　抵当権の譲渡・放棄、順位の譲渡・放棄……………………237
　　　　(1)意義　(2)具体的な帰結

第10節　抵当権の消滅……………………………………………240

　　1　時効による消滅……………………………………………240
　　2　目的物の時効取得による消滅……………………………241
　　3　地上権・永小作権の放棄…………………………………243

第11節　特殊の抵当(1)：共同抵当………………………………245

　　1　共同抵当とは………………………………………………245
　　2　共同抵当の設定と公示……………………………………247
　　3　共同抵当権の実行と代価の配当…………………………247
　　　　(1)全部配当主義と後順位抵当権者等の公平　(2)割り付け
　　4　共同抵当と物上保証人・第三取得者……………………254
　　　　(1)一部が物上保証人所有の場合　(2)全部が物上保証人所有の場合　(3)第
　　　　三取得者と法定代位

第12節　特殊の抵当(2)：根抵当…………………………………263

　　1　根抵当とは…………………………………………………263
　　　　(1)機能　(2)定義
　　2　根抵当権の設定……………………………………………265
　　3　元本確定「前」の根抵当権………………………………270
　　　　(1)個別的譲渡など　(2)被担保債権そのものの変更　(3)相続・合併・会社
　　　　分割　(4)債権範囲基準の変更について　(5)極度額の変更について　(6)確
　　　　定期日の変更について
　　4　根抵当権の処分……………………………………………277
　　　　(1)転根抵当　(2)根抵当権の譲渡
　　5　共同根抵当・共用根抵当・共有根抵当…………………279
　　　　(1)共同根抵当　(2)共用根抵当　(3)共有根抵当
　　6　元本の確定…………………………………………………281

　　　　　　(1)元本の確定とは　(2)元本の「確定事由」

　　　7　確定後の極度額減額請求と根抵当権消滅請求……………………284
　　　　　　(1)極度額減額請求　(2)根抵当権消滅請求

　　　8　優先弁済権の実現………………………………………………………285

　　　9　根抵当権の消滅…………………………………………………………286

第13節　特殊の抵当(3)：特別法上の抵当権………………………………287

　　　1　特別法上の抵当権………………………………………………………287

　　　2　立木抵当…………………………………………………………………288

　　　3　工場抵当権………………………………………………………………289

　　　4　財団抵当権………………………………………………………………291
　　　　　　(1)財団抵当権の概要　(2)工場財団抵当　(3)鉄道財団抵当

　　　5　企業担保権………………………………………………………………296
　　　　　　(1)企業担保権の意義　(2)企業担保権制度の概要

　　　6　動産抵当権………………………………………………………………298
　　　　　　(1)動産抵当とは　(2)各種動産に関する抵当権

　　　7　証券抵当権………………………………………………………………301
　　　　　　(1)意義　(2)概要　(3)実行

第6章　非典型担保 …………………………………………………………305

第1節　権利移転型担保………………………………………………………306

　　　1　非典型担保………………………………………………………………306
　　　　　　(1)非典型担保・総説　(2)権利移転型担保

　　　2　非典型担保はなぜ必要とされるのか………………………………310

　　　3　非典型担保の課題………………………………………………………311
　　　　　　(1)清算義務をめぐって　(2)権利移転型担保の構成

第2節　仮登記担保……………………………………………………………313

　　　1　仮登記担保とは…………………………………………………………313

　　　　(1)意義　(2)設定と公示　(3)目的物・被担保債権の範囲
　　2　仮登記担保の実行……………………………………………………318
　　3　後順位担保権者・第三取得者との関係……………………………320
　　　　(1)後順位担保権者　(2)第三取得者
　　4　仮登記担保権と用益権………………………………………………323
　　　　(1)仮登記担保権設定後の賃借権　(2)法定賃借権
　　5　倒産手続との関係……………………………………………………324
　　6　仮登記担保権の消滅…………………………………………………325
　　7　譲渡担保と仮登記担保………………………………………………325

第3節　譲渡担保………………………………………………………………327
　　1　譲渡担保とは…………………………………………………………327
　　　　(1)意義　(2)譲渡担保のメリット　(3)譲渡担保の法的構成
　　2　設定と対抗要件………………………………………………………334
　　　　(1)設定契約　(2)目的物など　(3)被担保債権　(4)公示方法・対抗要件
　　3　譲渡担保の効力………………………………………………………339
　　　　(1)対内的関係における効力　(2)対外的関係における効力
　　4　譲渡担保の実行と清算・受戻権……………………………………350
　　　　(1)譲渡担保権の実行　(2)清算・受戻権
　　5　譲渡担保権の消滅……………………………………………………362
　　　　(1)譲渡担保権の消滅原因　(2)弁済と目的物返還義務　(3)譲渡担保権消滅
　　　　に伴う対抗問題
　　6　集合動産譲渡担保・流動動産譲渡担保……………………………364
　　　　(1)流動する集合動産の担保化　(2)目的物の範囲　(3)効力　(4)集合物譲渡
　　　　担保の実行　(5)対抗要件の簡略化と動産・債権譲渡特例法
　　7　債権の譲渡担保………………………………………………………384
　　　　(1)債権を譲渡担保の目的とすること　(2)集合債権譲渡担保契約の効力
　　　　(3)対抗要件の具備　(4)売渡型債権譲渡担保

第4節　その他の権利帰属操作による非典型担保……………………397
　　1　仮登記担保（再論）…………………………………………………397
　　　　(1)仮登記担保とは　(2)仮登記担保法の概要

2　所有権留保··404
　　　　(1)意義　(2)効果　(3)実行
第5節　担保的機能を果たすその他の諸制度································414
　　1　代理受領・振込指定··414
　　　　(1)譲渡禁止特約付き債権の担保化　(2)代理受領　(3)振込指定
　　2　相殺··419
　　　　(1)相殺とは　(2)預金担保貸付　(3)拘束預金の問題

第7章　担保の多様化と担保法の展開································423

　　1　担保の多様化··424
　　2　担保法の揺らぎ··425
　　　　(1)附従性・随伴性　(2)特定性　(3)公示原則
　　3　あらためて「担保」とは何か································429
　　　　(1)債権の保全・確保　(2)債権総論と担保法　(3)物権的・債権的　(4)資産
　　　　そのものとその収益力

事項索引　437
判例索引　446

凡　例

（太字は本書での引用）

教科書など

淡路剛久ほか・民法Ⅱ〈第3版補訂版〉［有斐閣、2010年］
生熊長幸・担保物権法［三省堂、2013年］
石崎泰雄＝渡辺達徳編著・物権・担保物権法［成文堂、2010年］
石田文次郎・全訂担保物権法論（上巻・下巻）［有斐閣、1947年］
石田穣・担保物権法［信山社、2010年］
内田貴・民法Ⅲ 債権総論・担保物権〈第3版〉［東大出版会、2005年］
梅謙次郎・増補訂正 民法要義　巻之二　物権編［有斐閣、1984年（1911年版復刻）］
近江幸治・民法講義Ⅲ 担保物権法〈第3版〉［成文堂、2007年］
大村敦志・基本民法Ⅲ 債権総論・担保物権〈第2版〉［有斐閣、2005年］
奥田昌道＝**鎌田薫**編・法学講義民法3担保物権［悠々社、2006年］
加賀山茂・**現代民法 担保法**［信山社、2009年］
加賀山茂・債権**担保法講義**［日本評論社、2011年］
勝本正晃・担保物権法論［日本評論社、1940年］
角紀代恵・はじめての担保物権法［有斐閣、2013年］
鎌田薫ほか編・民事法(2)担保物権・債権総論〈第2版〉［日本評論社、2010年］
川井健・**担保物権**法［青林書院新社、1975年］
川井健・民法概論2物権〈第2版〉［有斐閣、2005年］
北川善太郎・物権〈第3版〉［有斐閣、2004年］
小林秀之＝山本浩美・担保物権法・民事執行法［弘文堂、2008年］
齋藤和夫・担保物権法［中央経済社、2007年］
清水元・プログレッシブ民法［担保物権法］〈第2版〉［成文堂、2013年］
清水元ほか・新・民法学2物権法〈第4版〉［成文堂、2010年］

鈴木禄弥・物権法講義〈5訂版〉[創文社、2007年]
田井義信ほか・新 物権・担保物権法（NJ叢書）〈第2版〉[法律文化社、2005年]
高木多喜男・担保物権法（有斐閣法学叢書）〈第4版〉[有斐閣、2005年]
高島平蔵・物的担保論Ⅰ総論・法定担保論 [成文堂、1977年]
高橋眞・担保物権法〈第2版〉[成文堂、2010年]
田髙寛貴・クロススタディ物権法 [日本評論社、2008年]
田髙寛貴＝白石大＝鳥山泰志・担保物権法 [日本評論社、2015年]
田山輝明・通説 物権・担保物権法〈第3版〉[三省堂、2005年]
田山輝明・民法要義3 担保物権法〈第3版〉[成文堂、2013年]
千葉恵美子ほか・民法2物権〈第2版〉[有斐閣、2005年]
椿寿夫編・現代民法講義3担保物権法 [法律文化社、1991年]
道垣内弘人・担保物権法〈第3版〉[有斐閣、2008年]
富井政章・民法原論第2巻 物権 [有斐閣、1986年（1915年版復刻）]
中井美雄・担保物権法 [青林書院、2000年]
中島玉吉・民法釈義 巻之二 物権編下 [金刺芳流堂、1916年]
中野貞一郎・民事執行法〈増補新訂第6版〉[青林書院、2010年]
永田眞三郎ほか・物権（エッセンシャル民法2）[有斐閣、2005年]
中山知己ほか・民法2 物権・担保物権 [不磨書房、2005年]
野村豊弘・民法Ⅱ物権〈第2版〉[有斐閣、2009年]
七戸克彦・基本講義物権法Ⅱ担保物権 [新世社、2014年]
平野裕之ほか・民法3 担保物権 [有斐閣、2005年]
平野裕之・コアテキスト民法(3)担保物権法 [新世社、2011年]
平野裕之・民法総合3 担保物権法〈第2版〉[信山社、2009年]
船越隆司・担保物権法〈第3版〉[尚学社、2005年]
星野英一・民法概論Ⅱ [良書普及会、1993年]
本田純一ほか・物権・担保物権法（ハイブリッド民法）[法律文化社、2007年]
槇悌次・担保物権法 [有斐閣、1981年]
松井宏興・担保物権法（民法講義3〈増補第2版〉）[成文堂、2011年]
松尾弘＝古積健三郎・物権・担保物権法〈第2版〉[弘文堂、2008年]
松岡久和「物権法講義19〜」法セミ2012年6月号（689号）以下
松阪佐一・民法提要 物権法〈第4版〉[有斐閣、1980年]
丸山英気・物権法入門 [有斐閣、1997年]
三潴信三・担保物権法〈全訂第14版〉[有斐閣、1925年]
宮本健蔵ほか・マルシェ物権法・担保物権法〈改訂第3版〉[嵯峨野書院、2014年]
森田修・債権回収法講義〈第2版〉[有斐閣、2011年]
森泉章＝武川幸嗣・担保物権法〈第3版〉[日本評論社、2005年]
安永正昭・講義 物権・担保物権法〈第2版〉[有斐閣、2014年]

山川一陽・担保物権法〈第3版〉［弘文堂、2011年］
山野目章夫・物権法〈第5版〉［日本評論社、2012年］
柚木馨＝高木多喜男・担保物権法〈新訂版〉（法律学全集）［有斐閣、1982年］
吉田邦彦・所有法（物権法）・担保物権法講義録［信山社、2010年］
我妻栄・新訂担保物権法（民法講義Ⅲ）［岩波書店、1971年］
我妻栄・民法案内5、6（担保物権法上・下［川井健・清水誠補訂］）［勁草書房、2007年］

注釈書

遠藤浩＝鎌田薫編・基本法コンメンタール物権〈第5版新条文対照補訂版〉［日本評論社、2005年］
柚木馨編・**注釈民放**(9)〈改訂版〉［有斐閣、1975年］
柚木馨＝高木多喜男編・**新版注釈民法**(9)物権(4)［有斐閣、1998年］
林良平編・**注釈民法**(8)物権(3)［有斐閣、1965年］
我妻栄＝有泉亨ほか・コンメンタール民法〈第2版追補版〉［日本評論社、2008年］

研究書・その他

石口修・**所有権留保の現代的課題**［成文堂、2006年］
星野英一ほか編・民法講座(3)物権(2)［有斐閣、1984年］
生熊長幸・執行妨害と短期賃貸借［有斐閣、2000年］
加藤一郎＝林良平編・**担保法大系**（全5巻）［金融財政事情研究会、1984年～1985年］
加藤雅信ほか編・**民法学説百年史**［三省堂、1999年］
古積健三郎・換価権としての抵当権［弘文堂、2013年］
清水元・**留置権**概念の再構成［一粒社、1998年］
鈴木禄弥＝竹内昭夫編・**金融取引法大系**（全6巻）［有斐閣、1983年～1984年］
鈴木禄弥・物権法講義〈5訂版〉［創文社、2007年］
鈴木禄弥・抵当制度の**研究**［一粒社、1968年］
鈴木禄弥・**物的担保制度の分化**［創文社、1992年］
鈴木禄弥・物的担保制度をめぐる**論集**［テイハン、2000年］
関武志・**留置権の研究**［信山社、2001年］
田髙寛貴・担保法体系の新たな**展開**［勁草書房、1996年］
田原睦夫・実務から見た担保法の**諸問題**［弘文堂、2014年］
谷口園恵＝筒井健夫編著・**改正担保・執行法の解説**［商事法務、2004年］
道垣内弘人・典型担保法の諸相［有斐閣、2013年］
鳥谷部茂・非典型担保の法理［信山社、2009年］

野村豊弘ほか・倒産手続と民事実体法［商事法務、2000年］
星野英一ほか編・担保法の現代的諸問題（別冊 NBL10号）［商事法務研究会、1983年］
堀龍兒ほか編・伊藤進先生古稀記念論文集 担保制度の現代的展開［日本評論社、2006年］
椿寿夫編・担保法理の現状と課題（別冊 NBL31号）［商事法務研究会、1995年］
広中俊雄＝星野英一編・民法典の百年Ⅱ個別的考察⑴総則・物権編［有斐閣、1998年］
松井宏興・抵当制度の基礎理論［法律文化社、1997年］
遠藤浩・不動産法大系〈2〉担保〈改訂版〉［青林書院新社、1977年］
薬師寺志光・留置権論［三省堂、1935年（信山社復刻版、1990年）］
米倉明・譲渡担保の研究［有斐閣、1976年］
米倉明・所有権留保の実証的研究［商事法務研究会、1977年］
米倉明・譲渡担保［弘文堂、1978年］
米倉明・担保法の研究［新青出版、1997年］
米倉明ほか編・金融担保法講座Ⅰ～Ⅳ［筑摩書房、1985年～86年］

演習書など

山田卓生ほか編・分析と展開Ⅰ総則・物権〈第3版〉［弘文堂、2004年］
千葉恵美子ほか編・Law Practice 民法Ⅰ 総則・物権編［商事法務、2009年］
鎌田薫ほか編・民事法Ⅱ担保物権・債権総論〈第2版〉［日本評論社、2010年］

判例集など

内田貴ほか編・民法判例集 担保物権・債権総論〈第3版〉［有斐閣、2014年］
奥田昌道ほか編・判例講義 民法Ⅰ 総則・物権〈第2版〉［悠々社、2005年、2010年追補、2014年］
潮見佳男＝松本恒雄編・判例プラクティス民法Ⅰ総則・物権〈補訂版〉［信山社、2010年］
瀬川信久ほか・民法基本判例集（担保物権・債権総論）〈第2版〉［有斐閣、2001年］
中田裕康ほか編・民法判例百選Ⅰ 総則・物権、Ⅱ 債権〈第7版〉［有斐閣、2015年］
平成＊＊年度重要判例解説［有斐閣］
私法判例リマークス［日本評論社］
能見善久＝加藤新太郎編・論点体系 判例民法⑶担保物権〈第2版〉［第一法規、2013年］
椿寿夫ほか編・担保法の判例Ⅰ、Ⅱ［有斐閣、ジュリスト増刊、1994年］

判例・雑誌引用

最判（決）	最高裁判所判決（決定）
大判（決）	大審院判決（決定）
高判	高等裁判所判決
控判	控訴審判決
地判	地方裁判所判決
民録	大審院民事判決録
民集	最高裁判所民事判例集／大審院民事判例集
裁判集民事	最高裁判所裁判集民事
高民集	高等裁判所民事判例集
下民集	下級裁判所民事裁判例集
新聞	法律新聞
最高裁HP	最高裁判所ホームページ
判時	判例時報
判タ	判例タイムズ
金法	金融法務事情
金判	金融商事判例
法時	法律時報
法セミ	法学セミナー
ジュリ	ジュリスト
法教	法学教室
争点	民法の争点Ⅰ、Ⅱ（法律学の争点シリーズ）［有斐閣、1985年］
新争点	民法の争点（新・法律学の争点シリーズ）［有斐閣、2007年］

第1章

担保物権法総説

　物権法講義に引き続き、これから担保物権法について学ぶ。ここでは担保物権の基本的なイメージと性格について説明する。担保物権法は、民法典における「物権」編の一部を構成するが、債権を担保して、その履行を確保するためには、連帯債務や保証といった制度（人的担保）も存在し、それらは債権総論に含まれている。その意味では、担保物権と債権総論にはセットで勉強すると効果的な部分が含まれており、カリキュラム編成上も両者を接合させていることが少なくない。ただ、債権が、特定の人に対する相対的な権利でしかないのに対し、物権は物に対する人の直接的・排他的な支配権を意味することから、担保物権は最終的に物の価値を排他的に支配する点で、担保（優先弁済権の確保）として強力であるし、物権特有の性質も少なくない。ここでは両者の関係に注意を払いながらも、民法典の編成に従って学んでいくことにしよう。

第1節　担保物権とは何か

1　担保物権の意義と機能

(1)　担保物権の意義
(a)　債権の摑取力

たとえば、AがBから500万円を借りることになったが、Aには時価700万円程度の中古住宅以外にみるべき資産がない。しかもAには、他にも借金があるらしい。Bとしては、自分がAに貸した金員（＝貸金債権）を、期限に確実に回収するためにどうすればよいか。

Aが任意に弁済してくれればよいが、そうでないときは、BはAを相手取って貸金返還請求の訴えを提起し、勝訴判決をもらい、これ（**債務名義**という）に基づいて差押・強制執行をすることになる（民執22条。債権の**摑取力**による）。

このとき、Bの有する債権の最終的な引当ては、Aの保有する財産（＝**責任財産・一般財産**）である。しかし、裸の債権のままでは、債権の摑取力が働くまでに、Aが財産を処分して責任財産が減少してしまい、強制執行をかけても充分な満足を得ることができなくなる場合があり*、また、他に債権者がいるときには、他の債権者からの配当要求に対して自己の債権を優先させることができず、結果として債権額に応じて、他の債権者と平等に（債権額に応じた按分比例で）債権を回収するほかない（これが「**債権者平等の原則**」の実質的意味である）。債権には、対人的権利として、その性質上、当事者間での相対的効力しか認められないため、Bは他の債権者と常に平等な立場で債権回収にあたるほかないのである。このままでは、Bとしては、債権全額の回収が危うい。Aが破産してしまった場合も同様である。

＊【**一般財産の減少に備えて**】　民法は、債務者の一般財産が減少することによって債権者の債権が満足を得ることができなくなるのを防ぐために、一定要件の下で、債権者に、債務者の代わりに財産保全行為を行うこと（債権者代位権［423条］）

や、債務者のなした積極的な財産逸出行為を否定すること（詐害行為取消権［424条］）を認めている（債権総論で学ぶ）。これによって、例えば、消滅時効にかかりそうなまま放置している債務者の有する債権について時効の中断をしたり（債権者代位権）、債務超過に陥っているにもかかわらず債務者が第三者に唯一の不動産を贈与したのを取り消すといったこと（詐害行為取消権）ができる。しかし、これによって一般財産の減少をすべて防げるというわけではない。また、債務者の財産状態を常にモニターすることについてのコストも馬鹿にならない。

(b) 債権の担保

債権の回収をヨリ確実なものにすることを、債権を「担保する」という。担保には様々な方法が考えられる。今日でこそ認められないが、古くから、債務者に、約束の履行への心理的圧迫を加える「人質」が不履行を牽制する方法として存在していたことは周知の通りである。また、債務者のほかに履行を約束する者（＝保証人）を要求したり、債務者の数を増やして連帯責任を負わせることで（連帯債務）責任財産の総量をふくらませることも考えられる。保証人や連帯保証人を立てる場合のように、債務者以外の第三者にも債務の履行を求めることができるようにしておく手法の担保を**人的担保**という。民法は、**連帯債務**（432条〜445条）と**保証債務**（446条〜465条）については、対人的な権利義務関係として債権編で定めているが（債権総論で学ぶ）、債権担保という観点からは担保物権と同じ機能を有している。履行義務を負う債務者や保証人の人数が増えるということは、それだけ債務の履行を担保する責任財産が増加するわけであるから、債権の回収可能性が高まることは容易に理解されよう。債権者の立場からすると、連帯債務者や保証人から任意の弁済を受けることができれば、執行の手間が省けるだけに、物的担保よりはるかに簡便な担保方法といえる。そのほか、保証債務によく似た損害担保契約なども債務者からの支払いを受ける際の回収不能リスクを回避する手法として機能している*。

しかし、任意弁済がない場合は、やはり強制執行の手続きによらねばならず、それぞれについての責任財産の総量に依存するわけであるから、責任財産が充分でないと、債権が充分に回収できないおそれがあることに変わりはない（債権者平等の原則も適用される*）。

＊【損害担保契約】　損害担保契約とは、ある者Aが一定の事業や事柄から被るかも知れない損害を、他の者Bが填補することを約する契約をいう。AがCを雇用するにあたって、AがCによって被るかも知れない損害をBが担保する「身元引受け」、「身元保証」などもこれに含まれることが多い。損害担保契約は、保証と異なり、主たる債務の存在が要件とされず、附従性がない。

　＊【機関保証】　近時では、親類縁者や友人などによる情誼的な関係を基礎にした伝統的な保証にも変化が見られ、信用保証協会による機関保証によって保証の持つ不確実性が解消されつつある。また、これに保険を組み合わせることによって、信用リスクはさらに分散されていく。もちろん、最終的な求償のレベルまで考えると、債務者の負担はそれほど大きく変化しないが、少なくとも債権担保のために保証の果たす重要性は高まっているといえよう。

(c)　物的担保としての担保物権

　債務者Aが一定の財産（ここでは不動産）を所有しているような場合には、期限に債務が履行されない場合に備えて、その不動産の潜在的価値のみを譲渡してもらい、いわば将来の換価権（処分権）を手に入れて、これを所有権に対する制限の一部（**制限物権**）として公示しておく方法が考えられる。これによって、債務が履行されない場合に、債権者は担保を実行することで債権の満足を得ることができる。制限物権も基本的には物権であるから、公示を備えることによって後から登場した第三取得者にも対抗でき、排他的権利として、他の債権者に優先して債権の回収にあてることが可能となる。このように、債務者あるいは第三者の特定の財産（不動産・動産・債権・株式などを含む）から優先弁済を受けることができる担保を**物的担保（≒担保物権）**と呼ぶ＊。つまり、物や財産権に対する支配権（≒物権）の一部を手に入れることで、他の債権者に対する優先権を確保するわけである（債権回収の確実性を監視するモニタリング・コストを当該財産に集中できるというメリットもある。この点につき、森田果・金融取引における情報と法［商事法務、2009年］116頁以下参照）。担保物権が、民法の「物権編」の一部（上述の「処分権」）として規定されている由縁である。

　担保目的で物権の処分権を債権者Bに提供してくれるのであれば、目的物は別に債務者Aの所有物でなくてもかまわない。債務者以外の第三者が担保

目的物を提供する場合、その者を**物上保証人**と呼ぶ*。物上保証人は、保証人と異なり、保証債務を負うわけではないが、目的物に関して担保の負担を甘受すべき義務（「**物上債務**」と呼ばれることもある）を負う。

かくして、対人的ではなく、対物的な権利として担保権が存在し、このような物権の一部分が、**債権の保全**に資するべく機能する。物の処分権に関する制限的権能を債権者のために設定する者を**担保権設定者**、担保権を有する者を**担保権者**と呼ぶ。

*【**物的担保の起源**】　多くの国において、物的担保の最も古い形は、今でいう**譲渡担保**ないし**売渡担保**と呼ばれるものであった。そこでは担保の目的物が譲渡されてしまい、当事者間の特約によって債務者に一定範囲での**受戻権**が留保されるという形態である。このとき、債権者には完全な所有権から受戻権を引いた権利が移転していることになる。ただ、担保の目的は、あくまで所有権取得ではなく債務の弁済を確実にする点にあるわけであるから、所有権を債務者のところに残して、必要に応じて担保目的物を債権者が占有したり、目的物からの収益を債権に充当すれば足りるため、所有権移転は債務者が弁済しないときに生じさせれば足りる。流質特約の付された占有質などは、まさにこれである。さらに、担保目的物の交換価値の把握に着目すれば、むしろ目的物の売却権とそこからの優先弁済権を確保できればよいわけであるから、担保目的物の占有の有無は、担保についての特定と公示の要請さえ認められれば、大きな問題ではなくなる。登記制度の整備と共に、占有を必要としない抵当制度が、物的担保の主流となる。大陸法の物的担保法の発展は、概ね、以上のような経過を辿ってきた。もっとも、その実行にコストがかかる場合は、依然として権利移転型の担保も便利であり、英米法では、むしろこちらが物的担保の基礎にあるようである。なお、物的担保≒担保物権であるが、債権質権などは厳密な意味での物権ではないから、物的担保の方がヨリ広い概念であって、債権質や賃料債権への先取特権、保険金債権への物上代位などが担保物権の中に規定されているのは、便宜的なものでしかない。

*【**物上保証人**】　物上保証人とは、自己の財産をもって他人の債務の担保に供した者をいう。たとえばAがBから3000万円を借りる際、Cが自己所有の不動産甲にBのAに対する債権を被担保債権とする抵当権や質権を設定したような場合、このCが物上保証人と呼ばれる。いわゆる「保証人」(446条以下参照)と異なり、物上保証人は、自己の財産の上に担保物権を設定したに過ぎず、これによって債務そのものを負担したわけではないため、債権者からの請求を受けて被担保債権を弁済する義務はない。つまり、物上保証人は、担保権が実行された場合に、提供した担保目的物の価値の限度で債権を満足させる**責任**のみを負担し（**物的有限責任**）、債務を負担しない存在なのである。とはいえ、被担保債権が弁済されなければ抵当権や質

権などが実行されて、提供した財産が失われるわけであるから、物上保証人としては、これを甘受するか、あるいは被担保債権を自ら弁済して(474条。第三者弁済)担保物権を消滅させるかの選択を迫られ、実質的には保証人と同様の地位に立つ。物上保証人が債務を弁済し、又は担保権の実行によって目的物の所有権を失ったときは、保証債務に関する規定に従い、債務者に対して**求償権**を有する(351条参照)。また、この求償権を担保すべく、物上保証人は、弁済によって当然に債権者に**代位**する（500条参照）。詳しくは、債権総論で学ぶ。本書第5章第2節1(2)(b)も参照。

(2) 担保の種類
(a) 法定担保と約定担保

民法上の物的担保たる担保物権には＊、法律上当然に認められる**法定担保物権**である「留置権」(295条〜302条の8か条)、「先取特権」(303条〜341条の39か条) と、当事者間の契約によって設定される**約定担保物権**である「質権」(342条〜368条の25か条［367条および368条は、平成17年法87号で削除］)、「抵当権」(369条〜398条の22の全51か条) の4種類が定められている（これらを**典型担保**あるいは狭義の担保物権という）。中でも、これまでは、不動産に対する抵当権が重要な役割を演じてきた。しかし、担保の女王である抵当権も、設定や実行にともなう費用がかかるだけでなく、バブル経済崩壊後、右肩上がりの土地価格神話が崩れ、不動産価格の下落による担保割れの事態に遭遇して、その債権回収の確実性がゆらぎ、今日では人的担保に関心が向けられている。また、信用供与に当たっては、物的担保に依存する時代から、**収益力**に対する評価を重んずる時代へと変化している（沖野眞已「約定担保物権の意義と機能」学習院24巻1号［1998年］75頁以下も参照）。

なお、民法に規定された制度ではないが、譲渡担保や所有権留保のように、担保物権の設定（制限物権としての構成）という形式をとることなく、担保目的での財産権移転型・財産権留保型の担保も、広く物的担保に含めて論じられている（**非典型担保**と呼ばれる）。

このほかにも、実質的に優先回収を認めるに等しい制度として、相殺や直接請求権（自賠法16条による被害者の保険金請求権がその代表）が機能しており、また、合意によるものとして代理受領・振込指定・相殺予約など、様々な方法が考案されるなど、担保法の世界は多彩である。これらは、厳密に言

図1－1【所有権】

図1－2【各種の担保】

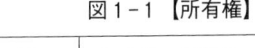

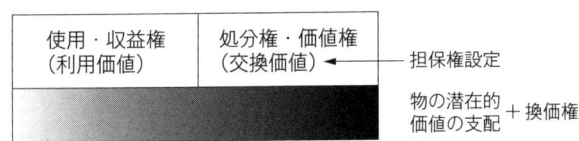

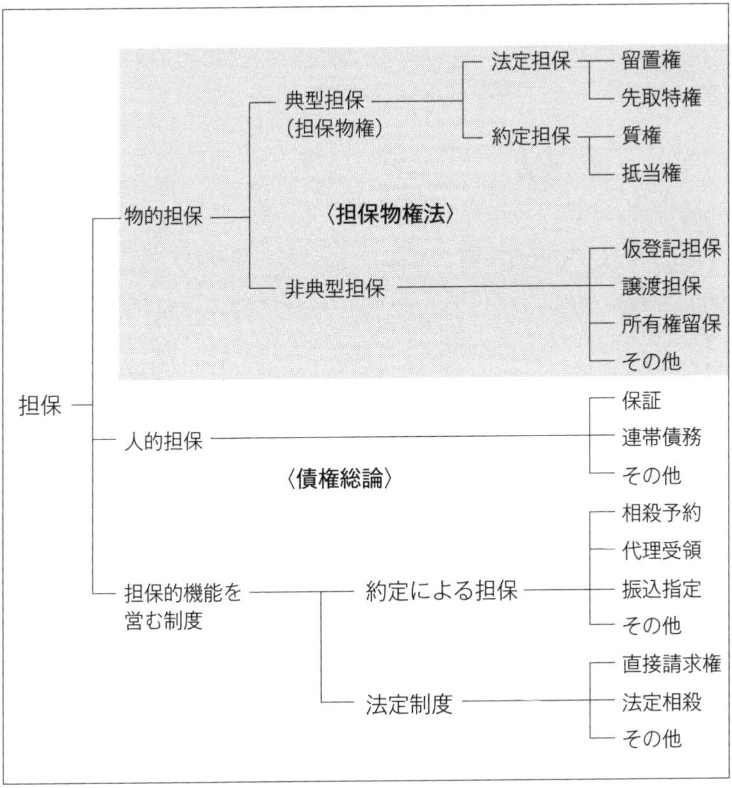

えば、特定財産に対して担保権が認められるという性格のものではなく、物的担保とはやや性質を異にするものではある。しかし、実質的には担保権が成立したのと同様の効果（優先的な債権回収の実現）を生じさせるものであって、その処理に当たって、担保物権法の考え方を反映させることが望ましいものも少なくない。

* **【特別法上の法定担保】**　民法上の法定担保物権は、留置権と先取特権の2つであるが、商法上も「商事留置権」(商31条 [代理商]、521条 [商人間留置権]、557条 [問屋]、562条 [運送取扱営業]、589条 [運送営業]、753条 [荷受人・船長]、会社20条 [会社の代理商] など) が認められており、民法上の留置権とは違った要件の下で信用取引の迅速と安全が図られている。特別法上の先取特権は数多く存在しているが、民法に近いところでは、区分所有権法7条、66条 [共益費等] や、借地借家法12条 [借地権設定者の建物に対する先取特権] 等があり、商法には、海難救助の場合についての810条とか、船舶の利用等に関する704条、842条などがある。このような、法定担保物権は、法律が、一定の事実に基づき、一定の政策的判断によって当事者の意思によらないでその発生を認めたものである。

2　担保物権の性質

(1)　担保物権の物権的性質

　担保物権は、物権の一種であることから、原則として、物権に共通の特性を有する。
　すなわち、物権は万人に対して主張できるという意味で**絶対的・対世的効力**を有する。絶対的性格を持つ以上、同一物の上に互いに相容れない内容の物権が同時に二つ以上成立することはできない (排他性)。同一物に対する複数の担保物権は、結果的に、一定順位での**優先劣後の関係**を形成する。たとえば、非占有型担保である抵当権などは複数成立し得るが、その登記の順序に従い、一番抵当権、二番抵当権と順位が付けられ、先順位の抵当権者が満足を得た後に後順位抵当権者が弁済を受けることになる。
　物権は、通常の場合、何について、いかなる内容の権利であるかが**特定**していないとその効力を発揮できない。少なくとも、実行段階では特定していることが必要である。また、物権は、万人に対して主張できる権利であるから、目的物が、ある者から他人の手にわたっても、追いかけていける (＝物権を主張できる) ことになり、**追及効**があるなどと言われる。たとえば、抵当権付きの不動産が第三者に譲渡されても、抵当権者は自己の抵当権を第三者の下で実行できる。さらに、物権は人を介しない直接的支配権であるから、物権保有者の意思によって自由に譲渡できるのが原則である (**譲渡性**。担保権の優先順位を譲渡したり、放棄することも可能である)。もっとも、担保物権

は、あくまで被担保債権のために存在するものであるから、後述のように、むしろそちらに附随して変動する点に特徴がある (**随伴性**)。物権が絶対的・排他的・直接的支配権であるとすると、不用意に侵害することの無いよう、その存在や内容が、周囲の者に予め明らかにされている必要がある。**物権法定主義と公示の要請**を満たすことが求められる (**公示の原則**)。優先的な価値支配権能を他の者に主張する以上、その点を予め知らせておかないと、他の債権者が不測の損害を被るおそれがあることは、担保物権の場合、特に深刻である。なお、物権の内容を、当事者が自由に決めることができないため、物権法の諸規定は基本的に**強行規定的性格**を有する。債権法の諸規定が、原則として当事者の合意がない場合の補充的な任意規定であるのと対照的である。その他、物権変動や対抗の問題は、所有権などの場合とパラレルに考えてよい。

(2) 担保物権で問題となる効力

(a) 優先弁済的効力

担保物権は、債権者平等の原則を破って、優先弁済を受けることを可能にするものである (**優先弁済的効力**)。この効力が認められる結果、担保が実行され、目的物が競売された場合には、担保権者が競売代金から優先して配当を受けることができ、その残額が担保を持たない一般債権者の間で債権額に応じて按分比例で配当される。優先弁済的効力を有する担保権者は、債務者が破産しても**別除権者**として (破産65条)、破産手続によらず、他の破産債権者に優先して個別的に満足を受けることができる。

なお、競売手続を経ることなく、いわゆる私的実行によって目的物の所有権を確定的に取得して優先弁済を得るには、担保物権に何らかの**権利取得的効力**を考えざるを得ない。この点は、質権では明文で否定されているが (349条参照)、抵当権でそれを認めることは理論的にも可能であるし、非典型担保と呼ばれる仮登記担保・譲渡担保・所有権留保などの権利移転型の担保では、まさにこの権利取得的効力が中心的効力と言わざるを得ない (権利取得的効力を認めることと、被担保債権に比して過大な部分についての清算義務の存在は別問題である)。

(b) 留置的効力

たとえば、AがBから自動車の修理を依頼されたが、代金の支払いを受ける前に、Bが自動車の引渡しを求めてきたとしても、「代金を払うまでは自動車を渡さない」と拒めるのが留置権である。質権の場合は、債務を弁済するまでは質物を受け戻すことができない。いずれの場合にも、債権者が債務の弁済があるまで目的物を占有（留置）して、債務者に対して間接的に履行を促すことが期待されている。留置権・質権といった目的物の**占有移転型担保**に見られる、このような効力を**留置的効力**という。もっとも、債権質は、「質権」の一種ではあるが、（抵当権と同様）留置的効力は問題にならず、優先弁済的効力のみが問題となる。

(c) 収益的効力

目的物の占有を取得する質権や留置権では、債権者は、その物を「借り受けた」というわけではないから、原則として使用・収益すべき地位にない（298条、350条参照）。しかし、債権者が債務者から不動産について質権の設定を受けた場合だけは、例外的に、賃借人などと同様に当該不動産を使用・収益することができる（356条）。このように、債権者が担保目的物を使用・収益できる場合に、これを担保物権の**収益的効力**という。目的物の使用権限が認められない留置権や動産質権の場合も、債権者は目的物の「果実」からは優先的に弁済を受けることができるとされているから、部分的に収益的効力があることになる（297条、350条→297条）。抵当権の効力は、被担保債権について不履行があったときにはじめて、それ以降の、抵当不動産の果実に及ぶとされている（371条。担保不動産の収益執行については民執180条2項、188条→93条以下参照）。

表1-1 【担保物権の効力】

	留置権	先取特権	質権	抵当権
優先弁済的効力	×[*1]	○	○	○
留置的効力	○	×	△[*2]	×
収益的効力	×	×	△[*3]	×[*4]

*1 果実は収取してよい
*2 権利質については否定
*3 不動産質権についてのみ
*4 収益執行は可能

(d) その他

担保物権が、債務が履行されない場合の引当てであるに過ぎないことを考えれば、担保物権が存在することと、物の利用形態への介入には必然的結びつきはない（ただし、留置権や質権のように債務の履行への推進力を得たり、債権への一部弁済を得るために目的物の使用・収益権を奪うことがある）。現実に、担保権者は、目的物の利用ではなく、その潜在的価値の把握に最大の関心があり、担保実行時に優先弁済を受けるという形で、その支配を現実化する。とはいえ、担保権者は、目的物の担保実行時における価値（担保価値）を維持・保存することについては、重大な利害を持っているため、その限りで、一定の**管理権能**があると考えるのが適当であろう。

(3) 担保物権に概ね共通する性質
(a) 附従性

担保物権は、債権担保の目的を達成するための手段である。したがって、原則として、それによって担保される債権（被担保債権）の存在に依存して成立し、存続し、消滅する（**附従性**）。また、担保の効力が、被担保債権の範囲に限界づけられるのも、附従性から説明することができよう。成立における附従性を前提にすれば、被担保債権の発生原因となった金銭消費貸借契約や売買契約が無効とされて被担保債権が発生しない場合は、担保権設定契約も無効であって、担保物権は成立しないことになる＊。また、消滅における附従性を前提とすれば、被担保債権が弁済などによって消滅すれば、担保物権も消滅する。弁済後に抵当権設定登記などが残っていても、それは空虚なものでしかない（被担保債権が新陳代謝して附従性を断ち切ることを認める根抵当権・根質・根譲渡担保といった制度の存在に注意）。

附従性の問題は、たとえば、**諾成的消費貸借**を認めるべきかという議論にも関連しており、あまり厳密に附従性を要求すると、わが国の抵当権設定登記のほとんどが無効になってしまう可能性がある。つまり、通常は抵当権設定登記が済んでから金を渡すので、金銭消費貸借が要物契約であることを前提にすると、抵当権設定時には被担保債権はまだ成立していないことになりかねない（2015年の民法改正要綱では諾成契約化が企図されている）。解釈上、

消費貸借契約の要物性を緩和して「諾成的消費貸借契約」の成立を認めることができればよいが、判例は抵当権の附従性を緩和することでこの問題に対処している。つまり、被担保債権が未成立であっても、将来の特定債権の担保のためになされた抵当権設定登記も有効であるというのが判例の立場である。また、抵当権設定登記の流用についても、附従性をうるさく言えば、被担保債権が消滅すれば抵当権登記も意味を持たなくなるはずで、古い登記を新たな債権のために流用した場合は無効ではないかとの疑いが出てくる。しかし、判例は、流用による第二抵当権取得以前に、問題の土地に物権を取得した第三者との関係ではこの流用登記は対抗できないが、流用による第二抵当権取得以後に登場した第三者については、抵当権の存在を知っていたものと考えて、登記の欠缺を主張できなくなる（事実上、対抗要件として機能する）と解している。最後に、「転抵当」(376条：抵当権者が自己の抵当権をもって他の債権の担保とする)や「根抵当」(398条の2：被担保債権の増減とは無関係に一定の枠について抵当権の効力が確保され、特定の債権との牽連性は断ち切られている)という制度があり、これらのこと自体、法律が自ら附従性を断ち切って制限していることになる（根質・根譲渡担保についても同じ）。

　　＊【附従性の緩和】　本文のように、担保物権の附従性は制度的にも貫徹されていない。また、解釈論としても、原因関係が無効であったり取り消された場合であっても、金銭の授受が既に行われていた場合には、附従性の原則を貫くことは適当でない場合がある。たとえば、消費貸借契約のような被担保債権を発生させる「契約」が、錯誤で無効であった場合、抵当権も効力を失うことになりそうである。しかし、金銭授受の前であれば、それでもかまわないが、既に金銭が交付された後となると、返還を確保するためには抵当権を活かしておくことに意味があろう。つまり、仮に消費貸借契約が無効であっても、それが不法原因給付とならない限り、既に交付した金銭について不当利得返還請求権が発生し、抵当権は成立における附従性原則を破って、この返還請求権を担保するものと解するのが妥当である。また、このように解したとしても、債務者や後順位担保権者の期待を害しない。逆に、抵当権も一緒に無効になると、かえって債権者となるはずであった者の期待を大きく損ない、後順位担保権者には思わぬ利益を与える結果となる。被担保債権を発生させる契約が取り消された場合にも、同様に解すべきであろう。

(b) 随伴性

担保物権は、その目的が被担保債権の回収確保であるから、附従性の一環として、被担保債権の移動と運命を共にする（**随伴性**）。被担保債権が譲渡されると、その従たる権利として抵当権なども一緒に移転するのが原則である。**被担保債権と担保は不可分一体**のものとして当然に移転するわけである。だいいち、債権を失った譲渡人が、その担保だけ持っていても意味がない。主たる権利に対する差押えなどの処分制限の効力が従たる権利に及ぶことも、この随伴性に基づくと説明される。なお、根抵当権などで随伴性の例外が見られること（398条の7）、附従性についてと同様である。

(c) 不可分性

AがBから借りた500万円のために、A所有の不動産に抵当権を設定したような場合、Aが200万円を一部弁済すると、Bの抵当権は残りの300万円分しか不動産価値を把握しておらず、あとは一般債権者のための責任財産となっているはずである。しかし、Aは、効力の及ぶ範囲を限定して抵当権を一部抹消してもらうというわけにはいかない。利息や遅延損害金がどこまでふくらむか分からず、目的物が一部滅失するおそれもあるため、抵当権は、被担保債権が全部弁済されるまでは、目的物全体に及んでいるものとされる。このように、債権全部の弁済を受けるまでは目的物全体に担保物権を行使できることを、担保物権の**不可分性**という（296条、305条、350条、372条参照。共同抵当の場合の例外につき392条）。結果的には、被担保債権と担保目的物の価値に著しいアンバランスを生ずる可能性があり、特に留置権ではその弊害が大きい。そこで、留置権については、債務者が債権に見合った相当の「代わり担保（代担保）」を提供して、留置権の消滅を請求できるものとしている（301条）。不可分性には、あまり強い根拠があるわけではなく、担保物権の効力を強化しようという立法政策的配慮と、設定合意の解釈、担保物権の内容を被担保債権の弁済の程度によってその都度変更していくことが技術的にも煩わしいことによる（更生手続や破産手続では、不可分性に対する例外的扱いも見られる）。判例には、留置権者が留置物の一部を引き渡した場合でも、留置権者は債権の全部の弁済を受けるまでは留置物の残部について留置権を

行使することができるとするものがあり（最判平成3・7・16民集45巻6号1101頁）、なかなかハードなルールである。この不可分性については、いわゆるセキュリタイゼーションの進展で、担保の分割流通・再利用への強い要請がある。

(d) 物上代位性

留置権以外の担保物権の保有者は、担保目的物が、売却・賃貸・滅失・破損などによって別の金銭債権（代金債権・損害賠償請求権・保険金請求権など）や土地収用法に基づく補償金・替地（土地収用104条）に転化した場合には、これらの**価値変形物**（価値代償物又は価値代表物）の上にも担保権の効力を及ぼすことによって、目的物の交換価値の減少・喪失を防ぐことができる。これを**物上代位**という。民法は、先取特権について規定を置いて（304条）＊、これを質権と抵当権に準用している（350条、372条。判例は譲渡担保についてもこれを認める）。たとえば、AがBに対する500万円の債務について自己所有建物に抵当権を設定していたが、これが火災によって焼失したような場合、BはAの火災保険金請求権に物上代位して、そこから優先的に弁済を受けることができる。このメカニズムは、建物の価値変形物である火災保険金請求権について、Bの法定質権として物上代位権が成立するという性格のものではなく、優先弁済型担保物権たる抵当権の効力の延長として位置づけられよう。いかなる債権に対して、物上代位が認められるかは、代位の対象となる債権や担保ごとに検討を要する問題である。たとえば、抵当権には追及効があるため（動産先取特権にはそれがない［333条］）、買主の下で抵当権を実行すればよいわけであるから、目的物の売買代金に物上代位を認める必要があるかには疑問もある。認める必要があるとすれば、抵当権設定登記がなされていない未登記抵当権の場合（そこでは対抗力がないので追及効を失う）くらいであろうが、未登記抵当権には強制競売をして換価するだけの権能がないから、充分に交換価値を支配していないとも考えられ、結局、物上代位を否定してもよいと思われる（多数説は抵当権者に追及効か物上代位を選択的に行使させよというが、その必要もあるまい）。

＊【物上代位の前提となる差押え】　物上代位では、304条1項但書の「差押え」

第 1 節　担保物権とは何か

の要否がしばしば問題とされる。先取りして、少し説明しておこう。この差押えは、物上代位をする者自身が行わないといけないものなのか、ほかの債権者なり担保権者が差し押さえた場合でもよいのかという点が争われてきた。最近の研究では、304条が、ボアソナード草案1638条に起源を持ち、この規定が、もともと保険金請求権に対する先取特権と抵当権の物上代位に関するイタリア民法（1865年）1951条を母法とするものであることが知られている。そして、この但書の目的は、第三者が弁済先を誤る危険に陥ることのないように予防すること、つまり先取特権者等に異議を述べさせて、第三債務者が二重弁済の危険に陥らないように配慮するという第三債務者保護にあったというのである。この際、「払渡差押」から「払渡」の文字を落としてしまって、一般の「差押え」の手続に乗せてしまったのは、いわば立法上のミスとでもいうべきものである。とはいえ、オリジンはオリジンとして、解釈論としては通常の差押えとの関係を確定しておく必要がある。判例は、「物上代位者自身」が差し押さえないといけないとしている（大連判大正12・4・7民集2巻209頁は、抵当権者が火災保険金請求権を差し押さえる前に第三者が転付命令を得てしまった事件）。「物上代位は担保物権の効力を強化するために法が特別に認めた制度なのだから、優先権を確保するためにはそれに見合うだけの努力をすべきだ」というのがその理由のようであるが、あまり説得力はない。もし、そのような理由だとすると、結局、自力で差押えが可能な段階（つまり後続の差押えが可能な段階：例えば他の債権者の仮差押えや差押えがなされただけの状態）までなら自ら差し押さえた上で物上代位権を行使できるけれども（最判昭和60・7・19民集39巻5号1326頁）、それを超えればもうダメだということになる（例えば、既に配当を終えて、他の債権者が転付命令まで受けているような場合には、もういかんともしがたい。最判昭和62・4・2判時1248号61頁、最判平成5・3・30民集47巻4号3300頁参照）。しかし、価値権を把握していた担保物権の優先弁済的効力はその価値の変形物あるいは価値代表物に当然認めてしかるべきであり、差押えはその対象を明確にするために必要なだけであるという考え方に立つと、それほどやかましく考える必要はないことになる。要は、それがほかの財産に混入してしまう前に担保物権の目的物の価値変形物であることをきちんと特定できればよいわけで、304条の差押えがそのような特定性が失われることを防止するために要求されているのだとすれば、誰が差し押さえたにせよ、特定ができさえすればよく、したがって、ほかの債権者が差し押さえた場合でも、これに対する優先弁済権の行使は、担保権本来の順位に従ってなされるべきだということになる。「差押え」という要件に、特定性を維持することだけでなく、物上代位権の効力保全（ひいては他の第三者との利害調整）の役割まで読み込むべきかは問題である。実際問題としても、別の債権者が転付命令をもらったり、任意譲渡を受けたりした後まで担保権者が追いかけていって優先権を主張するのは、いかに特定されていたからといって穏当ではないし、いわば事後の配当要求を認める結果となることについても理論的疑問がある。この問題については、第三債務者保護説を採用

したと見られる最判平成10・1・30民集52巻1号1頁の登場とともに、新たな展開を見せている。最高裁は、その後に、第三債務者保護説を確認するかのような判例（最判平成10・2・10判時1628号3頁；最判平成10・3・26民集52巻2号483頁）を打ち出したが、後には、転付命令との関係で差押えを優先権保全手続と位置づけるかのようにも読める判決（最判平成14・3・12民集56巻3号555頁）も出しており、事態は流動的である（第5章第5節で詳しく述べる）。

(e) 価値権性

留置権以外の担保物権は、いざという場合に備えて、もっぱら被担保債権に相応した交換価値の取得を目的としている。このように交換価値の将来的取得を目的とする権利を**価値権**という。その意味で、将来の担保目的物の潜在的交換価値を把握して、債権に満足をもたらす担保物権には、価値権的性格があるといえる（これに対し、物の使用・収益を目的とする地上権・地役権といった用益物権を**利用権・用益権**という）。あくまで、担保物権の理念的な性格に基づいた区分である。

こうしてみると、留置権だけが、やや特殊な性格の担保物権であることが分かる。

表1-2【担保物権の性質比較】

	留置権	先取特権	質権	抵当権	根抵当権	非典型担保
附従性	○	○	○	○	△*	○
随伴性	○	○	○	○	△*	○
不可分性	○	○	○	○	○	○
物上代位性	×	○	○	○	○	○
価値権性	×	○	○	○	○	○

＊元本確定前は×

3　担保法の理念と土俵

担保法の理念は、担保的負担を背負った債務者あるいはその他の担保権設定者と債権者（担保権者）双方の合理的期待の保護と、優先弁済をめぐる他

図1-3

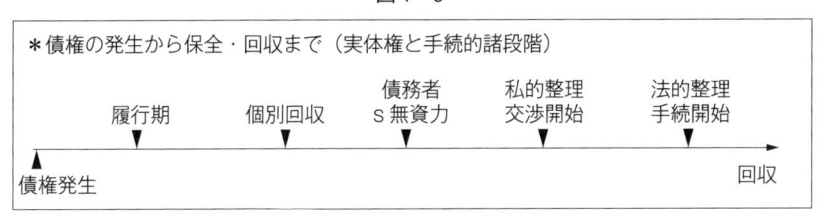

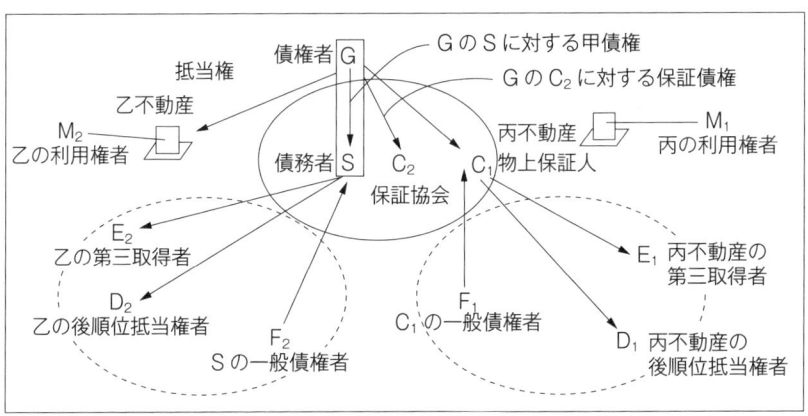

```
＊債権の発生から保全・回収まで（実体権と手続的諸段階）

                履行期   個別回収   債務者     私的整理    法的整理
                                  Sの無資力   交渉開始    手続開始
                  ▼      ▼        ▼         ▼          ▼
    ┃━━━━━━━━━━━━━━━━━━━━━━━━━━━━━━━━━━━━━━━━━━━━━━━━━▶
  債権発生                                                      回収
```

図中の登場人物：
- 抵当権／乙不動産
- M₂ 乙の利用権者
- 債権者 G
- GのSに対する甲債権
- GのC₂に対する保証債権
- 丙不動産／M₁ 丙の利用権者
- 債務者 S／C₂ 保証協会／C₁ 物上保証人
- E₂ 乙の第三取得者
- D₂ 乙の後順位抵当権者
- F₂ Sの一般債権者
- F₁ C₁の一般債権者
- E₁ 丙不動産の第三取得者
- D₁ 丙不動産の後順位抵当権者

の債権者との公平、そして担保目的物を現実に利用している利用権者との利害の適切な調整にある。担保法は、債権の発生から保全、そして最終的回収に至るまでの時系列に沿って、問題の展開を考える必要があり、そこには、基本となる債権者（G）・債務者（S）のみならず、保証人（保証協会を含む）・物上保証人・目的物の第三取得者、第三債務者や目的物の利用権者、またその登場人物や目的物ごとに他の債権者や後順位担保権者などが登場する。これらの集団の債権回収における公平秩序を全体として考えていく必要がある点で極めてダイナミックである。同時に、特定局面だけではなく、他への様々な影響関係への配慮が欠かせない（債権回収における集団的秩序という観点については、森田修・債権回収第1章参照）。

第2節　担保物権法の概要

担保物権の詳細については、後に述べることにして、以下では、予め全体のイメージをつかむために担保物権の概要を確認しておこう。

1　留置権

「**留置権**」は、他人の物の占有者が、その物に関して生じた［弁済期にある］債権を有する場合に、その弁済を受けるまで当該目的物を留置できる権利である（295条）。たとえば、自動車を修理した自動車修理工場が、修理代金の支払いを受けるまでは当該自動車を留置して、誰に向かっても引渡しを拒むことができるのはこの留置権のなせる効力である。こうすることで弁済を間接的に強制するわけである。債権と目的物の牽連関係の存在は多様で、双務契約以外からも発生し、契約関係にない第三者に対しても主張できる。例えば、互いに間違えて持ち帰った傘の返還請求権のように、同一の事実関係から生じた場合も留置権が発生する。物権として強力ではあるが、機能は双務契約における「**同時履行の抗弁権**」（533条）とよく似ている。なお、商法上も留置権に関する規定がかなり存在するが（商法31条、521条、557条、562条、589条、753条2項、会社20条など）、民法とは沿革や要件が異なるので注意を要する。

2　先取特権

「**先取特権**」は、一定の政策的配慮から、特定の債権について、債務者の総財産あるいは特定財産からの優先弁済権を付与したもので、フランス民法から引き継いだものである。様々な種類の先取特権があって、条文数も多く、その根拠も一様ではない。有名なものでは、雇人の給与の先取特権（306条

2号、308条)、葬式費用の遺産に対する先取特権（306条3号、309条）、旅館の宿泊代の持込み荷物に対する先取特権（311条2号、317条）、動産売買代金の売却物に対する先取特権（321条）、不動産工事代金の当該不動産に対する先取特権（325条2号、327条）などがある。問題となっている債権と目的物の関係（縁）の深さを背景にしつつ、債権者間の公平、弱小債権者への社会政策的配慮、当事者の意思の推測などによって基礎づけられている。

3　質権

　「質権」 は、債権者がその債権の担保として債務者または第三者（物上保証人）から受け取った物を留置し、かつ、その物について他の債権者に先立って自己の債権の弁済を受ける権利である（342条）。これは、目的物の占有を債権者に移転するタイプのもので（占有が公示の機能を果たしている）、動産質（352条）がよく知られているが、不動産質（356条）や債権質などの権利質（362条、363条）もある。債権の弁済がなされない場合には、この目的物を換価して他の債権者に優先して弁済を受けることができるわけである。目的物を債務者から取り上げることで、使用・収益を失わせ、心理的圧迫を加えることで弁済を間接的に強制するところに意味がある。古来、日本の担保は「質」が基本であったらしく（「質」は「実・誠実」に通ずる）、あらゆるものが質の対象となった（人質・名誉質・芝居の演目「十八番」など）。抵当権に比べ、目的物の範囲が広く（343条と369条を比較せよ）、被担保債権の範囲も広い（346条と375条を比較せよ）。

4　抵当権

　「抵当権」 は、主として登記制度の完備した不動産に対するもので、物的担保の代表である。抵当権では、債務者または第三者（物上保証人）が債権を担保するために提供した不動産等の目的物の占有を移すことなく（質権と

異なる)、担保提供者の使用・収益に任せ、債務不履行の場合に当該目的物の価額から優先弁済を受けることを内容とする権利である (369条)。特別法で、工場や一定の動産 (自動車、建設機械、船舶、航空機など) についても抵当権が設定できるようになっている。単純なタイプの抵当権 (普通抵当権) は、一定額の債権についての担保として個別に設定され、その債権に対する附従性・随伴性を有し、成立・変更・消滅において当該債権と運命を共にする。しかし、事業者と金融機関のような継続的な関係では、絶えずいくつもの債権が発生したり弁済されたりしていくので、いちいち抵当権を設定したり抹消したりするのも手間がかかって大変で、コストも馬鹿にならない。そこで、一定額を極度額として定めておき、「新陳代謝する」多数の債権を担保する「**根抵当権**」が開発され、よく利用されている。根抵当権については、昭和46 (1971) 年法99号によって398条ノ2～398条ノ22に規定が新設された。根抵当権では、最終局面での**確定** (398条ノ19、398条ノ20) の時まで、個々の債権 (被担保債権) に対する抵当権の附従性・随伴性が否定される結果となる (398条ノ2、398条ノ7)。

5　(補) 非典型担保

実は、以上のほかにも、約定によって担保的機能を果たしているものが相当数あり、これが実務上も重要な機能を営んでいる。物権法定主義の建前からすると問題がないわけではないが、取引慣行として既に無視できない存在であり、社会的にも認知されて現在に至っている。とりわけ、不動産の代物弁済予約と仮登記を組み合わせた担保方法については、「**仮登記担保法**」(昭和53 (1978) 年法78号) の成立を見て、法的にも認知された。その他、外形上、目的物の権利を移転してしまう権利移転型の担保である**譲渡担保** (これも集合物譲渡担保・集合債権譲渡担保のように担保目的物の中味に流動性を与えたものが開発され、取引界でしばしば利用されている) や、**相殺予約**をすることによって対当額の債権については回収を確実にする方法、債権の取立権を全面的に譲り受ける「**代理受領**」や「**振込指定**」など、約定担保の世界は多

彩である。そして、現在では担保権そのものが一定の価値をもつものとして流動化を始め、金融界で重要な機能を果たしている。

最後に、目的物ごとに利用可能な主要な担保を整理しておこう（表1-3）。

表1-3

不動産	抵当権（根抵当権を含む）・質権・譲渡担保・仮登記担保
動産	質権・譲渡担保（なお留置権・先取特権に注意）
在庫商品など集合動産	譲渡担保
動産売買での目的動産	所有権担保
株式等有価証券	質権・譲渡担保
債権	質権・譲渡担保・代理受領（振込指定）
預金債権	相殺予約
集合債権（将来債権を含む）	譲渡担保

第2章

留置権

　民法典「物権編」の担保物権関連規定の冒頭にくるのが第7章「留置権」である。留置権は、他人の物を占有する者が、その物を修理するなどして、その物に関して一定の牽連関係がある債権を有している場合に、その債務の履行があるまでは誰に対してもその物の引渡しを拒むことができるという権利で、これによって債務者に債務の履行を間接的に強制しようというものである。担保物権の中では、やや特異な性質をもつ権利であるが、構造が単純なだけに、約定担保を期待しがたい弱小の債権者にとっては、最後の担保として機能する（主張される）場面も多い。民法には、他に、類似の機能を営む制度として、双務契約における「同時履行の抗弁権」がある。ここでは、両者の異同を含めて、留置権の意義とその効力を中心に学ぶ。

第1節　序説

1　留置権とは

(1)　留置権の意義

　たとえば、A建設会社が建設機械の修理をB修理工場に依頼して機械を持ち込んだ場合、修理代金が支払われるまで、Bは、誰に対しても、自己の占有している修理済機械の引渡しを拒む（留め置く）ことができる。このような権利を「**留置権**」という。つまり、留置権とは、自己の占有下にある他人の物を、その物に関して生じた債権（弁済期が到来していることが前提である）の弁済を受けるまで留置できるとすることによって、物の引渡しを欲する債務者等に心理的圧力を加え、弁済を間接的に強制するという特殊な担保物権である（295条参照）。同様の引渡拒絶権は、売買のような双務契約における当事者間での「**同時履行の抗弁権**」(533条)にも見られるが、留置権では、当事者間の双務的契約関係や合意は必要でなく、法定の要件に該当する事実があれば当然に、誰に対する関係でも成立する「物権」として構成されている（**法定担保物権**の1つ）。

　留置権が問題となる典型例は、冒頭のような①物の修理の場面のほかに、②建物賃借人Bが、本来賃貸人Aの負担すべき建物修理費用を支出し、その償還請求をする場合（608条）に当該建物を（賃貸借契約終了後も）留置できるといった例、さらには、③AB が互いに傘を間違えて持ち帰った場合の双方の関係、④Aの投げたキャッチボールの球がそれてB宅の窓ガラスを割ったような場合のボールの返還請求と損害賠償請求の関係など、多様である。ただ、問題の債権と目的物がどのような関係にあれば留置権が成立するかは微妙である。

　留置権が認められる理由は、一般に「公平」の実現に求められている（梅・301頁、我妻・20頁など）。つまり、被担保債権が「**その物に関して生じた債権**」である以上、その物の留置を債権者に認めて、債権の回収を確保し

てやることが公平に適うという配慮に基づく（逆にいえば、**債権と物との牽連関係や留置権を主張できる人的範囲は公平に裏打ちされたものでなければならない**）。留置物が、債務者以外の者の所有である場合も、物と債権に一定の牽連関係があることが要求されているので、当該債権の回収のために目的物が留置されることによる負担も、やむを得ない場合が多い（冒頭の例では、修理による建設機械の価値増加は所有者Cの利益ともなっている）。このような法定の担保が認められることによって、いちいち担保を設定できないような比較的弱小の債権者も、安心して取引ができる（道垣内・12頁）。

　留置権が成立しているにもかかわらず、A（又はC）がBに対して、代金が支払われないまま目的物の引渡しを求めて提訴した場合、「裁判所は、物の引渡請求に対する抗弁を理由ありと認めるときは、その引渡請求を棄却することなく、その物に関して生じた債権の弁済と引換に物の引渡を命ずべき」ものとされており（最判昭和33・3・13民集12巻3号542頁）、同時履行の抗弁権が付着した場合と同様の処理（**引換給付判決**）になる。

(2) 商事留置権

　留置権には、民法の定める留置権（**民事留置権**）とは沿革を異にする**商事留置権**というものもある。こちらは、中世イタリアの商事慣習法に由来する（薬師寺志光・留置権論［三省堂、1935年］3頁以下）。商事留置権は、商人AB間での営業上の取引（双方ともに商行為）によって生じた債権のために認められ（商法521条。個別的にも、商法31条、557条、562条、589条、753条2項、会社20条など）、民法に比して成立の範囲が広い。商事取引では反復・継続して取引が行われることから、債権と留置物との間の個別的対応関係（牽連関係）がない場合でも、商人間での当該営業上の取引関係から生じた一群の債権の担保として、その取引上占有することになった相手方所有の物又は有価証券の全てを留置することが可能とされている（他方で、民事留置権と異なり、第三者所有物には商事留置権は及ばない）。したがって、たとえば、数回にわたって様々な機械の修理が依頼されたが、未だ以前の修理代金が払われていないような場合には、別の修理のために占有している機械を、一切の修理代金の支払いがあるまで留置できる。

民事留置権も商事留置権も、留置的効力がある点では同じであるが、民事留置権は倒産手続においては効力を失うのに対し（破産66条3項）、商事留置権は優先弁済権のある先取特権として処遇されるといった違いがある（破産66条1項。会社更生手続では会社更生2条10項により更生担保権とされる。別除権につき破産65条も参照）。しかし、商事留置権は民法その他の法律による特別の先取特権には劣後する（破産66条2項）。商事留置権は、もともと商品・資材・有価証券等の動産についての留置権を念頭に置いていたもので、不動産についても認められるかには争いがあり、これを否定する見解もある（近江・20頁。古積健三郎「留置権の射程および性質に関する一考察」法学新報111巻3＝4号［2004年］35頁以下は民事留置権についても不動産は含まれないと解している）。しかし、一般には不動産についても商事留置権の成立を認めている。立法論的には検討の余地ある問題であるが、その場合は、とりわけ、零細な建築請負業者等の報酬債権確保についての代替策を講じておく必要がありそうである。

2　留置権と同時履行の抗弁権

(1)　同時履行の抗弁権との異同

　当事者間に一定の双務的な契約関係がある場合には、留置権と同様の機能を営む制度として「同時履行の抗弁権」（533条）がある。これによって、たとえば、売買における物の売主は、反対給付である代金の支払いがあるまでは買主に向かって目的物の引渡しを拒める。同時履行の抗弁権は、双務契約において互いに相手の債務の履行があるまでは、自らの履行を拒めるものとして、相互に履行への推進力を確保し、同時に不履行のリスクを一方当事者にのみ負わさないようにするものである。たしかに、物の修理という局面についていえば、「修理」という役務そのものと対価である「修理代金」の支払いを同時履行関係に置くことは困難（通常は役務が先履行）であるが、それでも「代金が支払われるまでは修理済みの物を引き渡さないぞ」と主張することができる（633条本文）。民法は、これに加えて、留置権という制度を設けて、修理代金の支払いがあるまでは目的物を留置して引渡しを拒めるこ

とにした（295条）。両者は、一種の「**履行拒絶権・引渡拒絶権**」＊として同様の機能を果たすわけである。

では、同時履行の抗弁権と比べた場合に、留置権のメリットはどこにあるのだろう（関武志「物の引渡拒絶に関する一考察——留置権と同時履行の抗弁の峻別を巡って」法政理論27巻2号［1994年］86頁、28巻1号［1995年］1頁に詳しい）。AがBに機械甲の修理を依頼した場合を想定して、両者の異同を探ってみよう。

① 双務契約の当事者でない場合　同時履行の抗弁権は、あくまで同一双務契約における契約当事者間での反対債権について認められる権利でしかない。したがって、たとえばAがBに修理を依頼した目的物（甲）が賃借物であって、Bとは直接に契約関係がない甲の所有者Cが登場して引渡しを求めた場合や、元の所有者であったAがDに甲を譲渡・転売してしまったような場合には、Bは、CやDに向かって同時履行の抗弁権を主張できないのが原則である。ところが、留置権の場合には、物権であるから、契約関係に立たないCやDに対しても、引渡しを拒絶できる（図2-1参照）。まさに、この点に留置権の大きなメリットがある（ただ、解釈論によって、同時履行の抗弁権の適用範囲が次第に拡張しているため、競合部分が大きくなっている）。

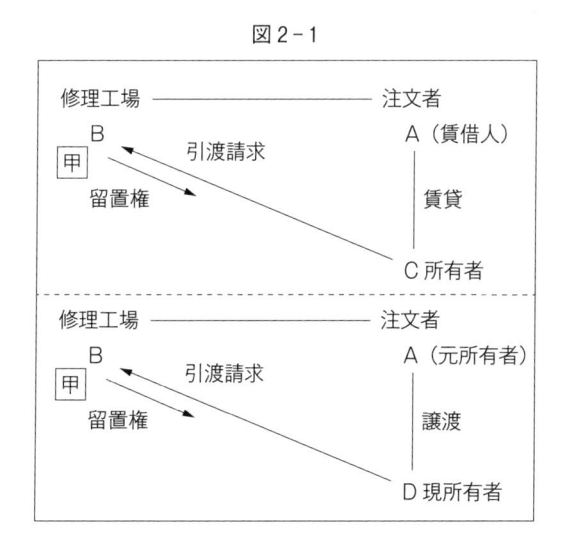

図2-1

さらに、いくつか細かな違いがある（以下の②〜⑤）。

② **破産手続開始の影響**　相手方に破産手続が開始した場合においても、同時履行の抗弁権はその効力を維持するが（破産53条1項）、民事留置権は別除権とならず消滅する（破産66条3項）。

③ **消滅請求の存否**　後述のように、留置権では、代担保（かわりたんぽ）の供与による消滅請求が可能とされているが（301条）、同時履行の抗弁権についてはそのような制度がない。

④ **競売権の存否**　留置権には、担保権の存在を証する確定判決を得た上で、目的物を換価する形式的競売権が認められているが（民執181条1項、195条参照）、同時履行の抗弁権には、そのような権利は認められていない（ただし民執31条1項）。

⑤ **果実収取権の存否**　留置権には果実収取権が認められているが（297条1項）、同時履行の抗弁権にはそのような権能は含まれていない（もっとも、571条1項によって、売主には引渡しの時まで果実が帰属するから、実質的な差ではない）。

＊**【引渡拒絶権の歴史】**　本文のような局面での引渡拒絶権は、古くローマ法の時代から「悪意の抗弁」に由来するものとして認められてきた。この拒絶権は留置（retentio）と呼ばれ、**債務関係を生み出す同一の構成事実**に基づいて、期限の到来した反対請求権（訴権）を有する債務者は、反対給付の提供があるまで自身の給付の提供を拒否することができるというものであった。いわゆる誠意訴訟においては、悪意の抗弁を持ち出すまでもなく、債権者がその者に対して負う自らの債務を履行しないまま相手方に債務の履行を求めることが信義に反するとき、債務者にこの抗弁を認めて履行拒絶を許した。ただ、それらは、あくまで**人的抗弁**として構成され、第三者に向かって主張（対抗）できるようなものではなかった。これを受けて、フランス民法典では、債権の延長上に個別に拒絶権を認めるにとどまり、ドイツ民法典も「債権的留置権」を定め、例外的に特定の場合に物権的効力を認めるものとした。しかし、次第に物権的効力を認める場面が広がり、スイス民法典は、一種の法定質権として留置権を承認し、フランスでも判例・学説が一般的留置権概念を構成するとともに、特定の場合に第三者効を承認するようになった。日本民法は、この時代のフランス法学説から留置権概念を導入しつつ、旧民法債権担保編92条にその一般規定を置いたのである。他方、現行民法典は、旧民法を修正する過程で、ドイツ民法草案に倣って「同時履行の抗弁権」にかかる一般規定を導入し（フランス法にはそのような観念はない）、同時にフランス民法に倣って留置権を物権的なもの

と構成した。その結果、フランス法に由来する留置権とドイツ法に由来する同時履行の抗弁権が併存し、それぞれの適用範囲が便宜的に拡大された結果、両者の関係がオーバーラップして、ひどく曖昧なものになっている。留置権の歴史につき、関武志・留置権の研究［信山社、2001年］、清水元・留置権概念の再構成［一粒社、1998年］が詳細であり、いずれも両者の峻別論を展開しているのが興味深い。

(2) 同時履行の抗弁権との競合

物の修理における目的物引渡請求と修理代金請求の衝突場面のように、同時履行の抗弁権と留置権の双方の要件が満たされる場合、債権者として、いずれも自由に選択して主張できるのか、いずれかを優先的に主張すべきなのかという、制度の**競合問題**を生じる。専ら契約関係を規律する同時履行の抗弁権が適用されるという見解（近江・19頁）や、留置権は同時履行の抗弁権が成立しない場合にのみ認められるとする見解（清水・前掲「再構成」155頁以下、関・前掲「研究」665頁以下）も存在する。しかし、両制度の間に不合理なまでの差があるわけではなく、いずれの主張を認めたとしてもとくに不都合を生じない（注文者には代金支払いにつき同時履行の抗弁権が否定されるわけではない）とすれば、敢えて競合を否定するまでもあるまい（道垣内・14頁、内田・503頁、高木・22頁、平野・348頁など。東京高判昭和24・7・14高民集2巻2号124頁も競合を認める）。売買契約を例にとれば、物の買主には、契約に基づく引渡請求権と、（176条を前提とすれば）所有権に基づく物権的請求権があることになるが、売主の立場からすると、前者には同時履行の抗弁権、後者には留置権が並び立つことになる。ただ、両者が競合する場面では、公

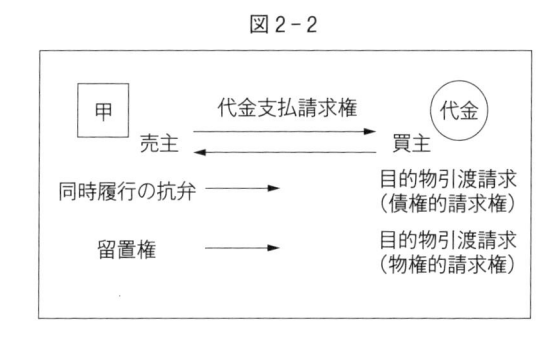

図2-2

```
┌─────────────────────────────────────┐
│  ┌─┐    代金支払請求権      ┌──┐   │
│  │甲│ ─────────────────→   │代金│  │
│  └─┘ ←─────────────       └──┘   │
│  売主                        買主     │
│                                      │
│ 同時履行の抗弁 ────→  目的物引渡請求  │
│                       （債権的請求権）│
│                                      │
│  留置権      ────→    目的物引渡請求  │
│                       （物権的請求権）│
└─────────────────────────────────────┘
```

平の見地から、留置権の規律が同時履行の抗弁権にも一定の影響を及ぼすと考えるのが適当であろう（たとえば、留置権の消滅請求［298条3項、301条］が認められるような場合）。

3 留置権の性質

(1) 物権的性質

留置権は他人の物を占有することを正当化するもので、本権としての物権と構成されている。その結果、目的物が第三者に譲渡された場合でも、所有権に基づく引渡請求に対して対抗することが可能である。たとえば、不動産売買において、買主が代金を払わずに目的不動産を転売したような場合に、転買主からの売主に対する明渡請求に対して、代金債権に基づく留置権の主張が認められる（最判昭和47・11・16民集26巻9号1619頁＝民法判百Ⅰ〈第7版〉76事件［藤原正則］）。

(2) 担保物権としての性質

留置権は、目的物に対する優先弁済権を有しないことから、論理的に、物上代位性を否定されている。留置権は交換価値を支配する権利ではないと考えられているからである（民執195条の書きぶりを参照）。しかし、担保である以上、被担保債権の存在は必要であって、被担保債権が消滅すれば留置権も消滅する（消滅における**附従性**）。また、被担保債権が譲渡された場合には、留置権も、それに随伴して移転するものと解されている（**随伴性**）。

留置権者は、「債権の全部の弁済を受けるまでは、留置物の全部についてその権利を行使することができる」（296条）。これを**不可分性**といい、他の担保物権にも準用されている性質である（305条、350条、372条。詳しくは、清水元「留置権の不可分性について」東北学院大学論集〈法律学〉47号［1995年］27頁参照）。被担保債権が減少しても、留置権の割合的消滅を認めるのは煩瑣だからであり、これによって生じ得る目的物の価値と被担保債権額のアンバランスは、301条による代担保提供による留置権消滅請求によってはかることになろうか*。

*【留置目的物が減少したときは？】　民法296条の不可分性は、主として被担保債権が弁済によって減少した場合に関するもので、先取特権や抵当権における不可分性も、そのような意味で理解されている。しかし、留置権の場合には、しばしば目的物の占有の部分的喪失による担保的効力への影響という問題も生じる。たとえば、宅地造成業者が土地の造成部分を順に引き渡していったところ、注文主が造成代金を支払わないので、最後に造成した土地を留置しているような場合、既に引き渡した土地についての造成代金は無担保になっていると考えるべきか。最判平成3・7・16民集45巻6号1101頁は、「留置権者が留置物の一部の占有を喪失した場合にもなお右規定［民法296条］の適用があるのであって、この場合、留置権者は、占有喪失部分につき留置権を失うのは格別として、その債権の全部の弁済を受けるまで留置物の残部につき留置権を行使し得るものと解するのが相当であ（り）……、この理は、土地の宅地造成工事を請け負った債権者が造成工事の完了した土地を順次債務者に引き渡した場合においても妥当するというべきであって、債権者が右引渡に伴い宅地造成工事代金の一部につき留置権による担保を失うことを承認した等の特段の事情がない限り、債権者は、宅地造成工事の全額の支払いを受けるまで、残余の土地につきその留置権を行使することができる」としている。つまり、ここで留置権を放棄したというには、不可分性の利益の放棄の意思表示まで必要ということになる。物との牽連性が弱い商事留置権の場合には、なおさらであろう。

第2節　留置権の成立

　留置権に関する民法295条から302条のうち、296条～299条は全て既に成立した留置権の効力に関する規定であり、300条～302条は留置権の消滅に関する規定である。したがって、留置権の成立に関しては、295条があるだけである。295条は、第1項で、留置権の成立要件として、①「他人の物の占有者」であること、②「その物に関して生じた債権を有する」ことを掲げ、但書で③当該債権が弁済期にあること、第2項で④「占有が不法行為によって始まった場合」でないことを規定している。①②は留置権者の側で主張立証責任を負うが、③④は権利成立の障害事由として、留置権の成立を争う債務者や所有者側が証明責任を負う（生熊・233頁など。所有者からの返還請求に対して留置権者が留置権を抗弁として主張する場面では、②でよく、修理代金後払いの約定があるときは、所有者が再抗弁としてこれを主張して留置権の抗弁を喪失させることになる）。以下、それぞれの要件について敷衍しよう。

1　他人の物の占有

(1)　他人の物

　条文上、留置物は債務者の所有する物に限定されない**「他人の物」**である（商事留置権では「債務者所有の物」に限定されている）。判例（大判昭和14・4・28民集18巻484頁など）も、債務者以外の第三者の所有物について、留置権の成立を認める。誰の所有物であるかは留置権者のあずかり知らないことであるし、かりに目的物が賃借物や寄託物などの場合でも、結局は所有者に返還するために債務者が取り戻す必要があるから、債務の履行への推進力を得るという留置権の機能は発揮されよう。また、その物に関して生じた債権が、物の価値を増加あるいは維持することに貢献しているとすると、所有者としても、かかる負担を甘受すべき立場にある。問題は、債務者に支払いを間接的に強制できないような場面、例えば、留置物が盗品であったような場合であるが、たとえ修理に出した高級腕時計が盗品であったとしても、修理

を依頼した盗人は修理代金を払わないと目的物を手に入れられないわけであるから、やはり、わずかながらも留置的効果は期待できそうである。

(2) 二重譲渡の局面

例えば、Aから甲不動産を購入して引渡しを受けたBが移転登記を備えない間に、AがCにこれを二重に譲渡して、Cが先に移転登記を受けたとしよう。対抗問題でCに劣後するBは、履行不能を理由としてAに対する損害賠償請求権を有するが、これを被担保債権として甲不動産を留置することは可能だろうか。最判昭和43・11・21（民集22巻12号2765頁＝民法判百Ⅰ〈第5版新法対応補正版〉80事件［清水元］、古積健三郎「留置権の成立要件としての牽連性」法教412号［2015年］143頁も参照）は、これを否定する。形式的には留置権が成立しそうであるが、ここで留置権の成立を認めると、Cとしては第三者弁済によって取り戻すほかないが、177条によって既に決着の付けられたBC間の優劣関係が留置権によって覆されることは、妥当でない。留置権の成立要件となる物と債権の牽連性は、あくまで所有権行使を制限するに足る公平性が認められる場合に限定されるべきである（道垣内・21頁）。別の観点から言うと、債務者に対しては間接的な強制が働かず、むしろ専ら第三者に対して強制を加えて債務者の無資力リスクを転嫁するだけとなるような場面では、留置権の成立は否定されるべきである（最判昭和51・6・17民集30巻6号616頁の判決理由も参照）。

不動産の買主Aが、代金を売主Bに支払わないために売買契約を解除された後に、これを第三者Cに売り渡して所有権移転登記を経由したため、Bに対する土地の返還債務を履行不能としたことによって発生した代償請求権につき、当該不動産に留置権の成立を否定した例（最判昭和62・7・10金法1180号36頁）も、Aを起点とする二重譲渡に類比して考えることが可能であるから、同様に考えてよいであろう（なお、幾代通・民法研究ノート［有斐閣、1986年］124頁以下、田髙・158頁以下も参照）。

2　その物に関して生じた債権

(1)　物と債権の牽連性

いかなる場合に、「その物に関して生じた債権」といえるかは問題である。**債務関係を生み出す同一の構成事実は多様であり、契約関係に限られない。**

①　代金　　まず、物を売却したときの対価に関する請求権（**代金請求権**）が、当該目的物と密接な牽連関係を有することについては、あまり異論があるまい。請負契約における完成物と**報酬請求権**についても同様である。ただ、これらは、ほとんどの場合に同時履行の抗弁権によって問題を処理することが可能であるから、専ら契約関係の外に第三取得者等が登場した場合について留置権の成否が論じられる（田髙寛貴「請負代金債権を担保する留置権の第三者効」内池慶四郎先生追悼・私権の創設とその展開［慶應義塾大学出版会、2013年］427頁以下所収も参照）。

②　修理代金・保存費用など　　目的物の修理や保存のために費用が支出され、その**修理代金債権**や**費用償還請求権**について目的物の留置権が認められることが多い。特に、賃借人が、賃借目的物の保存のために修理代金を支払ったような場合には、賃借人の賃貸人に対する費用償還請求権を被担保債権として留置権が成立する例は古くから少なくない（大判昭和14・4・28民集18巻484頁［必要費］、大判昭和10・5・13民集14巻876頁［有益費］など）。

③　権利移転型担保の清算金　　仮登記担保の実行から生じる**清算金債権**は、目的不動産に関して生じた債権といえる（最判昭和58・3・31民集37巻2号152頁）。同様に、譲渡担保の場合、その実行から生じる清算金債権についても目的不動産に留置権が成立する（最判平成9・4・11裁時1193号1頁）。

④　物を原因とする損害賠償請求権　　キャッチボールで窓ガラスを破損した場合のように、物を原因として不法行為がなされ、その物が不法行為を契機として被害者の占有下にあるような場合にも、被害者は**損害賠償請求権**につき、その物に留置権を取得する。

⑤　取り違え　　ＡＢが店で鞄や傘を取り違えたような場合、互いの所有物の返還請求権について、それぞれの占有下にある物に留置権が成立すると

解されている（債権ではなく物権的返還請求権であるから厳密には類推適用か）。

①②③については、いずれも被担保債権が「物の価値の全部または一部の変容物」（道垣内・15頁以下）であることが分かる。また、④⑤は、同一の構成事実によって互いの請求権が、相補う関係にある。

(2) 賃貸借をめぐって

(ア) 建物買取請求に基づく代金債権と敷地留置権

借地借家法13条、14条は、借地上に建物を所有する借地人が、借地権終了時に自ら投下した資本を回収できるように建物買取請求権を認めている。借地人が、この建物買取請求権を行使した場合、建物の代金債権が生じ、その支払いがあるまで建物を引き渡すことを拒否できることは明らかであるが、敷地も留置できるか。判例は、「反射的効果」としてこれを認める（大判昭和14・8・24民集18巻877頁、大判昭和18・2・18民集22巻91頁など）。敷地の占有なしに建物のみを留置することは不可能だからである。

もっとも、たとえば、借地上建物の賃借人が、建物に対する費用償還請求権によって建物を留置しようとする場合にも敷地まで留置できるかとなると、これは否定されている（大判昭和9・6・30民集13巻1247頁）。敷地所有者は、建物買取義務まで負担しているわけではなく、建物所有者（＝借地人）に対する債権で建物賃借人が土地所有者の返還請求権を拒むことは、公平を失するとの判断による。

(イ) 造作買取請求に基づく代金債権と建物留置権

以上とよく似た問題に、建物賃借人が、借家契約の終了に際して造作（家主の同意を得て借家人が建物に付加した畳・建具・棚・照明など）の買取請求権（借地借家33条）を行使した場合に、造作代金債権のために建物を留置できるかという問題がある。造作代金債権が「建物に関して生じた債権」かが問われるわけであるが、判例（最判昭和29・1・14民集8巻1号16頁）は、これを否定する。造作が、取り外し可能であるために建物にまで留置権の効力を及ぼすことが適当でないと考えられたようである。しかし、造作のみを切り離して建物を明け渡すことを要求したのでは、造作についての留置権がほとん

ど実効性のないものになるため、学説の多くは、造作代金を建物に関して生じた債権と見ている。造作は、建物の構成部分でこそないが、建物に付加されて建物の効用を高めており、その意味で、造作代金は建物の価値の一部の変容物と考えられるからである。

3 債権の弁済期の到来

債務が弁済期にあるべきこと（295条1項但書）は、ある意味で当然である（同時履行の抗弁権の場合も同様である［533条但書］）。さもなくば、留置権によって間接的に履行を強制されるために、被担保債権に関する期限の利益が無意味なものとなりかねない。

4 占有が不法行為によって開始したのではないこと

占有が不法行為によって始まった場合には、留置権の成立は認められない（295条2項）。公平の見地からも、たとえば、Aからバイクを盗み出した修理工Bが自ら修理をして故障を直したとしても、費用償還請求権の存在を理由に留置権を主張できるとすることは信義則上も許されまい。

占有の最初は適法な占有であったが、途中から不法占有になったような場合は微妙であるが、それが信義に反するとはいえないような場合には適用を否定し（295条2項の反対解釈）、196条2項但書［悪意占有者の費用償還請求］により、その償還について相当の期限を付与することがない限り、留置権が成立すると考える余地がある（我妻・36頁、柚木＝高木・26頁、小川保弘「民法295条2項と同196条2項との関係について」山形大学紀要社会科学8巻1号［1977年］187頁（同・物権法研究［法律文化社、1985年］131頁以下所収）、清水元「不法占有と民法295条2項の類推適用」争点Ⅰ152頁以下など参照）。もっとも、判例によれば、賃貸借契約が債務不履行等を理由に解除された後に、支出された建物修繕費や有益費の償還請求権に基づく留置権の主張や（大判大正10・12・23民録27輯2175頁、最判昭和46・7・16民集25巻5号749頁＝民法判百Ⅰ〈第7版〉77事件［古積健三郎］など）、売買契約が合意解除された後も占

有していた目的物に費用を投じた場合（最判昭和41・3・3民集20巻3号386頁）、抵当権の設定された建物の購入者が、抵当権実行により競落した競落人に対して自己の所有権を対抗できないことを知りつつ建物に費用を支出した場合（最判昭和48・10・5判時735号60頁）などについて、「権原のないことを知りながら不法にこれを占有中に」なした支出に関して留置権を主張することはできないとの態度を示している。いずれも占有者の悪意が前提とされているが、少なくとも不法占有者に過失がないことの明らかな場合や（道垣内・25頁）、賃借人が解除や更新拒絶の当否を争っているような場面においてまで留置権を否定するのは、いかがなものであろうか（最判昭和51・6・17民集30巻6号616頁では、「無権原に帰する可能性を疑わなかった点に過失があった場合」まで、295条2項を類推して留置権の成立を否定する）。

第3節　留置権の効力

1　留置的効力

(1)　目的物の保管と善管注意義務

　債権の弁済があるまで目的物を留置しておくことができるのが留置権の効力の核心である。具体的には、引渡請求されても、引渡しを拒絶することができ、その留置に伴う占有は不法占有とならない。ただ、留置権者には、果実収取権はあるものの、使用権があるわけではなく、留置物の保管について善管注意義務を負う。

　留置権者は、債務者の承諾なくして留置物の使用・賃貸・担保供与をなし得ない（298条1項、2項本文）。逆にいえば、債務者の承諾があれば、使用・賃貸・担保供与も可能であり、かかる承諾の効力は第三者に対しても対抗できる*。

　もっとも、留置権者としては、留置物の保存に必要な使用はなし得ることから（298条2項但書）、たとえば、家屋賃借人が支出した必要費の償還（608条1項参照）が得られないような場合には、賃貸借契約解除後も引き続き従来の家屋に居住して留置権を行使できると解されている（大判昭和10・5・13民集14巻876頁）。この場合、必要費が提供されればすみやかに明け渡す用意をした上での使用であるから、全く従前通りというわけにはいくまい（船舶賃貸借についてであるが、遠距離にわたる使用が「保存に必要な限度」を逸脱したものとする最判昭和30・3・4民集9巻3号229頁も参照）。従前通りの、家屋の使用によって得られた利益（家賃相当額）があれば、不当利得として清算されるべきである。その際には、使用利益は果実に準じて（297条類推）、優先的に債権への弁済に充当されることになろうか。

　留置権は物権であるから、何人に対してもこれを主張することが可能で、留置物の強制競売における買受人（競落人）に対しても、債権の弁済があるまでは目的物の引渡しを拒むことができる（民執59条4項）。そのため、留置

権には優先弁済権がないが、事実上、弁済を受けることで優先弁済権があるなどといわれている。ちなみに、留置権の目的物が「動産」であるときには、留置権者が目的物の提出を拒む限り、目的物についての強制競売手続を進めることができない（民執124条）。それゆえ、ときに占有継続を狙った留置権による執行妨害も深刻な問題となることがある*。

*【使用承諾の競落人に対する対抗】　最判平成9・7・3民集51巻6号2500頁では、Aが、Bから、B所有地上に建物を建築することを請け負い、Aが建物を完成させてBにいったん引き渡し、建物の名義をBにして保存登記をしたところ、Bが代金を支払わなかったために、再度、Aが建物の引渡しを受け、Bの同意の下でこれを使用していたという事案である。当該土地建物が競売に付され、Cが競落し、Cからの明渡請求に対してAが留置権を主張し、Cが留置権消滅を請求した。最高裁は、「留置物の所有権が譲渡等により第三者に移転した場合において、右につき対抗要件を具備するよりも前に留置権者が298条2項所定の留置物の使用又は賃貸についての承諾を受けていたときには、留置権者は右承諾の効果を新所有者に対抗することができ、新所有者は右使用等を理由に同条3項による留置権の消滅請求をすることができない」とした。留置権者Aが自ら目的物を留置しているだけである場合には、留置権を買受人Cに対抗できることに疑問がないとすると、債務者Bの承諾を得て使用・賃貸した場合において、Cからの留置権消滅請求が認められるとすることはバランスを欠くことになろうから、判例の態度は正当と言うべきであろう。

*【留置権による不動産の執行妨害】　留置権が認められると目的物の占有継続が可能になり、不動産執行でも、留置権につき引受主義（民執59条4項、188条）がとられている。それゆえ占有継続を狙った者が留置権を主張することで執行妨害をはかるケースが少なからず生じている。具体的には、賃借権を対抗できない自称借家人が必要費や有益費を支出したとして売却不動産に留置権を主張するような例も見られる。このことへの配慮は、執行妨害的占有者が、目的物に有益費を支出した場合に留置権の成立を否定する、悪意の占有（過失の場合も）に対する裁判所の厳しい姿勢となって現れている（前掲最判昭和51・6・17における295条2項の類推適用）。執行手続上の問題につき、関武志「留置権の現代的意義」新争点132頁以下、134頁も参照。

2　果実収取権

留置権者には、使用権はないが、**果実収取権**が認められている（297条1

項)。したがって、天然果実・法定果実を問わず、果実が生じた場合にはこれを収取して、売却代金などから優先的に債権回収をはかることができる（まず利息に、残額は元本に充当する［297条2項］）。もっとも、298条2項との関係では、あまり大きな意味はない。

3 費用償還請求権

留置権者が留置物に**必要費**あるいは**有益費**を支出したときは、目的物所有者に対して、その償還を求めることができる（299条）。

4 競売権

留置権者には優先弁済権はないが、**競売権**だけは認められている（民執195条）。これは、目的物の保管に必要な換価手続的な意味合いが強い（**形式的競売権・形式競売**）。そもそも留置権には優先弁済的効力がないのであるから、本来ならば一般債権者と同順位で弁済を受けることになるはずである。しかし、現実には、他の債権者の配当加入はありえず、換価金は留置権者に交付され、以後、留置権者はこれを留置する結果となる。そこで、留置物所有者が債務者である場合は、留置権者が（被担保債権と換価金返還請求権との）相殺を利用して事実上の優先弁済を受けることになる。

以上に対し、他の債権者による競売手続の場合には、留置権者は、優先的に配当を受けることができない。しかし、ここにも留置権者ならではの権利主張の余地が残されており、事実上、執行手続を円滑に進めるには留置権者に優先的な弁済がなされる可能性があることに留意すべきである＊。

＊**【他の債権者による競売と留置権】** 留置物が「動産」の場合、一般債権者による強制執行に対して、留置権者は執行官に目的物を引き渡すことを拒んで、その執行を阻止することができる（民執124条）。動産担保権者が強制競売しようとしても、留置権者が差押えを承諾する旨の文書を提出しない限り、手続きを開始できない（民執190条）。そうなると、他の債権者としては、弁済などによって留置権を消滅させない限り、執行手続を進めることが不可能となる。他方、不動産の場合には、留置された状態のままでも競売手続を開始することが可能である。しかし、留置権

者は、競落人に対しても留置権を対抗することができるために、結局、競落人が被担保債権を弁済しない限り引渡しを受けることができず（民執188条による59条4項の準用）、留置権者は、依然として、弁済があるまで従前と同様に目的不動産の留置を継続することが可能となる。

第4節　留置権の消滅

　留置権は、物権および担保物権一般の消滅原因である目的物の消滅・放棄・混同のほか、被担保債権の消滅（→附従性による担保権の消滅）などによって消滅する。そのほかに、民法は、次の消滅事由を定めている。

　第一に、留置権者に留置物保管義務等についての違反があり、債務者が留置権の消滅請求をしたとき（298条3項）。

　第二に、債務者が相当の担保（代担保）を提供して留置権の消滅請求をしたとき（301条）。代担保を留置権者が了承しない場合でも、この消滅請求は形成権と考えられるから（我妻・46頁以下）、適切な代担保の提供があれば実体的に留置権は消滅する。しかし、留置権者による代担保の了承を必要とする単独行為とする見解（柚木＝高木・38頁、近江・38頁など）もある。いずれにせよ、相当な代担保であることが留置権者によって争われ得るとすると、結果的には、代担保についての了承の意思表示に代わる判決を要すると考えても同じである。

　第三に、留置権者が留置物の占有を喪失したとき（302条本文）。ただし、留置権者が、債務者の承諾を得て、目的物を賃貸したり質入れしたような場合は、代理人による占有を通じて留置権者が留置物を間接占有しているから、占有を喪失したことにはならない（302条但書）。一時的に占有を奪われた場合でも、留置権者が占有回収の訴えによって、奪われた目的物を取り戻すことができれば、留置権は消滅しない（203条但書）。もっとも、占有侵奪者が所有者である場合には、占有回収の訴えに対して、所有者から所有権に基づく返還請求を反訴（又は別訴）で提起される可能性があるが、これを認めることは、所有者の自力救済を追認する結果となるばかりか、一方的に留置権者の留置権を失わせる結果となるため、権利の濫用として認めるべきではあるまい（道垣内・41頁、生熊・247頁など）。

　第四に、債務者が破産したとき（破産66条3項）。ここには留置権の担保物権としての性格の弱さが現れている。ただし、商事留置権の場合は別で、特別の先取特権とみなされる（破産66条1項）。

第3章

先取特権

　ここでは、各種の先取特権について学ぶ。民法は、債権者間の公平や社会政策上の配慮、当事者の意思の推測などを根拠に、15種類の先取特権を法定担保物権として定めている。たしかに、現代において、現実に機能して、その存在意義が高く評価されている先取特権は少ない。しかし、一方で、抵当権などの約定担保物権の設定を受けることが期待しがたい弱小債権者の債権にとっては、最後の砦ともなる担保である。特別法を含めると130種類以上存在するといわれる先取特権は、約定担保からの「嫌われもの」であるかも知れないが、真に保護すべき債権について必要な範囲で優先権を付与することは、それなりに意味のあることである。不法行為に基づく損害賠償請求権や配偶者の財産分与請求権など、実際に予め担保を取りにくい債権については、将来に向けて、先取特権を付与する可能性が模索されてよい。ただ、公示の不充分な法定担保物権である先取特権に、どの程度の効力を与えるべきかは、制度に対する評価とも絡んで意見が分かれる。先取特権の具体的効力の内容や優先順位は、それぞれの先取特権の種類や目的物に応じて異なっている点には注意が必要である。多くの場合、先取特権は公示されない権利であるから、誰が何について先取特権を有しているかが外部から窺い知れないため、その効力に一定の制限が加えられざるを得ないことは容易に理解されよう。

第1節　先取特権の意義

1　先取特権とは

　たとえば、ある動産（甲）の売買において、売買代金の債権者Ａ（売主）は、甲を引き渡したにもかかわらず債務者Ｂ（買主）が代金を支払わないときは、甲を差し押さえて競売に付し、その換価金から他の一般債権者よりも優先的に売買代金を回収する権利を有するとするのが実質的に見て公平であり、当事者の合理的な意思にも適っているように思われる（動産売買の先取特権：311条5号、321条参照）。甲は、Ａの債権の「見返り」すなわち対価的給付としてＢの財産の一部を構成するに至ったからである。同様のことは、不動産工事代金の当該不動産に対する関係でも妥当しよう（不動産工事の先取特権：325条2号、327条参照）。また、多くの債務を負っていた者が死亡したが、葬式費用がきちんと支払われるかどうかわからないようでは、葬式すらできないため、相応の葬式費用の債権者には相続財産からの優先的な債権回収を認めることが、社会政策的にも望ましい（葬式費用の先取特権：309条）。同様に、労働者の給料債権が不払いとなっているような場合、その労働によって維持・増殖されたと見られる使用者の資産に対して、他の一般の債権者に優先して債権を回収させることが社会政策的にも妥当と考えられることが多かろう（雇用関係の先取特権：306条2号、308条）。さらには、債務者の責任財産が減少するのを防ぐため、債権者の中の一人がその財産保存費用などの共益費を支出したような場合には、これによって他の債権者も結果的に利益を得るわけであるから、共益費用についての債権者には一定の優先的な債権回収を認めるのが公平であろう（共益費用の先取特権：306条1号、307条参照）。そしてまた、不動産賃貸借の賃貸人は、賃料が支払われないときには、借地や賃借建物に備え付けた動産からの債権回収を期待し（不動産賃貸の先取特権：311条1号、312条参照）、旅館の主人は、宿泊料について、客の持ち込んだ手荷物に対して同様の期待を抱くに違いない（旅館宿泊の先取特権：311条

2号、317条参照)。

このように、「**先取特権**(さきどりとっけん)」とは、①**公平の観念**、②**当事者の合理的意思の推定**、もしくは③一定の**社会政策的配慮**、④**特定産業の保護**などを理由として(星野・197頁)、特定の債権を特別に保護すべきものと認め、債権者平等の原則を破って、債務者の総財産に対し(**一般先取特権**)あるいは債権と特別な関係のある特定財産に対し(**特別先取特権**:これには目的物に応じて**動産先取特権・不動産先取特権**の区別がある)法が直接に債権回収上の優先権を付与した**法定担保物権**である(303条)。諸外国の立法例では、物権と構成しないものも少なくないが、日本民法における先取特権は、フランス民法・旧民法に倣って物権として構成されている(梅・323頁)。

2 先取特権の性質

先取特権は、被担保債権に附従し(**附従性**)、その移転に随伴すると考えられる(**随伴性**。ただし、道垣内・77頁は、雇用関係の先取特権は一身専属的目的によるものであるから随伴性は認められないという)。また、**不可分性**を有し、一般先取特権以外の先取特権については、その目的物に代わるもの(価値変形物)にも効力が及ぶ(304条の「**物上代位性**」)。

先取特権は、占有を伴わない**優先弁済権**のみの担保物権であるから、約定担保物権である抵当権などと似てはいるが、法律上認められるものであるから設定契約などは不要であり、対象も動産・不動産・債権を問わず、一般先取特権のように債務者の一般財産にも広く認められ得るものもある。

ただ、一般の先取特権は登記なしに特別担保を有しない一般債権者に優先しうる反面、登記をした第三者には対抗できず(336条)、不動産先取特権の登記は対抗要件ではなく効力要件とされている(337条、338条、340条)など、やや不完全な優先権である。また、公示の要請にも、充分に対応していないことから、近代法における物的担保制度の進展過程からすれば「極度に嫌悪される」、「やや遅れた態度である」(我妻・50頁以下)との評価もある(比較的新しい立法であるドイツ法やスイス法では先取特権を原則として認めず、例外的なものとしている)。しかしながら、先取特権は、債権者平等の原則に委ね

て按分比例で弁済を受けることが妥当でないと法が考え、特別に保護しようとした政策的産物でもあり、問題となる債権と目的物の関係（縁）の深さを背景にしつつ、債権者間の公平、弱小債権者への社会政策的配慮、当事者意思の推測などによって基礎づけられることによって、約定担保を設定することの困難な、いわば弱小債権者を守る機能が期待されており、その需要も決して小さくない（ただし、現実には必ずしもそのように機能していないことにつき、角紀代恵「先取特権の現代的意義」新争点135頁以下参照）。

　民法典では、4種の一般先取特権と、8種の動産先取特権、3種の不動産先取特権が規定されているが、民法制定後も先取特権の数は増加し、特別法に規定されているものを含めると優に130種を超えるといわれる（林編・注釈民法(8)167頁以下［甲斐道太郎］、遠藤浩ほか・民法注解・財産法(2)物権61頁以下［松岡久和］）*。とはいえ、様々な先取特権の林立状態は、実際の配当場面での結果を不透明なものにし、利益調整を困難なものにすることは否めず、立法論・解釈論の両面からの優先劣後関係の整序と公示の要請への配慮が必要である。

　なお、先取特権は、**公示のされない権利**であり、そのために効力に一定の制限がある。すなわち、**優先弁済効・物上代位性**（304条）はあるが、**追及効は制限**されている（特に動産。333条）。つまり、留置権は目的物が留置者の手元にある限りで威力を発揮するものであるが、動産先取特権は、目的物が債務者に帰属している限りで効力を有するのである。

　　＊**【特別法による先取特権】**　民法以外にも先取特権を定める法律は多い。民法の先取特権と関係の深いものについては、その都度触れるが、それ以外にも重要なものがかなりある。特に、実務上重要なものとしては、租税や社会保険料の先取特権をはじめとする国や地方公共団体の債権を被担保債権とする先取特権（国税徴収法8条［ただし、19条、20条の例外］、地方税14条、健保182条、国健保80条4項、厚生年金88条、労保徴収29条など）がある（「その他の債権に**先立って徴収する**」との表現が見える）。また、公共事業への投資を促進する目的で、電力会社の社債（電気事業37条）、NHK放送債権（放送42条6項）の債権者には、それぞれの法人の総財産について一般先取特権が与えられている。会社の債権者の保護のためには、石綿による健康被害の救済に関する法律27条、日本アルコール産業株式会社3条、日本郵政株式会社7条、高速道路株式会社8条、独立行政法人日本学生支援機構19条3項、国立大学法人33条4項、資産流動化に関する法律128条などがある。動産先取特権としては、

区分所有7条、農業動産信用4条以下などがある。不動産先取特権については、借地借家12条、立木については、立木ノ先取特権ニ関スル法律、債権については、保険117条の2などがある。また、船舶に関して生じた特定債権については、歴史的に、様々な船舶先取特権が認められている（商法842条以下、船舶の所有者等の責任の制限に関する法律95条、船舶油濁損害賠償保障40条、国際海上物品運送19条など）。

第2節　各種の先取特権の内容

1　先取特権の分類

　先取特権は、それが認められるべき理由が異なることとも関連して、対象となる目的物も先取特権の種類ごとに異なる。たとえば、雇用関係の先取特権では、被用者たる社会的弱者の生存への配慮が強い一方で、使用者・被用者の特定の財産との結びつきが弱いために、債務者たる雇用者の総財産を目的物とする先取特権（**一般先取特権**）が認められ、動産売主の先取特権では、他の債権者との実質的公平の観点から売買目的物である動産についてのみ優先権を認め（**動産先取特権**）、不動産の工事・保存・売買などに関する債権では当該不動産についてのみ優先権が認められる（**不動産先取特権**）といった具合である。また、そこでの債権の性質に応じて、先取特権としての優先的地位の順序、内容なども異なってくる。以下では、その目的物に着目して、民法における各種の先取特権について説明しよう。

2　一般先取特権（306条）

(1)　一般先取特権の趣旨と成立

　債務者の**総財産の上に**＊存在する先取特権を「**一般先取特権**」と呼ぶ（306条）。一般先取特権を有する債権者は、債務者のどの財産でも差し押さえて競売することができ、その換価代金から優先的に弁済を受けることができる。

　民法の定める一般先取特権は、①共益費用（307条）、②雇用関係（308条）、③葬式費用（309条）、④日用品供給（310条）の4種である（306条）。複数の一般先取特権が競合する場合の順位は、306条に掲げる①→④の順であり（329条1項）、一般先取特権と特別先取特権（動産先取特権・不動産先取特権）が競合する場合には、原則として特別先取特権が優先するものとされている

(329条2項)。同種・同順位の先取特権が競合する場合は、その被担保債権額に応じて按分比例で弁済を受ける（332条）。

　一般先取特権について格別の対抗要件は不要であるが、債務者の個々の不動産については先取特権の登記をすることができる（なお国税徴収20条1項4号、地方税14条の14第1項4号には「登記した一般の先取特権」という表現が見える）。不動産の場合、登記をしておけば、第三取得者や他の担保権者と競合した場合に有利な地位に立つが（民法336条、不登3条5号）、現実には、被担保債権が小さいこともあって登記されることはまれである（道垣内・46頁）。また、賃金債権のように、被担保債権が随時拡大していくような場合には、登記方法に工夫が必要である（山野目章夫「賃金担保権の公示のあり方をめぐる諸問題」みんけん527号［2001年］17頁、より一般的には、山崎寛「一般先取特権の機能・現状・問題点」米倉明ほか編・金融担保法講座Ⅳ［筑摩書房、1986年］198頁以下所収の分析も参照）。

　＊【債務者の総財産】　「総財産」といっても、債務者の財産全部を総体としてとらえて、そこから優先弁済を得るというのではなく、実行のときには、個々の財産について権利を行使することになる。実行の仕方は、債権執行・動産執行・不動産執行のそれぞれの手続きに従って行われ、差押禁止財産［民執131条、152条、生活保護58条、国健保67条、恩給11条3項、母子保健24条など］が除外されることはいうまでもない。

以下、4種の一般先取特権の各々の内容につき敷衍する。

① **共益費用**（306条1号）　共益費用とは、ある者が、全債権者の共同の利益のためにした、債務者の財産の保存・清算または配当に関する費用をいう（307条1項）。その趣旨は、このような費用が全債権者が弁済を受ける原因となったものであるから、まずこれに優先的な地位を与えないと不公平

表3-1　【一般先取特権（306条）】

種類	条文	被担保債権
① 共益費用	307条	債権者の共同の利益のための（保存・清算・配当）費用
② 雇用関係	308条	雇用関係に基づいて生じた債権（給与等）
③ 葬式費用	309条	相応に実施された葬儀費用
④ 日用品供給	310条	債務者・扶養同居親族等の6か月分の飲食費・光熱費

になるという、ごく常識的な理由にある。具体的には、債務者の権利が第三者によって時効取得されそうな場合に、債務者に代わって時効を中断する費用や（147条参照。423条の債権者代位権による）、債務者の詐害行為を取り消す際の費用（424条の詐害行為取消権による）が「保存」に該当し、法人の清算人の支出した費用（一般法人206条以下、会社475条以下など）が「清算」にあたる。「配当」については、民事執行や担保実行、破産手続に要した費用に関し、民事執行法、破産法に同旨の規定がある（民執42条2項、同194条、破産148条1項1号、民事再生119条1号、会社更生127条1号など）。

　全債権者ではなく、一部の債権者の利益のみになっている場合には、利益を受けた債権者に対してのみ優先権を主張できる（307条2項）。

　なお、区分所有権法7条では、区分所有者が他の区分所有者に対して区分所有建物の共同管理費用についての債権を有する場合や、管理者・管理組合法人がその職務を遂行するについて区分所有者に対する債権を有する場合において、債務者の区分所有権や建物に備え付けた動産を目的とする先取特権を、債権者に付与している。民法306条1項と趣旨を同じくする先取特権といえよう。

　② **雇用関係**（306条2号）　　雇用関係の先取特権は、「給料その他債務者と使用人との間の雇用関係に基づいて生じた債権」について存在する（308条）。債権者たる労働者保護を企図したもので、平成15（2003）年の改正で「雇人」を**「使用人」**に変更した。これにより、現行法の「使用人」は、広く雇用契約・請負契約・委任契約などを通じて労務を提供する者を指す（最判昭和47・9・7民集26巻7号1314頁の趣旨にも合致する）。また、被担保債権の範囲については、かつて、最後の6か月分という制限が付されており（改正前308条）、かような制限のない会社法上の使用人とのアンバランスが著しかったが、この点も平成15（2003）年改正で解消された。現行法では、被担保債権は期間制限のない先取特権によって保護されている。今日では、会社法上の従業員の給料債権などは、民法308条に基づいて先取特権が認められているわけである（谷口園恵＝筒井健夫・改正担保・執行法の解説［商事法務、2004年］13頁以下参照）。ただ、この先取特権によって、どれほど労働債権の保護が図られているかは疑問であり、登記によって、優先的な対抗力を備えよ

うとしても技術的困難を伴う。

　ちなみに、会社更生手続における未払給料債権等は、手続開始前の6か月分についてのみ共益債権として処遇され（会社更生130条）、破産手続きにおいても、手続開始前3か月間に生じた給料債権等が財団債権として保護される仕組みになっている（破産149条）。

　③ **葬式費用**（306条3号）　財産の乏しい者でも相応の葬式が出せるように配慮することが、人間性の尊重や国民道徳上も望ましく、他方で、衛生上の見地からも必要である。そこで、葬儀社や遺族などが、債権回収について心配しなくとも、相応の葬式を行うことができるようにということで定められたのが、葬式費用の先取特権である（梅・335頁、星野・199頁など）。もっとも、「華美な」葬儀の費用についてまで先取特権を認める必要はないから、被担保債権は「相当な額」に限られる（309条1項）。とはいえ、先取特権があるからといって葬儀が容易になるとは思えず、貧者でも容易に葬儀が営むことができるようにするという機能は生活保護法や社会保障法によって担われざるを得ない（生活保護76条2項、老人福祉27条2項など参照）。

　民法309条1項にいう**「債務者」**とは**死亡者**のことであり、債権者は、その遺産の全体の上に先取特権を有する。ただ、死亡者にほとんど財産がない場合は先取特権も無意味なものとなる。そこで、同条2項では、その**扶養すべき親族**が死亡者に代わって葬式を営むときは、葬式を営んだ扶養義務者（これが2項の「債務者」）の財産の上に、先取特権を認めている。同項にいう扶養すべき者は、単に法律上の扶養義務者（752条、877条参照）に限られず、死亡者に代わって葬式費用を負担せざるを得ない立場にある者を包含すると解される（道垣内・50頁）。

　④ **日用品の供給**（306条4号）　日用品供給の先取特権は、生活必需品供給者が、資力の乏しい者に対しても安心して供給ができるようにとの趣旨で定められた先取特権で、債務者の当座の生活を保障することにもつながる。被担保債権は、債務者および債務者の扶養すべき同居の親族（判例［大判大正11・6・3民集1巻280頁］によれば内縁の妻も含まれる）、債務者の家事使用人の**生活に必要な飲食料品・燃料・電気の供給についての費用債権のうち最後の6か月分**である（310条）。最後の6か月間は、先取特権の行使時から

起算して、遡って半年ということになる。クレジット・カード払いや口座引落としのような形態の場合にも、当該債権者に先取特権が肯定されよう。

生活保障という観点から、債務者が法人のときは、本条の適用範囲外と解されている（最判昭和46・10・21民集25巻7号969頁）が、個人企業のように実質的には自然人と評価できるような場合をも排除する趣旨ではあるまい。

(2) 一般先取特権の実行

一般先取特権者は、不動産以外の財産→特別担保（不動産先取特権・質権・抵当権）の目的でない不動産→特別担保の目的不動産の順で、執行すべきこととされている（335条1項、2項。違反の場合の不利益につき335条3項）。他の債権者が執行する場合は、これにこだわらない（335条4項）。要するに、自ら執行する場合は、他の債権者に影響の少ない財産から、という要請が働いているわけである。また、既に述べたように、不動産については原則として登記が必要であるが、先取特権の登記がなくとも一般債権者には対抗可能である（336条本文）。しかし、登記を有する第三者（抵当権者・一般先取特権者・第三取得者など）には対抗できない（336条但書）。

3 動産先取特権（311条）

(1) 動産先取特権の趣旨と成立

一定の原因によって生じた債権を担保するために、債務者の**特定の動産**の上に成立する先取特権を、「**動産先取特権**」という（311条）。民法の定める動産先取特権には、①不動産賃貸（1号）、②旅館宿泊（2号）、③運輸（3号）、④動産保存（4号）、⑤動産売買（5号）、⑥種苗肥料供給（6号）、⑦農業労務者賃金（7号）、⑧工業労務者賃金（8号）の8種がある（特別法上の動産先取特権については、今中利昭「動産の先取特権の種類とその内容、効力」加藤一郎ほか監修・担保法大系（第2巻）487頁以下［金融財政事情研究会、1985年］に詳しい）。いずれも、債権の発生原因と目的物の間に、一定の密接な関係が認められ、債権者間の公平のほか、社会政策や産業政策上の配慮に基づくものである。なお、かつては、以上のほかに「公吏の職務上の過失によっ

て生じた債権（旧320条）」についても先取特権の定めがあったが、現在では、国家賠償法によって、公務員の不法行為について国・地方公共団体の厳格な損害賠償責任が認められていることから、削除された。

表3-2 【動産先取特権（311条）】

種類	条文	被担保債権	目的物
① 不動産賃貸	312～316条	不動産賃貸借関係から生じた賃借人の債務	賃借人の動産
② 旅館宿泊	317条	宿泊客に対する宿泊料・飲食料	宿泊客手荷物
③ 運輸	318条	旅客・荷物の運賃及び付随費用	占有荷物
④ 動産保存	320条	動産又は動産に関する権利の保存費用	当該動産
⑤ 動産売買	321条	動産の代価及びその利息	当該動産
⑥ 種苗肥料供給	322条	種苗肥料の代価及びその利息	種苗等の果実
⑦ 農業労務	323条	労務従事者の最後の1年分の賃金	労務の果実
⑧ 工業労務	324条	労務従事者の最後の3ヶ月分の賃金	労務の製作物

　同種の動産先取特権が複数存在する場合には、原則として、債権額の割合に応じて弁済を受けるものとされている（332条）。ただし、④動産保存の先取特権に関しては、後の保存者が優先するので注意が必要である（330条1項後段）。

　異種の先取特権の優先順位は、成立順ではなく、原因順によるのが原則であり、①②③が第1順位、④保存関係が第2順位（ただし、第1順位の者がこれによる利益を受けている場合は、それにも優先する［330条2項後段］）、残りが第3順位である（330条1項）（①②③＞④＞⑤⑥⑦⑧）。しかし、被担保債権取得時に後順位の先取特権が成立していることを知っていた場合は、優先権を主張できない（330条2項前段）。目的物の果実（特に天然果実）については、特別なルールが用意されており、第1順位は⑦の農業労務従事者、第2順位は⑥の種苗肥料供給、第3順位は土地賃貸人とされている（330条3項）。

　動産先取特権についての特別な対抗要件は存在しないが、目的物の所在に制限が課せられ、目的物が第三者に引き渡された後は、動産先取特権の効力が及ばなくなる（333条［追及効がない］）。他の担保物権との優劣関係は、**留置権 ＞ 動産質権 ≧ 動産先取特権 ＞ 一般先取特権**となる（334条）。

(2) 動産先取特権の内容

以下、8種の動産先取特権の各々の内容につき敷衍する。

① 不動産の賃貸借（311条1号）

(i) 被担保債権　不動産の賃貸人は、賃料その他、賃貸借関係から生じた賃借人に対する債権を被担保債権として、賃貸借目的物に存在する賃借人の動産などの一定の動産につき先取特権を有する（312条以下）。この債権には、賃借人が目的物を毀損した場合の損害賠償請求権、賃貸人が立て替えた代金の返還請求権なども含まれる。

ただ、賃貸借関係から生じた賃借人に対する債権一般がむやみに優先されると他の債権者を害するおそれがあり（両者で通謀するおそれもないではない）、一定の制限がある。

第一に、賃借人の破産の場合のように、財産全体を清算する場合（**総清算**）で、損害賠償債権については「前期及び当期」において生じたもの、それ以外の賃料債権などは「前期、当期及び次期」のものに限定される（315条）。もっとも、「期」は、年単位の場合もあれば月単位の場合もあり得る。

第二に、賃貸人が**敷金**を受け取っている場合には、その敷金から回収できない部分の債権額に限定される（316条）。敷金自体が、既に賃貸借関係から生じた賃貸人の賃借人に対する債権の担保として機能すべく授受された金銭だからである。敷金からの債権回収には法定充当の規定が適用されるとするのが判例であり（大判昭和7・11・15民集11巻2105頁）、総清算の場合は、先取特権の存する債権から先に充当されることになる（489条2号）。

(ii) 目的物　不動産賃貸の先取特権の目的物については、詳細な規定がある。

第一に、土地賃貸借の場合には、賃借地に備え付けられた動産（排水用ポンプなど）、賃借地の利用のための建物に備え付けられた動産（備品庫など）、賃借地の利用に供した動産（芝刈り機、農具など）、賃借地の果実で賃借人の占有下にあるもの（倉庫内の穀物・果実など）が対象となる（313条1項）。なお、借地借家法12条は、借地権設定者に、借地人に対する最後の2年分の賃料について、借地権者又は転借地権者が借地上に有する建物を目的物とする先取特権を認めているが、地上権又は借地権の登記を効力要件としているこ

とから（同条2項参照）、あまり利用されていない。

　第二に、建物賃貸借の場合には、当該建物に備え付けられた動産が対象となる（313条2項）。ここにいう**「備え付けられた動産」**とは、一定期間継続して存置すべく持ち込まれた動産と解されており（大判大正3・7・4民録20輯587頁、大判昭和18・3・6民集22巻147頁）、金銭・有価証券・宝石などもこれに当たるとされる（同旨、星野・201頁、内田・512頁など。反対、我妻・80頁以下、柚木＝高木・61頁、近江・45頁、川井・259頁、道垣内・53頁）。当事者の合理的期待からすれば、建物の利用に関連して常置される動産に限られるべきであり、通常の居宅では、宝石などは対象外と考えるのが適当である。

　以上は、賃借人の所有動産であることが前提となっているが、賃借権が譲渡・転貸されている場合には、譲受人・転借人の動産および譲渡代金支払請求・転借料についても、要件を満たす限りで、先取特権が及ぶ（314条）。

(iii)　即時取得（善意取得）との関係　　民法319条は、即時取得の規定（192条、193条、195条）を準用しており、その結果、たとえば、建物賃借人が他人物を賃借建物に備え付けたような場合、賃貸人が、それを賃借人の所有物であると善意・無過失で信頼したようなときは、その他人物も先取特権の目的物となる。善意・無過失の基準時は、第三者所有物が「備え付けられた」時点であって、先取特権の実行時ではない。

　②　旅館の宿泊（311条2号）　　被担保債権は、宿泊客が負担すべき宿泊料・飲食料であり、目的物は、旅館に持ち込まれた宿泊客の手荷物である（317条）。宿泊料には、本人だけでなく、配偶者や子どもの宿泊料も含まれる。自動車の駐車料金なども、宿泊料に含めてよい。319条により、即時取得の規定が準用されることは、不動産賃貸借の先取特権と同様である。債権者の支配領域内に持ち込まれた動産に対して、債権者が有する合理的期待を保護する趣旨である（旅館に泊まるときは大きな手荷物を持っていく方が安心される？）。

　③　旅客又は荷物の運輸（311条3号）　　被担保債権は、旅客又は荷物の運送費およびこれに附随する費用（運送人によって立て替えられた税金・通行料・保険料など）であり、目的物は、運送人の占有下にある荷物である（318条）。②で述べたと同様、運送人の合理的期待を保護する趣旨である。運送

人は、併せて、留置権も有することが多い。319条により、即時取得の規定が準用されることは①②の場合と同様である。

　④　動産の保存（311条4号）　動産保存の先取特権の被担保債権は、動産の修繕費用や動物の飼養料のように「動産の保存のために要した費用」、および、第三者の取得時効を中断するために訴えを提起したときの費用のように「動産に関する権利の保存、承認若しくは実行のために要した費用」である（320条）。債務者の所有物であることを「承認」させたり、盗まれた動産を取り戻す債務者の引渡請求権を代位行使（「実行」）する際の費用なども、これに含まれる。

　目的物は、保存等の対象となった動産である。その保存費用が支出されたがゆえに、当該動産が滅失・毀損等を免れ、あるいは回復されたのであるから、いわば共益費用の先取特権に近い。

　⑤　動産の売買（311条5号）　動産売買の先取特権における被担保債権は、動産が売却された場合の、その代価および利息の債権であり、目的物は、当該動産である（321条）。動産売主が売却したからこそ、それが債務者の一般財産の一部をなしているのであるから、他の債権者より優先的に当該動産から債権を回収させることが公平に適うと考えられた結果である。無論、動産売主は、目的物を買主に引き渡すまでは、同時履行の抗弁権（533条）を有し、留置権（295条）を行使することもできる。それゆえ、先取特権が意味を持つのは、代金を受領する前に目的物を買主に引き渡したような場合に限られる。もっとも、売主が先履行義務を負っているような場合も多く、約定担保を持たない売主にとっては重要な担保として機能する*。ただ、多くの場合、売主は、買主の代金債務の不履行を理由に売買契約を解除して目的物を取り戻すことができるであろうし、特約で所有権を留保しておけば、それでも間に合う。したがって、先取特権が問題となるのは、所有権留保もしておらず、解除による回復の困難な事態（たとえば買主が他に目的物を転売した場合）ということになるが、その場合は、買主の代金債権に物上代位して（304条）、代金債権を回収することになり、これが問題の主要な形態である。

　ちなみに、動産の「売買」には、スーツの仕立てのような、いわゆる**製作**

物供給契約も含まれると考えるべきである（今尾真「請負契約・製作物供給契約と動産売買先取特権」内山尚三先生追悼・現代民事法学の構想［信山社、2004年］115頁以下）。

　　＊【動産売買先取特権の現在】　動産売買先取特権は、近時、にわかに脚光を浴びている。これは、後に見るように、動産売買代金への物上代位（304条参照）が昭和50（1975）年頃から判例によって保護されるようになったことによる。すなわち、債務者破産の場合において先取特権の優先弁済権を認めた最判昭和59・2・2民集38巻3号431頁が登場し、さらに、最判昭和60・7・19民集39巻5号1326頁が、債務者の一般債権者が先に転売代金債権を差し押さえても、その者が転付命令を取得しない限り、なお動産売買先取特権の権利者が優先弁済権を主張できるものとした。ただ、最判平成17・2・22民集59巻2号314頁によれば、動産売買代金債権の譲渡後はもはや差し押さえて物上代位できないとされて揺り戻しを生じている。なお、平成15（2003）年の民事執行法改正によって、債権者の申立てに基づく執行裁判所の許可を得て、この許可決定書を執行官に提出すれば動産執行を開始することが可能となったことから（民執190条1項3号）、動産売買先取特権は、以前に増して活用されることが予想される。詳しくは、荒木新五「動産売買先取特権の現状と課題」伊藤進先生古稀・担保制度の現代的展開［日本評論社、2006年］117頁以下参照。

⑥　種苗又は肥料の供給（311条6号）　被担保債権は、種苗又は肥料の売主の代価および利息の債権と、蚕種又は蚕の飼養に供した桑葉の売主の代金および利息の債権であり、先取特権の目的物は、前者については、その種苗および肥料を用いた後1年以内に、これを用いた土地から生じた果実、後者については、その蚕種または桑葉から生じた物（繭や生糸）である（322条）。これらの収穫物は、その種苗や飼料・肥料等があってはじめて産出された物であるから、供給者をより保護することは公平に適うと考えられたためである。貧しい農業従事者に、これらの物を「つけ」で購入することを容易にするなどして、その保護を図るという産業育成的な配慮によるが（星野・205頁）、実効性のほどは疑わしい。

　なお、農業動産信用法4条以下が、農業協同組合等が農業経営者に対して農業用動産の保存・購入等の資金を貸し付けたとき、当該動産やこれによって生産された動産につき、当該貸付債権を被担保債権とする先取特権を規定しているのも同趣旨である。

⑦　農業の労務（311条7号）　被担保債権は、農業の労務に従事する者

の賃金であり、目的物は、その労務によって生じた「果実」である。ただし、農業労務者の賃金は、「最後の1年間」分に限られている（323条）。これは、どの果実が、誰の労務によって生じたかを確知する必要があるためといわれる。債権者たる労務従事者は、雇用関係の先取特権（308条参照）を有する場合も少なくあるまい。

⑧　**工業の労務（311条8号）**　被担保債権は、工業の労務者の賃金のうち最後の3か月分であり、目的物は、その労務によって生じた製作物である（324条）。その趣旨は、⑦の農業の労務の場合と同様である。要は、目的物の価値を直接・間接に産出・増進させることに貢献した債権者を優先させようというものであるが、ここでも、雇用関係の先取特権が並存することが多かろう。

4　不動産先取特権（325条）

(1)　不動産先取特権の趣旨と成立

一定の原因によって発生した債権について、債務者の有する**特定不動産**を目的とする先取特権を「**不動産先取特権**」という。民法325条の定める不動産先取特権には、①不動産の保存（1号）、②不動産の工事（2号）、③不動産の売買（3号）の3種がある。

同種の不動産先取特権が複数存在する場合、原則として、債権額に応じて弁済を受ける（332条）。ただし、同一不動産につき、順次の売買がなされた場合（X→Y→Z）には、売買の先後によってその優劣が決まる（XがYに優先する。331条2項）。

異種の不動産先取特権の間での優劣は、325条に掲げられた①→③の順序になる（331条1項）。

不動産先取特権に関しては、登記が効力要件となっている点には注意が必要である（337条、338条1項前段、340条）。他の法定担保物権との優劣関係は、**留置権　＞　不動産先取特権　＞　一般先取特権**である。

(2) 不動産先取特権の内容

以下、3種の不動産先取特権の各々の内容につき敷衍する。

表 3-3 【不動産先取特権 (325条)】

種類	条文	被担保債権
① 不動産保存	326条	不動産の保存費用等
② 不動産工事	327条	設計・施工・監理者のした不動産工事費用
③ 不動産売買	328条	不動産の代価及びその利息

① 不動産保存 (325条1号)　被担保債権は、不動産の「保存のために要した費用」または「不動産に関する権利の保存、承認、若しくは実行のために要した費用」であり、目的物は、その不動産である (326条)。その趣旨は、動産の保存に関する先取特権と同様である。「保存」と、次の「工事」の境界は微妙であるが、積極的に価値の増加をもたらすものが「工事」、価値の維持もしくは回復をもたらすものが「保存」ということになろうか (327条2項参照)。

不動産保存の先取特権は、保存行為が完了した後に直ちに登記すれば、その効力が保存される (337条)。その意味は、それ以前に登記された担保権に優先するということであり (339条、361条参照)、登記の対抗力が遡及するような結果となる。当該保存行為によって、他の担保権者も利益を受ける結果となったことに鑑みて、この先取特権が認められているのであるから、優先効を対抗力の上でも貫徹させようというわけである。

② 不動産工事 (325条2号)　被担保債権は、広く不動産工事に携わる者 (=「工事の設計、施工又は監理をする者」) が、債務者の不動産に関してした工事の費用にかかる債権であり、目的物は当該不動産であるが、この先取特権は「工事によって生じた不動産の価格の増加が現存する場合に限り、その**増価額**についてのみ」存在する (327条)。

不動産工事の先取特権の効力を保存するためには、工事を始める前にその「予算額」を登記しておかねばならず、仮に、工事の費用が予算額を超えたときも、先取特権は、その予算額まで縮減される (338条1項「……先取特権

は、その超過額については存在しない」)。この効力要件のゆえに、不動産工事の先取特権は、あまり機能しておらず、批判も少なくない＊。工事によって生じた不動産の増価額は、「配当加入の時に、裁判所が選任した鑑定人に評価させなければならない」(338条2項)。登記をしておくと、それ以前に登記された担保権に優先する点は(339条、361条)、不動産保存の先取特権と同じである。もっとも、建物を新築する場合は、建物の存在前に登記するので、他の担保権者が登場する余地はない。

不動産工事の先取特権の趣旨は、不動産の価額が増加したのは、その工事によるもので、他の債権者の執行できる財産の価額増加は、まさにそれゆえに生じたものであることから、工事に関する債権者を優先させるのが公平に適うとの配慮による。

今日では、下請建築業者の報酬債権を確保する上で、不動産工事先取特権の機能にあらためて期待が寄せられている。

＊【不動産工事の先取特権はなぜ機能しないのか】　第一に、建設業者が先取特権の登記をすることは注文主の債務不履行を予想しているものと受け止められるから、顧客の機嫌をそこねるおそれがある。さらに、工事着手後に登記しても先取特権は効力を持ち得ないとするのが判例であるが(大判大正6・2・9民録23輯244頁など)、「工事を始める前に」登記をなすことはしばしば困難を伴う。そこで、学説には、工事開始後あるいは完成後の一定期間は登記を認めるべきであると指摘するものもある(林編・注釈民法(8)219頁以下[西原道雄])。なお、不動産工事の先取特権については、加藤木精一「不動産工事・保存の先取特権」星野英一ほか編・担保法の現代的諸問題(別冊 NBL10号)[商事法務研究会、1983年]28頁、執行秀幸「不動産工事の先取特権」伊藤進先生古稀・担保制度の現代的展開[日本評論社、2006年]138頁以下も参照。

③　不動産売買(325条3号)　　不動産売買の先取特権の被担保債権は、不動産の売買代価およびその利息にかかる債権であり、目的物は、当該不動産である(328条)。その趣旨は、動産売買の先取特権と同様である。諸外国の例では、不動産売買と同時に移転登記をして、残代金につき先取特権の登記をするものもあるが(フランス法)、日本では、代金が完済されないと不動産の登記をしないことが多いため、この先取特権は余り利用されていないといわれる(星野・207頁)。

不動産売買の先取特権は、売買契約（売買の登記）と同時に、未だ代価およびその利息の弁済のない旨を登記することによって、その「効力を保存する」ことができる（340条。つまり、第三者に対抗することができる）。この登記は、先の、①不動産保存、②不動産工事の先取特権と異なって、既存の抵当権に優先する効力はなく、その意味では、厳格な登記を要求する趣旨は、不明確である（柚木＝高木・79頁、道垣内・60頁）。

第3節　先取特権の効力

1　総説

(1)　優先弁済的効力

　先取特権の中心的効力が、目的物の交換価値からの優先弁済的効力であることは既に述べた通りである（303条）。つまり、先取特権者は、被担保債権が弁済期になっても弁済されないときは、目的物を自ら差し押さえ、競売にかけて、その競売代金から優先的に弁済を受けることができ、他の債権者が目的物について執行した場合にも、その配当手続の中でその順位に従って優先弁済を受ける。配当を受ける際の先取特権相互の優先順位については、既に述べたように民法に詳細な規定がある（329条～332条。表3-4【先取特権の順位】を参照）。不動産先取特権では、担保不動産収益執行の方法によって、不動産の収益（賃料など）から優先弁済を受けることも可能である。

(2)　物上代位など

　目的物の交換価値が、何らかの形で現実化したような場合には、先取特権者がその価値変形物・代償物に対して物上代位することも認められている（304条）。債権者としての期待を保護し、他の債権者との公平を図る趣旨である（「代位」の意味については、本書155頁の＊を参照。ただし、当事者の合理的期待を背景としつつ、追及効や公示手段を有する抵当権のような約定担保権における物上代位権の存在理由とは異なり得る。道垣内・64頁も参照）。もっとも、一般先取特権については物上代位を適用する必要はなく、不動産先取特権には追及力があるから、実際上重要なのは動産売買先取特権の場合くらいである（鈴木・205頁、道垣内・62頁以下など）。なお、債権の全部が満足を得るまでは、目的物全部について、その権利を行使することができる点は留置権と同じである（不可分性。305条→296条）。

表 3-4 【先取特権の順位】

一般先取特権相互間	共益費用＞雇用関係＞葬式費用＞日用品供給（§329Ⅰ）
一般先取特権と特別先取特権間	原則：特別の先取特権＞一般先取特権（§329Ⅱ） 例外：共益費用の先取特権は、その利益を受けた全ての債権者に対して優先効あり
動産先取特権相互間	原則：第1順位　不動産賃貸、旅館宿泊および運輸の先取特権 　　　第2順位　動産保存の先取特権 　　　第3順位　動産売買、種苗・肥料供給・農業労務および工業労務の先取特権（§330） 例外1：第1順位の先取特権者は、その債権取得の時において第2順位又は第3順位の先取特権者があることを知っていたときは、これらの者に対して優先権を行使できない。 　　　　第1順位の先取特権者のために物を保存した者に対しても同じ（§330Ⅱ） 例外2：農業果実につき、農業労務従事者＞種苗・肥料供給者＞土地賃貸人（§330Ⅲ）
不動産先取特権相互間	不動産保存＞不動産工事＞不動産売買（§331Ⅰ） 同一不動産について順次売買された場合は、売買の先後による（§331Ⅱ）
同順位の先取特権相互間	各先取特権者は、その債権額に応じて按分弁済を受ける（332）
他の担保物権との関係	1. 先取特権と動産質権→動産質権者は動産先取特権の第1順位の先取特権者と同順位（§334） 2. 先取特権と不動産質権・抵当権→登記の先後による（一般原則） 3. 不動産保存又は不動産工事の先取特権と抵当権→常に抵当権に優先する（§339） 4. 不動産売買先取特権と抵当権→登記の先後による（一般原則） 5. 一般先取特権と抵当権→登記の有無によって、登記の先後による（cf. §336） 6. 先取特権と留置権→事実上、留置権が優先する
用益物権との関係	用益物権との対抗関係は、登記の先後による（一般原則）

〈本田純一ほか『ハイブリッド民法(2)』189頁を参照〉

(3) 実行手続

先取特権の実行手続は民事執行法に定めがある。これには、自ら実行する場合と、他の債権者・担保物権者が実行した場合の配当要求、債務者が破産した場合がある。

(a) 自らによる実行

① 目的物が不動産のとき　法定の先取特権の証明文書を執行裁判所に提出し、担保不動産競売または担保不動産収益執行のいずれか又は双方を選択して実行する（民執180条、181条）

② 目的物が動産のとき　平成15（2003）年の担保・執行法改正以前に

は、執行官に目的物を提出するか、動産占有者が差押えを承認することを証する文書を提出したときに限り競売手続が開始されることになっていたため（民執旧190条）、目的動産が先取特権者の占有下にない限りは、競売権があっても事実上競売が不可能な状態にあり、執行面での動産上の先取特権の優先弁済的効力は無力（あるいは他人任せ）な状態にあった。平成15（2003）年改正法では、執行裁判所の許可を得て、この許可決定書謄本を執行官に提出すれば、債務者による差押えの承諾がなくとも、債務者への許可決定書送達以後は、債務者の占有下にある動産への差押えが可能となり、この場合には執行官が目的動産の捜索も行うことができるようになった（民執190条、192条、123条2項など参照）。

③　目的物が債権その他の財産権のとき　一般の先取特権の場合は、動産・不動産以外の財産権が実行の対象となるが、この場合には、担保権の存在を証する文書（権利移転につき登記等を要するその他の財産権を目的とする担保権で一般の先取特権以外のものについては民執181条1項1号～3号に規定された文書）を執行裁判所に提出することによって、債権執行の手続き（民執143条以下、167条）をとることになる（民執193条）。

(b)　他の債権者が開始した執行手続での配当要求

(i)　**一般債権者**が強制競売手続を開始した場合の先取特権者の地位は次の通りである。

まず、①目的物が**不動産**のとき、一般債権者が不動産の強制競売をした場合は、一般先取特権者は法定文書（民執181条1項）で先取特権を証明して配当要求することができ（民執51条）、強制管理の手続きがとられたときも特別に配当要求できる（平成15（2003）年改正による民執105条）。なお、登記された不動産先取特権は、当然に、その売却代金から優先弁済を受ける（民執87条1項4号）。次に、②一般債権者が**動産**を競売した場合は、一般先取特権・動産先取特権ともに、その権利を証する文書を提出して配当要求をなし（民執133条）、これによって優先弁済を受けることができる。さらに、③目的物が**債権その他の財産権**のとき、たとえば、一般債権者が債権に対して執行した場合も、動産の場合と同様である（民執154条）。

(ⅱ)　他方、**他の担保物権者**が担保権の実行として競売をした場合も、一般債権者による競売の場合と同様の手続きで、先取特権者は、その順位に応じた優先弁済を受けることになる（民執188条→民執51条1項・87条1項4号［不動産競売］、民執192条→民執133条［動産競売］、民執193条2項→民執154条1項［債権についての執行］の各準用）。他の担保権者によって担保不動産収益執行が行われたときは、これに配当要求した一般先取特権者（民執107条4項）および担保不動産収益執行開始決定にかかる差押登記前に登記がなされた不動産先取特権者（民執107条4項）が、それぞれ配当受領者とされている。

(c)　債務者破産の場合

債務者が破産した場合、破産財団に属する財産について一般先取特権その他一般の優先権がある破産債権は、他の破産債権に優先する地位にある（破産98条1項）。動産先取特権・不動産先取特権の目的である財産が、破産管財人による任意売却その他の事由によって破産財団に属さなくなった場合でも、担保権がなお存続するときの担保権者（動産先取特権者など）には別除権が認められている（破産65条2項参照＊）。民事再生手続開始時に再生債務者の財産について動産先取特権・不動産先取特権を有する者も、その目的財産につき別除権を有し（民事再生53条）、会社更生法では、更生担保権として、その有する更生債権等をもって更生手続に参加することが認められる（会社更生135条）。

＊【別除権】　破産手続が開始された時点で破産財団に属している財産の上に存する特別の先取特権（動産先取特権・不動産先取特権）・質権・抵当権・商事留置権・仮登記担保権には、その目的財産から、破産手続によらないで（破産手続から別に除外して）、他の破産債権者に優先して個別的満足を受けることのできる地位が認められており（破産2条9項、65条、66条、仮登記担保19条1項）、かような地位を「別除権」という。民事再生法でも同様の別除権が認められているが（民事再生53条、仮登記担保19条3項）、そこでは必要な場合に、担保権実行手続の中止命令の対象となりうる（民事再生31条）などの違いがある。

以下、一般先取特権、動産先取特権、不動産先取特権のそれぞれの効力について、補足的に敷衍する。

2　一般先取特権の効力について

　一般先取特権は、債務者の「総財産」について優先的効力が認められるもので、債権成立当時の財産だけでなく、**実行時に存在する債務者の財産全体**に効力が及ぶ。対象が包括的であるだけに、その効力はかなり制限されている。優先弁済の順序では、特別の先取特権に劣後するのが原則である（ただし、共益費用の先取特権はその利益を受けた総債権者に優先する）。一般先取特権相互では306条所定の順序で弁済を受ける（329条）。優先弁済を受ける目的物にも一定の順序があり、不動産以外の財産→特別の担保となっていない不動産の順となる（335条）。一般先取特権が、不動産の競売・強制管理・担保不動産収益執行などにおいて、（登記などの有無にかかわらず）配当に参加することが可能であることは前述した通りであり（民執87条、105条、188条）、その場合には、未登記の担保物権や一般債権者に優先して弁済を受けることができる（336条）。

　いったん先取特権の対象になった後は、（抵当権のように）目的物が第三者に譲渡された場合でも追及力がありそうに思われるが、公示の有無とも関連して、不動産・動産・その他の目的物で扱いが異なる。

　①　不動産　　不動産に関しては、先取特権を登記しておかなければ第三者に対抗することができない（336条但書）。裏返せば、登記さえしておけば、一般先取特権にも追及力が認められる。

　②　動産　　動産については、債務者がその目的物である動産を「その第三取得者に引き渡した後は、その動産について行使することができない」とされている（333条）。取引の安全を重視した結果である。したがって、目的物の譲渡合意があっても動産の「引渡し」があるまでは第三取得者に対しても先取特権を主張できるが、引渡後は主張できなくなってしまう（動産に関する追及効の制限）。ちなみに、目的動産が売却された場合は、当該売却代金に物上代位しそうであるが、売却代金自体が一般財産に編入されると一般先取特権に服することになるから、物上代位は問題にならない（問題とする必要がない）。

③　その他　動産・不動産以外の財産については、民法に規定がない。原則として、公示がない以上は、先取特権を第三者に対抗させることは困難というべきである。債権の場合、一般先取特権者に対する関係でも、第三債務者の支払いは有効であり、一般先取特権者は差押えをしなければ、第三債務者の支払いを禁ずることはできないと考えられる。

3　動産先取特権の効力について

動産先取特権については、その追及力の限界と物上代位の問題が重要である。

(1) 追及力の限界

先取特権の目的動産を債務者が第三者に売却してしまったような場合、先取特権の追及力を認めると、取引の安全を著しく阻害する。目的動産の譲受人と先取特権者は、担保的負担の有無をめぐって一種の対抗関係に立つことになるが、民法は、公示のない動産先取特権の対抗力を否定して、第三取得者が目的物の引渡しを受けた場合には、先取特権を「その動産について行使することができない」と規定しているわけである（333条）。これが、一種の対抗問題であるとすれば、「引渡し」は、占有改定でも良いというのが通説・判例であるから、第三者の善意・悪意も問われない。その結果、実務においては、集合物譲渡担保と動産先取特権が衝突して、しばしば問題を生ずるが、結果的には集合物譲渡担保に劣後している*。

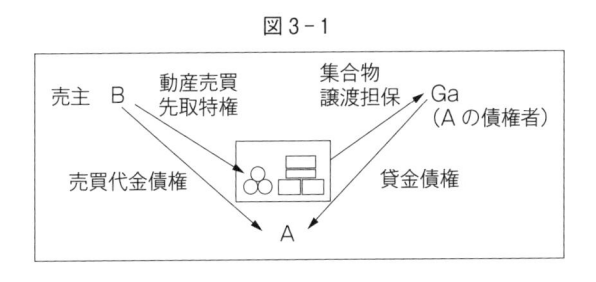

図 3-1

```
売主 B   動産売買    集合物
         先取特権    譲渡担保    Ga
                              （Aの債権者）
   売買代金債権        貸金債権
              A
```

＊【集合物譲渡担保と動産先取特権の衝突】　集合物譲渡担保については、後に

検討する機会があるが、ここで簡単に問題点を先取りしておこう。「集合物」は、特定の倉庫にある原材料や商品のように、一定目的の下で集められた複数の物の集合であって、集合の一部を構成する個々の物としての性質を失うことなく、集合自体も1個の統一性を有する財産として、経済的価値を有し、取引上一体として扱われるものである。判例によれば、構成部分の変動する集合動産についても、その種類・所在する場所・量的範囲など、何らかの方法で目的物の範囲が特定される場合には、1個の集合物として担保の目的とすることができる。そこで、この集合物を名目的に一括譲渡したことにして(他の債権者を排除して名目的所有権者としての優先的地位を獲得して)担保にとるという集合物譲渡担保が設定されることがあり、その有効性が承認されている (最判昭和54・2・15民集33巻1号51頁、最判昭和62・11・10民集41巻8号1559頁など)。このとき、譲渡担保の対象となっている目的物について売主の売掛代金債権を被担保債権とする動産売買先取特権が成立すると、譲渡担保と競合することになる。判例によれば、第三取得者が目的物の引渡しを受けたときは動産先取特権の効力が及ばなくなる点を根拠に(333条)、動産売主は譲渡担保権者に先取特権を主張し得ないという(前掲最判昭和62・11・10)。したがって、たとえば先取特権者が動産競売手続(民執190条)を申し立てたとしても、譲渡担保権者は第三者異議の訴え(民執38条)を提起して競売手続の停止・取消しを求めることができることになる。しかし、譲渡担保が、その実質において動産質に準ずるような担保であるとすると(334条ないし330条類推)、両者の優劣は微妙な問題になる (田原睦夫「動産の先取特権の効力に関する一試論」林良平先生還暦・現代私法学の課題と展望 (上)[有斐閣、1981年]69頁以下所収、同・実務から見た担保法の諸問題[弘文堂、2014年]2頁以下所収、近江幸治「動産売買先取特権をめぐる新たな問題点」森泉章教授還暦・現代判例民法学の課題385頁[法学書院、1988年]、今尾真「流動動産譲渡担保と動産売買先取特権との優劣に関する一試論(1-3)」明治学院論叢610号197頁、623号179頁、629号261頁 (1998〜1999年)の分析が詳細である)。集合動産譲渡担保につき担保的構成を徹底すると換価代金額如何で結論が異なってくる可能性がある。ともあれ、333条にいう「引渡し」が占有改定でも良いということになれば(大判大正6・7・26民録23輯1203頁以来の判例の立場)、譲渡担保が優先する結果になり(担保相互の優先劣後関係)、結論は覆らない(疑問もある。鈴木・223頁、星野・209頁、生熊・294頁など参照)。

(2) 物上代位

(a) 動産売買先取特権の物上代位の趣旨

先取特権が認められる動産が、債務者から第三者に譲渡された場合、追及力が認められなくなることは前述の通りであるが、譲渡された目的物の代金債権が残っているような場合には、目的物の価値変形物あるいは代償物とで

もいうべきものの上に先取特権が存続し、この転売代金債権から優先的債権回収を認めることが、通常の債権者(先取特権者)の期待を保護し、他の債権者との公平にも適う(さもないと他の債権者は棚ぼた式に一般財産増加の利益を享受できる)。そこで法は、このような場合、価値変形物・代償物について先取特権者が物上代位権を行使できるものとした(304条1項)。物上代位の対象と認められるのは、目的動産の価値変形物(代償物)と評価できるものであり、法文上は、「売却、賃貸、滅失又は損傷によって債務者が受けるべき金銭その他の物」と表現されている(同条1項本文)。具体的には、売却代金債権のほか、滅失・毀損についての損害賠償債権、目的物を賃貸した場合の賃料債権、動産焼失の際の火災保険金債権などが問題となる。

動産売主の代金債権は、留置権(295条)、同時履行の抗弁権(533条)あるいは所有権留保などによっても保護され得るものの、事前に担保を取得することなく履行してしまったような場合には無防備となるため、特に、買主が目的物を転売してしまったような場合において物上代位が利用されることが多い。

(b) 要件としての「差押え」

物上代位が認められるには、先取特権者が「その払渡し又は引渡しの前に差押えをしなければならない」(304条1項但書)。この「差押え」が要求されるのは何のためか、何時までなら物上代位の権利行使が可能なのかについては、争いがある＊。

＊【差押えの趣旨】 歴史的経緯からすれば、この差押えは、物上代位権行使の準備手続というよりも、第三債務者や他の債権者に対する目的債権上の優先弁済権の存在の異議(opposition)・警告の意味を有する実体的なもので(谷口安平「物上代位と差押」奥田昌道ほか編・民法学(3)担保物権の重要問題[有斐閣、1976年]108頁以下)、債務者への債権譲渡通知にも似た機能が期待されており、執行手続における差押えとは異質な性格を有し、主として第三債務者保護を念頭に置いたものである。この点につき、生熊長幸「民法三〇四条・三七二条(先取特権・抵当権の物上代位)」広中＝星野編・民法典の百年Ⅱ537頁以下所収[有斐閣、1998年]など参照。

かつては、金銭などの価値変形物が債務者の財産に混入してしまう前に、先取特権の効力が及ぶ対象や範囲を特定しておかないと、どの部分に担保権

の効力が及んでいるのか分からなくなるので特定性維持のために差押えが要求され、さもないと他の債権者に不測の損害を与えてしまう可能性があるという理由が一般的であった(特定性維持説。我妻・290頁以下、柚木＝高木・270頁など)。しかし、他方で、本来ならば、売却などで担保権が消滅すべきところ、担保権者のために特に認められたのが物上代位であって、これは当然の権利ではなく、特に差押えによる公示によって優先権を保全するため要求されるものであるとか(優先権保全説)、第三債務者にとって二重弁済のリスクが生じたり、第三者を保護するための配慮によるもの(第三債務者保護説)といった理由も唱えられた。もし、特定性の維持のみが理由であるとすれば、さほどやかましく行使の態様や時期を問題とするまでもなく、現実に支払いや払渡しがなされる前であれば、他の債権者が差し押さえたような場合でもかまわないことになるから問題は深刻である。

いつまでなら物上代位の権利行使が可能かについて、具体的には、①もとの買主(債務者)の一般債権者による転売代金差押え・仮差押えがあった場合、②差押えのあと転付命令まで取得された場合、③転売代金債権を目的とする質権が設定された場合、④転売代金債権が第三者に譲渡された場合、⑤もとの買主(債務者)が破産手続開始決定を受けた場合、⑥もとの買主について会社更生が開始された場合などが問題となり得る(判百Ⅰ79事件160頁[道垣内弘人])。特定性を維持するだけであれば、いずれの場合にも、物上代位は可能となるが、それでよいか。

判例は、かつて、抵当権の物上代位に関して、差押えを「其ノ優先権ヲ保全スルニ欠クベカラザル要件」であるとしていたが(大連判大正12・4・7民集2巻209頁[優先権保全説？])、最判昭和59・2・2 (民集38巻3号431頁＝倒産判百〈第4版〉54事件[坂田宏])では、動産先取特権の物上代位につき債務者が破産宣告[破産手続開始決定]を受けた場合(⑤のケース)であっても、その転売代金債権につき物上代位権を行使することができるとして、特定性維持説に親和的な判断を示し(鎌田薫ほか〈座談会〉判タ529号[1984年]60頁以下参照)、さらに最判昭和60・7・19民集39巻5号1326頁(民法判百Ⅰ〈第7版〉79事件[道垣内弘人])でも、

「民法304条1項但書において、先取特権者が物上代位権を行使するためには物上代

位の対象となる金銭その他の物の払渡又は引渡前に差押えをしなければならないものと規定されている趣旨は、先取特権者のする右差押によって、第三債務者が金銭その他の物を債務者に払い渡し又は引き渡すことを禁止され、他方、債務者が第三債務者から債権（以下「目的債権」という。）を取り立て又は第三者に譲渡することを禁止される結果、物上代位の目的となる債権の特定性が保持され、これにより、物上代位権の効力を保全せしめるとともに、他面目的債権の弁済をした第三債務者又は目的債権を譲り受け若しくは目的債権につき転付命令を得た第三者等が不測の損害を被ることを防止しようとすることにあるから、目的債権について一般債権者が差押え又は仮差押えの執行をしたに過ぎないときは、その後に先取特権者が目的債権に対し物上代位権を行使することを妨げられるものではない」

として、これを追認した。つまり、物上代位権行使の目的である債権について、一般債権者が差押え又は仮差押えの執行をしたに過ぎないとき（①の場合）は、その後に先取特権者が当該債権に物上代位権を行使することを認め、併せて②④の場合には、もはや物上代位権が行使できないことを明らかにしたわけである。

ところが、その後、最高裁が、抵当権の物上代位の対象である賃料債権の包括譲渡のケースで第三債務者保護説の立場に立って、抵当権設定登記の時点を基準とし（最判平成10・1・30民集52巻1号1頁＝民法判百Ⅰ〈第7版〉87事件［今尾真］）、抵当権設定登記と一般債権者の差押えの先後でその優劣を決すべきものとし（最判平成10・3・26民集52巻2号483頁）、次いで、抵当権に基づいて物上代位を行使する債権者は他の債権者による債権差押事件に配当要求することで優先弁済を受けることができない（最判平成13・10・25民集55巻6号975頁）としたことから、事態はやや不明確になった。第三債務者保護の観点から問題を捉えるとき、抵当権とは異なり公示されていない動産先取特権の場合には、どう考えるべきかが問題となるからである。

近時、最判平成17・2・22（民集59巻2号314頁）は、次のように述べて、この問題に一応の決着をつけた。すなわち、

「民法304条1項ただし書は、先取特権者が物上代位権を行使するには払渡し又は引渡しの前に差押えをすることを要する旨を規定しているところ、この規定は、抵当権とは異なり公示方法が存在しない動産売買の先取特権については、物上代位の目的債権の譲受人等の第三者の利益を保護する趣旨を含むものというべきである。そうすると、動産売買の先取特権者は、物上代位の目的債権が譲渡され、第三者に対

する対抗要件が備えられた後においては、目的債権を差し押さえて物上代位権を行使することはできないものと解するのが相当である」。

結局、差押えが要求される趣旨は渾然一体となって理解され、特定性を保持し、それによって物上代位権を保全すること、および、第三債務者や第三者に不測の損害が生ずるのを防ぐことにあるが、抵当権のように公示手段を持たない動産売買先取特権の場合には、対抗力を有する譲受人や転付命令を取得した第三者の登場によって、その効力が限界づけられているということになる。

なお、未だ他の債権者の差押えのない目的債権についての物上代位は、先取特権者が自ら執行裁判所に担保権の存在を証する文書を提出し、それに基づいて執行裁判所が差押命令を発することで開始する（民執193条）。

　＊【参考文献】　動産売買先取特権の物上代位については、石井彦壽・最高裁判例解説民事編昭和60年度314頁、道垣内弘人「賃料債権に対する抵当権の物上代位」民法の基本判例（法学教室別冊）［有斐閣、1986年］84頁、田髙・クロススタディ物権法171頁以下など参照。民事執行法の平成15（2003）年改正の意義等については、荒木新五「動産売買先取特権の現状と課題」伊藤進先生古稀・担保制度の現代的課題［日本評論社、2006年］117頁以下所収が明解である。また、この問題をめぐる実務的問題の包括的な研究に、今中利昭・動産売買先取特権に基づく物上代位論［民事法研究会、2008年］がある。抵当権の物上代位を含む物上代位全般については、新田宗吉「物上代位」星野ほか編・民法講座(3)物権(2)［有斐閣、1984年］105頁以下、清原泰司・物上代位の法理［民事法研究会、1997年］も参照。

(c)　請負代金債権への物上代位の場合

例えば、Aが機械甲を1500万円でBに売却し、BがCから甲の設置工事を含めて総額2000万円で受注し、BがCの指示に従って甲を引き渡して設置を完了したが、Cから請負報酬代金の支払いを受ける前に破産したような場合を想定しよう。Aは未払いとなっている甲の代金債権を被保全債権として、動産売買先取特権を行使し、BがCに対して有している請負代金債権について、物上代位すること

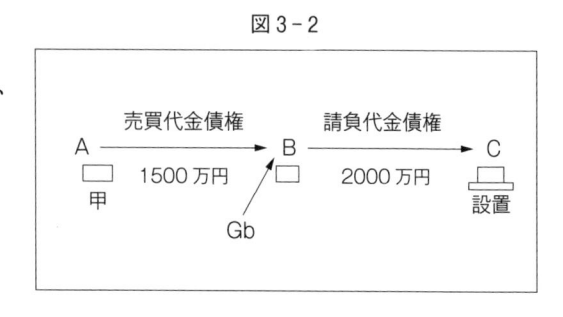

図3-2

売買代金債権　　　請負代金債権
A ──1500万円──→ B ──2000万円──→ C
甲　　　　　　　　　↓　　　　　　　　設置
　　　　　　　　　　Gb

が認められるか、認められるとしてその範囲はどこまでか。

かつては、原材料や部品は加工によって新たな物に変化したり、請負代金債権が売買代金のように目的物と直接的関係がないことを理由に物上代位を否定する見解が判例の主流であったが（大判大正2・7・5民録19輯609頁など）、それでは債権者間の公平に反する（たとえば、Bの債権者Gbの立場を想起せよ）として学説の反対を受け（我妻・61頁、柚木＝高木・46頁）、やがて請負等の資材全体に占める割合や代金総額との関係で目的物が占める割合・特質等を考慮して、割合的な物上代位を肯定する見解や裁判例が登場するに至り、最高裁は、判例を変更して次のように述べた（最決平成10・12・18民集52巻9号2024頁＝民法判百Ⅰ78事件［直井義典］）。

「動産買主がこれを他に転売することによって取得した売買代金債権は、当該動産に代わるものとして動産売買先取特権に基づく物上代位権の行使の対象となる（民法304条）。これに対し、動産の買主がこれを用いて請負工事を行ったことによって取得する請負代金債権は、仕事の完成のために用いられた材料や労力等に対する対価をすべて包含するものであるから、当然にはその一部が右動産の転売による代金債権に相当するものということはできない。したがって、請負工事に用いられた動産の売主は、原則として、請負人が注文者に対して有する請負代金債権に対して動産売買の先取特権に基づく物上代位権を行使することができないが、請負代金全体に占める当該動産の価額の割合や請負契約における請負人の債務の内容等に照らして請負代金債権の全部又は一部を右動産の**転売による代金債権と同視するに足りる特段の事情**がある場合には、右部分の請負代金債権に対して右物上代位権を行使することができると解するのが相当である。」

つまり、AによるBの請負代金債権への物上代位は原則として認められないが、目的動産の転売による代金債権と同視するに足りる特段の事情がある場合には認められ、その範囲は請負報酬代金の全額についてではなく、機械の対価部分である1500万円に限定される。

この「転売による代金債権と同視するに足りる特段の事情」の判断は微妙であるが、おそらく、完成物と目的動産の同一性が保持されている必要は必ずしもなく、新たに発生した請負代金債権の一部が動産の売却代金債権と代償関係にあるかどうか、の評価にかかっていよう。

この考え方からすれば、BがAから購入した部品を組み立ててCに製品を転売したような場合にも、転売代金の中で当該部品の占める金額が明らかで

あれば、Aによる転売代金への物上代位が認められてしかるべきことになる（内田・518頁）。進んで、加工等によって目的物の同一性が損なわれてしまったような場合、もはや物上代位は認められないとする見解も有力ではあるが（東京高決昭和59・10・3判時1134号85頁。後藤邦春「動産売買先取特権をめぐる実体法上の問題点」野田宏＝後藤邦春編・裁判実務大系⑭［青林書院、1991年］48頁以下、今尾真「請負契約、製作物供給契約と動産売買先取特権」内山尚三先生追悼・現代民事法学の構想［信山社、2004年］113頁、158頁以下）、加工によってでき上がった物の材料に過ぎない場合であっても、その価値に照らして代償関係を認めることができようから、物上代位を肯定すべきではあるまいか。さもないと、専ら原材料動産を信用売りせざるを得ない比較的立場の弱い商人の保護が没却される結果となるからである。

　なお、他の担保権との優先順位は、動産質権が動産先取特権の第1順位と同位とされている（334条）。

4　不動産先取特権の効力について

　既に述べたように、不動産先取特権（325条）の場合には、**登記が効力要件**となっている（337条、338条、340条）。抵当権・質権と比べても同格か優先し得る力を持っている以上（留置権＞不動産先取特権≧抵当権・不動産質権＞一般先取特権）やむを得ないところかも知れないが、効力保存のための手続きが厳格で面倒であるために、あまり利用されていないといわれる。実際問題として、不動産保存の先取特権を「保存行為完了後直ちに登記」すること（337条）、不動産工事の先取特権を「工事を始める前にその費用の予算額を登記」すること（338条）、不動産売買の先取特権を「売買と同時に、不動産の代価又はその利息の弁済がされていない旨を登記」すること（340条）は、相対的に力の弱い（約定担保を取りたくてもとれない）零細事業者にとって決して容易なことではない。また、かような要求をすることは、取引相手に対する不信の現れとも受けとられかねないため、なおさらである。とりわけ下請工事の請負人の報酬債権確保のことを考えると、何らかの立法的手当

てが必要である（建築請負における代金債権確保と先取特権制度の関連で、田高・181頁以下、坂本武憲「建築工事代金債権の確保」米倉ほか編・金融担保法講座(Ⅳ)351頁以下も参照）。

　他の担保物権との優先順位は、抵当権との関係では不動産保存・工事の先取特権が優先する（339条）。たとえば、抵当権付きの時価1500万円の建物に改良工事を施して2500万円ほどに評価額を引き上げた不動産工事の代金債権については、少なくとも価値増加分である1000万円について、既存の抵当権に優先させても抵当権が害されるわけではなく、むしろ公平に適うであろう。これに対し、不動産売買先取特権は先順位抵当権に対する優先効がない。抵当権を設定した債務者が、当該不動産を売却した場合に、売主としての先取特権によって自ら設定した抵当権に優先することは認めがたいからである（結局、抵当権と先取特権の登記の先後によって優劣を決することになる）。

　前述の通り、同一不動産について複数の先取特権が成立する場合は、①不動産保存、②不動産工事、③不動産売買の順で優先する（331条1項）。同一不動産が順次に売買されたときは、先に成立している不動産売買先取特権が優先する（同条2項）。

　なお、不動産先取特権は、登記によって第三取得者にも対抗できる（追及力がある）ので、物上代位を認める必要がないとして、これを否定する見解もあるが、火災保険金への物上代位の可能性や、賃料債権などについて抵当権同様に差押え後の賃料債権につき物上代位を認めるなど、一定の実益がありそうである。

　その他、先取特権の効力に関しては（その性質に反しない限り）抵当権の規定が準用される（341条）。したがって、目的物の範囲（370条）、果実についての効力（371条）、被担保債権の範囲（375条）、代価弁済（378条）、消滅請求（379条以下）などにつき、抵当権と同様の扱いとなる。また、規定はないが、先取特権の侵害に対しては、抵当権侵害の場合と同様の保護が考えられる（いずれも第5章抵当権で学ぶ）。

5　先取特権の消滅

　先取特権は、①物権の一般的な消滅原因（目的物滅失・放棄・混同など）、②被担保債権の消滅のほかに、③動産を目的とするものについては目的物の第三取得者への引渡し（333条）、④不動産を目的とするものについては代価弁済・消滅請求（341条→378条、379条以下）によって、それぞれ消滅する。

　なお、会社更生手続では、更生会社の事業更生に必要と認められるときは、管財人の申立てによって、当該財産の価額に相当する金銭を裁判所に納付して特別の先取特権の消滅請求をなし得るものとされ（会社更生104条1項）、民事再生手続でも、航空会社の飛行機のように、目的物が、事業の継続に欠くことのできないものである場合に、債権者が、裁判所に対して特別の先取特権消滅の許可を申し立てることができるとされている（民事再生148条、53条1項）。

第4章

質権

　ここでは、約定担保の一つである質権について学ぶ。質権は、目的物の占有を移転するタイプの約定担保であり、動産・不動産に限らず様々なものについて利用できるが、占有移転に伴う不便さやコストのために、一般に利用が低調である。かつては、庶民金融における担保手段として大いに利用されたが、それも銀行・貸金業者・信販会社などによる与信によって担われるようになり、質権に対する制度的需要は相対的に低下している。しかし、担保の原型として重要であるだけでなく、金銭債権・有価証券・知的財産権などの財産権に対する権利質は、担保目的物の内容が柔軟で、しかも換価が容易であることなどから、今日でも事業融資に際してしばしば利用される。ここでは、質権の一般的な特徴を、主として動産質権に関する規律を中心に検討した後、不動産質と権利質について学ぶ。質権は、目的物の占有を移転するタイプの約定担保であり、不動産についてもその基本は変わらない（抵当権との大きな違いである）。しかし登記制度があることから、むしろ抵当権に近いルールも適用される。動産質・抵当権との違いに注意して、不動産質の特質を考えよう。他方、近時、比較的利用されることの多い権利質は、対象が有体物でないだけに、質権の中ではやや異色な存在である。民法には債権質についての規定が用意されているが、その対抗要件には、債権の譲渡の場合の考え方が利用される。債権譲渡との違いに留意して検討しよう。

第1節　序説

1　質権とは

(1)　占有移転型約定担保物権

　質権は、抵当権と並んで民法典に規定された**約定担保物権**の一つで、民法342条にあるように、一定の債権の担保として債務者又は第三者(物上保証人)から受け取った物を占有し(**占有移転型担保**)、かつ、弁済がない場合には、他の債権者に先立って自己の債権の満足のために弁済を受けることができるという権利で(**優先弁済的効力**)、物権として構成されている＊。抵当権と異なり、担保目的物の占有を担保権者の支配下に移す点に大きな特徴がある(欠点でもある)。目的物となりうるものは極めて柔軟で、譲渡可能なかぎり、不動産ばかりでなく、動産や債権・権利のような財産権も質にとることができる(抵当権は、民法上、不動産・地上権・永小作権に限定されている)。占有移転型担保といっても、「権利質」などでは、占有はあまり重要な意味を持たない。要は、債務者にとって何らかの価値がある物の占有(実質的支配)を奪ったりその利用を拘束したりすることで、債務者に心理的圧迫を加え、間接的に弁済を促すという働きをするもので(**留置的効力**)、その意味では、あらゆるものが「質ぐさ」になりうる(学生証や身分証、歌舞伎役者の演目「十八番」、かつては「人質」、武士の「名誉の質入れ」:「返済を守らぬときは、人々の前にてお笑いくださるべく候」など)。

　質権は、担保物権の一種として、その共通の性質である**附従性・随伴性・不可分性**(350条→296条)、**物上代位性**(350条→304条)を有する。ただ附従性に関しては大らかで、質権が成立するための被担保債権は、現在発生しているものに限らず、将来において条件付き・期限付きで発生する将来債権でもよく、また、債務者との一定の継続的取引などによって生ずる一定限度内の不特定の債権でもよいとされている(不特定債権を担保する質権を**根質**という)。さらに、質権の被担保債権は、金銭債権のみならず、特定物の給付その他を

目的とする債権でも差し支えない(要は、399条の「債権」なら何でもよい＊)。なお、目的物を留置している関係上、質権者には、留置権者と同様、目的物の保管についての善管注意義務があることにも注意したい(350条による298条の準用)。

＊【質権の歴史】　質権の歴史は古い。「質」という形で担保を取る方法は、古くから存在し、古代ローマの共和制末頃から法務官法上の占有移転型物的担保の一つとして利用され(*pignus*と呼ばれ、非占有型の抵当(*hypotheca*)とほぼ同一の規制に服した)、後に様々なタイプのものへと展開した。ちなみに、日本における担保の原型も、むしろ「質」であった。「質は実に通じ、実は誠に通ず」というわけで、債務者の「誠」を示すべく、確かに約束を守って債務を履行することを形をもって保証すべく、債務者にとって「大切なもの」を相手の占有・支配下に預け、履行への推進力を得つつ、約束を履行しない場合は、その自由な処分を相手に委ねるものとしたのである(もっとも、今日的には、むしろ換金的意味があるかも知れない[別れた恋人から以前もらった指輪やバッグの質入れ!?])。

　営業的質屋については、民法典制定より早く、明治28(1895)年に質屋取締法で規制され、戦後の**質屋営業法**(昭和25(1950)年)による特別な規制に服している。そのほか、**公益質屋法**の適用を受ける**公益質屋**もあった[平成12(2000)年に廃止]。また、商行為によって生じた債権を担保するための質権は、商事質と呼ばれ、これには商法の適用がある(商法515条)。したがって、専ら民法の質権の規定が適用される**民事質**は、街の小口金融が債務者の宝石や骨董品を質に取るとか、銀行が有価証券類に質権を設定する、あるいは、建築業者が建築建物の火災保険金に請負代金債権を被担保債権として質権を設定する(物上代位を確実にする)といった、かなり限られた局面においてである(とはいえ、少額の庶民金融にとって動産質はなお担保の代表である)。民事質と、それ以外の質屋の質、商事質、公益質屋の質の最大の違いは、「**流質の禁止**」の有無で、民法では、流質が禁じられているが(349条)、質屋の質や商事質では当然流質であって、質物の価格が債権額に不足していても不足額を請求できず、債権額を超過しても超過額を返還することを要しない(一種の代物弁済である)。なお、公益質屋の質権も原則として流質可能であるが、質物をもって責任の限度とするが、流質物の売却代金から元本などを控除して残余金が出た場合は清算して返還する義務がある。ともあれ、質屋営業法や商法に規定がない場合には民法の規定が適用され、その基本的な枠組みは民法によるものであるから、民事質の規定も、ある程度、それらの理解の助けにはなろう。

＊【質権の被担保債権・担保目的物の柔軟さ】　質権の被担保債権の内容が極めて柔軟であることは本文で述べた通りである。たとえば、騒音をめぐるトラブルの和解合意として、AはBに対して、一定時間以外は騒音を出さない旨の債務を負ったとしよう。この債務の担保として、AはBのために一定の財産に質権を設定す

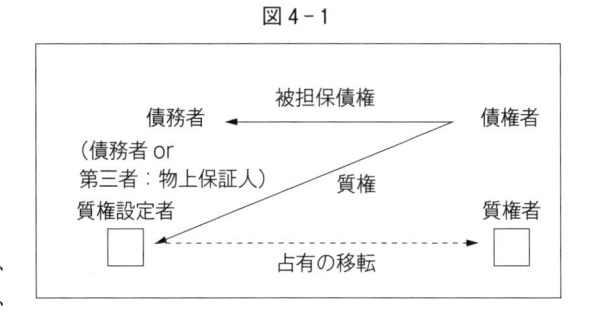

ることも論理的には可能である。なぜなら、BのAに対する債権は金銭債権ではないが、究極的には損害賠償請求権になりうるものだからである。また、定期預金債権のみならず、普通預金口座のように、預金額が変化するよう

図4-1

債務者（債務者 or 第三者：物上保証人）　被担保債権　債権者
質権設定者　　　　　　　　　　　　　　質権　　　　　質権者
　　　　　　　　　　　　　　占有の移転

なものでも、取引上一定程度の残額が常時見込まれる場合であれば、当該「普通預金口座」自体を一つの財産権と考えて質権の対象とする余地もある（道垣内弘人「普通預金の担保化」中田裕康＝道垣内弘人編・金融取引と民法理論［有斐閣、2000年］43頁以下所収、三上徹「普通預金担保」金法1639号［2002年］25頁、森田宏樹「普通預金の担保化・再論」道垣内弘人ほか編・信託取引と民法理論［有斐閣、2003年］299頁以下所収など参照）。

(2) 質権の種類

民法の規定上、質権には、動産を目的とする**動産質**(352条以下)、不動産を目的とする**不動産質**（356条以下）、その他の財産権を目的とする**権利質**（362条以下）の3種がある。権利質は、通常の指名債権のほかに、株式・公社債などが対象になることからも理解されるように、対象が「権利」であるから質物に対する留置的効力にはほとんど意味がなく、質権の中では異色の存在である。

効力面から分類すると、単に質物を占有するだけの「**占有質**」(動産質の350条→298条2項参照)、占有の他に目的物を使用・収益する権利を有する「**収益質**」があり、後者のうち、収益を元本の利息に充当するタイプのものを「**利質**」(不動産質の356条・358条参照) などと呼ぶこともある。

2　質権の現実的利用

質権の最大の特徴は、それが**占有移転型担保**であるという点にある。目的

物の引渡しを受けることが質権設定契約の効力発生要件とされ（344条）、これを質権者自らが占有しつつ、被担保債権の弁済を受けるまで留置するという**留置的効力**が認められている（質権設定者の代理占有は禁じられている［345条］）。動産質に関しては、占有が対抗要件でもある（352条）。そこで、これを嫌って、占有移転を伴わない動産譲渡担保が開発されることになる。不動産質権の場合は、登記という公示方法が完備されているので対抗要件は抵当権と同様に登記ということになるが、その場合でも、質権者による占有が前提であるから、使用・収益権は質権者に属し、管理費用なども質権者が払うというのがタテマエである（356条、357条：実際に、銀行員が草むしりをしたり、野菜を植えたりするわけではない）。債権などの権利質の場合は、債権証書等を保管することになるほか、第三債務者との関係で対抗要件を備えることが必要になるが、そこでは目的物が抽象的な権利でしかないため、占有の移転はあまり重要な意味を持たない。

　かくして、動産質権や不動産質権では目的物やその価値を表象する物の占有移転ということが一つの鍵になる。ただ、目的物の占有を奪うことによる担保作用は次第に重要性を失い、今日では、証券に化体したもの（倉庫証券・貨物引換証・船荷証券など）に質権を設定する方法が増え、質権設定者の使用収益を奪う部分も、特許権の質入れなどのように質権設定者にその権利の利用を認めるタイプのものが登場するなど（特許95条）、質権も次第に優先弁済権に重心を移して機能しつつある。

　登記制度や登録制度のある不動産・建設機械・船舶・自動車・農業用動産等では、不動産抵当や特別法による動産抵当制度などが専ら利用され、部分的に法によって禁じられていることもあって、質権の利用は極端に少ない（道垣内・80頁）。また、事業用動産・生産手段などでは、占有を移転してしまうと事業そのものが成り立たなくなり、逆に、質権者としても、目的物の占有・管理（357条）にコストがかかるため、質権を利用しづらく、占有を移転しないで担保にとるいわゆる「**譲渡担保**」の方法が広く行われるわけである（判例も、その有効性を認める。第6章第3節参照）。そこで、質権の中では、庶民金融における動産質が比較的重要な機能を営み、質屋営業なども盛んに行われたわけであるが、こちらも、銀行・貸金業者・信販会社などによ

る与信によって担われるようになり、質権に対する制度的需要は、著しい伸びを見せる古物営業に比べて、相対的に低下している（警察庁の統計では、質屋営業許可件数は昭和33年の２万1539件から減少を続け、平成24年には3270件となって統計をとり始めた昭和24年以降で最も少なくなっている［http://www.npa.go.jp/safetylife/seianki79/kobutsu.pdf］）。ただ、金銭債権・有価証券・知的財産権などの財産権に対する権利質は、担保目的物が柔軟で、しかも換価が容易であるため、今日でも事業用融資に際しての担保方法としてしばしば利用されている。

第 2 節　動産質

1　動産質権の設定と対抗

(1)　設定行為
(a)　当事者および目的物

　質権は、債権者と、債務者もしくは（物上保証人となる）第三者が当事者となる契約（質権設定契約）によって設定される。動産質権の設定者は、原則として、目的物の所有者である必要がある。目的物が、他人の物である場合には、**質権の即時取得**が問題になる。質権設定行為も取引行為であるから、動産取引の安全を考えれば、質権設定者が無権利者であったとしても、質権者が、平穏・公然・善意（186条1項で推定）・無過失（188条で推定）に質権の設定を受けた場合には、192条によって質権の即時取得がありうるというべきであろう。目的物は、**譲渡可能な物**に限られる（343条）。もっとも、不法所持の対象になる麻薬や拳銃が目的物になり得ないことはいうまでもないが、抵当制度との混乱を避けるために、特別法で質権の設定が禁じられているものもある（登録船舶［商法850条］・登録自動車［自動車抵当20条］、既登記建設機械［建設機械抵当25条］など）。占有を移転することで質権設定を許してしまうと、特別法で、登記・登録によって権利関係を公示させた趣旨と矛盾するからである。なお自己の物に質権を設定して他人の債務の担保として提供する**物上保証人**は、「保証人」と違って債務まで負う者ではないから（446条参照）、被担保債権について質物に限定された物的有限責任のみを負う。

(b)　被担保債権の範囲

　動産質権の**被担保債権の範囲**については、346条にある通り、別段の定めがない限り、元本・利息・違約金・質権実行費用・質物の保管費用・損害賠償請求権の全てに及び、抵当権の場合のような制限（375条）がない。質権

は目的物の占有が前提となっているので、後順位担保権者や第三取得者が出現する可能性がほとんどないからである。将来債権についても、現在および将来発生する一群の不特定の債権を被担保債権とする根質の形態も認められること、前述の通りである（不動産質権では抵当権の規定が準用される結果［361条］、包括根質権は禁じられ、被担保債権についての極度額の定めが必要となるが［398条の2］、動産質権には、かかる制約がなく、後順位担保権者の登場する余地も乏しいことから包括根質が許され、極度額の定めも不要である）。

　(c)　目的物の引渡し

　動産の質権設定契約は一種の**要物契約**であるといわれ（176条の例外）、質権設定の合意に加えて、「債権者にその目的物を引き渡すことによって、その効力を生ずる」（344条）。目的物の引渡しがあってはじめて有効に質権が「成立する」という意味である（債権質については例外的に証書交付が要件とされる［363条］）。

　344条にいう「引渡し」は、現実の引渡し、簡易の引渡し（182条2項）、指図による占有移転（184条）を含むが、**占有改定**（183条）では不十分であるといわれる（東京高判昭和35・7・27東高時報11巻7号218頁）。質権者には、明文で、自分に代わって質権設定者に質物を代理占有させることが禁じられていること（345条）、質権の留置的効力と公示を確保するという観点からの要請が、その理由である（この点については、立法論として、所有権でさえ占有改定で対抗力を獲得することとのバランスの悪さが残り、要は、質権が留置的効力を本質とする担保物権だからという素朴な説明によるほかあるまい）。したがって、質権設定者が、質物をそのまま預かるとか再度借り受けるということを正面から肯定するわけにはいかない（これを回避すべく動産譲渡担保制度が考案されたことは前述の通り）。なお、証券化した動産の質入れの場合は、その証券を交付するというやり方がとられることが多い（倉庫証券につき商法627条→604条→575条、船荷証券につき商法573条→575条など参照）。ちなみに、動産債権譲渡特例法による登記は、動産を「譲渡」した場合に限って民法178条の「引渡し」とみなされるので、この登記によっては動産質権を有効に設定するのは困難である（債権を目的とする質権設定に準用されるのみであ

る［動産・債権譲渡特例法14条］）。

　物を第三者に寄託している者が、同一の動産について指図による占有移転の方法で質権を設定するような場合には、同一動産について二重・三重に質権を設定することも不可能ではない。その場合の質権者間の順位は、質権設定・対抗要件具備の前後によって定まる（355条）。

(d)　質権設定者による代理占有の禁止

　質権者に対する目的物の引渡しによって、いったん質権が成立した後、質権者による占有は「継続する」ことを要するか。特に、設定者の懇請を受けて、質権者が質物を設定者に返還したような状態をどう評価すればよいか。占有を失うことで質権は消滅してしまうというのが、従来の通説である（我妻・131頁、柚木＝高木・101頁、近江・90頁、内田・492頁など。ドイツ民法1253条2項、スイス民法888条2項も、消滅を規定する。ちなみにフランス民法旧2076条は、債権者による占有をもって質権の存続要件としていたが、2006年の改正［2336条、2337条2項］では非占有質権を認めるとともに、引渡しを対抗要件と位置づけている）。留置的効力確保のために**質権設定者の代理占有**を禁じた345条の趣旨を重視すれば、質権者による占有の継続を質権の存続要件と考えることにも充分な理由がある。

　しかし、大判大正5・12・25（民録22輯2509頁）は、「引渡し」は質権の「成立」にとって必要であるが、「存続」について「**占有の継続**」までは要求されないこと、質権者がいったん有効に質権を設定した後に、質物を設定者に占有させても、345条によって**代理占有（間接占有）の効力**が生じないだけで、質権者の占有喪失が質権そのものの消滅をもたらすわけでなく、動産質権については、単に**第三者対抗要件**を失うだけである（不動産質については、その効力に何ら影響を及ぼさない）という。その結果、占有喪失によって第三者対抗力は失うとしても、設定者とは当事者関係にあるから対抗関係になく、質権の実行は可能となる。質権の本来的目的が優先弁済効にあり、留置的効力は、この優先弁済効を高める上で役立つに過ぎないのだとすれば、質物の占有を喪失しても質権を消滅させるまでもないということであろう（林編・注釈民法(8)256頁［石田喜久夫］、川井・282頁、山野目・263頁、安永・

365頁、平野・229頁など)。したがって、判例の立場に従えば、民法345条は、質権の成立場面にのみ適用される規定ということになる（もっとも、質物の任意の返還が質権者による収益・留置の放棄の趣旨が含まれているとすると、質物の再度の返還請求を認めることには疑問が残る。生熊・186頁は、任意の返還によって不動産質権はほぼ抵当権に準じた取り扱いとなるという）。

当事者関係に立つ場合は対抗関係にならないとして、それ以外の、対抗関係に立つ「第三者」の範囲をどう考えるかは問題である（たとえば、指図による占有移転で質権を即時取得した者が、質物の占有を回復した所有者に対して質権を主張できるか、など）。ちなみに、不動産質の場合は、登記が対抗要件であるため、質権設定後に不動産の占有を設定者に委託したとしても、第三者対抗力には全く影響がない。

(2) 占有の継続と対抗

動産質権者は、「**継続して質物を占有**しなければ、その質権をもって第三者に対抗することができない」(352条)。質権者が、質物を質権設定者以外の第三者に賃貸したり、保管させたような場合は、質権者がなお**間接占有**を有するから、質権の対抗力は存続している。問題は、質物が第三者に奪われたり、紛失したような場合である。第三者に奪われた場合は、200条の「**占有回収の訴えによってのみ**」質物の返還請求が可能とされている（353条）。しかし、遺失物については（「奪われた」わけではないので）質権に基づく返還請求が認められるかには疑問が呈される。193条の前提となる返還請求を根拠づける権利がないとすると、結局のところ、債権者代位権（423条参照）などを使うほかない。

352条にいう「第三者」とは、質権設定者・債務者およびその包括承継人以外の者である（353条の「占有回収の訴えによってのみ」とする書きぶりからは、無権原者や不法行為者にも質権を対抗できないことになりそうである［疑問がある］）。逆にいえば、質権設定者・債務者に対しては、質権者は質物を継続的に占有していなくとも質権を主張できるわけであるから、質権設定者や債務者が質物を侵奪したような場合は、質権に基づいて返還請求ができる（逆に、内田・492頁は、占有の継続が第三者に対する関係でも効力要件であるこ

とを前提に、自発的占有喪失・遺失・詐取などの場合には返還請求さえできないとするが疑問である）。

2　動産質権の効力

(1) 質権の効力が及ぶ目的物の範囲
(a)　目的物の範囲と物上代位

　質権の目的物の範囲については特に規定がないが、一般的な物権法の考え方に従い、質権は、所有権の及ぶ付合物、87条2項によって設定時の従物に対して効力が及ぶと考えられる（現実には「引渡し」があるので、さほど不明確になることはない）。

(b)　物上代位

　質権に基づく**物上代位**も認められる（350条→304条）。したがって、質物の滅失・損傷によって、質権設定者が受ける金銭等に対する物上代位が可能である。ただ**賃料**などの法定果実や**売却代金**への物上代位の必要性は疑問である。たとえば、質権者の占有下にある動産を所有者が賃貸するような場面は考えにくいので、問題となるのは、所有者が賃貸しているものに質権を設定して指図による占有移転を受けた場合であろうから、そこでは、賃貸人たる地位が質権者に移転すると考えることが可能である。となると、質権者自ら賃貸した場合と同じく、果実からの優先弁済の問題（不動産質権では使用・収益権の問題）として処理するのが適当ではあるまいか。

　また、質権設定者による質物の売却処分があった場合も、対抗要件を備えた質権であれば第三者（買主）に対抗でき、目的物自体に質権を行使することができるのであるから（**追及力**がある）、原則として、売却代金債権に物上代位を認める必要もない。

(2) 果実収取権・善管注意義務など

　質権者は、被担保債権の弁済期まで質物を**留置**し、**果実**を収取して「他の債権者に先立って、これを自己の債権の弁済に充当することができる」（350

条→297条1項)。果実は、まず利息に、次いで、残余があるときは元本に充当される (297条2項)。この質権者による果実収取権と弁済への充当は、担保権実行とは無関係に規定されている効力であるから、被担保債権の履行期の到来は必ずしも必要ないと解されている。もっとも、不動産質の場合には、賃料等を債権回収に充てることができるので収益権にも意味があるが(それゆえ特に356条が用意されている)、動産の場合は、あまり利用価値がない。なお、物上代位との関係は上述の通りである。

　質権者が目的物を留置している間は、その保管について**善管注意義務**を負う (350条→298条1項)。動産質権者は、果実からの債権回収が可能であるが(350条→297条)、保存に必要な行為は別として、設定者の承諾なしに目的物を使用・賃貸することはできない (350条→298条2項)。不動産質権に使用・収益権が与えられている (356条) のと対照的である。これらの義務に反すると、質権設定者・債務者は、質権の消滅請求をなすことができる (350条→298条3項)。留置に際しての必要費・有益費については質権者は質権設定者に対し償還請求ができる (350条→299条)。

(3) 留置的効力

　質権者は、被担保債権全額について弁済を受けるまで、質物を留置することができる (347条本文)。ただし、質権に優先する債権者 (334条、330条1項、2項参照) に対しては質権を対抗できず (347条但書)、それらの者が質物に対して強制執行をかけてきたときには引渡しを拒むことができない。質物の留置に関しては、留置権の規定が多く準用されている (350条→296条～300条)。

(4) 動産質権における優先弁済権の実現

　質権者は、被担保債権の履行がない場合に民事執行法の手続きに従って、競売を求め (民執190条、192条)、また他の債権者の申立てによる場合も配当加入して優先弁済権を主張できる。設定者が破産した場合の破産手続では別除権が認められ、質権に基づいて質物を競売することができる (破産2条9項)。

加えて、動産質については、簡易な弁済充当の方法も認められている。すなわち、正当な理由がある場合、予め債務者（ないし物上保証人）に通知した上で、鑑定人の評価に従い質物をもって直ちに弁済に充てることを裁判所に請求することができる（354条前段）。「正当な理由」があるのは、たとえば、質物の価格が安くて、たとえ競売したとしても費用倒れになるような場合や、競売しても買い手が容易に望めない（結果として競落価格が安くなってしまう）ような場合である。この場合でも、裁判所に請求することが必要であるが、差押えや競売の必要はない。たとえば、100万円の債権があり、質物が150万円相当であると鑑定されれば、予め債務者にその請求を通知し（354条後段）、質物を取って50万円を債務者に清算して返せばよいわけである。

　ただ、民事質においては、流質契約を「予め」結ぶことは禁じられており（349条）*、必要とあらば、弁済期後に、あらためて代物弁済（482条）の合意をするほかない（譲渡担保契約によっても私的実行が可能になる）。なお、質物が、債務者以外の者（＝物上保証人）によって提供されたときは、351条で物上保証人の債務者に対する求償権が認められている（保証債務の場合の規律と同様である［459条〜464条、500条〜501条］）。

　　*【流質契約の禁止】　流質は、俗にいう「質流れ」で、これを自由に認めると債務者の窮迫につけ込んで、債権者が法外な質物を奪い取ることになりかねないということで、質権者の暴利行為を牽制するものとして禁止された。しかし、349条の反対解釈からすれば、弁済期「後」に、債務者が質物をもって代物弁済（482条）することは有効である。学説には、譲渡担保の場合のような清算特約があれば流質契約も有効とする見解もある（高木・68頁、平野・233頁など）。立法論としては、354条に準じて清算を前提とした私的実行を可能とする方向が模索されてよい。なお、民法上の質権である民事質と異なり、商行為によって生じた債権を担保するために設定された商事質（商法515条）や、行政的規制の行われる営業質屋の質権（質屋営業19条）などについては、流質契約が認められている。

(5) 質権侵害に対する救済

　質物が第三者に奪われた場合、動産質権者は、200条の「占有回収の訴えによってのみ」返還請求が可能とされている（353条）。この訴えで質権者が

勝訴判決を得れば、占有は継続していたものとみなされるから（203条但書）、質権は安泰となる。しかし、ひるがえって考えると、質権も「物権」の一つである以上、広く物権的請求権が認められてよいようにも思われる。問題の一つは、対抗要件としての「占有の継続」が要求され、侵奪者も「第三者」にあたる可能性があるからであるが、不法に占有を侵奪した第三者が、対抗要件の欠缺を主張する正当な利益を有するかはかなり疑問である（177条の「第三者」についての制限的解釈を想起せよ）。あるいは、353条は、占有継続を、質権の「存続要件」と解する考え方に強く引きずられた結果の条文かもしれない。

なお、目的物の引渡し・占有継続を質権の効力発生・存続要件と考える立場からは、占有の喪失によって質権者は質権者独自の権利・義務を失うとしても、質権設定者に対しては、質権設定契約に基づく返還を求めうるとされる（道垣内・84頁など）。

3 転質

(1) 転質とは

後述の転抵当の場合と同様に、質権の再利用のために、**転質**が行われることがある。転質とは、質権者が、自己の債務のために、いわば質権によって把握した担保的価値にさらに質権を設定するというものである。原質権設定者Aの承諾を得てなされる転質を**承諾転質**、原質権者Bが自分の責任でもって転質するものを**責任転質**という。

承諾転質が許されることは、350条の準用する298条2項からしても当然のことであり、要は、Aが「これは私が質物としてBに差し入れたものであるが、今後はBのために物上保証人になることを承諾する」というに等しい。問題は、これに加えて民法が責任転質を認めている点であ

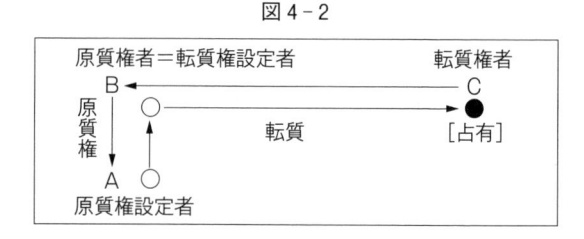

図4-2

```
原質権者=転質権設定者           転質権者
    B ←─────────────── C
原                転質        ●
質  ○                       [占有]
権  ↑
    ○
    A
原質権設定者
```

る。348条は「質権者は、その権利の存続期間内において、自己の責任で、質物について、転質をすることができる」と規定する。

この責任転質の法的性質については見解の対立がある。①BのAに対して有する債権と質権を併せて質入れすることを意味するという**債権・質権共同質入説**（柚木＝高木・114頁など）、②Bの持つ質権そのものを質入れするものとする説（**質権質入説**）、③Bの占有していた質物を再度質入れすることであるとする説（**質物再度質入説**：我妻・148頁、鈴木・208頁）などがある。また、支持者は少ないが、立法者は**解除条件付質権譲渡**と考えていたようでもある（梅・444頁、富井・476頁、最近では内田・499頁がこれを再評価する）。

債権・質権共同質入説という考え方は、質権の持つ随伴性からすると、債権を質入れした場合の当然の帰結であるが、348条という条文によって、あえて「質物について転質をすること」と規定したことの意味が不明である。「質権質入れ」とか「質物再度質入れ」という表現は、条文の文言にも適っている説明ではあるが（通説・判例）、そのように観念すると、原質権の被担保債権には転質の効果が及んでいないことになりかねず、Aが被担保債権を弁済するなどして原債権を消滅させることを阻止できない可能性があり、この点についての手当てを必要とする。決め手に欠ける議論ではあるが、現時点では、やはり質権付債権に質権が設定された場合の原質権目的物に関する特別規定（質権によって把握された質物や権利の担保的価値を質権の対象としている［星野・231頁］）と見るのが無難であり、転質をもって特別な担保形態と考えない方がよいように思われる。重要なことは、いかなる要件・効果が責任転質に付与されるべきかである。

(2) 転質の要件・効果

(a) 要件

要件については、あまりやかましく考える必要はない。348条には、「その権利の存続期間内において」という限定が付いているが、動産質に関してはそもそも存続期間という観念がないので、同条の限定は、もっぱら不動産質の場合（360条参照）に限られる。

第一に、転質権設定契約も要物契約であり、BからCへの目的物の引渡し

によって効力を生じ（344条）、Cによる質物の継続占有が第三者対抗要件となる（352条）。このとき、両当事者にとって、目的物は、AがBに差し入れた質物であることが前提である（もしBの所有物であるとCが考えて質権の設定を受けた場合は、**質権の即時取得**が問題となる）。ちなみに、原質権の範囲を超えて責任転質をなすことは横領罪を構成するとした決定がある（大連決大正14・7・14刑集4巻484頁）。

　第二に、自分の質入れした物が、勝手に他人の手に渡ったのでは、Aとしても不測の事態となりかねないため、抵当権の処分あるいは債権質の対抗要件に準じて、主たる債務者Aに対する転質権設定の通知もしくはAの承諾のあることが、原質権設定者（ここではA）・保証人およびその承継人に対する関係で対抗要件になるものと解されよう（377条類推適用または364条類推適用）。だとすると、対抗要件を具備した転質は、承諾転質に限りなく近い性格を持つことになる。

　(b)　効　果

　①転質権者Cは、原質権の被担保債権の弁済期が到来すれば、直接に原質権を実行することができ、その売却代金から、Bに優先して弁済を受けることが可能となる。なお、転質権者の保護を考えると、原質権者Bは、勝手に原質権を消滅させてはならないという制約（拘束）を受けると考えるべきであろう。この場合、質権放棄ができないことはいうまでもなく、無断で弁済を受けて質権を消滅させることも制限されよう（130条を想起せよ。債権質に関する366条3項、転抵当に関する377条2項も参照）。

　②転質権の被担保債権が原質権のそれよりも大きい場合は、転質権の効力は原質権の範囲に縮減される（残余は質権によって担保されない一般債権となる）。そもそもBが保持していた質物の担保価値は、原質権の被担保債権の範囲に限られているからである（「何人も自己の有する以上の権利を他者に譲り渡すことはできない」）。転質権の被担保債権の方が小さい場合は、転抵当に関する判例の立場から考えると、差額についてAからBへの弁済ができそうであるが、担保物権の不可分性の観点からすれば、一部について先にBに弁済できないであろうから、Aに供託させるのが無難であろう（基本的には、

転抵当に関する377条の規定が類推される)。

　③原質権者Bは、転質をしなければ生じなかったはずの損害は、たとえ不可抗力によるものであってもAに賠償しなければならない（348条後段）。厳格な責任であるが、転質したがゆえのリスクの増大は、少なくとも責任転質に関する限り、Bの責任において負担すべきだからである*。

　＊【責任転質の場合の原質権者の厳格責任】　民法348条後段に定める原質権者の責任は、かなり重い。民法上の責任に関して、一番軽いのは①「選任監督に過失があったとき」（使用者責任［715条］、復代理人の選任［105条］）であり、中間が、②履行補助者の過失のような場合で、自分に代わって行為した者の故意・過失を信義則上、自分の故意・過失と同様に責任を負わされる場合と、③不可抗力の場合だけ免責されるというものがある。そして一番重いのが、④主観的要件である故意や過失を必要とせず、およそ不可抗力の場合を含めて全て責任を負うというタイプの責任で、原質権者の責任は最後の④に該当する。もちろん、仮に転質をしなくても不可抗力で滅失したようなときにまで責任を負うわけではない（限界事例では、自分の倉庫にそのまま入れておけば地震被害を免れたはずであるが、別の地域の者に転質していて、そこでの地震の被害が甚大であったために目的物が破損したような場合は、責任を免れないことになる）。

　　なお、**承諾転質**の場合、転質権の実行については、その転質にかかる被担保債権の弁済期が到来すればよく、原質権の被担保債権の弁済期が到来している必要がない。また、原質権者は、348条の無過失責任を負わず、通常の過失責任の範囲で質物について責任を負うにとどまる。

4　動産質権の消滅

　通常の担保物権の消滅事由のほか、特に、抵当権の場合に準じた第三取得者による質権消滅請求（361条→382条）と、留置権の場合に準じて質物保管義務違反による債務者からの質権消滅請求（350条→298条3項）がある。また、質権者による質物返還も（占有の継続が質権の存続に必要であるという立場に立てば）質権を消滅させることになる。

第3節　不動産質

1　不動産質の設定と対抗

(1)　設定行為

　不動産（土地・家屋）を目的とする質権を**不動産質**といい、そこでは、不動産質権者は「目的である不動産の用法に従い、その使用及び収益をすることができる」とされている（356条）。不動産質権設定契約も一種の要物契約といわれ（通説）、目的不動産の占有移転が必要となり、この点で抵当権と一線を画する（344条、345条）。この「引渡し」に、占有改定は含まれないが（345条）、簡易の引渡し（182条2項）や指図による占有移転（184条）でもよいというのが判例である。

　もっとも、不動産の場合は、登記制度が公示のために機能しているため、引渡し（＝占有の移転）は、専ら（公示のためというより）設定者の占有・利用を奪うところ（留置的効力の確保）にこそあり、この点に抵当権とは異なる質権の特徴が見出される。実態に即して考えれば、今後は、合意のみで質権設定契約が成立し、質権者は質権設定者に対して目的物引渡請求権を有するに至ると解すべきであるし（鈴木・269頁、広中・物権法〈第2版〉［青林書院新社、1982年］66頁、道垣内・82頁など）、賃貸マンションを、賃借人が占有したまま建物所有者からの指図による占有移転によって不動産質権を設定し、質権者がその収益から被担保債権への優先弁済を受けるといった利用形態にあわせた規律を整えることが望ましい。

　質権設定者自身が所有して住んでいるような不動産については明渡請求も可能であるが、賃借人が居る建物を質権の目的物とするときは、自らの管理権を正当化するためにも「賃貸人たる地位の移転」が必要であろうから、債権譲渡に準じて、設定者から賃借人への通知がなされることになる。

(2) 対抗要件としての登記

　不動産質の対抗要件については、特段の規定がないため、一般原則に従って登記が対抗要件となる（177条）。また、不動産質には353条の適用がないため、占有回収の訴えでは対応できない場面でも、登記があれば、占有者に対して質権自体に基づく返還請求が可能である。

(a) 被担保債権

　動産質・権利質の場合は、被担保債権に特段の制限がない。質権者が目的物の占有や実質的支配を奪っていることから、競合する担保権者や第三取得者の出現も考え難く、一般債権者としても、目的物を債務者の責任財産として期待していない場合がほとんどだからである（したがって、包括根質も有効で、極度額を定める必要もない）。しかしながら、不動産質では、抵当権と同様に後順位担保権者が現れる可能性を否定できず、被担保債権額（不登83条）のほか、「存続期間」や「利息・違約金」などに関する定めは、登記しておかなければ、第三者に対抗できない（不登95条）。

(b) 存続期間の定め

　不動産質の場合は、登記が存在するため、目的物の「占有の継続」はほとんど問題にならない。したがって、不動産質の成立後に質権者から設定者に不動産を返還したとしても、質権は消滅せず、対抗力も失わない（大判大正5・12・25民録22輯2509頁）。ただ、質権は、あくまで質権者が目的不動産を用法に従って占有管理して収益を得、被担保債権が弁済されれば返還すべきタテマエのものである。たとえば、農地が目的物となるような場合を想定すると、質権者が不動産の改良に努めることはとても期待できない。そこで、立法者は、不動産（特に農地）の荒廃を防ぐべく、その存続期間を10年に限ることとした（360条1項）。質権設定契約に質権の存続期間の定めを置かなかった場合は、設定から10年の存続期間となる（多数説）。更新は可能であるが、その存続期間も、更新時から10年を超えることができず（360条2項）、担保としての順位は、更新時の順位に繰り下がる。このような**期間制限**の趣旨は、一定の存続期間を定めた永小作権の規定（278条1項）や、買戻特約に

関する期間の限定（580条）と同様のものであるが、今日的意義は乏しい。不動産質の歴史は古く、かつては買戻しに代わる機能も兼ねていたようであるが（近江・104頁）、流質禁止などによる使い勝手の悪さから、結局、抵当権に取って代わられている。

質権を実行しないまま、この**存続期間が終了した場合**はどうなるか。「買戻し」の場合は買戻権がなくなるため（583条1項）、前所有者は目的物を取り戻せなくなり、あたかも「質流れ」と同様の結果になる。これに対して、不動産質の場合には流質が禁じられているから、目的不動産が質権者に帰属して被担保債権と清算されるようなことはない。つまり、質権は消滅しても被担保債権は残り、これが無担保の債権となる。したがって、必要とあれば、債務者からあらためて**代物弁済**（482条）を受けることになる。

2　不動産質権の効力

不動産質と動産質の効力上の大きな違いは、特約のない限り、不動産質権者に**使用・収益権能**が認められている点であるが（356条・359条）、これに対応して、目的物の**保管に関する善管注意義務**や**管理費用の負担**を生ずる。主要な点は次の通りである。

(1)　被担保債権の範囲

不動産質権者は、原則として、目的不動産を留置するだけでなく、使用・収益することができる反面（356条）、管理費用等の費用を負担しなければならず（357条）、債権の**利息**を請求することもできない（358条）。管理費用を差し引いた使用・収益と被担保債権の利息が、おおよそ対価的関係にあるとの判断によるものである（同様の発想は、売買目的物の引渡しをめぐる575条にも見いだされる）。設定行為で別段の定めをして利息を請求できるようにすることは可能であるが（359条。**担保不動産収益執行**＊が開始された場合も同じ）、それを第三者に対抗するには登記しておく必要がある。

根不動産質権における被担保債権の範囲については、民法398条の2以下が準用される（361条参照）。

＊【担保不動産収益執行】　担保権が実行されると、競売手続を経て、競売代金の配当によって債権の満足を得るのが通常であるが、不動産上の担保権に基づいて、当該不動産から生じる賃料等の収益をもって被担保債権の弁済に充てる手続き（民執180条2号）を担保不動産収益執行という。手続きは、**強制管理**（民執43条1項、93条以下）と同様に、差押えの後、債務者の収益権を管理人の手に委ね、管理人の下で収益の配当が実施される。手続きの開始に当たって債務名義を要せず、それに代わって担保権の存在を証する文書（民執181条1号～4号）が要求される等の特徴がある。平成15（2003）年の民事執行法改正法（法134号）によって導入された。バブル崩壊後、担保不動産について相当な競落価格での換価が期待しがたい強制競売によるよりも、現実的な債権回収の手法として選択されることがある（抵当権との関連で後にもう一度触れる機会がある。第5章第6節3(1)(a)参照）。

(2)　効力が及ぶ目的物の範囲

　不動産質には抵当権に関する規定が準用されるため（361条）、その効力は**不動産の従物・付加一体物**に及び、使用・収益権能の存在から、**果実**にも効力が及ぶと解される（297条を準用するまでもない）。不動産質権に基づく物上代位も否定されてはいない。しかし、もともと目的物に関する使用・収益権能があるために、不動産質で賃料債権等について物上代位を認める意味は乏しく、追及効があることから、売買代金への物上代位を認める必要もないと考えられる。

(3)　優先弁済効

(a)　実行方法など

　不動産質の実行方法についても、抵当権の規定が準用される（361条）。質権者は、**担保権の登記**に関する**登記事項証明書**を執行裁判所に提出して、目的不動産の競売を開始することができる（民執181条1項3号）。質権の実行によって満足を得られなかった被担保債権の残額については、一般債権者としての立場で、他の財産から満足を得ることが認められる（394条1項）。ただ、流質契約は禁じられており（349条）、しかも、動産質の場合のような簡易な実行方法が認められていない。さらに、動産質権と同様に、**転質**は認められるが、原質権の「存続期間内」という制約の下においてのみ認められる

(348条)。

(b) 他の債権者・担保物権者との関係

他の不動産質・抵当権等との優劣は、登記の先後で決せられる（先取特権との関係も抵当権と同じ）。不動産は、所有権の登記名義を基準にして差押手続が行われるため、質権の目的物所有者に対する他の債権者は、不動産質権の目的物であっても、競売のためにそれを差し押さえることが可能である。抵当権等の他の担保権者との優劣関係は、上述のように、登記の先後によるが、このときの具体的処理はやや複雑である。

①第一に、他の債権者による競売が開始された場合は、抵当権と同様、その順位に応じて配当を受けることができる（優先弁済権）。ただし、不動産質が最優先順位の場合で、かつ、使用・収益しない定めがないときは、その使用・収益権を保護するために、後順位債権者による競売では質権が消滅せず、買受人に引き受けられる。このとき、買受人は、被担保債権を弁済しない限り目的不動産の引渡しを受けられない（留置的効力：民法347条、民執59条2項、4項）。

②第二に、使用・収益しうる不動産質権の目的物について先順位の担保権者（抵当権者等）があり、その申立てによって担保不動産収益執行が開始された場合は、質権者は留置権能を喪失し（359条）、自ら使用・収益できなくなるため（347条但書）、被担保債権の利息についても請求ができるようになる（359条、358条）。これに対し、不動産質が最優先順位のときは、もともと質権者が全ての収益を収取できるわけであるから、後順位担保権者による不動産収益執行の申立ては「配当等に充てるべき金銭を生ずる見込みがないとき」に該当し、申立てが却下される（民執106条2項）。

③第三に、一般債権者が強制管理を開始しようとした場合も、質権者は目的物に対する留置権能を有し、かつ、これを対抗できるわけであるから（347条参照）、強制管理手続における管理人からの引渡請求を拒むことができ、管理人による使用・収益が不可能である以上、強制管理の申立ては却下されざるを得ない。

3　不動産質権の消滅

　不動産質権の消滅は、動産質の場合と同様である他、存続期間の経過によっても消滅する。また抵当権の規定が準用されるので（361条）、代価弁済（378条）や、質権消滅請求（379条）によっても消滅することがある。質権が消滅すると、質権者は目的不動産を設定者に返還する義務を負う。

　ちなみに、被担保債権の譲渡によっても質権は消滅せず、被担保債権に随伴して債権譲受人に移転することになる（質権移転の付記登記を行う必要がある）。

第4節　権利質

1　権利質とは

　質権は占有移転型の担保物権であるから、有体物について成立するのが原則であるが、民法はその他の財産権（債権・用益物権・株式・電話加入権・ゴルフクラブ会員権・無体財産権など）を目的として、**所有権以外の財産権の上に設定される質権を「権利質」**として認めた。とりわけ、現代においては、著作権や特許権のような**知的財産権（無体財産権）の担保化**が注目されている。

　民法362条以下には、債権質についてのみ規定が用意されている。したがって、権利質でも、債権質以外については、質権一般あるいは動産質・不動産質に関するルールが準用される（362条2項。たとえば、地上権や永小作権が質権の目的になると不動産質の規定が重要になる）。特別法において、それぞれの権利質に応じた規定が用意されているものも少なくない（株式につき会社146条～154条、手形につき手形19条、特許権等につき特許95条、96条、98条1項3号、著作権につき著作66条など）。

　権利質は、その性質上、動産質や不動産質のような有体物を目的とする質権とは異なる扱いをせざるを得ないばかりでなく、質権一般の規定もそのまま妥当しない場合が多いので注意が必要である（ちなみに、362条2項も、あえて質権通則の「適用」ではなく「準用」の語を用いている）。特に知的財産権を目的として設定される質権では、質物の占有を観念し難いのみならず（多くは登録が権利の成立要件［特許98条1項3号、新案25条3項、意匠35条3項、商標34条3項など］もしくは対抗要件［著作77条2号、88条1項2号］）であって、その権利行使も例外的にしか認められず（たとえば著作66条1項、特許95条など）、知的財産権を目的として設定される質権の実態は、設定者の使用・収益・処分を最大限に尊重する抵当権類似の約定担保といっても過言ではない。また、担保・執行法の改正（平成15年法134号）によって収益権限の帰属をめ

ぐって質権と抵当権の距離は相当に狭まっている。

以下では、民法の条文に則して、債権質を中心に説明する。

2 債権質の設定と対抗

(1) 設定行為
(a) 債権質の設定
　目的物の引渡しを観念できない債権質については、要物契約的議論は妥当せず、原則として、合意のみによって質権が設定され、例外的に、譲渡に債権証書を要する債権についてのみ、証書の交付が効力要件となる。

(b) 債権質の目的
　① 譲渡可能な債権　債権質の目的となるのは、**銀行預金債権・保険金請求権**などの各種債権で、必ずしも金銭債権である必要はないが、**譲渡可能な債権**でなければならない（343条）。したがって、**扶養請求権**や**恩給請求権**のように、その性質上あるいは法律によって**譲渡・質入れが禁じられた債権**は、質権の目的となりえない（881条、恩給11条1項但書、国民健康保険67条、漁業23条2項、鉱業13条など）。電話加入権は、一定要件の下で質入れが認められるが（電話加入権質に関する臨時特例法）、携帯電話の普及した今日では、ほとんど利用されていない。債権に、**譲渡禁止特約**が付いている場合は、民法466条2項の問題となり、質権者となる者が質権設定時に同項にいう「善意の第三者」である場合に限り、有効に質権が成立する（同条但書）。そこで、実務では、成否に問題のある質権を設定するのではなく、**代理受領**や**振込指定**＊といった方法で、事実上、債権を担保に取ることが行われている（指名債権質類似の取引として取立委任や代理受領との区別が問題となった事案として東京高判昭和27・10・30下民集3巻10号1511頁、大阪高判昭和43・3・22判時531号31頁参照）。

　② 賃借権の場合　**賃借権**も、質権の目的となりうるが、譲渡には原則として賃貸人の承諾が必要であるから（612条）、質権設定についても、同様に賃貸人の承諾が前提となろう。これに関連して、近時では、建物賃借人が

賃貸人に差し入れた**敷金（保証金）返還請求権**を目的とする質権も少なくない（仮装された多額の入居保証金に質権が設定された融資契約につき、東京地判平成 6・1・26 判時1518号33頁参照）。敷金等の返還請求権は、(判例の立場によれば) 賃貸借終了後に未払い賃料等を清算してなお残額があることを条件とする**停止条件付債権**ということになるが、これもまた質権の目的となる。保険金請求権なども同様である。

③ **質権者自身に対する債権**　**質権者自身に対する債権**も質権の目的とすることが可能であり（最判昭和40・10・7 民集19巻7号1705頁）、たとえば、銀行は、しばしば顧客の自行への**預金債権**に質権を設定して融資に応じている（預金担保貸付）。ちなみに、定期預金の書換えなどがあった場合に、書換え後の新定期預金にも質権の効力が及ぶかは、一つの問題たり得るが、上述の最判昭和40・10・7は、銀行に質入れされていた定期預金が数回書き換えられ、仮名を本名に変え、銀行から既発生の利息が任意に支払われた等の事情の下でも、同一預金者の定期預金としての継続関係があれば、当初の債権質の効力が新定期預金債権に及ぶとしている。

④ **将来債権**　論理的には、一定範囲で譲渡性が認められている**将来債権**についても質権設定が可能であるが、実務では、もっぱら**譲渡担保**が利用されている。

　＊**【代理受領・振込指定】**　代理受領とは、債権者Aが債務者Bに対して有する甲債権を担保するために、Bが第三債務者Cに対して有する乙債権の弁済の専属的受領をAに委任し、AがBに代わってCから直接に弁済を受け、その受領した金員のBに対する引渡債務（646条）とAの有する甲債権とを相殺することによって、優先的に債権を回収するという三当事者による合意（一種の三面契約）を用いた担保手段である。また、乙債権の弁済方法として、Cに、債権者A（銀行等の金融機関であることが多い）が開設・管理する口座に金員を振り込ませ、その振込金をもって（相殺を通じて）甲債権についての弁済にあてる場合を、振込指定という。いずれも、譲渡禁止特約の付いた債権を、事実上、担保にとる代替的手法として、実務において利用されているものである。端的には、「立会払い」のように、目の前でBに受領させて、そのまま債権回収にあてるケースもある。事情を知って代理受領の三面契約に加わった第三債務者が、もとの債権者に弁済して、代理受領権者が自己の債権の満足を得られないときには、第三債務者の不法行為責任が問題となりうる（最判昭和44・3・4民集23巻3号561頁、最判昭和63・11・20判時1219号63頁など参照）。

図4-3

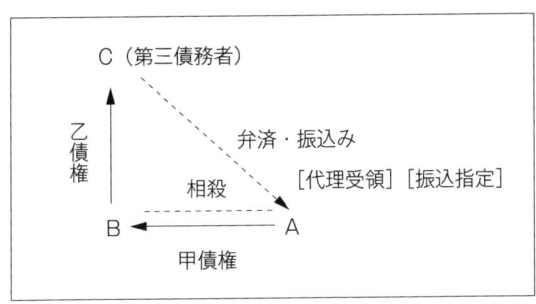

```
         C（第三債務者）
         ↑  ╲
    乙       ╲ 弁済・振込み
    債       ╲
    権        ╲ ［代理受領］［振込指定］
         相殺  ╲
      B ←─────  A
           甲債権
```

(c) 債権証書の交付の要否

(i) 証券的債権の場合　　質権設定契約の要物契約性から、かつての民法は、「**債権の証書があるときは**」、その証書の交付によって質権が成立するものとしていた（旧363条）。債務者は証書の返還を受けないと弁済しないのが通常だから、証書を交付することは債権そのものの交付と同様の意味があると考えられたからである。たしかに、証書の所持と権利行使が結合している**証券的債権**では、証書の占有を押さえておくことが、設定者の行使可能性を奪う上で効果的である。しかし、本来、債権証書がないときでも譲渡可能な債権（貸金債権など）では、仮に「借用証」のような債権証書の占有が移されたとしても、当該債権の譲渡を阻止することができず、質権の留置的効力は発揮できない。だいいち、目的となる債権に証書が発行されているか否かも必ずしも明らかでない場合もあり（逆に、証書が複数存在するかもしれない）、「債権の証書があるときは」という要件如何で質権の成否が左右される余地を残すことは適当でない（債権者が質権設定者に欺かれることもあろう）。そこで、現行民法363条では、証券的債権（債権であってこれを譲渡するにはその証書を交付することを要するもの）についてのみ「交付」を効力要件とし、その他のものについては交付を要しないものとした。この改正の意味は、債権質の成立を、原則として、債権証書の交付から解放したところにあるといってよい。今日では、さらに急速に債権のペーパーレス化が進んでおり、債権証書の存在を前提とした規律は大きな修正を余儀なくされている*。

(ii) 指図債権・無記名債権の場合　　**指図債権**の場合は、証券の裏書・交

付で債権の処分が可能であるから、質権設定の場合にも、その性質上、証券に「質入裏書」をして交付することが必要になる。さらに、**無記名債権**の場合には、民法86条3項によって「動産」とみなされるため、「動産質」と同様に証券の引渡しが必要ということになる＊。

＊【**債権のペーパーレス化**】 株式・国債・社債などの証券をともなう権利（債権）について、最近では急速にペーパーレス化が進行している（内田・489頁）。たとえば、典型的な証券的債権であった**株式**については、「株券等の保管及び振替に関する法律（**保振法**）」によって、証券が存在することを前提に、それを一括して混蔵寄託して、権利の移転は専ら**口座簿への電子的振替記録**ですませるというシステムが構築されてきた（同法27条2項）（保振法は平成21（2009）年に廃止された）。続いて、**国債・社債・コマーシャルペーパー**（ＣＰ）等については、「社債、株式等の振替に関する法律（社債振替法）」で、証券を発行しない完全なペーパーレス化が可能となった（同法141条）。こうなると、これらの財産的権利については、質権設定も口座簿への記録によって行われることになる。紙ベースの証券の存在を前提とした質権設定と対抗ルールは、こうした手法の普及とともに大きな変化を余儀なくされている。社債振替法については、高橋康文・逐条解説社債振替法［金融財政事情研究会、2003年］参照。この延長上には、電子記録債権法（2007年）がある。

＊【**指図債権・無記名債権**】 指図債権とは、特定の者又はその者のなす指図によって指定された者に弁済されるべき証券的債権である。たとえば、債権者Aが債務者Bに対して、Cを新たな権利者として指図（指定）することによって譲渡される債権がこれである。新債権者Cがこれを譲渡する際には、さらに、新たな指図をする必要があるため、指図債権の成立・行使には、原則として証書を伴う（これを**指図証券**などという）。手形・小切手・倉庫証券・貨物引換証・船荷証券などは、いずれも法律上当然の指図債権となる。民法では、指図債権の譲渡は意思表示だけで行われ、「裏書・交付」は対抗要件と位置づけられているが（469条）、商法上の有価証券では、質入れをした旨の裏書（**質入裏書**）をすることが質権の効力要件となっており、両者に若干のズレがある（倉庫証券につき商法603条・606条、手形につき手形19条・77条1項参照）。もっとも、現実に市場で流通している指図債権は、圧倒的に商法上のものであろうから、立法論としては、商法のそれと平仄を合わせることが望ましい。

これに対し、**無記名債権**は、証券上に特定の権利者の名前が表示されておらず、証券の所持人に対して弁済すべきものとする債権である。たとえば、デパートの商品券・図書券・乗車券・劇場入場券などがこれにあたり、民法86条3項によって「動産」とみなされている。したがって、譲渡は原則として意思表示のみで行われ、証券の引渡しは対抗要件となる（176条、178条参照）。通常の動産と同様に、即時取得（192条）があるだけでなく、譲受人に対する債務者の抗弁は制限され（473条）、

債権者でない証券所持人に対する債務者の善意・無過失での弁済は、「債権の準占有者に対する弁済」としての保護を受けることになる（478条参照）。

(2) 債権質の対抗要件

債権者の特定している通常の**指名債権**（たとえば、預金債権・貸金債権・売掛代金債権など）を質権の目的とする場合は、その対抗要件として、467条が定める**指名債権譲渡の方式***を踏むことが必要である（364条）。優先弁済権について、他の債権者との優先劣後は、これに従う。

すなわち、質権設定者B（質権者Aではない！）から第三債務者Cへの通知もしくは第三債務者Cの承諾が、第三債務者Cに対する関係での対抗要件となる（364条1項→467条1項）。本当にAのために債権に質権の設定がなされたということを担保するために、質権取得者Aからではなく質権設定者B（指名債権の債権者）から第三債務者Cに対して通知を行う必要があるわけである。さらに、他の譲受人が登場する可能性を考えれば、質権者がAであることを特定した譲渡通知・承諾でなければなるまい。したがって質権者を特定しない事前の承諾には第三者に対する対抗要件としての効力はない（最判昭和58・6・30民集37巻5号835頁）。

質権設定を第三債務者以外の第三者（たとえば、債権の譲受人や二重に質権の設定を受けた者など）に対抗するには、通知・承諾が**確定日付のある証書**（内容証明郵便・公正証書など［民施5条参照］）でなされねばならない（364条1項→467条2項）。複数の質権設定通知があった場合に、誰が先順位であるかを確定するためである。

なお、特別法である**動産・債権譲渡特例法**の要件を満たす場合には、債権譲渡登記ファイルに質権設定登記をなすことで第三者対抗要件を具備することができる（動産・債権譲渡特例法14条参照）。また、以前には、記名社債・記名国債・記名株式については特別扱いとなっていたが（旧367条、368条）、平成17年法87号の法改正で削除された（**記名社債**については会社692条〜964条、**記名国債**については「記名ノ国債ヲ目的トスル質権ノ設定ニ関スル法律」、**記名株式**については会社146条2項、147条の特別規定による）。電子化された有価証券に設定された質権の対抗要件は、口座簿への記録が効力要件であると同時に

対抗要件となる（社債振替法74条、99条など）。

365条は、指図債権について、証書に**質入裏書**をなすことが対抗要件であると定めているが、これは成立要件でもある。無記名債権の場合は、動産扱いであるから、**証券の占有継続**が対抗要件である（352条参照）。

＊【民法における債権譲渡の対抗要件】　債権譲渡のメカニズムについては、債権総論で詳しく学ぶ機会があるが、債権質の対抗要件の意味を理解する上で、一応の概要を示しておこう（既に物権変動との対比でも説明した箇所を想起されたい→河上・物権法講義［日本評論社、2012年］56頁以下、中田裕康・債権総論〈第3版〉［岩波書店、2013年］530頁以下など参照）。Bの有する甲債権がAに対して譲渡された場合、そのことを他の者に対抗するための要件は二つの面で問題となる。まず、①甲債権の第三債務者Cに対する関係で、誰が譲受人であるか（Cは誰に向かって弁済すればよいか）を決定するための対抗要件と、②債務者以外の第三者に対する関係で、誰が甲債権の譲受人であるかを決定するための対抗要件がある。後者は、債権の二重譲渡や譲渡と差押えが競合したような場合に、誰が最優先で弁済を受けうるかを決定するために必要となる。第三債務者に対する関係ではBからCに対する通知またはCによる承諾が問題となり（467条1項）、異議をとどめないでCが承諾した場合には、Bに対してCが主張できた事由をAに主張できなくなるなどの効果がある（468条1項）。対第三者の対抗要件は、確定日付のある証書によって行われた通知・承諾である（467条2項）。Bが、他の者と共謀して、Aが譲渡を受けた日よりも遡って譲渡を受けたと偽ることを防ぐためである。ただ、債権の流動化が進むと、多数の小口債権では債務者への通知は煩瑣であるし、なるべくギリギリまで債権が譲渡されるような事態であることを公にしたくないといった要請もあって、第三者対抗要件を債権譲渡登記ファイルへの登記ですませる方法が開発された（動産・債権譲渡特例法）。

3　債権質の効力

債権質の特色の一つは、以下に述べるように、その効力面にある。債権質の効力は、質入れされた元本債権のほか、元本債権の利息・担保物権・保証債務などにも及ぶ。それゆえ、債権質権者は被担保債権について任意に弁済を受けないときには、後述の直接取立権を行使して優先弁済を得ることができるだけでなく、これに抵当権や保証人がつけられているときには、抵当権を実行して優先弁済を得たり、保証人から保証債務の弁済を受けることも可

能である（ただし、担保物権にも効力を及ぼすには、質入れされた債権の担保物権が動産質権または不動産質権であるときは、目的物を債権質権者に引き渡し、抵当権・不動産質権であるときは被担保債権の質入れの付記登記が必要であり、保証債務に効力を及ぼすには、たとえ随伴性の帰結とはいえ、債権者が保証人に対して有する保証債権について質権設定の第三者対抗要件［確定日付ある通知・承諾］を備える必要があろう）。

(1) 直接取立権

債権質の実行については、民事執行法の定め（同193条）に従って動産質と同様の手続きで換価することが可能であるが、同時に、民法では、より簡便な担保権の実行方法として**直接取立権**が認められている（ただし、債権譲渡と違って、質入れされた債権の帰属それ自体が質権者に移転するわけではない）。すなわち、366条に定める通り、質権者には債権の直接取立権があり（同条1項）、質権の目的となっている債権が金銭債権の場合は自己の債権額（＝被担保債権額）に限って取り立てることができる（同条2項）。債権質は、元本の**利息債権**にもその効力を及ぼすことが可能で、質権者は、この法定果実である利息をも直接に取り立てて被担保債権の優先弁済に充てることができる。

質権の目的となった債権の**弁済期**が被担保債権の弁済期よりも早く弁済期を迎えてしまったときは、どうか。質権者は、第三債務者にそれを**供託**させて、この**供託金還付請求権**の上に質権を及ぼすことになる（366条3項）。債権の目的が金銭でないときは、被担保債権の弁済期が到来しなくとも、質権者は質権の目的となっている債権を取り立てることができ、弁済として受けた物の上に質権を有する（366条4項）。

なお、債権質においても流質契約は禁止されているが（349条）、金銭債権が質入れされている場合には、質入債権の額が被担保債権の額を超えない限り直接取立権を行使して満足を得ることができるのであるから、弁済に代えて、この債権を直ちに質権者に帰属させる契約をすることを認めてもかまうまい。

(2) 質権設定者への拘束

　質権設定者は、質権者に対して、当該**債権の担保価値を維持すべき義務**を負う。したがって、この義務に違反して、債権を放棄したり免除するなど、当該債権の担保価値を害するような行為は認められない（最判平成18・12・21民集60巻10号3964頁［質権設定者たる賃借人が正当な理由なく賃貸人への未払い債務を生じさせて敷金返還請求の発生を阻害することは、質権者に対する担保価値維持義務に違反するものとした］）。また、質入債権をもって第三債務者の自己に対する債権と相殺することはできず、質権者が認めた相殺であっても有効とはならないとする判例がある（大判大正15・3・18民集5巻185頁）。さらに、第三債務者の破産手続が開始するようなことがあると、質権者の権利行使に重大な影響を及ぼすことから、質権者の同意なくして、質権設定者が、質入債権に基づいて第三債務者の破産を申し立てることは許されない（最決平成11・4・16民集53巻4号740頁）。

(3) 第三債務者の弁済制限

　AのBに対する債権についてCのために質権が設定された場合、第三債務者Bは自分の債権者であるAに弁済が可能であろうか？

　前述した質権者による直接取立権は、強力な権利で、目的債権を他の債権者が差し押さえた場合でも影響を受けず、たとえば第三債務者が差押債権者に弁済したとしても、そのことを質権者には対抗できない（結果的に質権者への二重弁済を余儀なくされる）と解されている（我妻・194頁、柚木＝高木・158頁）。確かに、民法366条3項の規定ぶりからすると、質権が実行されるまでは第三債務者BがAに弁済することができるという前提から出発して、質権者Cに供託請求権を認めているようにも読める。しかし、Bは、質権が設定された旨の通知を受け、あるいは、それを承諾している以上、質権の存在に配慮する一定の拘束は覚悟すべきであって、勝手に弁済して質権を消滅させることができると解すべきではあるまい。Bは、必要とあれば、目的物である金銭その他を供託して自己の債務を免れるにとどまるというべきである（494条の債務者による受領不能に準じた処理）。

　つまり、債権質の設定は、まさに差押えと同様の効果を生じ、質権設定者

図 4-4

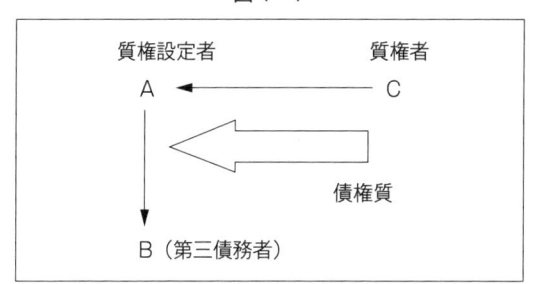

```
質権設定者        質権者
   A ←————————— C

           ←══════
              債権質

   ↓
   B（第三債務者）
```

は処分を禁じられ、第三債務者は弁済を禁じられるに等しい（481条の類推適用により、取立・弁済・免除・相殺・更改その他、質入債権を消滅させる一切の行為は質権者に対抗し得ないとされる［我妻・191頁］）。そのためであろうか、民事執行法154条では債権執行において、配当要求できる債権者に質権者が名を連ねていない（「先取特権者」は入っている）。

(4) 質権設定者と第三債務者の相殺

AのBに対する債権についてCのために質権が設定された場合、第三債務者Bは自分の債権者であるAに対する反対債権をもって**相殺**を主張できるだろうか？

この問題は、質権設定「通知」の時を基準にして、債権の差押えがあった場合とパラレルに考えるとよい。つまり、**質権設定通知後**にBが取得した債権でもって、目的債権と相殺することはできないが（511条の類推）、**質権設定通知前**に取得した債権であれば相殺可能である。ここで、いわゆる差押えと相殺に関する「制限説」に立てば、Bの自働債権［相殺をしようとする側の者が有する債権］の弁済期の方が先に到来する場合にのみ、相殺への期待利益が認められるので、相殺が認められることになるが（自分の債務［相手方の債権］の弁済期が先にくる場合には、履行期に履行しないで引き延ばしておいて、反対債権の履行期が到来するのをまって相殺するというのは誠実な債務者とはいえない）、判例のように「**無制限説**」に立てば、両債権の弁済期の前後を問わないで相殺可能ということになる（詳しくは債権総論で学ぶ）。銀行実

務では、最判昭和45・6・24（民集24巻6号587頁）によって、相殺への期待利益が強力に保護されるようになった（制限説を採った最判昭和39・12・23民集18巻10号2217頁を覆して無制限説を採用した）こともあって、自行預金についての質権については対抗要件を備えないで済ませることも多いようである（なお、内田・500頁も参照）。

4 株式等の質入れ

最後に、民法典から少しはずれるが、比較的重要な権利質である**株式の質入れ**について、簡単に触れておこう。有体物の占有を前提とする民法の質権の変容ぶりが、興味深く理解できるからである。

株式は、もともと、株式会社における社員（従業員としての会社員ではない！）の地位を表すが、その潜在的価値が財産権となって取引の対象となっているものである。株式についても、当事者の合意さえあれば質権を設定することが可能である（会社146条1項。質権者は株式そのものの譲渡を受けたわけではないので、議決権などは質権を設定した株主に残されている）。その際、特に株券が発行されているときは、その株券の交付、あるいはこれと同視される振替えの記載・記録が効力発生要件となる（同条2項、社債振替141条）。株券が発行されていない株式で、振替機関が取り扱うとされているものを質権の目的とする場合は、口座への記載・記録によって質権が成立する。この株式の質入れは、「その質権者の氏名又は名称及び住所を株主名簿に記載し、又は記録しなければ」、株式会社その他の第三者に対抗することができない（会社147条1項）。このような質権者を**登録株式質権者**などと呼ぶ。さらに、株券発行会社の株式の質権者は、「継続して当該株式に係る株券を占有しなければ」その質権をもって株券発行会社その他の第三者に対抗できない（同条2項）。株券が保管振替機関に預託される場合には、所定の口座簿への記載・記録が株券の適法な占有と推定されている（社債振替144条）。民法の指名債権を目的とする質権の対抗要件（364条）は、ここでは完全に排除されている。

質権の効力は、株式の併合・分割や剰余金配当などに際して株主が受け得

る金銭その他の財産に対しても及ぶ（会社151条）。この金銭について、上述の株主名簿に記録された登録株式質権者は、これを受領して優先的に自己の債権の弁済に充てることができ、債権の弁済期が到来していない場合はそれを供託させることができ、供託金の上に質権の効力を及ぼすことになる（会社154条）。

＊【参考文献】　濱崎恭生「民事執行法と質権」米倉ほか編・金融担保法講座Ⅳ［筑摩書房、1986年］29頁以下所収、注釈民法(8)250頁［石田喜久夫］、林良平「質権設定と代理占有」同・金融法論集［有信堂、1989年］130頁以下所収、谷啓輔「転質の本質と効力」金法1262号［1990年］10頁、鈴木禄弥「不動産質制度再活用のための立法論」同・物的担保制度の分化［創文社、1992年］534頁以下、伊藤進「不動産質権の内容・効力」同・物的担保論［信山社、1994年］287頁以下、田原睦夫「根債権質を巡って」ジュリ1083号［1996年］94頁以下、小林久起「担保法制の視点から見た知的財産担保の検討課題」鎌田薫編・知的財産担保の理論と実務［知的財産研究所、1997年］33頁以下、道垣内弘人「普通預金の担保化」中田裕康＝道垣内弘人編・金融取引と民法法理［有斐閣、2000年］43頁以下所収、森田宏樹「普通預金の担保化・再論」道垣内弘人ほか編・信託取引と民法法理［有斐閣、2003年］299頁以下所収、その他、担保法大系第2巻［金融財政事情研究会、1985年］所収文献。

第 5 章

抵当権
―― 抵当権の意義および設定

　ここでは約定担保において圧倒的に重要な地位を占める抵当権について学ぶ。担保物権法の中核をなす部分であり、検討すべき課題も多い。抵当権は、質権と異なり、目的物の占有を移転せず、設定者のもとに目的物をとどめた状態で、その将来における換価権（およびこれに伴う優先弁済権）を把握するタイプの約定担保物権である。抵当権は、融資を受ける債務者にとっては目的物の使用・利用を継続できる点で便利ではあるが、占有状態に変化がないだけに、他の債権者との関係では明確な公示手段を必要とし、主として登記を有する不動産について発達してきた。同時に、不動産以外の財産も抵当目的としたいという要請に応えるべく多くの特別法が存在している。もともと、目的物たる不動産は流動性に乏しく、その需給関係如何によっては、予想していた価格での換価が困難となる場合もあり、バブル崩壊後の担保不動産の価格下落による膨大な不良債権の発生は記憶に新しい。さらに、執行回避や執行妨害の頻発によって抵当権の効力をめぐる問題が噴出して、担保・執行制度の見直しが図られ、最近では、目的物の交換価値よりも収益価値が重視されている。同時に、利用権との調整もしばしば重要な課題となる。以下では先ず基本となる抵当権の設定・効力・実行等について論じた後、いくつかの特殊の抵当（共同抵当・根抵当・特別抵当権）について説明しよう。

第1節　抵当権の意義

1　抵当権とは

(1)　不動産長期金融の手段として

民法369条1項は、「抵当権者は、債務者又は第三者が占有を移転しないで債務の担保に供した不動産について、他の債権者に先立って自己の債権の弁済を受ける権利を有する」と定め、同条2項によって、地上権及び永小作権も抵当権の目的とすることができ、同様の規律に服すべきものとしている。要するに、抵当権とは、「**占有を移転しないで**」、「**不動産（所有権および地上権・永小作権）**」について設定された**約定担保物権**であって、その実行によって換価処分した代金から優先的に被担保債権が弁済を受けるものである。抵当権設定者は「**債務者又は第三者（＝物上保証人）**」であり、通常は、「抵当権者」が債権者となる*。

たとえば、AがBから1000万円を借りたとき、債権者Bは、債権の回収を確実にするための「引き当て」として、Aが所有している相応の価値の家屋［甲不動産］を担保にとるが（被担保債権の額に配慮しつつ、目的物である甲不動産の価値に一定の「掛け目」をかけるのが通常である）、引き続いてAが甲不動産を占有・利用できるようにする。しかし、弁済期が到来してもAが1000万円を返さないときには、Bは担保にとった甲不動産を差し押さえ、これを競売して、その競売代金から、他の債権者に優先して債権を回収する。このような内容を可能にする仕組みの約定担保物権が「抵当権」なのである。ここで、甲不動産を担保に提供したAを「**抵当権設定者**」、担保権を獲得して、甲不動産の将来の換価権と優先弁済権を手に入れた（いわばその潜在的価値を支配した）Bを「**抵当権者**」と呼ぶ。

原則として、抵当権は特定の債権を担保すべく設定され、これと運命をともにするものであるが（成立・存続・消滅における**附従性**）、この附従性は次第に緩和され、被担保債権との個別的結びつきを離れて、一定の枠内で被担

保債権が新陳代謝することを認めるタイプの抵当（根抵当という[後述]）も認められている。

　　＊【抵当権者＝債権者？】　抵当権は、特定の債権を担保し、これに最終的に満足を与えるべく設定される権利であるから、債権の成立や移動・消滅と運命をともにする性質を持っている（抵当権の附従性）。その結果、抵当権者となり得る者は、通常、債権者であることを要し、債権の消滅によって債権者としての資格を失えば抵当権者としての地位も失う。したがって、抵当権の附従性を厳格に考えれば、抵当権者＝債権者の関係が基本的に維持されるはずである。しかし、今日では、債権担保としての法律的性質を害しない限度で、その附従性の緩和が認められる局面があり、そこでは債権者と抵当権者の分離が生じる可能性がある。たとえば、労働金庫の「員外貸付け」に際して抵当権が設定されたような場合、仮に員外貸付けの無効が認められたとしても、交付された金員の不当利得を理由とする返還請求についても抵当権の効力が及ぶと解されており（最判昭和44・7・4民集23巻8号1347頁＝民法判百I〈第7版〉81事件［鳥山泰志］、さらに、星野・法協84巻4号140頁以下も参照）、当初の金銭消費貸借の債権者としての立場が失われたとしても、抵当権者であり続けることが考えられる。また、債権消滅後の抵当権登記の流用についても、債権者と抵当権者の分離が生ずることがある（最判昭和37・3・15裁判集民事59号243頁）。してみると、抵当権者＝債権者は、必ずしも自明のことではない。奥田昌道ほか編・民法学(3)担保物権の重要問題［有斐閣、1976年］61頁以下［半田正夫］も参照。

(2) 非占有移転型担保として

　抵当権は、諾成・無方式の契約によって設定される約定担保物権の一つであるが、目的物の占有を担保権者に移してしまう質権と異なり、占有を移さない。占有が移転しないので、いわゆる留置的作用を営まず、収益的効力もなく、原則として、目的物の交換価値のみを支配し、いざというときに換価して優先弁済を受けるという効力を有するにとどまるとされてきた。他方で、抵当権設定者は、担保目的物を引き続いて使用・収益しながら、債務の弁済をはかっていくことができる。そのため、企業の資金調達をはじめとして、個人レベルでも多額の資金を必要とする場合に、頻繁に利用される代表的担保物権として発達してきたわけである。

　抵当権は、会社や工場経営者・農業経営者等が事業に使っている自己所有不動産（**生産財**）がある場合、その占有や利用関係をそのまま自分のもとで維持しつつ事業活動を続けながら、担保として当該不動産（抵当不動産とい

う）を提供して金融機関から融資を受けるという経済的需要に応えることができる。また、一般人が、住宅を購入する際、その購入資金を金融機関から借り入れて、その担保として、購入物件に抵当権を設定するといった形で利用されることもある。もともと、日本では不動産金融による資金調達の要請はそれほど大きくなかったが、後の近代化の過程で不動産長期金融のウェイトが高まったといわれる（福島正夫＝清水誠「日本資本主義と抵当制度の発展」法時28巻11号［1956年］4頁、清水誠「財団抵当法」講座日本近代法発達史(4)［勁草書房、1958年］95頁以下、我妻栄「資本主義と抵当制度の発達」同・民法研究Ⅳ［有斐閣、1967年］1頁以下所収など参照）。

(3) **公示の必要**

抵当権においては、その実行に至るまで、目的物の占有が**抵当権設定者**（不動産所有者）のもとに留め置かれており、抵当権者が目的物の引渡しを受けていないため、抵当権の存在は公簿への記録によって**公示**されなければ、他の債権者にとって不意打ちとなる可能性がある。そのため、抵当権は、かような方法による権利の公示が可能なもの、すなわち、原則として、登記制度を備える不動産（地上権・永小作権を含む）の上にのみ、設定できるとされているわけである。後に見るように、この**登記**は、抵当権の**第三者対抗要件**ともなる。登記がなされていると、たとえ、その後に設定者が目的不動産を第三者に譲渡しても、抵当権は当該不動産に付着したまま負担付きの所有権として移転することになる（抵当権の**追及力**）。

(4) **質権との違い**

抵当権と、もう一つの約定担保物権である質権との大きな違いは、質権においては目的物を質権者が占有するのに対し（342条、344条、345条）、抵当権では、設定者が引き続き目的不動産を占有してよいことや、これに関連して、公示の要請との関係で、目的物の範囲が質権において広く、抵当権では狭い点にある。抵当権の対象となるものは、登記や登録制度を備えた物であって、ほとんどの場合、不動産であり（動産を目的とする抵当権は、少なくとも、民法には存在しない）、369条2項で地上権・永小作権が付け加えられて

いるに過ぎないが、その利用はほとんど見られない。

2　目的物の利用と抵当権

　抵当権では、それが実行されるまで、目的物の占有・利用が所有者に委ねられ、抵当権設定者（所有者）は、目的物の交換価値の減少をきたさない限り、それを自由に使用・収益・処分でき、抵当権者としてはその利用形態に介入しないのが原則とされる（質権の場合は、占有が質権者のもとにあるから、むしろ質権者による収益・管理が問題となる）。抵当権が、使用・収益を目的とする**用益物権**ではなく、**価値を支配する権利（価値権）**であると言われるゆえんである*。

　もっとも、抵当権者が、物の利用に全く口出しできないわけではない。不動産占有者が目的不動産の**価格を減少させる行為**をするときは、抵当権の実行を行う執行裁判所は、買受人の代金納付前であっても、**保全処分**または**公示保全処分**（執行官に、当該保全処分の内容を不動産の所在する場所に公示書その他の標識を掲示する方法により公示させることを内容とする保全処分）を命ずることができるようになっており（民執188条→同55条1項）、ある程度、その利用形態に対処することが可能である。また、不法な占拠者（いわゆる「占有屋」）によって競売手続の円滑な進行等が妨害されて建物の交換価値の実現が妨げられ、結果として抵当権の優先弁済権の行使が困難となるような場面では、所有者の不法占有者に対する妨害排除請求権を代わって行使して（民法423条［債権者代位権］）不法占有者を排除することができるのみならず（最大判平成11・11・24民集53巻8号1899頁）、所有者が競売手続を妨害する目的で他者に占有権原を設定するなど、抵当権者の優先弁済請求権行使が困難となるような状態があるときは、抵当権自体に基づく妨害排除請求も認められる（最判平成17・3・10民集59巻2号356頁）。つまり、抵当権者は、将来の換価すなわち競売権と競売代金からの優先弁済権という形で目的不動産の価値を支配しているが、その担保としての目的物の価値を維持することについても重大な利害を有し、その限りでは、目的物の利用・管理形態にも一定の介入が認められているのである。

＊【価値権としての抵当権？】　しばしば、抵当権が、目的物の使用・収益権とは異なる潜在的交換価値を客体として支配する**価値権**（Wertrecht）の純粋形態であるとの理解を前提に、抵当権の様々な効力を論ずる議論が展開される（代表的見解として我妻・209頁以下参照）。これは、抵当権を債権から独立させ、その転々流通をも可能とするドイツ投資抵当制度を参考にして抵当権の意義を純化させつつ主張された考え方で、「**価値権説**」などと呼ばれる。抵当権が目的物の価値を優先的に支配（掴取）するという意味では、必ずしも間違いではない。しかし、物理的な物と分離された抽象的な価値の上にのみ抵当権が設定されているわけではなく、やはり、具体的な物の上にこそ成立し、それを換価処分する権能を前提として、その物の潜在的価値を把握していると考えるべきである。同時に、目的物の「価値」とは、その現実の使用・収益力の総体でもある（建物や機械の減価償却を想起せよ）。元来、日本の抵当制度は、ボアソナードの手によってベルギー抵当法やその前提をなすフランス法系の抵当権の影響を強く受けて出来上がったものであり、そこでは、所有者は、抵当権によって目的物の使用・収益権能を制限されて管理行為のみをなし得ると考えられていた（内田貴・抵当権と利用権［有斐閣、1983年］、同「抵当権と短期賃貸借」星野編・民法講座(3)［有斐閣、1984年］175頁以下所収に詳しい）。これが、ドイツ流の抵当権観念によって再構成され、むしろ抵当権が目的物の利用に介入し得ないことを前提に価値権と利用権の調和が語られると共に、証券化された抵当権が土地の個性から解放されて流通するといった方向性が模索されて、**近代的抵当権論**として一般化したのである。しかし、現実の抵当権は、むしろ社会的経済的諸条件に規定されながら、他の債権者等を含めた総合的な**債権回収秩序**の中で、その担保としての機能を適切に発揮すべく構想されるべきものである。今日では、目的物の使用の対価（収益）である賃料に対しても抵当権の効力が正面から肯定されるなど（平成15（2003）年の371条改正や後述の**収益執行制度**）、抵当権を純粋な価値権支配とのみ考えることは、おそらく適当ではない（もっとも、鳥山泰志「抵当本質論の再考序説(1)～(6・完)」千葉大法学論集23巻4号～25巻4号［2009～2011年］は、これを再評価する方向で検討を加えている）。むしろ、抵当権は、その実行・競売を通じて目的物所有者の権限を全て奪い去って債権の満足をもたらすものであり、その中核は、目的物を処分・換価できることを背景として優先弁済を受ける権利（**換価権・優先弁済権**）というべきであろう（古積健三郎・換価権としての抵当権［弘文堂、2013年］第1部が周到な分析を加えている）。

3　特別法上の抵当権

抵当権は、とりわけ不動産が**生産財**として機能している場合に、その使

用・収益を債務者や物上保証人の下に留めつつ目的物を担保に供して資金を獲得できる点で、債務者・物上保証人にとって大変望ましく、債権者としても目的物の管理・保管等に苦労せずに済むなどの利点があるため、生産金融の媒介として極めて重要な地位を占める。それだけに、民法上の抵当権をモデル（範型）として、様々な面での拡張が試みられ、民法に定める地上権・永小作権以外の財産権についても、特別法によって種々の抵当権が認められている。

　特別法によって、抵当権設定に適格となる各種の財産（動産を含む）につき、登記・登録などによる公示を可能とした上で抵当権が設定できるようにしているものは少なくない。たとえば、主として企業体の生産設備を抵当権の目的とする鉄道抵当法（明治38（1905）年法53号）・工場抵当法（明治38（1905）年法54号）などの**「財団抵当」**に関する法律＊（ほかにも、鉱業財団抵当・軌道財団抵当・運河財団抵当・漁業財団抵当・港湾運送事業財団抵当・道路交通事業財団抵当・観光施設財団抵当などがある）、会社の総財産（生産設備のほか製品・資材・売掛金債権・のれん等の流動する企業財産の総体）を一体として社債の担保に供することを認める**企業担保法**（昭和33（1958）年法106号）、事業用動産や重要動産につき抵当権設定を認める**農業動産信用法**（昭和8（1933）年法30号）・**船舶抵当**（商法848条1項・851条［明治32（1899）年］）・**自動車抵当法**（昭和26（1951）年法187号）・**航空機抵当法**（昭和28（1953）年法66号）・**建設機械抵当**法（昭和29（1954）年法97号）などの例がある。また、立木法（明治42（1909）年法22号）では、「一筆の土地又は一筆の土地の一部分に生立する樹木の集団」については登記簿を開設できるものとし、これについて所有権及び抵当権（**立木抵当**）の設定を認めている（立木1条・2条）。

　＊**【財団抵当と企業担保】**　財団抵当と企業担保の違いは、第三者による個別執行をめぐって顕著である。財団抵当では、抵当権者の同意を得て財団から分離されない限り、財団に属する物の個別的処分や第三者による個別執行が禁じられ（たとえば工場抵当法13条2項、49条）、財団に属する物は1個の不動産ないし物として扱われる（工場抵当法14条1項）。これに対し、企業担保の場合は、いわば企業自体の信用力を高めるところに主たる目的があり、企業の個々の財産に対する個別執行や担保権実行が許容され、その際、企業担保権者は目的財産に対する追及力を持たず、一般債権者の立場でしか配当を受けることができない（企業担保法2条2項、7条2

項)。企業担保権は、企業の総財産の一括競売(企業担保法37条2項)や債務者破産(同法2条1項)のような企業としての最終局面においてのみ効力を発揮するに過ぎないのである。

4 抵当権の一般的効力

上述のように、抵当権では、占有が移転しないので、いわゆる留置的効力も収益的効力もないとされてきた。原則として、目的物の将来の交換価値(交換価値)のみを支配し、いざというときに換価して優先弁済を受けるという効力を有する権利とされるわけである。もっとも、利用方法に何らの口出しができないというわけではなく、目的物の交換価値を著しく減じるような行為に対しては干渉することも可能である(その限りで一定の**管理権能**がある)。したがって、通常の使用・収益が抵当権設定者に認められているというに過ぎない。

抵当権には、**附従性・随伴性・不可分性・物上代位性**といった担保物権に共通する性格があるというのがタテマエである。しかしながら、後に説明するように、附従性原則には多くの例外がある(消費貸借契約成立前の抵当権設定登記、流用登記の扱い、転抵当や根抵当の存在、履行済みの金銭消費貸借契約で原因関係が無効であった場合の処理など)。被担保債権の発生原因について無効・取消事由があった場合も、抵当権は必ずしも無効とはならない(前掲最判昭和44・7・4)。随伴性に関しては、根抵当には、原則として随伴性がない。不可分性については、さほど問題なく認められるが(372条→296条)、物上代位性については問題が多い。

第2節　抵当権の設定と公示

1　抵当権設定契約

(1)　抵当権設定の合意

　抵当権は、当事者（抵当権者と抵当権設定者）の諾成・無方式の合意＝**抵当権設定契約**（ちなみに民法307条には「設定行為」という表現が見える）によって設定され、目的物の引渡しを必要としない。しかし、不動産物権変動の一般原則に従って、登記をしないと、そのことを第三者に対抗できない（177条）。ただ、そうなると、登記のない抵当権は、その中心的効力である目的物の価値に対する優先的掴取力を第三者に対抗することができず、結果的には、抵当権者も一般債権者と同等の掴取力しか発揮できない。さらに、抵当権が掴取力を発揮して執行機関に執行請求権を行使しようとするときには、抵当権の存在を証明しなければならないが、その証明方法が極めて限定されているため（民執181条参照［**担保権の登記に関する登記事項証明書が基本**]）、未登記抵当権は、その実行が事実上極めて困難となる。それゆえ、実際上は、登記を備えた抵当権のみが換価力を持つ抵当権としての効力を有しているといってもよい。

(2)　抵当権をめぐる当事者
(a)　抵当権者・抵当権設定者

　抵当権設定契約の当事者は、債権者（→抵当権者）と債務者もしくは第三者（→抵当権設定者）である。

(b)　物上保証人

　上述のように、第三者でも抵当権を設定することができ、これを**物上保証人**と呼ぶ。物上保証人は、抵当目的物の上に抵当権の負担を負うけれども、保証人とは異なって、債務を負うものではなく、担保物の価値の限度で被担

保債権の弁済を強制されるのを甘受すべき**責任**があるに過ぎない（物的有限責任・債務なき責任*）。この物上保証人が、抵当権を消滅させるために抵当権者に弁済をしたり、抵当権の実行によって目的物の所有権を失う場合には、自らの出捐によって他人の債務を消滅させたわけであるから、ちょうど、保証人が主たる債務者の債務を弁済した場合に匹敵する。そこで、そのような場合については、物上保証人は保証債務の求償権に関する規定（459条〜465条）に従って、債務者に対して求償権を行使することができるものとされている（372条による351条の準用）。

＊【保証と物上保証】 保証と物上保証は似て非なるものである。ボアソナードの草案や旧民法（債権担保編272条）では、物上保証人にも保証人と同様に「検索の抗弁」（453条参照）を与えたが、現行民法では、抵当権の実行を不当に遅延させるおそれがあるとして、この立場を採っていない（物上保証人の責任は、保証人と違って、抵当目的物に限定されているから、保証人ほどの保護も必要はないと考えられたようである）。また、委託を受けた保証人は、一定の場合に、主たる債務者に対して事前の求償権が認められているが（460条参照）、民法372条の準用する351条は、物上保証人が「債務を弁済」するか抵当権の「実行によって［目的物の］所有権を失ったとき」に限って求償権を認めているに過ぎないから、物上保証人からの事前求償権の根拠とはなり得ない（最判平成2・12・18民集44巻9号1386頁）。ただ、受託物上保証人に関しては、460条による求償が無理であっても、受任者の費用前払請求権に関する649条の類推適用を語る余地はありそうである。なお、物上保証人が債務を弁済することは差し支えない（自己所有不動産が負っている負担が消えるわけであるから弁済をなす「正当の利益を有する者」にあたる）。弁済すると、主債務者に対して「求償権」を取得することになる（351条）。抵当権が実行されて所有権を失った場合も、結果的に弁済したのと同じだからである。このとき、弁済者としての法定代位（500条）もできるが、ほかに保証人や物上保証人がいなければ、自分の手元で抵当権は消滅しているので、その限りでは法定代位の意味がない。物上保証と保証の異同については、淡路剛久ほか「保証法理の物上保証人等への適用可能性」金法1263号、1264号、1266号［椿久美子］、1267号、1268号［新美育文］(1990年）が詳しい。物上保証人の地位をめぐって、「物上債務」なる概念を提唱して分析を試みるものに、鈴木禄弥「債務なき責任について」法学47巻3号［1983年］263頁（同・物的担保制度をめぐる論集［テイハン、2000年］所収）、山野目章夫「物上債務論覚書（上・中・下）」亜細亜法学23巻1号、2号、24巻2号［1988〜1990年］がある。

(3) 目的物の処分権限

　抵当権設定契約を締結することは、設定者による処分行為に該当するわけであるから、設定者に処分権限がなければならない。もし、設定者の所有に属さない目的不動産について抵当権設定契約が結ばれても、抵当権は成立しないのが原則である。それゆえ、実際には無権利者である登記簿上の「所有名義人」から善意で抵当権の設定を受けても、登記に公信力がない以上、抵当権は成立し得ない（大判明治32・11・13民録 5 輯10巻44頁、大判明治34・11・1 民録 7 輯10巻10頁）。ただし、民法94条 2 項の類推適用が可能な場面では、抵当権が有効に取得される余地がある。ちなみに、他人物であることを前提とする抵当権設定契約は、必ずしも不成立ではなく、設定者が目的物の所有権を取得することを停止条件とする設定契約が成立する（560条を想起されたい）。もし、設定者が、後に所有権を取得すれば、改めて設定契約を行う必要はなく、抵当権が成立する（大決大正 4・10・23民録21輯1755頁）。

（補論）抵当目的物の第三取得者の地位

　以上は、抵当権設定契約にかかる説明であるが、抵当目的物が、抵当権をつけたまま第三者に譲渡された場合の当事者の法律関係はどうなるか。Ｓがいから800万円を借り受け、1000万円相当の甲不動産にＧのために抵当権をつけ、後にこれをＤに売却した、という例で考えてみよう（利息はひとまず度外視する）（第 8 節で立ち入って検討する）。

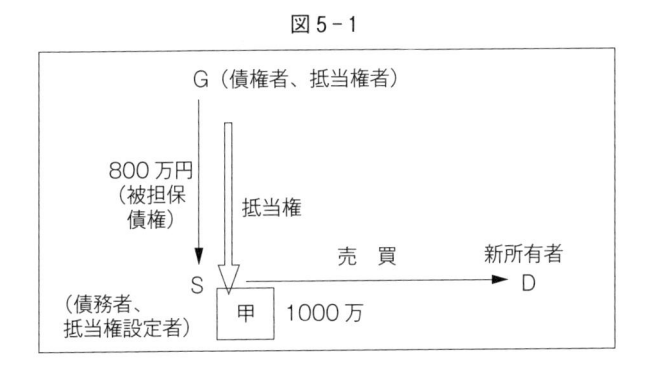

図 5 － 1

① 履行の引受

まず、Gの債権が弁済期前の場合、DがSに200万円だけ支払って甲不動産を手に入れることが考えられる。これは、SとDの間で、SのGに対する代金債務について「**履行の引受け**」があったとみてよい事態である。したがって、GがSに履行を請求してきた場合、DがSに代わって履行する（800万円を弁済する）ことになる。

② 追奪担保責任

もし、Dが事情を知らないで（登記がある以上想定しづらいが、既に債務が弁済済みであると過失なく信じたような場合が考えられる）負担がないものとして通常の市場価格1000万円を払って甲不動産を購入したとすれば、Gの抵当権の実行でDが所有権を失った場合には、民法567条（売主の**追奪担保責任**）によって、売主であるSの責任を問うことになる。また、自己の出捐（＝Gの抵当権実行により甲の所有権を失ったこと）で抵当権を消滅させたわけであるから、Sに対する求償権を取得する（372条→351条）。もっとも、Sが無資力であるリスクはDが引き受ける結果となる。

③ 第三者弁済

期限前であっても、期限の利益を放棄してしまえば債務を弁済できるわけであるから（136条）、Dは、民法474条によって「**第三者弁済**」をなして、抵当権を消滅させることもできる。Sに対する売買代金が未払い状態であれば、差額をSに渡して抵当権の負担のない甲不動産を手に入れることも可能である。もっとも、後に述べる「抵当権消滅請求」（379条以下［平成15 (2003)年改正による］）の手続きに入れば、さらに安くあがる可能性がある。

④ 代価弁済

Dが積極的に抵当権を消滅させようとしなくとも、抵当権者であるGの側からDに向かって被担保債権の履行を請求してくることもあろう。このとき、Dとしては必ずしも請求に応ずる義務はないが（債務なき責任！）、請求に応じて代価を弁済して抵当権を消滅させることもできる（378条。これを**代価弁済**という）。第三取得者Dは抵当権者に支払った限りで、Sに対する代金債務を免れることになる。この代価弁済が利用されるのは、通常は、SのGに対する債務額が甲不動産の価格を上回っているような場合である。競売をし

ても大して高く売れる見込みがなく、将来の値上がりも期待できないような場合は、抵当権者Gとしては、この売買代金をそのまま受け取る方が競売手続を踏んで競落代金を手に入れるより良いわけであるから、代金を自分に向かって払えと請求するのである。これにDが応じると、抵当権はDのために消滅する。ただし、民法378条によれば、抵当権者たるGが請求してはじめて代価弁済できる仕掛けになっているので、第三取得者Dのイニシアチブでこの方法を利用することはできない。

⑤ 抵当権消滅請求

第三取得者Dの側から、抵当権を消滅させる方法が「**抵当権消滅請求（かつての滌除制度が改正されたもの）**」と呼ばれる制度である（379条以下）。D自身が抵当不動産価額を評価し、それを抵当権者Gが受領する代わりに抵当権を消滅させようとするものである。抵当不動産の第三取得者Dは、抵当権の実行としての競売による差押えの効力が発生する前であれば、この抵当権消滅請求をすることができる（382条）。かつての滌除制度のもとでは、Gの側で、抵当権実行のタイミングがはかれず、リスクを冒す怖れから目的物件を安く買いたたかれることもあり、立法論として問題が指摘されていたが、この新しい消滅請求制度ではその点にもある程度配慮されている。

抵当権消滅請求手続は民法383条以下に定められている*。

* **【抵当権消滅請求手続の流れ】** まず、①抵当不動産の第三取得者は登記を有する各債権者に383条所定の書面を送付する。

この書面には、次の事項が記載ないし含まれている。第1に、取得の原因・年月日、譲渡人及び取得者の氏名・住所、抵当不動産の性質、所在、代価その他取得者の負担（383条1号）。第2に、抵当不動産に関する登記事項証明書（同条2号）。第3に、債権者が2か月以内に抵当権を実行して競売申立てをしないときは、抵当不動産の第三取得者が第1号に定める代価又は特に指定した金額を債権の順位に従って弁済又は供託すべき旨（同条3号）。

次に、②この書面の送付を受けた債権者は、競売申立てをするかどうかを決めて、申立てをするのであればその旨を債務者と抵当不動産譲渡人に通知し（385条）、抵当権の実行に取りかからなければならない。しかし、送付を受けて2か月以内に抵当権を実行して競売申立をしないとき（申立てをしても取り下げたとき）、申立てが却下されたとき、あるいは、申し立てられた競売手続の取消決定が確定したときには、383条3号に記載された代価又は指定金額を承諾したものとみなされる（384条）。

最後に、③登記をした全ての債権者が抵当不動産の第三取得者の提供した代価または金額を承諾し、かつ、抵当不動産の第三取得者がその承諾を得た代価又は金額を払い渡し（又は供託し）たときは、これによって抵当権が消滅する（386条）。

2　登記

(1) 公示の原則

抵当権が非占有担保であることから、他の債権者との関係では明確な公示手段を必要とし（**公示の原則**）、専ら**登記制度**を有する不動産について発達してきたことは既に見た通りである。近代物権法における一般原則とされる「公示の原則」や不動産登記制度は、抵当権設定の要請に応じることで発展したと言っても過言ではない（抵当権をはじめとする担保制度と不動産登記の関係についての包括的考察として、幾代通「担保と不動産登記」米倉明ほか編・金融担保法講座Ⅰ1頁以下所収参照。なお、日本における抵当制度と登記の関係については、藤原明久・ボアソナード抵当法の研究［有斐閣、1995年］に詳しい）。抵当権の設定に際して何を登記するかは不動産登記法117条に定められている（登記の乙区欄に、被担保債権の債権額、利息に関する定め、不履行による損害賠償に関する定め、債権の条件などを記載する）。

(2) 特定性の原則

抵当権の対象目的物には、その原則として、特定・現存が求められる。裏返せば、債務者の全財産の上に一般抵当権（Generalhypothek）が成立したり、特定財産上に法律上当然に成立する法定抵当権（Gesetzliche Hypothek）といった特殊な抵当制度（ローマ法では認められていた）は排斥されている。ちなみに、一般抵当権類似の性質を有する一般先取特権の効力を不動産に及ぼす際には、抵当権に影響を与えないよう慎重な配慮が施されている（335条、336条）。

特定性の原則をめぐって、一物一権主義との関係で、たとえば次のように、やや問題となる目的物がある。

　①　1筆の土地の一部　　抵当権設定は可能であるが、設定登記をするに

表5-1 【抵当権　登記例】

表題部（土地の表示）	調製	平成＊＊年2月12日	不動産番号	01330006●●●●
地図番号	余白	筆界特定	余白	
所在	豊島区南大塚一五丁目		余白	
①地番	②地目	③地積　m²	原因及びその日付〔登記の日付〕	
2番4	宅地	136　42	昭和60年9月20日	

権利部（乙区）（所有権以外の権利に関する事項）			
順位番号	登記の目的	受付年月日・受付番号	権利者その他の事項
1	根抵当権設定	平成2年9月1日第97000号	原因　平成2年9月15日設定 限度額　金9,500万円 債権の範囲　銀行取引　手形債権　小切手債権 債務者　豊島区南大塚一五丁目2番4号 　　　　■■■■ 根抵当権者　港区六本木二十丁目1番1号 　　　　株式会社　○○都民法銀行 共同担保目録（あ）第8888号
2	1番根抵当権抹消	平成3年8月9日第68000号	原因平成3年8月9日弁済
3	抵当権設定	平成5年12月12日第99000号	原因　平成5年12月11日金銭消費貸借同日設定 債権額　金1億円 利息年　4.6％（年365日日割り計算） 損害金　年14.5％（年365日日割り計算） 債務者　豊島区南大塚一五丁目2番4号 　　　　■■■■ 抵当権者　千代田区霞ヶ関一六丁目2番 　　　　○　○金融公庫 共同担保　目録（あ）第9999号

は、その部分について分筆登記を行い、1筆の土地とした上で抵当権の登記を行う必要がある。

　②　所有権・持分権の一部　　所有権・持分権の一部にのみ抵当権を設定しても、それだけでは目的物を特定することが困難であるため、抵当権設定登記申請が受理されない（昭和35・6・1民事甲1340号民事局長通達、昭和36・1・17民事甲106号民事局長回答）。ただ、物理的な特定はできずとも、量的には特定できるわけであり、実際上の要請があるとすれば、登記技術的に解決することが望まれる。

③ 共有持分権　持分権者は単独で自己の持分権の上に抵当権を設定しうる。共有物全体に設定した抵当権について、一部の共有者の同意が得られない場合は、同意した共有者の持分の限りでの抵当権設定が認められる（最判昭和42・2・23金法472号35頁）。ちなみに、組合財産のような合有財産の持分については、組合員全員の同意があっても（分割を前提としない限り［大判大正2・6・28民録19輯573頁］）、抵当権を設定できないと解されている（浦野雄幸「抵当権の目的となり得る物」中川善之助＝兼子一監修・不動産法大系Ⅱ担保［青林書院新社、1971年］112頁）。組合関係の生ずる共同鉱業権についても同様である（最判昭和37・6・22民集16巻7号1389頁）。

④ 未完成建物　未完成建物は、未だ不動産とは言えないため、社会通念上の「建物」と認められる以前になした抵当権設定契約は、いわば停止条件付きで成立していると考えるほかない（浦野・前掲110頁など）。登記実務は、かかる契約には債権的効力しか認められないとして、建物となった時点で改めて抵当権設定契約をなす必要があるとしている（昭和37・12・28民事甲3727号民事局長回答）。しかし、建築資金調達のためには、未完成建物についても、停止条件付きの物権として抵当権設定登記（仮登記）の可能性を認めるのが適当であろう（高木・110頁）。

(3) 順位昇進の原則

抵当権は、現在の現実的支配を争う物権ではないので、同じ目的物の上にも、2重、3重に設定されうる。その場合は、登記の早い順に順位がつけられ、1番抵当、2番抵当、3番抵当……と呼ばれる。目的物が換価された場合は、先順位の者から優先的に弁済を受け、残余が出れば次の順位の者に弁済されていくことになる（373条1項）。

いったん取得した抵当権の順位は、あとから引き下げられることはない。これを「順位確定の原則」という。ただ、これには、2つの意味が含まれており、抵当権の順位が、登記の前後によって決定され、後に登記された抵当権よりも後順位になることはないというだけでなく、ひとたび付与された順位は、たとえ先順位の抵当権が消滅しても順位が上昇することはないとされる考え方をも含むことがある。しかし、日本における抵当制度では、これら

の点は必ずしも貫かれていない。確かに、民法373条は、「同一の不動産について数個の抵当権が設定されたときは、その抵当権の順位は、登記の前後による」と定めるが、不動産工事および不動産保存の先取特権については抵当権登記に遅れたものであっても、なお抵当権に優先する（339条）。その限りで優先順位が逆転しうるわけである。また、先順位の抵当権の被担保債権が弁済その他の事由で消滅した場合は、その抵当権は役目を終えて消滅し、たとえば、1番抵当権が消滅すると、後順位の2番抵当権、3番抵当権等の順位が上昇して1番抵当権、2番抵当権となって、その順位が繰り上がる。これを「**順位昇進の原則**」という。明文の規定があるわけではないが、1番抵当が残ったまま目的物所有者の手に移ったとしても原則として混同消滅するので（179条参照）、結局このように考えざるを得ない。もっとも、374条1項本文にあるように、抵当権者どうしが合意でもって**順位の変更**をすることは可能である。大学の学食前の行列で、前の人と後ろの人が交替するようなものである。

3　被担保債権

(1)　金銭債権・非金銭債権

　抵当権は成立における附従性の原則によって、被担保債権なしには成立しない。弁済によって被担保債権が消滅すれば、抵当権も消滅するのが原則である[*]。被担保債権は、金銭債権に限られず、その他の債権でも債務不履行によって究極的に損害賠償請求権に転換することから、抵当権によって担保されうると解されている。1個の債権の一部について抵当権を設定することも可能である（一部抵当と呼ばれる）。

　しかし、抵当権設定時点で被担保債権が存在していることまで厳密には要求されておらず、たとえば、**将来債権**や**条件付債権**も被担保債権となりうるのみならず、保証人が主たる債務者に対して取得するであろう**求償権**を担保するための抵当権も設定可能である（最判昭和33・5・9民集12巻7号989頁）。抵当権設定時に金銭の授受がなされていない消費貸借上の貸金債権もまた、附従性が緩和されて有効と解されている（諾成的消費貸借を認めるとすれば、

なおさらである）。無効な消費貸借に基づいて交付された金銭の返還債務（原状回復義務）なども、経済的・実質的に同一性が認められ、抵当権が成立したことを前提に、その効力が及ぶと解されている（最判昭和44・7・4民集23巻8号1347頁参照）。

＊【抵当権登記の流用】 甲債権の担保として設定された抵当権登記は、甲債権が弁済によって消滅すれば同時に消滅する。しかし、当事者が合意で、新たに生じた乙債権の担保として設定した抵当権の登記として、既に消滅して無効と化したはずの甲債権の抵当権登記を流用した場合、この抵当権設定登記は有効か。学説には全面有効説・全面否定説・制限的有効説などがあって、一致を見ない。第三者登場前の当事者間では有効と解して差し支えないであろうが、本来であれば、無効と化したはずの登記であるから、少なくとも第三者との関係では原則として有効性は否定されるべきであろう（我妻・232頁、柚木＝高木・243頁、幾代（徳本伸一補訂）・不動産登記法〈第4版〉[有斐閣、1994年]487頁など）。しかしながら、流用後に、この流用登記が有効であることを前提にして出現した第三者との関係のみが問題となるような局面では、その者の利益を害するわけではないので、かかる流用登記にも対抗力を認めて良いとする古い裁判例がある（大判昭和11・1・14民集15巻89頁）。また、先順位の抵当権の存在を覚悟すべき第三者についても、制限的に流用登記を有効とする余地がありそうである。この問題については、北川弘治「無効登記の流用」中川＝兼子監・不動産法大系Ⅳ登記[青林書院新社、1971年]155頁以下、半田正夫「無効登記の流用に関する諸問題」民事研修250号[1978年]45頁（同・不動産取引法の研究[勁草書房、1980年]131頁以下所収）、高木・118頁以下の分析など参照。

(2) 実行時の被担保債権の範囲

抵当権は他の債権者を排除して優先的に弁済を受けるものであるから、その実行時における被担保債権の範囲は、後順位抵当権者や一般債権者の保護のためにも、かなり制限されていることには注意が必要である。

① 元本債権　元本債権が全額担保されることには問題がない。ただ、登記された債権額の範囲で（不登83条1項1号、88条に登記事項あり）優先弁済を受ける。

② 利息その他の定期金（地代・家賃など）　これらについては、「満期となった**最後の2年分**についてのみ」である（375条1項）。もっとも、これはあくまで第三者との関係での利害調整規定であるから、抵当債務そのものが小さくなることを意味しない。したがって、第三者がいなければ利息全額

について配当を受けることができるし、後順位抵当権者がいても、これに配当してもなお余りが出るようであれば、2年分を超える利息についても配当を受けることは差し支えない。最後の2年分以前の利息などであっても、弁済期到来後に特別の登記をすれば、それらについても優先弁済を受けることができるが（375条1項但書）、この特別の登記は一種の権利変更登記である。したがって、登記上利害関係を有する第三者がいる場合に、その承諾書がないときは主登記をして、その主登記の順位で優先弁済を受けることができるに過ぎない。それ以外の場合には、付記登記をして、当初の抵当権設定登記と同順位で優先弁済を受け得る。なお、これはあくまで後順位抵当権者らの計算可能性に配慮したものであるから、利息などを2年分以上滞納している債務者自身が任意弁済する場合には、利息や損害賠償金を含めて全額を弁済をすることが必要で、「2年分の利息などを払うから抵当権を抹消してくれ」と言えないことはいうまでもない。

　この点に関連して、抵当不動産の第三取得者に対しても、375条の制限が及ぶかどうかについては議論がある。通説・判例は、第三取得者が抵当権設定者の地位（負担）をそのまま承継するのだから375条の制限はないと解している（大判大正4・9・15民録21輯1469頁、内田・394頁も同旨）。しかし、第三取得者といえども、目的物の残余価値を手に入れることを期待して不動産を取得するのが通常であろうから、むしろ一般の債権者と区別する理由はないように思われる。

　③　遅延損害金　**遅延損害金**については、約定利率が登記されておれば、利息その他の定期金と通算して、最後の2年分が担保される（375条2項）。**違約金**についても、一般に、賠償額の予定と推定されているから（420条3項）、その額が元本に対する率で定まっているような場合であれば、遅延損害金として扱われ得る。ただ、違約金が額で定まっているような場合には、これを登記する方法がないので第三者に優先弁済権を主張することができない。

第3節　抵当権の効力の及ぶ目的物の範囲

　ここでは、ある不動産に抵当権が設定された場合に、その効力が、抵当不動産本体のほかに、どの範囲のものにまで及んでいるのかという、「抵当権の効力の及ぶ目的物の範囲」の問題について検討しよう。抵当権設定者と抵当権者の間だけであれば、設定時における当事者の意思や合理的期待のみに着目すれば足りる問題であるが、他の債権者・第三取得者などの登場を考えると、それらの者にとって不意打ちとならないよう、抵当権の効力が及んでいる範囲につき、ある程度の客観性と公示性が求められる。技術的問題のように見えて、意外に深刻な争いになる。

　たとえば、債務者Sが債権者Gのために自己の宅地・建物について抵当権を設定して登記を経由したが、抵当権の設定当時Sの宅地の庭には庭石・石灯籠・庭木数本が存在していたところ、Sの他の債権者がこれらを差し押さえて競売に付そうとしている。Gは、これらの付属物にも抵当権の効力が及んでいるとして「第三者異議の訴え*」（民執38条）を提起して認めてもらえるか。また、抵当権実行時に、庭には、新たに池が掘られて、高価な錦鯉が泳いでいるとすると、Gはこれらにも抵当権の効力が及んでいるものとして、一緒に競売の上、債権の優先弁済に充てることが可能か。さらに、既に、庭にあった石灯籠が他に売却されて引き渡されてしまった場合、Gは追いかけて取り戻すことができるのか。こうした問題は、抵当権の効力の及ぶ目的物の範囲として論じられる。以下、「付加一体物」・「付合物」・「従物」の観念との関係を中心に、具体的に検討しよう。

　＊【第三者異議の訴え】　執行の目的物について、所有権その他の執行の排除を求めることのできる実体法上の権利者から、執行債権者を相手取って執行の排除を求める訴えを「第三者異議の訴え」（民執38条）という。通常、債務名義に基づいて強制執行をかける場合、執行機関は、動産の占有状態あるいは不動産の登記名義など責任財産の外観を基準に執行を行うが、実際には他に権利者があることも少なくないため、そのような権利者が執行の排除を求めるわけである。この訴えの提起あるいは請求認容判決にともない、執行の停止・取消しが導かれる（民執39条1項1号、40条参照）。

1 付加物・付加一体物

(1) 「付加物」とは

　民法370条は、ある不動産に抵当権が設定された場合、その効力は、当該抵当不動産本体のみならず、それに「付加して一体となっている物」(**付加物**あるいは**付加一体物**と呼ばれる)にも及ぶものとしている(同条本文)。しかし、何が「付加物」であるかは必ずしも明らかではなく、これまで多くの裁判例で争われてきた。問題は、付加物は「**付合物**」(242条)と同一の観念であるのか、それとも「**従物**」(87条)を含むのかという点をめぐって論じられてきた。

　今日の経済社会では、工場内の機械・器具や店舗内の器具・什器・装飾品のように、「経営と一体をなしている物」が少なくないため、これらの物を不動産とともに抵当権の目的として評価できるかどうかは、実際上も大きな意味を有する。

(2) 付加物の例外

　外形的には付加一体物と見られるような場合でも、①他人が抵当権者に対抗しうるような**権原によって附加物を附属せしめた場合**、②**設定行為に別段の定め**がある場合(これについては登記が必要である[不登88条1項4号])、および③「第424条の規定(**詐害行為取消権**)＊により債権者が債務者の行為を取り消すことができる場合」(要件として、他の債権者の損害の発生ほか、所有者の無資力および所有者と抵当権者の悪意[詐害の意思]を必要とする)には、例外的に抵当権の効力が付加物にも及ばない(370条但書、参照)。

　　＊【詐害行為取消権】　債権者が債権の弁済を確保するために、債務者のなした財産減少行為(詐害行為)を取り消す権利を債権者取消権(詐害行為取消権・廃罷訴権)という(424条～426条)。本来、債権者は、物権保有者のように債務者の財産に対して直接の支配権能を有するものではないので、債務者の財産管理に干渉できないのが原則であるが、債務者の財産状態が悪化して弁済資力が不足しているにもかかわらず、所有物を他人に贈与したり、安価に売却するなどしたときには、債権者として債務者の責任財産の減少を傍観するのではなく、自己の債権保全のために、

当該財産減少行為を取り消して、財産を取り戻すことが認められている。本文で問題となっている局面では、たとえば、債務者・抵当権設定者が他の債権者を害する目的で自己所有の高価な機械設備等を抵当不動産に附属させて、既に債務超過に陥っている一般財産を更に減少させるような場合がこれにあたる（詐害行為取消権については、債権総論で学ぶ）。

とはいえ、付加によって抵当不動産と「**強い付合**」を生じている場合（附属せしめられた物が**不動産の構成部分**と化しているような場合）には、その付加されたものを含めて抵当不動産そのものになってしまったとの評価を前提とするわけであるから、原則通り、それに抵当権が及ぶと考えるほかない。他方、極端に高価な物の附属が問題となる局面では、「従物性」そのものが疑われるだけでなく、当事者による反対の特約（370条但書）の存在が推定される余地もあろう（たとえば、抵当権設定後に庭に掘られた池に泳ぐ高価な錦鯉は、敷地にとっての従物かも知れないが、容易に分離され、一般の魚に比して高価であり、通常は独立した動産として処分されるものであるから、抵当権の目的に組み込まれない旨の特約があるものと推定される可能性が高い）。

(3) 付加物と付合物

まず、所有権のところで学んだ「**添付**」の議論を想起されたい。たとえば、他人の土地に播かれた小麦、植え付けられた稲苗、玄関までの敷石、他人の建物への増築のように、異なる所有者に属する2個以上の物が、分離されると経済上不適当と認められる程度に結合して「1個の物」と認められることを「**付合**」、結合して出来上がった物を「**付合物**」という。このとき、動産と不動産が付合した場合は、原則として不動産所有者が新所有者となり、動産と動産が付合した場合には、主な動産の所有者が新所有者となり、主従の区別が明らかでないときは価格割合に応じて共有となる（242条〜248条）。となると、抵当目的不動産について、分離されると経済上不適当と認められる程度に結合せられた作物・樹木・草花・増築部分などは、「付合物」として本体の不動産所有権に吸収され、当該不動産の一部を構成するに至る。抵当権の設定された土地の崖を石垣やコンクリートブロックで補強したり、庭に取り外しの困難な庭石を設置したような場合や、抵当目的建物の風呂場をタイル張りにしたり、部屋の壁紙を貼り替え、台所をリフォームし、トイレを水洗に直したような場合等は、これらの付合したものに土地あるいは建物抵当権の効力が直接及ぶことになる（土地の構成物［砂利・腐葉土など］にいた

ってはなおさらである）。つまり、**付合物は、原則として「付加一体物」に含まれる**。この場合、付合の時期が抵当権設定の前か後かは問わない。

　上述のように、抵当権設定者以外の他人が、目的物に対して**「権原によってその物を附属させた」**場合には、その附属せしめられた物に抵当権の効力が及ばない（242条但書）。したがって、たとえば抵当権設定時以前に対抗要件を備えた地上権に基づいて植えられた樹木があるような場合、その樹木には抵当権の効力が及ばない。そもそも、留保物は、抵当権設定者の所有に属していないと考えられるからである。ただし、そのためには、権原または留保物について、抵当権に優先する対抗要件（登記・明認方法など）の具備が求められる。

2　従物

(1)　「従物」とは

　物の所有者が、その物の常用に供するため、自己の所有に属する他の物をこれに附属させたとき、その付属させた物を**「従物」**という（87条1項）。つまり、従物とは、独立の所有権の客体たる資格を失うことなく、しかも継続して他の物（主物）の経済的効用を実現するために（**経済的一体性**）、これとある程度空間的・物理的に結合されている物（**場所的接着性・固定性**）である。結合された物を従物、結合せられた他方の物を**主物**という。たとえば、畳・建具［ふすま・障子・欄間など］や母屋に隣接して作られた湯殿・厠・物置などは、家屋（主物）の従物であり、庭園の石灯籠や取り外し可能な庭石などは土地（主物）の従物である。

(2)　抵当権設定時の従物

　民法87条2項は、「従物は、主物の処分に従う」と定める。それゆえ、たとえば、家屋に抵当権が設定されると［一種の処分！］、その抵当権の効力は、原則として、家屋の「従物」である畳・建具等に及び、抵当目的物としての射程に入っているものと解される。それが、当事者の合理的意思や期待にも適うと考えられよう。また、営業中の「レストラン建物」が売却処分さ

れたり、抵当権の目的物となったような場合、そのレストランの中にある営業用テーブルや椅子など［従物！］も、当事者が反対の意思を示していない限り、処分や制限物権（ここでは抵当権）の及ぶ対象と考えてよい。

　古い判例には（大連判大正8・3・15民録25輯473頁［銭湯建物内の湯屋営業道具・煙突附属一式につき]）、「従物は付加物に含まれない」との前提に立ちながらも、民法87条2項によって抵当権の効力が及ぶとしたものがある（これは、従物に抵当権の効力は及ばないとした大判明治39・5・23（民録12輯880頁）［梅・511頁で批判された］を改めたものである）。同判決は、

「民法370条は抵当権の効力が抵当不動産の外物理上抵当不動産に付加して之れと一体をなすものに及ぶと規定したるものなれば経済上の用法に従ひ物の主従を定め主物と従物とを同一なる法律関係に服従せしむることを目的とする87条2項の規定と相妨ぐるものにあらず。……如何なる物を以て抵当権の効力の及ぶべき従物と認むべきやは当事者の意思を基礎とする主観的標準に依るべきものにあらずして……一般取引上の観念に則り之を決定すべきものとす（原文旧カナ）」

と判示した。従物となるかどうかは、その主物である建物の**利用目的**いかんとも密接に関連しているわけである。他方、比較的近時の判例では（最判昭和44・3・28民集23巻3号699頁＝民法判百Ⅰ〈第7版〉82事件［古積健三郎]）、従物としての石灯籠および取り外しのできる庭石について「本件宅地の根抵当権の効力は……右従物［右根抵当権設定当時に存在していた物］にも及び、……この場合右根抵当権は本件宅地に対する根抵当権設定登記をもって、……民法370条により従物たる右物件についても対抗力を有する」と述べており、**抵当権設定当時に存在した従物は付加物に含まれる**との前提に立っているように見える（その後、最判平成2・4・19判時1354号80頁［ガソリンスタンド建物と地下タンク・ノンスペース型計量器・洗車機などの諸設備について］も、同様の結論を導いているが、条文上の根拠は掲げていない）。担保設定時の当事者の合理的意思・取引通念からすれば、従物も対象に含める趣旨であることが多く、87条2項もかような当事者の意思をくみ上げた規定であると考えれば、いずれにしても、抵当権設定時に存在する従物は、抵当不動産の「付加一体物」と同視されて良いといえよう。

　以上のように抵当権の設定登記の対抗力の及ぶ従物に対して第三者が強制

執行をかけた場合、主物の抵当権者は第三者異議の訴え（民執38条）を提起して、強制執行の排除を求めることができる（前掲最判昭和44・3・28）。

(3) 抵当権設定後の従物
(a) 問題の所在
問題は、**抵当権設定後の従物**にも抵当権の効力が及ぶかである。確かに、物の効用を考えると、従物が一緒に換価処分された方が売却価格が高くなることは事実であり、その後の利用にとっても有益である。しかし、抵当権設定当時には存在していなかった（高価な）従物が付加されると、抵当権者が当初予想した以上の担保価値を手に入れる結果になり、逆に、他の一般債権者の債権の引き当てである責任財産の確保という観点からはマイナスの結果とならないか。まして、従物は、独立した1個の所有権の対象物であるから、当然に抵当目的物に吸収されるわけではない。どう考えるべきか。

(b) 判例の立場
この点についての判例の立場は未確立というべきであるが、抵当権は「設定後の従物には及ばない」としつつ、「取引上の効用」に照らして目的物の一部を構成するとみられる物は取り外しが容易でも抵当権の効力が及ぶとしたもの（大判昭和5・12・18民集9巻1147頁［雨戸・扉その他の建物の内外を遮断する建具類につき］）、単純に87条2項を理由に肯定するもの（大決大正10・7・8民録27輯1313頁［抵当権設定後に増築された茶の間につき：建物の構成部分？］、大判昭和9・7・2民集13巻1489頁［本件では、将来附属すべき畳・建具には抵当権の効力は及ばない旨の合意があったため、傍論］）などがある。しかし、下級審では、抵当権設定の前後に、劇場兼キャバレーの建物に、舞台照明器具・音響器具・その他総費用8億円に及ぶ劇場施設用動産類が付加された事案で、全ての従物について抵当権の効力が及ぶものとした例もあり（東京高判昭和53・12・26下民集29巻9＝12号397頁）、総じて、抵当権設定の前後にわたって付加された従物にも、設定当事者間での特段の合意がない限り抵当権の効力が及ぶとの立場が優勢であるように見受けられる。

(c) 学説

　学説の間では、抵当権の客体である不動産に付加して一体となっている物には従物も含まれるとの理解に立ち、**経済的効用**の観点から、抵当権設定後の従物にも抵当権の効力を及ぼそうとするものが通説である（我妻・258頁、鈴木・239頁、星野・246頁、川井・337頁、内田・397頁、道垣内・137頁、山野目・236頁、安永・259頁など）。つまり、附属させられた時期のいかんを問わず、従物もまた原則として付加一体物に含まれることになる。仮に、抵当権設定後に附属させられた従物が「付加一体物」と言えないとしても、87条2項によって主物とともに買受人が取得すると考えれば、結果的には肯定説に与することになる（柚木馨「抵当権と従物」柚木ほか編・判例演習民法〈物権法〉［有斐閣、1963年］204頁）。もっとも、抵当権設定前後に付加された従物が、主物に比して極端に高額である場合には、当事者の反対の意思を推定して抵当権の効力が及ばないとする見解も登場して、一定の支持を見出している。

(d) どう考えるべきか

　民法87条2項が、物の処分に際しての当事者の意思表示の解釈規定であるとすれば、抵当権設定後に附属せしめられた従物に関して、抵当権の効力の及ぶ範囲を定める370条とは本来果たすべき役割が異なるというべきであり、ここでの問題は専ら370条の解釈問題として考えるのが適切である（星野・246頁、担保法の判例Ⅰ34頁［磯村保］、道垣内・137頁以下など）。系譜的に、従物・付合物の区別を知らないフランス法に由来する民法370条の解釈に際し、ドイツ流の従物・付合物の区分を厳密に持ち込むこと自体に無理があるからである。その上で、抵当権の効力が及ぶ「付加一体物」とは、基本的に、取引社会における経済的効用の観点から抵当不動産として**経済的統一体を構成する物**（これは当事者の意思的契機・目的物の利用目的、技術的契機および経済合理性・社会通念によって定まるというほかない）を意味すると考えたい。なぜなら、①経済的効用等に照らして一体として扱われることで、目的物がより効用を発揮して結果的に高価に売却できれば、一般債権者にとって必ずしも不利なことばかりではなく（債務は全体として減る）、②次順位の抵当権者

や第三債権者が登場する直前に先順位の抵当権者が登記をし直したとするとその間に附属せられた従物も全て目的物に含まれる結果となるはずであり（抵当権は、それが存する限り、絶えずその客体をその時々の状態において把握している権利であるとの指摘〔我妻栄・民法研究Ⅳ〔有斐閣、1967年〕53頁、柚木＝高木・255頁〕に注意）、③次順位以下の抵当権者が捕捉した抵当権の効力の及ぶ範囲がその設定の時々に変化するとすれば法律関係が徒に複雑になること、④分離処分された場合にも善意取得制度による取得者保護が認められること、⑤必要とあらば「特段の意思」を示しておけば分離可能であることなどを併せ考慮すれば、「従物」については、その附属せられた時期が抵当権設定の前か後かを問わず、抵当権の効力が及ぶのを原則とするのが適切だからである（ちなみに、ドイツ民法1120条は、抵当権設定後の従物にもその効力が及ぶことを明定している）。ただし、**附属せられた従物が主物に比して極端に高額な場合**（シャンデリアなど）や、通常の従物が高価な新品に取り替えられたような場合（エレベータ設備・空調設備・温水器装置など）は、「別段の合意」が推定される場合や「従物性」そのものが否定されることがあってしかるべきであろう（林良平「抵当権のおよぶ範囲」争点Ⅰ159頁、田中・後掲、柚木＝高木編・新版注釈民法(9)48頁〔山崎寛〕も参照）。抵当権設定後に登場した他の債権者（とりわけ付加従物の売掛代金債権者等）や、抵当目的物の提供者が物上保証人である場合の期待利益を考えると、従物の全てを自動的に抵当権者の支配に服せしめることが妥当とも思われないからである。ちなみに、住宅ローンで居住用不動産に抵当権が設定された場合には抵当権の効力の及ぶ範囲を制限し、一般消費者の生活に必要となる物件を抵当権から解放しようとする試みもあり注目されるが（鎌野・後掲）、主物・従物の統一的価値を破壊するとすれば、従物の射程が狭きに失するように思われる。

(e) 付加一体物についての対抗

　債権者Gの抵当権に服する債務者S所有の甲建物に、動産が附属せられて付加一体物となった場合は主物に関する登記があれば従物についても対抗力を有することになる（前掲最判昭和44・3・28）。ただ、「従たる物として」事後的に乙建物を建築したような場合、なるほど甲建物の抵当権の効力が乙

建物に及ぶが、その後に乙建物部分について物権を取得した第三者Dに対してGが自己の抵当権を対抗するには、一般原則（177条）に従い、乙建物が甲建物と「一体の物」として登記されているか、乙建物について固有の登

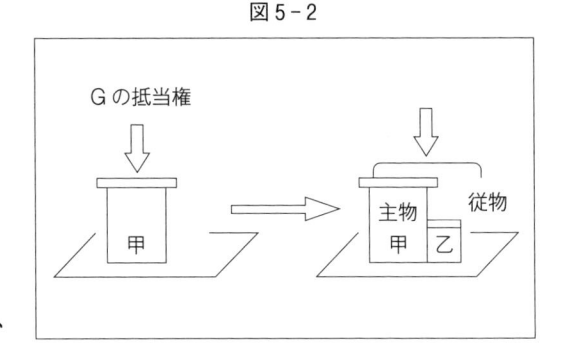

図5-2

Gの抵当権

記がなされて、その上にもGの抵当権の存在が登記されていることが必要である（もっとも、乙建物についてのDの物権が対抗要件を備えていない場合にはDの主張が認められないから、結果的に主物の登記で足りることが少なくない）。

　なお、増築部分が既存建物と別個独立の存在をなさず、その「構成部分」となっている場合は、当該増築部分は当然に既存建物の所有者に帰属し、かつ、抵当目的物の一部を構成していると考えられることは言うまでもない。

　ちなみに、工場供用物件については、工場抵当法によって別段の規律に服している*。

　　*【工場供用物件の場合】　工場供用物件（備え付けの機械・器具など）は、民法から見ると多くは工場建物の「従物」に該当すると見られるが、工場抵当法によって民法370条や87条2項とは異なる規律に服しており、とくにそれ自体が登記事項とされている。そこでは、いかなる工場供用物件に抵当権の効力が及んでいるかについて登記がないと、第三者には対抗できない建前になっている（民法では抵当権設定登記があれば一般に従物に対して抵当権が及んでいることを第三者に対抗できるが、工場供用物件ではそれが逆転している）。最判平成6・7・14民集48巻5号1126頁では、工場抵当法3条の目録を提出していない第1順位の抵当権者Xと、目録を提出している後順位抵当権者Yのいずれが当該供用物件の売却代金の配当に関して優先するかが問題となった事案で、同法3条の目録が第三者対抗要件であることを理由に、Yを優先させた。

　他方、改築・増築などで合体せられた甲建物と乙建物について主従の関係が認められないが1棟の丙建物になっているような場合は、旧建物や区分所有権についての抵当権は消滅しないで存続することとなるが、それは統合物

の価格に占める各部の「価格の割合に応じた持分」の上に効力を及ぼすことになる（最判平成6・1・25民集48巻1号18頁＊）。

＊【最判平成6・1・25】判決理由は、次のように述べる。「互いに主従の関係にない甲、乙2棟の建物が、その間の隔壁を除去するなどの工事により1棟の丙建物となった場合においても、これをもって、甲建物あるいは乙建物を目的として設定されていた抵当権が消滅することはなく、

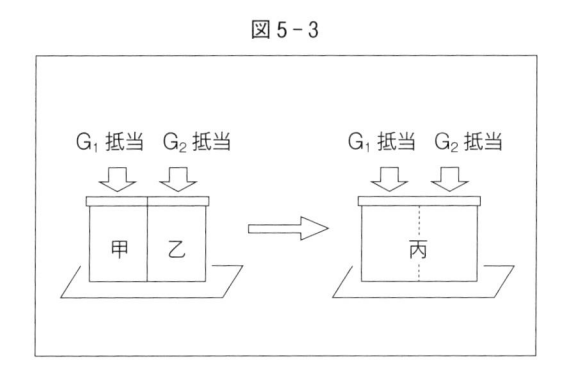

図5-3

右抵当権は、丙建物のうちの甲建物又は乙建物の価格の割合に応じた持分を目的とするものとして存続すると解するのが相当である。けだし、右のような場合、甲建物又は乙建物の価値は、丙建物の価値の一部として存続している物と見るべきであるから、不動産の価値を把握することを内容とする抵当権は、当然に消滅するものではなく、丙建物の価値の一部として存続している甲建物又は乙建物の価値に相当する各建物の割合に応じた持分の上に存続するものと考えるべきだからである」。判決理由では、「（各建物）の価値に相当する各建物の割合」に応じて抵当権が効力を及ぼすわけであるから、5000万円相当の甲建物と5000万円相当の乙建物が増築合体して1億5000万円相当になったとすれば、もとの甲乙の抵当権は、各々5000万円を限度に存続するのではなく、価格の割合に応じて、1：1、つまり各7500万円相当の価値の上に存続しているわけである。

(4) 建物の敷地利用権（借地権）

敷地利用権のような不動産の「従たる権利」についても抵当権の効力が及ぶ。たとえば、借地上の建物に抵当権が設定された場合、抵当権は、その建物の存立のための敷地利用権である**借地権**にも及び、競売による建物の買受人は、借地権付き建物を買い受けたことになる（ただし、民法612条1項、借地借家法20条1項参照）。「建物を所有するために必要な敷地賃借権は、右建物に付随し、これと一体になって一の財産的価値を形成しているもの」だからである（最判昭和40・5・4民集19巻4号811頁＝民法判百I〈第7版〉83

事件〔占部洋之〕）。建物抵当権設定後に成立した敷地の賃借権についても建物抵当権の効力が及ぶとする裁判例もある（東京高判昭和60・1・25高民集38巻1号1頁）。なお、建物敷地のための「地上権」については独立に抵当権の客体となり得るので（369条2項参照）、通常は問題が顕在化しないが、同様に考えて良いであろう（大判明治33・3・9民録6輯3巻48頁）。

(5) 果実の扱い

　抵当権が、占有を伴わない担保であって、その利用（使用・収益）を設定者に委ねていることを反映して、抵当権の効力は、目的物の「**果実**」には及ばないとするのが原則である。しかし常にというわけではなく、平成15（2003）年改正前の民法旧371条では、抵当不動産の差押え以後（民執46条1項参照）もしくは第三取得者が抵当権実行通知（旧381条）を受けた後は、果実にも抵当権の効力が及ぶとされていた。このことは、**天然果実**に関する限り異論のないところであったが、**法定果実**（抵当目的である賃貸家屋の賃料債権など）については見解が分かれていた。

　判例（大判大正2・6・21民録19輯481頁）は、法定果実は不動産に付加して一体となっていないことを理由に旧370条（これを前提とした例外則としての旧371条）の適用を否定し、抵当権者は、「差押えの前後を問わず」後述の**物上代位**の方法によってのみ法定果実から優先弁済を受けることができるものと解していた（従来の通説もこれに従う）。しかしながら、目的物を使用・収益しない抵当権の本来的性質から、法定果実についても、旧371条に基づき、「差押え後に限って」優先弁済を受けうる（手続的には物上代位制度を借用する）と解する見解も少なくなかった。

　平成15（2003）年の改正によって、抵当権の実行方法の一つに**担保不動産収益執行**（民執180条2号）が導入され、被担保債権について債務不履行を生じたとき、抵当権者は担保不動産収益執行を申し立てて、賃料債権などから優先的に弁済を受け得ることになった。これに伴い、民法371条も改正され、「抵当権は、その担保する債権について不履行があったときは、その後に生じた抵当不動産の果実に及ぶ」とし、370条との関係を切断した。この結果、**371条の「果実」は天然果実・法定果実の双方を含む**ことで確定した。ただ、

このことは債務不履行が生じた以後の賃料全てを抵当権者が捕捉できるということ（＝法定果実の帰属）を意味しているわけではない*。債務不履行以後であっても、抵当権設定者は依然として収益権を有しており、抵当権設定者は、差押えがあるまでは従来通り賃料を収取してかまわない（加賀山・410頁が明解にこの点を説明する）。抵当権が実行されて目的不動産が差し押さえられたり、担保不動産収益執行手続が開始された場合に収益たる賃料債権の受領権が奪われ、設定者が未だ収取していない果実（賃料）があれば、そのうちの債務不履行発生時以降の分について抵当権の優先的効力が及ぶというにすぎないことに留意すべきである（谷口園恵＝筒井健夫編・改正担保・執行法の解説［商事法務、2004年］57頁は、債務不履行前の未払賃料も執行対象になるというが、「不履行後に生じた抵当不動産の果実」という限定からすると疑問が残る）。

　371条の改正によって、理屈の上では、債務不履行後に生ずる賃料に対してのみ物上代位が可能となる（道垣内・43頁）。抵当権を実行して抵当不動産の収益から債権回収を図ることと、物上代位は選択的に利用可能と考えられる。収益執行における管理費用などを考えると、天然果実についてはともかく（物上代位できない）、法定果実には物上代位の方が簡便かも知れない。

　　*【担保不動産収益執行における賃料債権の帰属と相殺】　抵当権付不動産の収益権（たとえば目的不動産が賃貸されている場合の賃料債権）が、あくまで抵当不動産所有者の手に残され、債務不履行があった場合に限って、一定手続のもとで抵当権者の優先弁済に充てられる（それまでは抽象的権利に過ぎなかったものが、差押えや執行開始手続によって具体化する）というメカニズムは、賃借人からの反対債権（保証金等の返還債権）をもってする相殺の場面においても同様に妥当する。進んで、抵当権が対抗要件（登記）を備える前に発生した反対債権との相殺では、収益執行手続開始後でも、相殺の担保的機能に対する合理的期待を尊重して、法定果実が抵当権の効力の範囲から逃れる可能性がある。確かに、賃料債権について、不動産収益執行の手続開始後は、その収益管理権が執行裁判所によって選任された管理人に移り（民執188条、93条1項、95条1項）、担保不動産の収益にかかる給付目的物（賃料）の受領権限は、目的物所有者ではなく管理人が有することになるため、賃借人は、所有者ではなく管理人に賃料を支払うべきものとなる（民執188条、93条1項）。しかし、このような規律は、担保不動産から生ずる収益を確実に被担保債権の優先弁済に充てるための措置に過ぎず、管理人に担保不動産の処分権限まで与えるものでは

ないと解されている（→賃料債権の帰属の変更はない）。最判平成21・7・3民集63巻6号1047頁（平成21年度重判民法5事件［生熊長幸］、藤澤治奈・立教法務研究3号［2010年］133頁、吉永一行・法セミ663号［2010年］120頁）は、「管理人が取得するのは、賃料債権等の担保不動産に係る給付を求める権利自体ではなく、その権利を行使する権限にとどまり、賃料債権等は、担保不動産収益執行の開始決定が効力を生じた後も、所有者に帰属していると解するのが相当であり、このことは、担保不動産収益執行の開始決定が効力を生じた後に弁済期の到来する賃料債権等についても変わるところはない。／そうすると、担保不動産収益執行の開始決定の効力が生じた後も、担保不動産の所有者は賃料債権等を受働債権とする相殺の意思表示を受領する資格を失うものではない」と述べ、**相殺の意思表示の受領資格**はなお、不動産所有者たる賃貸人にあるという。その上で、抵当権に基づく担保不動産収益執行の開始決定が生じた後、担保不動産の賃借人が、抵当権設定登記前に取得していた賃貸人に対する債権を自働債権とし、賃料債権を受働債権とする相殺を管理人に対抗できるかという点について、「**被担保債権について不履行があったときは抵当権の効力は担保不動産の収益に及ぶが、そのことは抵当権設定登記によって公示されている**と解される。そうすると、賃借人が抵当権設定登記前に取得した賃貸人に対する債権については、賃料債権と相殺することに対する賃借人の期待が抵当権の効力に優先して保護されるべきであるから（最判平成13・3・13民集55巻2号363頁参照）、担保不動産の賃借人は、抵当権に基づく担保不動産収益執行の開始決定の効力が生じた後においても、抵当権設定登記の前に取得した賃貸人に対する債権を自働債権とし、賃料債権を受働債権とする相殺をもって管理人に対抗することができる」と判示した。信用不安時に、賃借人が差し入れた保証金等の期限の利益を喪失させて将来の賃料と「相殺」することを認めるのは、賃借人の有する相殺への合理的期待を保護すると共に、事実上、数年分の「一括借り上げ」に相当するとの判断によるものであろうか。物上代位の問題との関連、相殺の担保的機能については、後に検討する機会がある。

(6) 担保目的物にかかる制限

果実などとは逆に、担保目的物にかかる制限が買受人にもひきつがれるかという問題がある。最判平成25・2・26（民集67巻2号297頁）では、承役地の担保不動産競売における買受人に対する通行地役権の主張について、次のように述べて、最先順位の抵当権設定時点における抵当権者の認識を基準に、その承継を認めている。

「通行地役権の承役地が担保不動産競売により売却された場合において、最先順位の抵当権の設定時に、既に設定されている通行地役権に係る承役地が要役地の所有

者によって継続的に通路として使用されていることがその位置、形状、構造等の物理的状況から客観的に明らかであり、かつ、上記抵当権の抵当権者がそのことを認識していたか又は認識することが可能であったときは、特段の事情がない限り、登記がなくとも、通行地役権は上記の売却によっては消滅せず、通行地役権者は、買受人に対し、当該通行地役権を主張することができると解するのが相当である。上記の場合、抵当権者は、抵当権の設定時において、抵当権の設定を受けた土地につき要役地の所有者が通行地役権その他の何らかの通行権を有していることを容易に推認することができる上に、要役地の所有者に照会するなどして通行権の有無、内容を容易に調査することができる。これらのことに照らすと、上記の場合には、特段の事情がない限り、抵当権者が通行地役権者に対して地役権設定登記の欠缺を主張することは信義に反するものであって、抵当権者は地役権設定登記の欠缺を主張するについて正当な利益を有する第三者に当たらず、通行地役権者は、抵当権者に対して、登記なくして通行地役権を対抗することができると解するのが相当であり（最高裁平成……10年2月13日第二小法廷判決・民集52巻1号65頁参照）、担保不動産競売により承役地が売却されたとしても、通行地役権は消滅しない。」

3　抵当不動産からの分離物について

たとえば、抵当権の設定された山林があり、その競売開始時以前に、抵当権設定者が通常の利用の範囲を超えて立木を伐採・搬出したような場合、はたして抵当権の効力は搬出された伐木に及ぶだろうか。及ぶとすれば、抵当権をどのように実行すればよいか。それが抵当権侵害に当たるとすれば、抵当権に基づいてその侵害停止や排除・取戻しは可能であろうか。

抵当権の効力がいかなる範囲で及ぶか、判例の立場は必ずしも明らかでないが、少なくとも、競売開始決定の前後を問わず、**抵当不動産上にある分離物**については、抵当権の効力が及び、搬出を禁止することができることまでは明らかである。

では、**搬出されてしまった場合**はどうか。学説は多岐に分かれ、①抵当山林から搬出されてしまえば第三者に譲渡される前であっても、もはや抵当権の効力は及ばないとする説、②伐木が搬出された後でも、設定者の他の財産と混同したり他に処分されていない間は、「特定」が可能であるから、物上代位制度によって抵当権の効力を及ぼすことができるとする説、③伐木が当

該山林外に搬出されてしまえば抵当権の「登記による対抗力」が失われる結果、伐木が第三者に譲渡・引き渡されてしまえば、もはや追及できなくなるとする説、④第三者において、伐木を「即時取得されるまでは」抵当権の効力が及ぶとする説などがある。同様の問題は、抵当建物が崩壊して（抵当権が消滅する？［大判大正5・6・28民録22輯1281頁］）、木材として搬出されるような場合にも生じうる。

ちなみに、抵当権が実行されて**差押え・競売手続開始時以降**に木が伐採・搬出されようとしているときは、そもそも設定者に処分権が無かったわけであるから（差押えの処分禁止効［民執46条（旧民訴644条）]）、無権利者からの譲渡と同様に考えて、第三者が即時取得するまでは、伐採・搬出を差し止めることができるだけでなく、優先的効力をもって追及できると解するのが一般的である。大判大正5・5・31（民録22輯1083頁）は、搬出以前の段階での搬出差止めを肯定し、その理由を「如上差押の効力は斯の如き物の性質の変更［＝立木の伐採による動産化］により消長を来たす理なく又民法372条第304条が抵当権者をして物上代位の権利を行わしむる法意に鑑みるときは抵当権の実行は斯る権利を伴わしむるを当然とすればなり（原文旧カナ）」という。搬出が完了している場合に、工場抵当法の適用場面で、**抵当権に基づく妨害排除請求**として備付場所への返還を命じた最判昭和57・3・12（民集36巻3号349頁）＊の先例としての射程が及ぶかについては見解が分かれる。

＊**【工場供用物の搬出】** 工場抵当法5条によれば、分離・搬出物が第三者に引き渡された後でも、民法192条以下による即時取得が成立するまでは抵当権の効力が及ぶものとされている。最判昭和57・3・12（＝民法判百Ⅰ〈第7版〉87事件［青木則幸]）は、これを前提にして、搬出物について抵当権の効力がなお及んでいるとみられる事案で「抵当権者は搬出された目的動産をもとの備付場所である工場に戻すことを求めることができるものと解するのが相当である。けだし、抵当権者の同意を得ないで工場から搬出された右動産については、第三者が即時取得をしない限りは、抵当権の効力が及んでおり、第三者の占有する当該動産に対し抵当権を行使することができるのであり……、右**抵当権の担保価値を保全するため**には、目的動産の処分等を禁止するだけでは足りず、搬出された目的動産をもとの備付場所に戻して原状を回復すべき必要があるからである」とした。抵当権者は、もともと目的物を占有すべき権利を有しないため、搬出物について、抵当権に基づいて「抵当権者に対し返還せよ」と命ずることは、正面からは認め難い。そこで、本判決は、**妨**

害排除の趣旨で、もとの備付場所である工場への返還を認めたものと見られる。

　＊【参考文献】　民法370条と87条の沿革については、我妻栄「抵当権と従物の関係について」同・民法研究Ⅳ［有斐閣、1967年（初出は1933年）］29頁、木村常信「抵当権の効力の及ぶ範囲」産大法学4巻1号［1997年］24頁、瀬川信久「抵当権と従物(1)」北大法31巻3＝4号［1981年］373頁以下、同「抵当権と従物」谷口知平＝加藤一郎編・新判例演習民法(2)物権［有斐閣、1982年］230頁、藤原明久・ボアソナード抵当法の研究（神戸法学叢書）［有斐閣、1995年］、学説史につき、湯浅道男「抵当権の効力の及ぶ範囲」星野英一ほか編・民法講座(3)［有斐閣、1984年］47頁、田中克志「土地の抵当権の効力の及ぶ範囲」米倉明ほか編・金融担保法講座Ⅰ［筑摩書房、1985年］171頁、同「抵当権の効力の及ぶ範囲と公示」静岡大学法政研究1巻2＝3＝4号［1997年］1頁、鎌野邦樹「『抵当権と従物』論」早稲田法学64巻3号［1989年］130頁、角紀代恵「民法370条・371条」広中俊雄＝星野英一編・民法典の百年Ⅱ［有斐閣、1998年］593頁、簡潔には、生熊長幸「抵当権の及ぶ範囲」新争点［2007年］137頁。

第4節　抵当権侵害に対する効力

1　抵当権の侵害

(1)　抵当権が侵害されるとは

　抵当権もまた物権の一種であり、侵害があれば、原則として物権的請求権を行使して救済（侵害の排除・予防等）を求めることができるというべきである。また、侵害行為が不法行為に該当するとき、抵当権者は、それによってもたらされた損害の賠償を求めることもできる（709条）。もっとも、抵当権は本来的に非占有の担保物権であり、目的物の使用・収益権が、原則として設定者のもとにとどめられており、その意味では、目的物所有者等による通常の使用・収益（これには通常の賃貸も含まれる）の範囲内の行為は折込み済みであって、抵当権侵害を問題とする余地がない。また、「占有を奪われる」という形での侵害が想定しがたいとすると、物権的返還請求権も問題ともなりがたい。つまり、抵当権は、あくまで優先的債権回収のために目的物の潜在的交換価値を支配する担保的権利であるため、そのような実行時における**優先的債権回収、ひいては被担保債権の満足の可能性が危殆化されてはじめて「損害」を観念できる**というのが原則である。したがって、たとえば、抵当不動産の残存価値で十分に被担保債権の満足が得られるのであれば、抵当権に対する侵害とは評価されず、不法行為が成立しないというのが通説・判例である（大判大正3・8・1民集7巻10号671頁）。これに対し、抵当権の侵害を優先弁済権の危殆化という点に集中させるのではなく、抵当不動産に対する**担保価値支配の完全性**の侵害が抵当権侵害であるとの発想も可能であり、それによれば、抵当不動産の「減価分」が損害であり、侵害行為時を基準として直ちに賠償額を確定して賠償請求できるとの見解も成り立ちうる（道垣内・186頁）。抵当権の**不可分性**（372条→296条）からすれば、少なくとも観念的には抵当権侵害自体は認めてよいように思われる。しかも、抵当権者に、優先的債権回収の可能性が危殆化したかどうかの判断と見極めを要求

し、「危うくなるまでは、できるだけ我慢せよ」というのがよいかどうかは問題であろう。いうまでもなく、不可分性は、目的物の交換価値が下落したり、一部が代償無しに滅失するような場合を考えての規定であるから、その趣旨をも考え併せると、現実に抵当不動産の価値が抵当権者に充分な弁済を与え得るかどうかを考えるまでもなく、抵当権侵害自体はあるというべきではあるまいか。

(2) 具体的場面
(a) 不法占有の場合
　目的不動産が第三者によって不法占拠されたり、廃棄物が不法投棄されたような場合、用益的権利や使用権のない（性質上、占有権原を内包しない）抵当権にとっては、目的物を適切に利用できないという意味での抵当権侵害は観念しがたい（むしろ設定者の使用・収益権が侵害されている状態である）。したがって、不法占拠者等に対して**妨害排除請求権**を有するのは抵当権者ではなく、原則として所有者または用益権者にほかならない。もし、抵当不動産の価値が、不法占拠等によって下落し、債権回収が困難となるような局面に至れば、所有者の妨害排除請求権を**代位行使**することも考えられるが（423条の転用：最大判平成11・11・24民集53巻8号1899頁）、少なくとも、抵当権を実行して競売に着手するまでは、不法占拠者の妨害を排除することには、なお理論的困難を伴う。最判平成3・3・22（民集45巻3号268頁）は、「第三者が何ら権原なく不動産を占有している場合でも、抵当権者は抵当不動産の占有関係に干渉しうる余地はないのであって、第三者が抵当不動産を権原により占有し又は不法に占有しているという**だけでは**、抵当権が侵害されるわけではない」と述べていた。

　後に、この問題について、最判平成17・3・10（民集59巻2号356頁＝民法判百Ⅰ〈第7版〉86事件［田髙寬貴］）は、（権原のない不法占有者との関係での事案において）主観的要件を加える形で、①当該占有に「抵当権実行としての競売手続を妨害する目的」が認められ、②その占有によって「抵当不動産の交換価値の実現が妨げられ」、③抵当権の「優先弁済請求権行使が困難となる」状態になれば、抵当権者は、その占有者に対し、**抵当権に基づく妨害**

排除請求として、そのような状態の排除を求めることができ、④所有者による明渡請求が困難である場合には、抵当権者**自身への明渡し**を請求することができるとして、これと抵触する平成3年判決の論理を変更するにいたっている（抵当権者によるある種の「管理占有」を認めようというわけである）。もっとも、同判決は、**損害賠償請求**については、

> 「抵当権者は、抵当不動産に対する第三者の占有によって賃料相当額の損害を被るものではないというべきである。なぜなら、抵当権者は、抵当不動産を自ら使用することはできず、民事執行法上の手続等によらずにその使用による利益を取得することもできないし、また、抵当権者が抵当権に基づく妨害排除請求により取得する占有は、抵当不動産の所有者に代わり抵当不動産を維持管理することを目的とするものであって、抵当不動産の使用及びその使用による利益の取得を目的とするものではないからである」

として、これを否定している。いうまでもなく、不法占有は競落人にも対抗できないものであるから、法的には目的不動産の価値にも影響しないとも考えられるが、実際問題として、**占有減価**を生じているため（だからこそ執行を妨害していくらかの対価を要求する「占有屋」が成り立つ。占有減価は、権原に基づいて占有している者がいる場合の「対抗減価」とは別ものである）、抵当権者としても無関心ではいられない。現在では、収益執行による抵当権の実行として不法占有者等を排除することも可能とされているものの、それ以前でも、必要に応じて、抵当権に基づく妨害排除とともに損害賠償請求の可能性を認める必要があろう（抵当権と利用権の問題として後に検討する）。少なくとも、抵当権が抽象的に目的物の価値のみを支配する担保であるとの見方を貫くことは適当ではない。

(b) 抵当不動産に対する物理的侵害

抵当不動産（特に家屋）を物理的に損傷・破壊する行為や、抵当山林の伐採、抵当建物からの高価な従物の分離など、抵当不動産から抵当権の効力の及ぶ目的物を、通常の使用・収益の範囲を超えて分離・搬出する行為は、その担保価値を著しく減少させるものであり、抵当権の侵害に当たる。

侵害者としては、債務者・抵当権設定者・その他の第三者が考えられるが、いずれにしても、抵当権に基づく妨害排除請求、妨害予防請求（行為の差止

め、分離物の処分禁止、搬出物の原状回復など）が認められる（最判昭和57・3・12民集36巻3号349頁＝民法判百Ⅰ〈第7版〉87事件［青木則幸］など）。従物の分離・搬出については、抵当権の効力の及ぶ範囲として既に述べた。

なお、「債務者が担保目的物を滅失させ、損傷させ、または減少させたとき」には、債務者は**期限の利益**を失い、直ちに債務を弁済することが必要となる（137条2号参照）。同時に、抵当権者は、債務者に対して担保の積み増しを請求すること（**増担保請求**）ができると解されている（旧民法債権担保編201条には明文規定があったが、現行法にはない）。銀行実務などでは特約で増担保請求の可能性を明文化しているようであるが、解釈論としても、債務者の責めに帰すべき事情がある場合だけでなく、（不可抗力による場合や債務者以外の者による侵害の場合でも）抵当権設定合意の内容として設定者が担保価値維持義務を負うと解される場合には、抵当権者からの増担保請求が認められよう（我妻・388頁、近江・176頁、平野・79頁など）。実際問題として考えると、債権者が増担保請求に成功すれば、債務者の期限の利益を喪失させる必要はなくなるはずであり、取引をそのまま継続させてもかまうまい（その意味で、期限の利益喪失と増担保は、表裏の関係にある）。増担保特約がある場合、債務者に増担保義務の不履行があれば、やはり期限の利益を喪失し抵当権を実行できることはいうまでもない（137条3号参照）。

2　抵当権侵害に基づく損害賠償請求権

上述のように抵当権が侵害された結果、「損害が発生している」と評価できる場合、抵当権者には不法行為に基づく損害賠償請求権が発生する（709条）。ただ、抵当目的物が毀損されたような場合でも、非占有担保としての抵当権の性質から、特殊な問題状況を生ずることは既に述べたところからも明らかである。

たとえば、債権者Ｇが債務者Ｓに対して4000万円の貸金債権を有し、その担保としてＳ所有の甲不動産（土地・建物、時価7000万円）に抵当権の設定を受けていたところ、隣家の住人Ｎの重大な過失による出火の延焼で建物が焼失してしまったような場合を想定しよう（失火責任法を前提とする場合もＳは

Nに対して責任を追及できる)。このとき、土地だけでもなお4000万円以上の価値ありとすれば、上述のように、(抽象的に抵当権侵害はあっても)抵当権者に損害はないとするのが判例である。他方、所有者SはNに対して所有権侵害を理由に損害賠償請求権を有することになる。焼失後の抵当目的物の残存価値が被担保債権額の4000万円を下回った場合には、判例上も、抵当権侵害を理由とする損害賠償請求が問題となるが、もし、抵当権者Gが後述の「物上代位」によってSの有する損害賠償請求権を代位行使できるなら、Gにはそれとは別に固有の損害を観念する必要がないともいえそうである。ここでは、不法行為の成立要件の中で、通常あまり問題にならない要件＝「損害の発生」が重要になる。「損害」が、目的物の価値減少のために、被担保債権に充分な弁済が受けられなくなることであるとすると、目的物の一部が毀損して価値が若干減少しても、残部の価値で被担保債権が担保されるのであれば「損害はない」ことになり、不法行為が成立しないからである。しかし、厳密にいうと損害の有無や損害額は競売されてみないとわからないために、この方法には問題が多い。さしあたっては、損害賠償請求の時点で毀損前の目的物価額と残存物価額の評価から抵当権者の損害額を算定しておき、抵当権実行後に確定する現実の損害額とのズレは、配当段階かその後に調整する他あるまい(我妻・386頁)。なるほど、錯綜した関係を生じないようにするには、むしろ第三者の不法行為による担保価値の減少に対しては原則として抵当権者固有の損害賠償請求を否定し(債務者自身が加害者の場合は直ちに債権を実行して債権回収を図れば足りる)、抵当権者保護の制度である物上代位を利用させることで担保価値の回復をはかるのが適当であろうが(鈴木・252頁、加藤一郎・不法行為〈増補版〉［有斐閣、1974年］111頁など参照)、物権侵害に対して、不法行為に基づく損害賠償請求権を排除するだけの合理的根拠もない。かりにSに損害賠償請求権が発生することを前提とするならば、抵当権者の選択によって抵当権侵害による損害を直接あるいは物上代位によりNに請求できるとすると(4000万円の範囲でGとSのNに対する連帯債権*が観念されることになろうか)、NとしてはGもしくはSのいずれに支払っても有効な弁済ということになる。ただ、債権回収の危殆化に焦点を合わせて損害の発生を考えるとすると、いずれにせよ抵当権実行前において損害額が確

定できるか、かかる請求が成り立つかには疑問が残ることは、既に述べたとおりである（もっとも、古い判例［大判昭和7・5・27民集11巻1289頁］は、抵当権実行前の損害賠償請求を肯定し、損害の算定については、抵当権が実行されたときは実行時、実行されていないときは損害賠償請求訴訟での事実審の口頭弁論終結時を基準とする［後に清算するのであろう］）。少なくとも、立法論としては、むしろ第三債務者（＝ここでの損害賠償義務者）Nの立場を安定させるためにも、抵当権者の救済方法を物上代位制度に一本化することが事態を簡明に処理することになるように思われる。

　＊【連帯債権】　ここにいう連帯債権とは、たとえば、債権者であるGa・Gb・Gcの3者がそれぞれ独自の立場でSに対して債務の全部又は一部の履行を請求することができ、他方で、SはGa・Gb・Gcのいずれに対しても債務の全部を弁済すれば、債務を免れることになるという多数当事者の債権である。債権者Gが債務者Sa・Sb・Scのいずれに対しても債権の全部又は一部を同時もしくは順次に請求でき、結果として債務額が全て弁済されれば債権も消滅するという「連帯債務」（432条以下）の反対形である。連帯債権に関する民法規定は存在しないが、少なくとも、合意によってこのような関係を成立させることは否定されず、当事者に合意がなくとも本文のように、債務者による二重弁済の危険を回避する構成として、論理的に可能であろう。

第5節　物上代位制度

1　物上代位とは

　たとえば、担保の目的となっている建物が焼失したが、担保権設定者が保険会社に対して火災保険金請求権を取得したような場合、**担保目的物の価値変形物・価値代償物**とでもいうべき保険金請求権にも担保としての効力を及ぼすことが担保の実効性を確保する上では望ましく、当事者の合理的意思や期待にも適っていよう。このように、担保目的物が滅失・損傷したような場合に担保権設定者が受けるべき「金銭その他の物」に対しても担保権の効力を及ぼすことができるということを**担保権の物上代位性**という＊。既に見たように、民法では、先取特権・質権についてもこれが認められているが（304条［先取特権］、350条→304条［質権］）、最も問題の多いのが抵当権の物上代位であり（372条→304条）、関連判例も少なくない。

　抵当権について物上代位を認める理論的根拠としては、古くから、いわゆる「特権説」と「価値権説」の対立がある。**特権説**は、抵当権の物権としての性質から演繹するもので、目的物の滅失によって物権たる抵当権は当然に消滅し、たとえ価値変形物が生じても直ちにその上に効力が及ぶものではないが、法律が担保権者保護のために特に認めた特権的効力が物上代位である

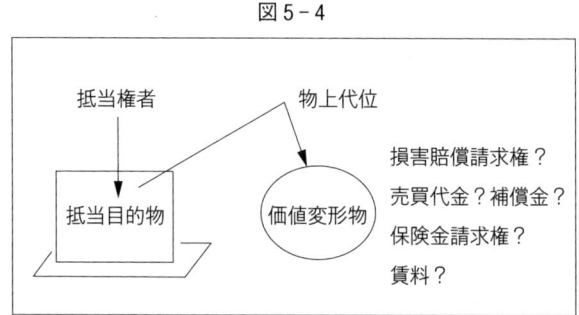

図5-4

抵当権者　　　　　　物上代位

抵当目的物　　　　価値変形物

損害賠償請求権？
売買代金？補償金？
保険金請求権？
賃料？

と説明する。他方、**価値権説**によれば、抵当権は目的物の交換価値を把握する一種の価値支配権（価値権）であって、目的物が金銭やその他の形態に変じた場合は、そのような価値変形物が目的物の交換価値の具体化したものである以上、抵当権の効力も当然にそれに及ぶとされる。しかし、こうした説明と同時に、抵当制度の強化という政策的配慮や、制度の持つ公平性、抵当権設定合意に伴う当事者の合理的意思、抵当権としての優先的効力に裏打ちされたものと説明することも可能であり（柚木編・注釈民法〈旧版〉(9)52頁［西沢修］など参照）、あえて一元的に説明する必要はない。

＊【代位・代位権・代位する】「物上代位」という表現は、イメージがつかみにくいかも知れない。「物上」の「上」は、上・下の上という意味ではなく、「物に関して・物について」の意である（身分上の、契約上の……）。保証債務を負う保証人に対して、他人のために担保不動産を提供する者を「物上保証人」と呼ぶのもこのような意味においてである。また、「代位」とは、「あるものに成り代わって、あるものの地位に代わって」の意である（そのような権利が「代位権」、動詞形が「代位する」・「代位権を行使する」である）。民法では、債権を保全するために債権者が債務者の地位に代わって債務者の有する権利を行使する「債権者代位」(423条)、債務者の代わりに第三者が弁済して、消滅した債権の債権者的地位につくことを「弁済者代位」(499条以下)、加害者等に代わって被害者に損害賠償等をした者が被害者的地位に就くことを「賠償者代位」などという。ここでいう「物上代位」は、本来の目的物に対して一定の効力を有していた担保権者が、もとの目的物に対する効力に代わって、その延長として、一定の効力をその物の価値変形物・代償物に対して及ぼしていくことを表現している。

2　物上代位の客体（目的物）

民法は、先取特権のところで代位の対象を「その目的物の売却、賃貸、滅失又は損傷によって債務者が受けるべき金銭その他の物」と定めており(304条)、一般には売買代金・賃料・補償金のようなものが挙げられるが、抵当権について準用するにはそれぞれ問題がある。なお、抵当権の場合、304条の「債務者」という文言は、物上保証人等を含むことになるので「抵当目的物所有者」と読み替えればよい。代位権の対象となるのは、一般財産への混入を防止する必要がある関係上、それらの「請求権（債権）」の段階

のものと考えられている（抵当権が登記で公示されている以上、引き渡されてしまってからも追及できるかは、なお問題であるが）。

　今日では、目的物に着目して、滅失・毀損された目的物についての損害賠償請求権のように、抵当権の効力が及んでいた目的物の「身代わり」として取得された債権、すなわち**代替物（代償物・代償的債権）に対する物上代位**の場合と、目的物の果実である賃料のように、抵当権の目的物から派生して生じた債権すなわち**付加的・派生的債権に対する物上代位**を区別して問題を考える立場が有力に唱えられており（松岡久和「物上代位権の成否と限界（１～３）」金法1504号～1506号［1998年］13頁、高橋眞「賃料債権に対する物上代位の構造について」金法1516号［1998年］6頁、佐久間弘道・銀行法務21・548号［1998年］4頁、内田・407頁など）、かような方向が支持されてよいように思われる。少なくとも代償物・代償的債権は、抵当目的物の交換価値そのものが実現したものにほかならないから、たとえ被担保債権について不履行がないときでも抵当権の効力が及んでいると考えるのが抵当権設定合意の解釈として素直である。また、抵当権設定登記が存在する限り、被担保債権の弁済期が到来していなくとも爾後の第三者に対して、その優先的効力を主張しうると考えられる。他方で、派生的債権の場合、目的物は抵当目的物の交換価値そのものではなく（なし崩し的な交換価値の実現であるかも知れないが）、たとえ被担保債権についての不履行があっても抵当権者が物上代位権を行使して派生的債権を差し押さえるまでは、設定者がなお使用・収益権を有しており、有効に目的債権を取り立てたり、処分したりすることができると考えられよう。以下、若干のものについて敷衍する。

(1) 売買代金など
(a) 売買代金債権
　抵当目的物が設定者Ａから第三者Ｂに売却された場合でも、抵当権には**追及力**があり（他方、動産先取特権には追及力がない［333条］）、そのまま買主Ｂの所有物の上に抵当権の負担が残っているわけであるから（→Ｂは抵当権負担付き不動産を購入した第三取得者であり、物上保証人的地位にある）、敢えて売買代金について物上代位を認める必要に乏しい（判例もない）。しかも、売

却代金から優先弁済を得たい抵当権者のためには代価弁済制度も用意されているのであるから、ますます物上代位を認める実益がない（道垣内・145頁、高木・141頁など参照）。しかし、多数説はこれを認め、抵当権者は追及効か物上代位のいずれかを選択して行使できるものとしている。

(b) 買戻代金債権

買戻特約付売買（579条参照）の目的不動産については、買主が、売主からの買戻権の行使によって取得した**買戻代金債権**について、物上代位を認めた判例がある（最判平成11・11・30民集53巻8号1965頁＝民法判百Ⅰ〈第5版新法対応補正版〉87事件［道垣内弘人］）。目的不動産について抵当権設定以前から存在する買戻権が行使されると、抵当権も消滅することになり（581条1項参照）、目的不動産そのものに抵当権を行使できなくなるからである。「買戻し」には一定の遡及効が伴うが（579条、581条参照）、解除になぞらえられた復帰的な物権変動によっても、「抵当権設定者である買主やその債権者等との関係においては、買戻権行使時まで抵当権が有効に存在していたことによって生じた法的効果までが買戻しによって覆滅されることはない」と考えられており、「買戻代金は、実質的には買戻権の行使による目的不動産の所有権の復帰についての対価と見ることができ、目的不動産の価値変形物として……目的物の売却又は滅失によって債務者が受けるべき金銭に当たるといって差し支えない」というのが判例の立場である（内田・403頁も参照）。

(c) その他

そのほか、やや特殊な例であるが、最判昭和45・7・16（民集24巻7号965頁）によれば、抵当権者が被担保債権を被保全権利として抵当不動産の仮差押えをした場合に、仮差押債務者が解放金（民事保全22条［仮差押解放金］）を供託して仮差押えの執行の取消しを得たときには、**仮差押解放金の取戻請求権**が仮差押えの目的物である抵当不動産に代わるものであるという理由で、物上代位の対象となることが認められている。

(2) 賃料・用益物権の対価

(a) 賃料債権

　抵当不動産の使用・収益権は原則として設定者のもとに留まっているわけであるから、賃料や用益物権の対価については、抵当権者の物上代位権の行使を認めることができないのではないかとの疑問がある。これについて従来の判例（大判大正6・1・27民録23輯97頁）は抵当権を実行しうる場合には賃料に代位し得ないとしていたところ、学説の多数がこれを批判し（我妻・281頁、柚木＝高木・266頁。起草者の梅も肯定説であったらしいことは、日本近代立法資料叢書(2)法典調査会民法議事速記録第2巻819頁参照）、近時の判例は、一般論としてであるが、抵当権を実行しうる場合にも、登記時を基準として、賃料への物上代位も可能と判示するに至った（最判平成元・10・27民集43巻9号1070頁：民法判百Ⅰ〈第7版〉84事件［中山知己］。これにつき、民法の基本判例〈第2版〉19事件［道垣内弘人］も参照）。曰く、

　「抵当目的不動産が賃貸された場合においては、抵当権者は、民法372条、304条の規定の趣旨に従い、目的不動産の賃借人が供託した賃料の還付請求権についても抵当権を行使することができるものと解するのが相当である。けだし、民法372条によって先取特権に関する304条の規定が抵当権にも準用されているところ、抵当権は、目的物に対する占有を抵当権設定者の下にとどめ、設定者が目的物を自ら使用し又は第三者に使用させることを許す性質の担保権であるが、抵当権のこのような性質は先取特権と異なるものではないし、抵当権設定者が目的物を第三者に使用させることによって対価を取得した場合に、右対価について抵当権を行使することができるものと解したとしても、抵当権設定者の目的物に対する使用を妨げることにはならないから、前記規定に反してまで目的物の賃料について抵当権を行使することができないと解すべき理由はなく、また賃料が供託された場合には、賃料債権に準ずるものとして供託金還付請求権について抵当権を行使することができるものというべきだからである」。

　ただ、その事案は、抵当不動産の売却代金の配当がなく、供託された競売開始決定（差押え）以降の賃料の還付請求権について物上代位を認めたに過ぎないものであるから、安易な一般化はできないことに留意する必要がある（抵当不動産に代わる仮差押解放金の供託による供託金還付請求権について、抵当権の実行と物上代位権の選択権行使を認めた最判昭和45・7・16民集24巻7号965頁とは親和的である）。賃料が、目的不動産の価値の「なし崩し的実現」であ

るとしても（不動産評価における利益還元法を想起されたい）、あくまで派生的債権であって、抵当権設定者に使用・収益を委ねた抵当権者が、これに無条件に介入することには問題があるからである。バブル崩壊後の、賃料債権への関心の高まりという時代背景とともに、強制管理制度がなかったために、物上代位制度がこれを補完する役割を演じたに過ぎないことを考えれば、抵当権による賃料への物上代位はあくまで緊急避難的な手法というべきであり、今日では、収益執行制度への一元化が進められるべきものといえようか。平成15（2003）年改正後の民法・民事執行法でも、なお、実際の使い勝手の良さもあって、賃料への物上代位が限定的ながら容認されているが、必ずしも望ましいあり方とは思われない（内田・407頁参照。なお、建物管理との関係で、田原睦夫「賃料に対する物上代位と建物の管理」金法1469号［1996年］4頁、より一般的に、松岡久和「物上代位の成否と限界(1)」金法1504号［1998年］6頁の問題提起も参照）。もっとも、後述のように平成15（2003）年改正に伴って、新しい民法371条が担保不動産収益執行のみならず、304条に基づく賃料への物上代位にも実体法上の根拠を提供しているとすると、解釈論として、判例のみならず物上代位への基盤と基準が導かれると考える余地がある（道垣内・146頁参照）。

(b) 転貸賃料債権

賃料への物上代位の応用的問題（その1）として、転貸賃料への物上代位の可否がある。

抵当不動産の賃借人が取得すべき**転貸賃料債権**については、（賃借人を所有者と同視することを相当とする場合のような「濫用的場合」を除いて）抵当権者は物上代位権を行使できないとした判例がある（最決平成12・4・14民集54巻4号1552頁＝平成12年度重判民法2事件［鎌田薫］）。本来であれば、抵当権者は、原賃借権が抵当権設定に遅れる場合、原賃貸借の賃料に物上代位すればよいので転貸賃料にまで物上代位の手を伸ばす必要がない。しかも、613条によって目的物所有者たる賃貸人は転借人に対して直接の賃料支払請求権を持ち、314条によって賃料債権について転貸賃料に対する先取特権を有しているわけであるから、通常であれば、賃料に対する抵当権者の物上代位の可

160　第5章　抵当権

否によって問題が決せられる可能性が高い。そこで、転貸賃料への物上代位が問題となるのは、むしろ別の競合する債権者が賃借人となって安価な賃料を負いつつ、実質的賃借人（転借人）からの転貸収益を独り占めにしたり、賃貸人自身が、自分の「ワラ人形」を賃借人として、転貸賃料という形で賃料収益を得ようとする局面で、この中間に介在した濫用的賃借人を排除して、実質的な賃料収益に抵当権の効力を及ぼしたいと考えるような場合である＊。だとすれば、むしろ「濫用的場合」に限定して物上代位を論ずることには、それなりの意味があり、重要なことは濫用的場面の要件を固めることである。その意味で、正常な転貸借について、抵当権者の物上代位を認めないとした最高裁の立場は支持されてよい。したがって、抵当権設定後も設定者は目的不動産をサブリース（不動産会社が一括借り上げして小口転貸をする契約形態）によって活用することも可能であり、そこでのリース料に抵当権者が無条件で物上代位することは認められない。

　＊【転貸賃料への物上代位】　ＳＭ間の賃貸借契約（＝原賃貸借）を前提として、賃借人Ｍが賃借物を第三者Ｎ（＝転借人）に更に賃貸（＝転貸）して使用収益させることを「転貸借」という。本来、ＳＭ間の賃貸借契約と、ＭＮ間の賃貸借契約（転貸借）は別個のものであるから、ＳはＭに対してのみ賃料債権を有するはずである。しかし、民法613条１項本文は、適法に転貸がなされたときは、賃貸人Ｓの保護のために、転借人ＮはＳ賃貸人に対して「直接に義務を負う」ものとされている。それゆえ、Ｓは（原賃貸借契約の賃料の範囲ではあるが）、転借人Ｎに対して、直接、自分に転貸賃料の支払いを求めることができる。しかし、Ｎが負うのは、転貸賃料か原賃料のいずれか小さい方の額である。そこで、転貸賃料への物上代位が意味を持つのは、Ｍに対する原賃料が安く押さえられ、Ｎに対する転貸賃料が実質賃料とな

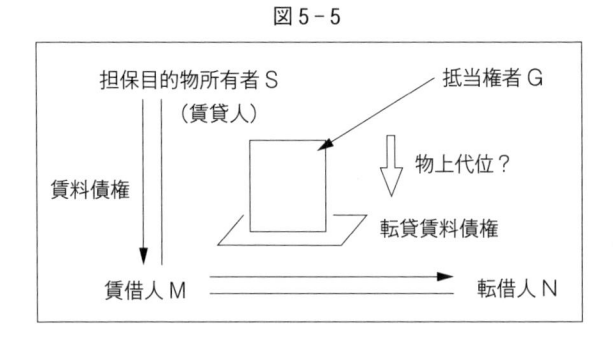

図５-５

担保目的物所有者Ｓ　　　　　　抵当権者Ｇ
　（賃貸人）
　　　　　　　　　　　　　　⇩　物上代位？
賃料債権
　　　　　　　　　　　　　転貸賃料債権

賃借人Ｍ ━━━━━━━━━ 転借人Ｎ

っているような場面や、Nがワラ人形のようにMを介在させているような場合なのである。

(c) 賃料への物上代位と相殺

賃料への物上代位に関する議論の応用問題（その2）として、賃借人からの相殺がある。たとえば、担保目的不動産が抵当権設定登記後に賃貸され、その際に賃借人が差し入れた**保証金**があり、後に未払い賃料と相殺する旨の合意が成立したような場合、抵当権者の物上代位と賃借人からの相殺の抗弁は、如何なる関係に立つであろうか。この問題は、担保不動産所有者（賃貸人）の資力悪化に際して、その無資力リスクを抵当権者と保証金を差し入れた賃借人のいずれが負うかという問題でもある（抵当権設定登記以前に賃借人が賃貸人に対して取得していた債権については、最判平成21・7・3民集63巻6号1047頁も参照されたい）。

一般に、相殺が差押えに優先するのは、反対債権が差押え前に存在する場合である（511条参照）。それならば差押え前に発生した保証金・敷金の返還請求権による賃料との相殺はすべからく抵当権に対抗できそうであるが、最高裁は、「保証金」に関する事案で、賃料に対する抵当権の効力が登記によって公示されていることを理由に、**抵当権設定登記後に取得した反対債権では相殺をもって抵当権者に対抗できない**として、相殺が「**物上代位による差押え前**」になされた場合にのみ有効と判断した（最判平成13・3・13民集55巻2号363頁）。結果として、差押え後に発生した賃料債権については、相殺合意の効力を抵当権者に対抗できないことになる。もし、これを認めると、抵当権設定後であっても、多額の保証金との相殺合意をなすことで、賃借人が抵当権者による賃料への物上代位を容易に無力化することが可能となることに配慮したもののようである。

敷金との相殺の場合も同様に考えてよいか。敷金は、賃貸借関係終了時に、賃貸人が有する損害賠償請求権や未払い賃料に対する担保として機能すべき金銭である（保証金返還請求権は、曲がりなりにも一般債権である）。最判平成14・3・28（民集56巻3号689頁）は、抵当権者Xによる物上代位による差押えの後に、賃貸借契約を解約して建物から退去したYに対する未払い賃料の

請求に対して、Yが敷金への充当によって未払い賃料の消滅を主張した事案で、「敷金契約が締結された場合は、賃料債権は敷金の充当を予定した債権になり、このことを抵当権者に主張することができる」と述べ、Yの主張を認容した。つまり、ここでは相殺の問題でなく、むしろ敷金契約の効力として、賃貸人の資力が悪化した場合に賃借人が退去して敷金を未払い賃料に充当して敷金を回収することへの賃借人の強い期待を保護した形になっている（内田・410頁）。この保証金についての扱いとの差が合理的であるかには、なお疑問が残るところである。むしろ、賃借人が賃貸借契約成立時に差し入れた保証金や敷金は、単なる一般債権ではなく、事実上、目的物の「一括借り上げ」的な要素を持つものとして、物上代位によって二重払いの結果となることをできる限り回避すべきものなのではあるまいか。建設協力金などについても、同様に考えたい。

(d) 担保不動産収益執行との関係

いずれにせよ、賃料債権への抵当権者の物上代位を無条件で肯定すると、抵当不動産所有者はその管理費用を含んだ収益価値の全てを抵当権者に把握されてしまい、結果的に物件の管理がおろそかになったり、他からの妨害行為に対する対策が不充分になるといった問題が生ずる。平成15（2003）年の担保・執行法改正によって創設された「**担保不動産収益執行制度**」は、まさにこのような懸念を払拭すべく導入されたものであり、これによって強制管理手続が準用（民執188条、93条以下）されることにより、裁判所によって選任された管理人の下で当該不動産からの収益を安定して被担保債権の弁済に充てることができるようになったわけであるから、抵当権者が賃料に対して直接に物上代位権を行使する必然性は弱くなったといえよう（費用面で物上代位の方が安くつくということはあろうが）。しかし、実務的配慮から、抵当権者による賃料への物上代位はなお可能とされ（谷口園恵＝筒井健夫・改正担保・執行法の解説［商事法務、2004年］54頁以下）、両手続が競合したときの調整規定も用意されている（民執188条、93条の4）。ちなみに、担保・執行法の改正に伴い、新しい民法371条では、抵当権は「被担保債権の不履行後」に生じた天然果実・法定果実に及ぶものと規定され、担保不動産収益執行手

続によって履行遅滞後の果実（賃料）からの優先弁済を可能とすることを明らかにしている。裏返せば、この手続きを経ることなくして抵当権者が当然には果実に効力を及ぼすことはできないのである。したがって、たとえば抵当権設定者が被担保債権の履行遅滞後で担保不動産収益執行手続開始前に受領した賃料は、不当利得にならず、賃借人が賃料を設定者に支払ったとしても抵当権侵害にもならないことになる（谷口＝筒井・前掲56頁）。

(3) **目的物の滅失・損傷による補償金など**
(a) 損害賠償請求権・償金請求権など
　目的物の滅失や損傷によって設定者（債務者・目的物所有者）が受けるべき金銭債権その他の物には、滅失・損傷の加害者に対する**不法行為に基づく損害賠償**（大判大正5・6・28民録22輯1281頁、大判大正6・1・22民録23輯14頁）、**土地収用法に基づく補償金等・替地**（同法104条。大判大正4・6・30民録21輯157頁）、**土地改良法に基づく補償金・清算金**（同法123条2項）の各請求権が含まれる。さらに、土地区画整理法に基づく清算金については、抵当権付きの土地が区画整理の対象となった場合について、施行者から支払われる清算金は供託すべきものとされている（土地区画整理112条1項本文）。担保権者の立場を考慮すれば、立法論として、法定の供託義務のない（抵当権付きの）土地収用などの場合にも、第三債務者に供託を命ずる方が合理的であろう。

(b) 火災保険金請求権など
　火災保険金請求権・損害保険金請求権は、厳密にいえば目的物の交換価値が実現した価値代替物であるのか微妙であるが（むしろ保険料の対価というべき性格も含まれている）、抵当権設定契約の趣旨などから、判例は古くから物上代位の対象となることを認めている（大判明治40・3・12民録13輯265頁、大連判大正12・4・7民集2巻209頁など）。いずれにせよ、実務では保険金請求権（停止条件付債権）への質権設定によるセーフティ・ネットを用意するのが通常であるから、問題が顕在化することは少ない。立法論として、保険会社は、目的不動産上に抵当権がある場合には、支払うべき保険金を供託し、

抵当権が、保険金請求権者の有する供託金還付請求権上に存続するとすべきであるとの提案があり（鈴木・248頁）、実務上の運用としても検討に値しよう。

3　物上代位の要件

(1)　目的債権の差押え

抵当権者が物上代位によって優先弁済を受けるには、価値変形物（代償物）である請求権を「その払渡し又は引渡しの前に」差し押さえねばならない（372条→304条1項但書）。この差押手続は、債権を目的とする担保権の実行手続と同様である（民執193条1項後段、同条2項参照）。

ここでの「差押え」が何故必要なのかという点については、様々な説明が試みられてきた。第1には、払渡しや引渡しの前に差し押さえておかないと、代位目的物が一般財産に混入して区別できなくなるからというもので、**特定性維持説**と称される考え方がある。だとすると、差押えの必要性を目的物の「特定」にあると解する限り、誰が差し押さえてもよく、他の債権者が差し押さえて、目的物が既に特定している場合は、そのまま物上代位が認められてもよさそうであるが、判例（最判平成13・10・25民集55巻6号975頁）は、抵当権に基づいて物上代位権を行使しようとする場合に、抵当権者は、他の債権者が申し立てた債権差押事件に対する配当要求の方法で優先弁済を受けることはできず、自ら差押えをして物上代位権を行使しなければならないとした。文言上、民法304条1項但書の「差押え」に「配当要求」を含むと解することはできず、民事執行法193条2項の準用する同法154条1項でも、抵当権者による配当要求を予定していない、というのがその理由である。その限りでは、判例が特定性維持説に親和的であるとは言い難い。そこで、差押えの目的を、優先権の保全に必要な手続きと解する考え方（**優先権保全説**）が登場し、抵当権者自らが差し押さえる必要性が正当化された。しかし、この説明では、目的債権の譲渡・質権設定・差押え後でも抵当権者がなお目的債権を差し押さえて物上代位権を行使できるとする判例（後述）を説明することは困難である。そこで、今日では、法が物上代位権行使の要件として差押

えを要求しているのは、主として、目的債権の債務者（第三債務者）が二重弁済を強いられないようにするためであるとする**第三債務者保護説**が広く受け入れられるに至っている。つまり、抵当権の効力が物上代位の目的債権に及ぶとなると、その債務者（第三債務者）が抵当不動産所有者に弁済をしても、弁済による目的債権の消滅を抵当権者に対抗できずに二重弁済を強いられる可能性があり、その地位が不安定となることを防止するために、差押えが要件とされているという。その結果、第三債務者としては、物上代位の差押命令の送達を受けるまでは抵当不動産所有者（あるいは他の差押債権者）に弁済をすればよく、その弁済による債権消滅を抵当権者にも対抗することができることになる（最判平成10・1・30民集52巻1号1頁参照＊）。他方、抵当目的物所有者が、抵当権者による差押え前に目的債権について弁済を受けたとしても、抵当権者に対して不当利得返還義務を負うことにはならない。したがって、物上代位権は抵当権者が差押えによって行使する前の段階では、なお浮動的権利というほかない。

　なお、実体法上、特定性維持説・優先権保全説・第三債務者保護説のいずれの立場に立つとしても、抵当権者がその実行手続において配当要求をするには、手続上、配当要求の終期までに（民執165条）自ら差押え又は配当要求をする必要がある（先取特権に関するものであるが最判昭和62・4・2判時1248号61頁参照）。

　　＊【**最判平成10・1・30**】　Xのために抵当権が設定・登記された後、目的不動産について将来発生する賃料債権が譲渡され、その対抗要件（賃借人Yの承諾）が具備されたが、その後にXが物上代位権を行使して将来の賃料債権を差し押さえて、Yに対する賃料の支払いを求めたのが本件である。第一審は、債権譲渡の対抗要件具備後の物上代位権に基づく差押えは、債権譲受人に劣後するとしつつ、本件債権譲渡がXの債権回収妨害の目的でなされたものであることを指摘し、Yによる権利濫用を理由としてXの請求を認めた。しかし原審は、賃料債権の差押えがあるまでは抵当権設定者に賃料債権の処分権限があり、単に抵当権の実行が予想されていたというだけでは、譲渡は権利濫用にならないとした。これに対して最高裁は、（物上代位の要件としての差押えではなく）**抵当権設定登記と債権譲渡対抗要件具備の先後での優劣**を問題としたうえで、次のように述べて、第三債務者保護説の立場を明らかにしつつ、問題を処理した。

　すなわち、「民法372条において準用する304条ただし書が抵当権者の物上代位を

行使するには払渡し又は引渡しの前に差押えをすることを要するとした趣旨目的は、主として、抵当権の効力が物上代位の目的となる債権にも及ぶことから、右債権の債務者（以下『第三債務者』という。）は、右債権の債権者である抵当不動産の所有者（以下『抵当権設定者』という。）に弁済をしても弁済による目的債権の消滅の効果を抵当権者に対抗できないという不安定な地位におかれる可能性があるため、差押えを物上代位権行使の要件とし、第三債務者は、差押命令の送達を受ける前には抵当権設定者に弁済をすれば足り、右弁済による目的債権消滅の効果を抵当権者にも対抗することができることにして、二重弁済を強いられる危険から第三者を保護するという点にあると解される」（第三債務者保護説）。そして、以上のような「民法304条1項の趣旨目的に照らすと、同項の『払渡又ハ引渡』には債権譲渡は含まれず、抵当権者は、物上代位の目的債権が譲渡され第三者に対する対抗要件が備えられた後においても、自ら目的債権を差し押さえて物上代位権を行使することができるものと解するのが相当である」。その理由は、「(1)民法304条1項の『払渡又ハ引渡』という言葉は当然には債権譲渡を含むものとは解されないし、……(2)……抵当権者に目的債権の譲渡後における物上代位権行使を認めても第三債務者の利益が害されることにはならず、(3)抵当権の効力が物上代位の目的債権についても及ぶことは抵当権設定登記により公示されているとみることができ、(4)対抗要件を備えた債権譲渡が物上代位に優先するものと解するならば、抵当権設定者は、抵当権者からの差押えの前に債権譲渡をすることによって容易に物上代位権の行使を免れることができるが、このことは抵当権者の利益を不当に害するものというべきだからである」とした。

(2) 払渡し又は引渡しの前

(a) 第三債務者による弁済・相殺

代位目的債権の債務者（第三債務者）による弁済が、「払渡し又は引渡し」に当たることはいうまでもない。第三債務者が有する反対債権で、目的債権を受働債権として相殺の意思表示をなした場合も、同様に債務は消滅するので、もはや物上代位権の行使は不可能となる（最判平成13・3・13民集55巻2号363頁）。

(b) 抵当不動産所有者からの相殺・免除

抵当不動産所有者が目的債権を自働債権として、相殺したり、第三債務者に対して債務免除をした場合（519条）にも、目的債権が消滅する以上、物

上代位権は行使できなくなる。このことは、第三債務者からの弁済・相殺による債務の消滅の場合と同様である。

関連して、最判平成14・3・28（民集56巻3号689頁）は、物上代位権の行使として未払い賃料債権を差し押さえたとしても、その後に賃貸借関係が終了して、明渡しがされた場合には、賃料債権は敷金への充当（一種の相殺）によって、その限度で当然に消滅することから、その部分についての差押えが空振りに終わる（効力を失う）という帰結を認めている。

(c) 債権譲渡・質権設定・差押え

抵当権の物上代位が問題となる場合、民法304条にいう「払渡し又は引渡し」に単なる債権譲渡・質権設定・差押えは含まれないと解されている。そこで、抵当権者は、物上代位の目的債権が譲渡されて第三者対抗要件が備えられた後でも、対抗要件レベルで優先する限り（抵当権設定登記との優劣により決せられる）、自ら目的債権を差し押さえた上で物上代位権を行使できるというのが判例である（前掲・最判平成10・1・30［譲渡につき］、最判平成9・2・25判時1606号44頁［差押えにつき］）。このことは、動産売買先取特権における消極説（最判平成17・2・22民集59巻2号314頁：動産売買先取特権の物上代位の目的債権が譲渡されて第三者に対する対抗要件が備えられたときは、先取特権者はもはや目的債権を差し押さえて物上代位権を行使できない）とは対照的であるが、この点は、動産売買先取特権が公示のない担保権であることに起因するものといえようか（抵当権には設定登記による公示があるため第三者保護の要請はさほど強くない）。一般債権者による差押えと抵当権者の物上代位による差押えが競合した場合にも、前者の差押命令の第三者債務者への送達と後者の抵当権設定登記の先後によって、両者の優劣を決すべきであるとされている（最判平成10・3・26民集52巻2号483頁）。

(d) 転付命令

物上代位の対象となる債権について、他の債権者が**転付命令**を得た後でも、物上代位が可能となるかは問題である。物上代位の生じた抵当権を債権上の抵当権と見立てて、これを一種の債権質類似の担保権と観念するならば、債

権質の直接取立権（367条参照）を類推適用して、抵当権者の優先弁済権の主張を認めてよいことになりそうである。しかしながら、抵当権の公示は、あくまで不動産登記簿上の抵当権設定登記だけであるため、第三債務者にとってはなお二重弁済の危険が残り、直ちには採用しがたい議論かもしれない（高木・135頁）。そのためか、判例は、対象となる債権が差し押さえられたり破産宣告（破産手続開始決定）を受けたような段階であればなお物上代位が可能であるとしつつ、当該請求権について転付命令が出された後は、もはや物上代位が不可能になるとしている（最判昭和59・2・2民集38巻3号431頁、最判平成14・3・12民集56巻3号555頁［民執159条3項の反対解釈］）。差押えをして物上代位権を行使するまでは、抵当権者が賃料債権等に対して価値的に支配していたとしても、その価値支配は未だ具体化していないということであろうか。ただ、目的債権の譲渡を受けた場合と転付命令を受けた場合で、結論が逆転することがはたして適切かには疑問の余地がある。転付命令は、まさに債権の同一性を維持しつつ差押債権者に被転付債権を移転するものであって（民執159条1項参照）、債権譲渡に類比できるものであり、しかも、判例上、被転付債権に設定されていた債権質の実行が認められていること（最決平成12・4・7民集54巻4号1355頁）との均衡を考えると、そこに合理的区別があるとは思われない。

＊【参考文献】　物上代位に関する規定の制定史とその後の学説・判例の展開については、新田宗吉「物上代位」星野ほか編・民法講座3物権(2)［有斐閣、1984年］105頁以下所収、生熊長幸「民法304条・372条」広中＝星野編・民法典の百年Ⅱ［有斐閣、1998年］537頁以下所収、同・物上代位と収益管理［有斐閣、2003年］。物上代位に関するまとまった研究書として、清原泰司・物上代位の法理［民事法研究会、1997年］がある。吉野衛「物上代位における差押えの意義」新争点139頁、新井剛「抵当権の物上代位・収益・執行」新争点141頁も参照。担保収益執行制度の関係では、生熊長幸「担保不動産収益執行制度——物上代位との関係」、堀龍兒ほか編・伊藤進先生古稀記念・担保制度の現代的展開31頁以下所収、参照。

第6節　抵当権の優先的効力とその実現

1　抵当権の優先弁済的効力

(1)　抵当権の実行と優先的効力

　使用収益権を設定者にとどめている抵当権は、ひとまず、目的物の価値に対して潜在的支配を及ぼしている観念的権利でしかないと考えられてきた。しかし、その担保としての効力が発揮され、他の債権者に対する優先権が顕在化するのは、被担保債権の債務不履行に際して抵当権が実行され、その換価金や収益から債権の満足を得ようとする場合である。
　この抵当権の実行手続は、民事執行法で詳しく学ぶことになる対象であるが、抵当権者の他の債権者や目的物の利用権者に対する関係を理解する上では重要な情報を含んでおり、一応の概略をつかんでおくことが有益であろうと考えられる。とりわけ不動産競売と不動産収益執行の手続面での説明が本節での中心内容となるが、以後の複雑な問題を考える際の前提知識ともなる。

(a)　優先弁済的効力

　抵当権によって担保された債権（＝被担保債権）が、債務者の任意弁済によって消滅すれば、抵当権はその役目を終えて消滅する。しかし、債務者が任意に弁済をせず、債権者が強制的に債権回収せざるをえない段階において、抵当権は、その担保としての機能を顕在化させ、抵当目的物を強制競売によって換価処分し、その競落代金から債権の満足を得ることができる（**抵当権の実行**）。その際、他にも債権者がおり、債務者の財産状態がそれらの債務総額に満たない状態（いわゆる「**債務超過**」の場面）において、抵当権はその**優先弁済的効力**を発揮する（利用権者との関係は、しばらく措く）。すなわち、一般債権者は、債務者の一般財産から、各自の債権額に応じて按分で債権の満足を得るほかないが、抵当権者は、抵当権の実行によって、この「債権者平等の原則」を破り、原則として、抵当目的物について他の債権者に優先し

て(「先立って」)被担保債権の満足を得ることができるからである(369条)。債務者に充分な弁済資力がある場合は、とりたてて優先権を主張する必要がないことはいうまでもない。

(b) 抵当権者と他の債権者との優先関係

抵当権が実行された場合、その抵当権にかかる登記によって、抵当権者は一般債権者に常に優先する。その他の債権者との優先関係は、およそ次の通りである。

① **抵当権 v. 抵当権・不動産質権**　抵当権どうしあるいは不動産質権との優先順位は、登記の先後による(373条、361条)。

② **抵当権 v. 先取特権**　一般先取特権と抵当権の関係では、当該先取特権について登記がある場合には登記の先後によって決するが、未登記抵当権に対しては先取特権の方が常に優先する(336条)。不動産先取特権に関して、不動産売買による先取特権(328条)は登記の先後によるが(340条)、不動産保存及び工事による先取特権(326条、327条1項)は登記があれば常に抵当権に優先する(339条)。

③ **抵当権 v. 租税債権**　租税債権は、納税義務者の総財産の上に効力を及ぼす一般先取特権として扱われる(国税徴収8条、地税14条の9)。租税の法定納付期限以前に設定された抵当権は租税債権に優先するが、法定納付期限以降のものは租税債権に劣後する(国税徴収16条、地税14条の10)。

④ **抵当権 v. 留置権**　留置権は、そもそも優先弁済的効力を有しない(ただし、留置物を金銭に換えるための競売権があり[民執195条]、以後競売代金を留置することになるが、所有者が債務者であるときは留置権者が相殺によって事実上の優先弁済を受け得る)。しかし、競落不動産についての留置権は、そのまま買受人に引き受けられるため(**引受主義** [民執59条4項])、事実上、抵当権に優先することになる。

(2) **抵当権の実行方法(不動産競売と収益執行)**

抵当権の実行は、裁判所(「**執行裁判所**」という)の民事執行によって行われるが*、これについての手続きは**民事執行法**に規定されている。不動産担

保権（抵当権はその代表格）の利用できる実行方法には2種類あって、それぞれ、競売による不動産担保権の実行による「**担保不動産競売**」（民執180条1号）と、担保目的不動産から生じる収益を被担保債権の弁済に充てる「**担保不動産収益執行**」（同条2号）と呼ばれている（その概要は、後述）。なお、既に見たように、少なくとも債務不履行後（371条参照）、抵当権者は賃料などに対し物上代位権を行使することによって、収益執行と同様の実を挙げることも可能である（372条→304条）。

＊【抵当権の私的実行】　抵当権者は、裁判所での不動産競売手続等によることなく、特約で代物弁済を受けるなどして、自ら抵当不動産の所有者となったり（**抵当直流**あるいは**流抵当**等と呼ばれる）、買受人を探してきて売却を進めるなど抵当権を私的に実行することもできる（抵当直流契約の有効性は、大判明治41・3・20民録14輯313頁でも承認されている）。流質契約が明文で禁止されている質権の場合のような制限（349条）がないからである。ただし、目的不動産に後順位担保権がある場合は、私的実行をするに当たって実際上の困難を伴う場合があることは否めず、目的物の評価額が被担保債権の債権額を上回るときには清算義務が問題となる。とりわけ、抵当権の私的実行の可能性を当事者間で予め特約で定めておいたとしても、抵当権設定登記だけでは後順位担保権者に対抗できない。そこで、しばしば、抵当権設定登記と併せて（あるいは抵当権登記とは別に）、代物弁済予約や条件付代物弁済契約を結んでその仮登記をしたり（仮登記担保）、担保目的で所有権登記名義を債権者に移しておく（不動産譲渡担保）などの、非典型の担保が用いられてきた。これについては、被担保債権額に比して過大な担保を取得する過剰担保問題や暴利行為の弊害が生じ、後に判例によって清算義務が課され、仮登記担保法の制定に至った。

(3)　その他の方法

(a)　他の債権者による強制執行

抵当不動産を他の一般債権者が差し押さえて強制競売にかけたり、他の担保権者の申立てによって担保不動産競売がなされると、売却によって、当該抵当権も消滅する（民執188条→59条）。そこで、当該抵当権者は、抵当権設定登記によって対抗力を有している限り、そこでの手続きの中で、公告された配当要求の終期までに債権額を届け出ることによって、その順位に従った配当を受けることができる（民執49条2項、50条1項、87条1項4号）。なお、先になされた申立てが取り下げられ又は取り消されることもあるので、抵当

権者は、これに備えて二重に執行申立てをして、**二重競売開始決定**を得ることが認められている（民執47条）。ただ、二重に競売開始決定がなされた後も、先の競売手続が進行している限り、後者はそのまま休眠状態となり、抵当権者は先の競売手続の中で配当をうけることになる（民執87条1項1号）。

(b)　倒産手続等の開始

債務者について倒産手続が開始した場合は、抵当権は、破産法・民事再生法・会社更生法などの規律に服する。

①　**破産**の場合、抵当権は「**別除権**」とされて、一定の制限はあるものの、破産手続の外で抵当権を実行して優先弁済を受けることが認められている（破産2条9号、65条）*。なお、別除権者は、別除権を行使した後の不足分についてのみ、破産債権としての権利行使が認められている（**不足額責任主義**[同108条]）。後述の民法394条の場合と同様の考え方に基づく。

②　**民事再生**の場合も、基本的には同様であるが（民事再生53条）、再生債務者の事業継続に不可欠な財産に担保権（ここでは抵当権）が設定されているときは、事業再生という目的のために、当該再生債務者等には、担保権実行としての競売手続の中止命令を得ることや（同31条）、その財産価額に相当する金銭を裁判所に納付することによって担保権を消滅させる担保権消滅制度が設けられており（同148条以下）、後者の場合、抵当権者は、そこで納付された金銭からの配当にあずかることで満足を得るほかない（同153条）。ちなみに、会社につき**特別清算**が開始された場合も、抵当権者は別除権者とされるが、民事再生手続と同様に担保権に基づく競売手続の中止命令が定められるなど自己換価権が制限されている（会社516条）。

③　これに対し、**会社更生**の場合には、抵当権は、更生目的達成のために**更生担保権**（会社更生2条10項）として、個別の権利行使自体が禁じられ（同47条1項、50条1項）、更生手続の中で一定の優先的権利行使をおこなうものとされている（同168条3項）。なお、ここでも、更生を進める等の目的で、民事再生の場合と同様の担保権消滅制度が用意されている（同104条）。

(c) 抵当不動産以外の財産からの弁済（394条）

　抵当権者も債権者である以上、一般債権者としての資格で、抵当不動産以外の債務者の財産について強制競売をして弁済を受けることができて良さそうである。しかし、民法394条1項は、「抵当権者は、抵当不動産の代価から弁済を受けない債権の部分についてのみ、他の財産から弁済を受けることができる」と定める。たとえば、債務者S所有の甲乙2つの不動産があり、抵当権者Gが甲不動産にのみ抵当権を設定している場合、Gが一般債権者としての立場で乙不動産に強制執行を行い、他の債権者と債権額に応じて按分で配当を受けた後、おもむろに甲不動産に対する抵当権を実行して債権残額について優先弁済を受けるとすると、結果的には、配当においてGが他の一般債権者に比して過度に有利になる。つまり、一方で自己の債権満足のために甲の価値を排他的に確保しつつ、乙については他の債権者達と同等に債権額の按分比例で配当を受けるなら、ただでさえ縮減した一般債権者のための責任財産からの配当が更に縮減されるからである（Gの被担保債権にとっては、一粒［同一債権］で2度美味しい！）。そこで法は、先ずは、甲不動産から優先弁済を受けて、それでも満足を得られない債権残額についてのみ乙不動産から一般債権者として他の債権者と按分で弁済を受けるべきものとした。これに反して、抵当権者が抵当権を実行せずに他の一般財産の強制執行を開始した場合、一般債権者は［債務者ではない！］異議申立てをすることができる（大判大正15・10・26民集5巻741頁）。もっとも、他の債権者が債務名義を得て早々に乙不動産に強制執行をなすなど、抵当不動産についての代価の配当前に、乙不動産の代価について配当をなすべき事態が生じることもある。このとき、他の債権者は、抵当権者に、配当すべき金額を供託するよう請求できる（同条2項）。つまり、かかる供託によって、他の債権者としては安んじて乙不動産を強制競売でき、抵当権者は、まず甲不動産からの優先弁済を得た後に、残額について一般債権者と同じ資格で供託された乙不動産についての配当金から弁済を受けるという394条1項に従った配当が実現されるわけである（供託金に対するGの還付請求は、甲不動産についての抵当権実行後の不足額に限られる）。供託実務では、執行裁判所が供託を行い（民執91条1項1号の類推適用）、抵当権者の残債権額が明らかになった時点で、供託事由

の消滅による追加配当の形をとることになろう（道垣内・200頁）。

＊【別除権者 v. 破産管財人】 別除権者（ここでは抵当権者）には破産手続外での自己換価権があるが、破産手続から完全に自由に権利行使できるというわけではない。たとえば、破産管財人は、別除権の目的不動産を通常の強制執行手続によって換価することが可能であり、別除権者はこれを拒絶することができない（破産184条2項）。この場合、別除権者としては、その代金の上に優先弁済権を有することになる。また、破産管財人は、担保目的不動産を任意売却するに際し、担保権の消滅請求をなすことが可能である（この担保権消滅請求制度は、破産法の平成15年改正で導入された）。前述のように、破産法上、別除権者は自ら担保権の実行ができるのが原則であるが、破産管財人に任意売却してもらう方が早期に高値で換価できることも少なくない。他方、破産管財人としても任意売却をするにあたって全ての担保権を抹消しておく必要がある。ところが全ての担保権者から抹消の同意を得ることは事実上の困難を伴い、なかには、競売手続では殆ど配当にあずかれないような後順位担保権者から高額の担保解除料を求められるといった事態も生ずる。そこで、担保不動産の適正・迅速な換価処分が可能となるよう創設されたのが、破産法上の担保権消滅制度である（既に民事再生148条以下、会社更生104条以下でも導入されていた）。破産法上の抵当権消滅請求の許可申立てには、当該財産を任意売却して担保権を消滅させることが破産債権者一般の利益に適合し、当該担保権者の利益を不当に害することがないということが要件とされている（破産186条1項）。これに対し、担保権者としては、自ら担保権の実行を申し立てるか、破産管財人の申出額に5％以上加算した額で目的不動産を買い受けるかを選択することができ（同187条、188条）、期間内に申立て等がないと、裁判所は、担保権者に異議がないものとして担保権消滅許可決定を下すことになる（同189条）。このように、別除権者（抵当権者）と破産管財人は、ある種の協調と対立の緊張関係にあるといえよう。

2 担保不動産競売手続による抵当権の実行

担保不動産競売手続とは、競売による不動産担保権の実行を意味し（180条1号）、裁判所（執行裁判所）の下で、強制的に目的不動産の競売・換価を行って、その売却代金を各債権者に配当するというもので、民事執行法181条以下（188条による44条～111条［81条を除く］の準用を含む）で規律されている。

(1) 抵当権の実行のための要件

抵当権の実行のためには、①被担保債権が債務不履行に陥っていること＊と、②抵当権の存在が前提となる。なお、通常の競売手続では、確定判決や公正証書等の債務名義が必要であるが（民執22条、25条）、抵当権には自己換価権が内包されていることから改めて判決手続を要しない（この債務名義不要の点を除けば、手続きとしては一般の強制競売の場合と同じであるため、不動産強制競売の規定が大幅に準用されている[同188条]）。後順位抵当権者も不動産競売申立てができるが、もし先順位担保権者が優先弁済を受けると（執行にかかる共益費用等を差し引いて）剰余を生ずる見込みがないときには、原則として、競売手続が取り消される（これを**剰余主義**という）。例外的に、法定の保証金を提供して申出をなすか、優先債権者の同意を得たとき、又は、買受可能価額が手続費用と優先債権見込額の合計金額と同額である場合に、剰余を生ずる見込みがなくとも売却手続を実施できるに過ぎない（民執188条→63条）。

＊【**抵当権の実行と弁済期の到来の例外**】　抵当権を実行する前提として、被担保債権が債務不履行に陥っているというには、債権の弁済期が到来していることが前提となっている。ただし、これにも例外がある。たとえば、弁済期以前であっても、抵当不動産の第三取得者によって抵当権消滅請求（379条）がなされたときは、これにともなう法定書面（383条参照）が送付されてから2か月以内であれば、弁済期到来以前にも競売申立てを行う可能性がある（384条1号参照）。その他、仮登記担保における「清算期間」内の抵当権の実行につき、仮登記担保法12条も参照。

(2) 担保不動産競売手続

担保不動産競売手続の流れは、大略以下の通りである（図5-6参照）。

① 不動産競売申立て　不動産競売の申立てにおいて、抵当権者は、**抵当権の存在を証する文書**（開始文書）、**不動産競売申立書**その他の添付書類を整えて目的不動産の所在地を管轄する地方裁判所（これが執行裁判所となる）に提出しなければならない。抵当権の存在を証する文書は、一般には抵当権登記に関する「**登記事項証明書**」が利用されるが、抵当権の存在を証する確定判決や公正証書謄本などでもよい（民執181条1項参照）。

② 競売開始決定　不動産競売の申立てを受けた執行裁判所は、その要

件具備を審査・確認して、適法と認めた場合には競売開始決定を行う*。この決定には、目的不動産を差し押さえる旨の宣言が含まれ（民執188条→45条1項）、書記官の嘱託で差押登記がなされる。競売開始決定が債務者のもとに送達されると、差押えの効力が生じ、爾後、所有者は目的不動産の処分［通常の用法に従った使用・収益は可］が禁止される（民執46条。送達時よりも差押登記が早い場合は、登記時に差押えの効力が生ずる）。このとき、抵当権が不存在であったり消滅している場合には、債務者あるいは不動産所有者は、この競売開始決定に対して（買受人による代金納付までの間に限り）**執行異議の申立て**をすることができる（民執182条、184条）。

　　＊【担保不動産競売開始決定前の保全処分】　担保不動産の競売開始決定前でも、債務者や不動産所有者あるいは占有者が目的物件の価格減少行為をする場合には、執行裁判所は、競売の申立てをしようとする者の申立てによって、①買受人が代金を納付するまでの間、当該価格減少行為を禁止し、または妨害除去などの一定の行為を為すべきこと、②不動産の占有を解いて執行官に引き渡すか、執行官に不動産を保管させること、または、③不動産の占有移転を禁止し、および当該不動産の使用を許すこと、を内容とする「保全処分」または「公示保全処分」（前記の保全処分の内容を不動産の所在する場所に公示させることを内容とする保全処分）を命ずることができる（民執187条、55条1項）。

　③　売却準備段階　　執行裁判所では、競売による代金の配当要求の終期を決定して、各債権者に対して、債権の存否・原因・額等を配当要求の終期までに執行裁判所に届け出るべき旨を催告し、必要に応じて公告を行う（民執188条→49条）。また、執行裁判所は、執行官による目的不動産の現況調査（同57条）や評価人による評価（民執58条）を経て、不動産の売却の額の基準となるべき価額（**売却基準価額**）を決定する（民執60条）。この売却基準価額の8割に相当する額が買受申出額の最低ライン（買受可能価額）となる（平成16年改正で、従来の「最低売却価額」制度は廃止された）。さらに、目的不動産に関する必要な情報が記載された**物件明細書**を作成してインターネットなどで情報提供しつつ売却準備を進め（民執62条）、売却の方法（入札・競り売りなど）を決定して、このことについて公告する（民執64条）。競売申立人から申立てがあるときは、買受希望者を目的不動産に立ち入らせて見学させることもできる（「内覧」という。民執64条の2）。

④　売却の実施

(i)　執行裁判所の定めた入札・競り売りの方法によって売却が実施され、最高価額での買受申出人が**売却許可決定**を得ることによって、**買受人**となる。実際には、買受希望者が思うように集まらず、抵当不動産の第三取得者（民法390条）や抵当権者自身が買受人となることも少なくないが、債務者は買受申出人になれない（民執188条→68条）。買受人が代金を納付すると、目的不動産の所有権は買受人に移転する（民執79条）。これによって、抵当権をはじめとする目的不動産上の担保権（留置権を除く）、および、これらの権利の一つにでも対抗できない権利（賃借権など）は、すべて消滅する（「**消除主義**」という。民執59条）。例外的に、留置権と使用及び収益をしない旨の定めのない質権［売却によってその効力を失わないもの］については引受主義がとられている（1(1)(b)④も参照）。したがって、買受人は、その結果引き受けられた被担保債権の弁済の責任を負う（民執59条4項）。これによって、不動産留置権は事実上、最優先順位の担保権として扱われ、買受人は、その被担保債権額を考慮しつつ買受代金を決める必要に迫られる。

(ii)　「担保不動産競売における代金の納付による買受人の不動産の取得は、担保権の不存在又は消滅により妨げられない」（民執184条）。ある種の公定力である。もっとも、このような効力を認めるためには、少なくとも所有者等が当該不動産競売手続において手続き上の「当事者」として扱われ、自己の権利を主張する機会が保証されていたことが必要である（最判平成5・12・17民集47巻10号5508頁）。なお、民事執行法184条は、「担保権の不存在又は消滅により妨げられない」とするのみであるから、もし債務者の土地であると思って抵当権の設定を受けたが、実は他人の土地であったというような場合には、登記に公信力がない以上、買受人は所有権を取得できない。民法568条は、一般債権に基づく強制競売については債務者の担保責任の問題として処理しており、ここでもその類推適用の可能性がある（真の所有者の態様如何では民法94条2項類推適用の可能性もあろうが、ここでは立ち入らない）。

(iii)　なお、買受人が代金を納付しない場合には、売却許可決定は効力を失い、次順位の買受申出がある場合には、あらためて、その申出についての売却許可・売却不許可の決定がなされることになる（民執80条）。

(iv) 入札等の方法による売却を3回繰り返しても買受けの申出がない場合に、これ以上売却を実施しても売却の見込みがないと認められるときは、執行裁判所は手続きを停止し、差押債権者による売却実施の申出がない限り、競売手続を取り消すことになる（民執68条の3）。

⑤ 配当　売却代金が納付されると、執行裁判所は、配当期日に各債権者の債権元本・利息その他付帯の債権額、執行費用の額、配当の順位・配当額を記載した「配当表」を作成して（民執188条→85条）、申立てを行った抵当権者のほか、配当要求の終期までに配当要求をした他の債権者、差押えをした債権者、差押登記前に登記された担保権者に対し、その優先順位に従って配当を行う（民執87条）。担保権者等の優先劣後の関係については前述した（1(1)(b)参照）。このとき、配当金からは、競売費用が差し引かれる（同法42条）だけでなく、第三取得者が抵当不動産について支出した必要費や有益費がある場合には、競売代金から優先的に償還を受け得るものとされている（民法391条）。

以上の配当によって抵当権実行手続は終了し、これによって被担保債権が回収できなかった場合の残額は、無担保の一般債権として存続することになる。配当後に売買代金に余りが出たときは、一般債権者であって、あらかじめ定められた配当要求の終期までに配当要求をしたか、二重に強制競売の開始決定を得た者に対して按分して配当され、最後に債務者（所有者）に残りが交付される。

配当受領権のない者が、誤って配当表に掲げられて配当を受け得るものとされている場合、抵当権者や他の債権者あるいは債務者は、「配当異議の訴え」を提起し、その者を配当から排除することができる（民執188条→90条）。配当異議が間に合わず、配当受領権限のない者が配当を受けたときには、抵当権者等は、その者が配当を受けたことによって自分が配当を受けられなかった金額につき、不当利得に基づく返還請求ができるとする判例がある（最判平成3・3・22民集45巻3号322頁）。配当異議の申出の機会が保証されていたことから、この段階での不当利得返還請求を認めることに対しては、学説の間に異論もあるが、抵当権の優先弁済権の侵害に対する救済を否定するまでもあるまい。

図 5-6 【不動産競売手続の流れ】

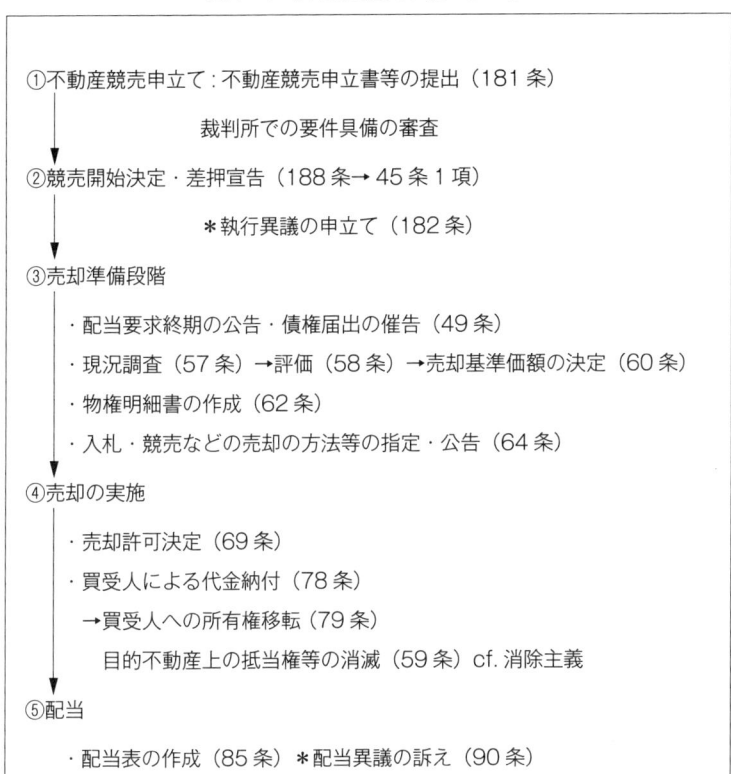

```
①不動産競売申立て：不動産競売申立書等の提出（181条）
        ↓     裁判所での要件具備の審査
②競売開始決定・差押宣告（188条→45条1項）
        ↓     ＊執行異議の申立て（182条）
③売却準備段階
    ・配当要求終期の公告・債権届出の催告（49条）
    ・現況調査（57条）→評価（58条）→売却基準価額の決定（60条）
    ・物権明細書の作成（62条）
    ・入札・競売などの売却の方法等の指定・公告（64条）
        ↓
④売却の実施
    ・売却許可決定（69条）
    ・買受人による代金納付（78条）
    →買受人への所有権移転（79条）
        目的不動産上の抵当権等の消滅（59条）cf. 消除主義
        ↓
⑤配当
    ・配当表の作成（85条）＊配当異議の訴え（90条）
    ・担保権者等および各債権者に対する配当金の支払い
```

（条文は民事執行法。188条による準用を含む）

3 担保不動産収益執行

(1) 担保不動産収益執行の意義

(a) 不動産収益執行とは

不動産に関する担保権の実行方法として、従来から存在する不動産競売に加えて、平成15（2003）年の担保・執行法改正によって新たに設けられたの

が、不動産から生ずる収益を被担保債権の弁済に充てる「**担保不動産収益執行**」である（民執180条2号）。これにともない、実体法レベルでも民法371条が改正され、競売開始の時に加え、収益執行開始の時からも抵当権の効力が果実・収益に及ぶことが明らかにされた。不動産収益執行の制度は、一般の強制執行において、これまでも「**強制管理**」（民執93条以下）として知られていたもので、これを担保権の実行についても導入したわけである（無論、従来も、抵当権者は一般債権者としての資格で差押えを行えば強制管理手続が利用できたが、その手続内では抵当権に基づく優先弁済権を行使することはできなかった）。不動産市場の低迷によって、競売手続では思ったような換価ができず被担保債権の回収が困難となってきたことや、抵当不動産が賃貸ビルとしてまとまった収益を上げている場合は、むしろ抵当権に基づいて当該収益を把握して被担保債権の回収を図ることが得策であるとの意識が広がったこと等が、その背景となっている（道垣内・221頁以下参照）。

　担保権の実行に不動産収益執行制度を導入することには、さらにいくつかの重要な意味がある。そもそも、賃料債権に対して抵当権者が物上代位権を行使することについては最判平成元・10・27（民集43巻9号1070頁）がこれを認めたものの、いくつかの弊害が指摘されていた。すなわち、土地所有者（賃貸人）としては、賃料から公租公課や不動産の管理費用を支弁し、その残りが収益となるべきところ、物上代位によって賃料が根こそぎ抵当権者等の手に渡ってしまうと、維持・管理が疎かになって物件が荒廃してしまい、不動産の価値が低下して優良な賃借人も出て行くという悪循環に陥ることが危惧された。そこで、民事執行法上、強制管理類似の制度を担保権の実行についても導入し、目的物の維持・管理に必要な費用を確保しつつ、適正額が抵当権者に配当される仕組みが求められたのである。ここでの管理人の権限は広く、目的物を維持・管理しつつ、単に賃料を収取するだけでなく、空室を埋めて新たな賃貸借契約を締結したり、不当に廉価な賃料を適正なものに改定し、不法占拠者に対して自己への明渡しを請求することができ、賃借人の用法違反に対して契約解除などの積極的な対抗措置をとることができるなど、抵当権の物上代位だけでは限界のあった目的物件への積極的対応が可能となる。また、抵当不動産所有者が自ら使用している場合には物上代位の対

象すら存在しないが、これを適切な賃借人に賃貸することも可能となる。そして、不動産競売の準備として、詐害的な占有者から明渡しを受けた物件の占有管理を管理人に委ねることも可能とされている。

(b) 物上代位との関係

賃料に対する物上代位の差押えがなされたところで収益執行が開始されると、どうなるか。収益執行と物上代位の併存を認めることは、民事執行への担保不動産収益執行制度の導入の意義を大きく減殺する。しかし、実際問題として、わずかな賃料額しかない物件については費用倒れに終わる収益執行を利用しづらいことも事実で、結局、平成15（2003）年の改正法では、抵当権者に物上代位の選択肢を残して併存を認めつつ、**収益執行が物上代位に優先する**こととした（要綱中間試案段階では異論も少なくなかった）。つまり、収益執行が開始された場合には、その賃料債権について発せられていた差押命令は効力を停止し（同93条の4第1項、第2項）、収益執行開始以後、物上代位の権利行使要件として差押えをしていた抵当権者は、収益執行手続の中で配当を受けるべきこととなる（同93条の4第3項）。こうしてみると、抵当権の賃料に対する物上代位は、あきらかに抵当権実行の一形態として位置付けられているといえよう（かつて抵当権実行前の効力として語られた「物上代位」は、少なくとも収益・賃料に関するかぎり、滅失・損傷による損害賠償請求権への物上代位とは全く性格の異なるものとして観念せざるを得ない）。抵当権者の物上代位との関係でしばしば問題となる賃料債権の包括譲渡との関係や、賃借人の保証金などとの相殺の効力などについては、収益執行の場面についてもパラレルに論じられることになろう。

(c) 不動産競売との関係

収益執行と不動産競売は、抵当権者にとって全く対等の選択肢として提供されている。抵当権者をはじめとする担保権者は、不動産競売と収益執行のいずれか又は双方を選択することができ（同180条）、収益執行開始後も不動産競売による抵当権の実行を妨げない。両者が競合し、不動産競売で買受人が所有権を取得した時点で、消除主義が採用されている結果として抵当権も

消滅するので収益執行が終了する（＝取り消される）わけである。

(2) 収益執行手続の要件

収益執行を開始するための要件は、基本的に不動産競売手続と共通しており、抵当権の存在と弁済期の到来を必要とするが、ここでは繰り返さない（民執181条参照）。開始決定以降の手続きについては、全面的に、強制管理に関する諸規定（同93条～111条）が準用されている。

(3) 収益執行手続の流れ

担保不動産収益執行手続の流れは、大略以下の通りである（図5-7参照）。

＊【参考文献】 鎌田薫「賃料債権に対する抵当権者の物上代位」石田＝西原＝高木還暦記念・金融法の課題と展望（下巻）［日本評論社、1990年］25頁以下所収、生熊長幸・物上代位と収益管理（大阪市大法学叢書）［有斐閣、2003年］、道垣内弘人＝山本和彦＝古賀政治＝小林昭彦・新しい担保執行制度〈補訂版〉［有斐閣、2004年］、谷口園恵＝筒井健夫・改正担保・執行法の改正［商事法務、2004年］、建入則久＝今井和男編・Q＆A新しい担保・執行制度解説［三省堂、2004年］、小野瀬厚＝原司編著・一問一答平成16年改正民事訴訟法・非訟事件手続法・民事執行法［商事法務、2005年］、鎌田薫＝始関正光＝道垣内弘人「不動産法セミナー（18・19・20）平成15年担保法・執行法改正（1～3）」ジュリ1321号144頁、1324号88頁、1327号56頁［2006年～2007年］。

① 不動産収益執行の申立て　　収益執行の申立てにおいても、不動産競売の場合と同様、抵当権者は、**抵当権の存在を証する文書**（開始文書）、**不動産収益執行申立書**その他の添付書類をととのえて目的不動産の所在地を管轄する地方裁判所に提出しなければならない。

② 収益執行開始決定　　収益執行開始決定では、担保権者のために目的不動産を差し押さえる旨が宣言され、これによって、債務者（所有者）に対しては収益の処分が禁止され、債務者（所有者）に賃料を払っていた賃借人等には、以後、当該賃料等を管理人に支払うべき旨が命じられる（民執188条→93条1項）。この**処分が禁じられる収益**は、民法371条の果実（収益）と同じく、未収穫の天然果実と、未払い賃料などの法定果実が含まれる（民執188条→93条2項）。収益開始決定に対して、抵当権の不存在や消滅を理由とする不服申立てが認められるが、その方法は、不動産競売の場合（執行異議の訴え）と異なり、**執行抗告**による（同93条5項、182条）。

③　管理の開始および管理人の権限　　執行裁判所は、開始決定と同時に**管理人**を選任する（民執188条→94条1項）。この管理人は、不動産の管理および収益の収取・換価の権限を有するだけでなく（同95条1項）、既存の賃貸借契約の解除や新たな賃貸借契約の締結権限も有し、必要に応じて、債務者（所有者）の占有を解いて自ら目的物件の占有をなすこともできる（同96条1項）。これにより、債務者が占有して収益のなかった不動産からも収益を収取することができる（なお、債務者の生活保護のためには同97条、98条参照）。管理人は、執行裁判所の監督に服し（同99条）、善良なる管理者としての注意義務を負う（同100条）。

④　配当　　管理人は、賃借人から受け取った賃料収益から不動産に対する公租公課・管理人報酬・その他の費用を控除した金額を、債権者の優先順位に従って配当する（同106条1項、107条。収益・費用の解釈をめぐる問題については、鎌田薫ほか「平成15年担保法・執行法改正の検証(2)」ジュリ1324号［2006年］94頁以下参照。なお、同98条も参照）。このとき、配当要求ができるのは、強制管理や収益執行の申立てをした者、執行力ある債務名義を有する債権者および一般先取特権者のうち配当要求をした者等である（同107条4項。なお同93条の4第3項も参照）。つまり、登記された全ての抵当権者が順位に応じて配当にあずかるわけではない。他の者の収益執行申立てによって、収益執行が開始されている場合は、（不動産競売の場合と異なって）たとえ登記を経由した抵当権者であっても当然に配当を受けることができず、配当を受けるには、重ねて収益執行の申立てをなして二重開始決定を受けなければならないのである（同93条の2。これは根抵当権について確定を避けたいと考える債権者への配慮とも言える）。つまり、収益執行は、あくまで、強制管理をその本質とするものであるから、競売に代替する終局的な優先弁済の方法というわけではないことには注意を要する。

⑤　収益執行の取消し　　収益執行は、各債権者が収益の配当等によって債権全額の弁済を受けたとき（民執110条）、配当に充てるべき金銭がないとき（106条2項）、収益執行停止の際の供託金によって各債権者の債権等が全額弁済できるとき（104条2項）、競売手続において買受人が売却代金を納付したとき（同111条、53条）には、取り消される。

184　第5章　抵当権

図5-7【担保不動産収益執行の流れ】

①不動産収益執行の申立て
　　　　　・181条の文書提出による
②収益執行開始決定（93条）
　　・抵当不動産の差押宣告を含む
　　・債務者に対し、収益の処分禁止
　　・賃借人に対し、管理人へ賃料を交付すべき旨の命令
　　　　　　　　　　　　＊不服は、執行抗告で
③管理の開始
　　管理人の選任（94条）[執行裁判所による監督（99条）]
　　管理人の権限（95条～97条）・善管注意義務（100条）
　　　・抵当不動産の管理（建物使用許可を含む）
　　　・収益の収取及び換価（95条1項）
④配当
　　・配当に充てるべき金銭の確定
　　（収益等の分与（98条）必要費の控除[106条1項]）
　　・配当の実施（107条～109条）

（条文は民事執行法。188条による準用を含む）

第7節　抵当権と目的不動産の利用権

1　抵当権と利用権の関係

　抵当目的不動産に成立している利用権は、原則として、抵当権設定登記より先に対抗要件を具備したものでなければ、抵当権の実行・競売によって全て消滅する運命にある。とはいえ、現実には、抵当目的物が生産財・収益財あるいは生活の基盤として一定の占有・支配のもとに置かれており、その保護が求められるとともに、抵当権の存在によって抵当不動産の合理的利用が妨げられることのないようにとの配慮が求められる。ここでは、しばしば問題となる抵当権と目的不動産に関する利用権（とくに賃借権）との関係・調整問題および建物所有のための特別な利用権である法定地上権制度を中心に検討する。

(1)　抵当権の対抗

(a)　問題の所在

　抵当権は、目的物の使用・収益権を設定者のもとにとどめた非占有担保であることから、少なくともその実行前は、原則として目的不動産の利用・占有関係には干渉しないのがタテマエとされてきた（我妻・294頁、383頁）。したがって、抵当権設定者は、抵当権設定後も、目的不動産を自ら利用するだけでなく第三者に賃貸するなどして利用させることも可能である。この利用権と抵当権の関係はどうあるべきなのか。また、抵当不動産に成立している利用権は、その不動産が競売にかけられ、競落人がこれを買い受けると、競落人の下でも存続するのか、それとも抵当権とともに完全に消滅してしまうのか。抵当権と目的不動産の利用権との調整問題は、しばしば深刻な争いとなってきた。目的物についての利用権の付着はそれだけで、不動産の担保価値を減ずることになるからである。

(b) 抵当権設定登記前からの利用権

第1に、抵当権設定登記以前から存在する利用権は、それが単なる「債権的利用権」でしかない場合は、登記を備えた抵当権者に対抗することができない（債権の相対的効力）。しかし、抵当権設定前に設定された「対抗力ある利用権」（605条、借地借家10条、31条など参照）に関しては、抵当不動産の競売によっても影響を受けることがなく、競落人がこれらの負担を引き受けざるをえない（民執59条2項の反対解釈）。抵当権者の把握していたのは、そのような負担付きの不動産の価値であり、競落人は、抵当権者と同等の地位におかれることになるからである。

(c) 抵当権に劣後する利用権

抵当権設定登記後に設定された利用権（地上権・賃借権など）は、競売によって消滅するのが原則である（民執59条2項）。たとえ、抵当権設定者の下に使用・収益権が残されているからといって、設定者が第三者のために新たに利用権を設定しても、ひとたび抵当権が実行されると、抵当権に後れる利用権は覆される運命にある。抵当権設定登記後に成立して対抗要件を備えた賃借権は、たとえ、それが強制競売申立てに基づく差押えの登記前に締結されて対抗要件を取得したような場合であっても、競売によって抵当権と共に消滅するとされている（最判昭和46・3・30判時628号54頁）。確かに、収益目的の賃貸ビルや賃貸マンションが競売されたような場合には、所有者が変わっても、結局は、現賃借人との間で物件の利用を継続させることになることが多いから問題はなさそうにも見えるが、買受人との間で原賃貸借契約が承継されるわけではないため、敷金関係（その返還債務）は承継されず、賃借人はもとの賃貸人（＝抵当権設定者）に敷金の返還を請求するほかなく（事実上、回収は困難）、また改めて買受人に対して敷金を入れるなどの負担を生ずる。

(2) **短期賃貸借保護をめぐる議論**

(a) 短期賃貸借の保護（旧395条）

以上の原則に対し、不動産利用権の存在が抵当不動産の担保価値にさほど

の影響をあたえるものでなければ、競売後も目的不動産を利用し続けることができるものとして、抵当不動産の合理的利用を図ることが望ましいこともまた事実である。抵当制度の利点は、まさに占有を伴う生活や生産の拠点を担保として提供しながらも資金調達できるところにあり、他方、抵当権者としてもその維持・管理に余計なコストを支出する必要なく将来の優先弁済権のみを獲得できる点にあるからである。ところが、不動産に付けられた抵当権がいつ何どき実行されて「立ち退き」を迫られるかわからないとなると、容易に借り手や利用者も見つからず、ひいては抵当権設定者の使用・収益権を必要以上に萎縮させるおそれがある。そこで、平成15（2003）年の改正までは、民法典に、抵当権者との利害調整を図る**短期賃貸借保護制度**（旧395条）が設けられていた*。それによれば、602条に定める短期賃貸借（一般の土地賃貸借5年、建物賃貸借3年など）の期間を超えない賃貸借については、抵当権設定登記後に賃借して対抗要件を備えたものであっても、その契約期間内は買受人に賃借権を主張できるものとされ、但書きで、抵当権者に損害を及ぼすときは抵当権者が裁判所にその解除を求めることができるとされていた*。

　　*【**改正前民法395条**】「第602条ニ定メタル期間ヲ超エサル賃貸借ハ抵当権ノ登記後ニ登記シタルモノト雖モ之ヲ以テ抵当権者ニ対抗スルコトヲ得但其賃貸借カ抵当権者ニ損害ヲ及ホストキハ裁判所ハ抵当権者ノ請求ニ因リ其解除ヲ命スルコトヲ得」

　　*【**旧395条の趣旨**】　ボアソナードによってフランス法系の抵当法を基礎に設計された日本抵当法の沿革からすれば、抵当権を純粋な価値権としてとらえるドイツ法的理解は、必ずしも自明のものではない。フランス抵当法では、抵当権を設定した不動産所有者は「管理行為」のみをなしうるものとされており（日本民法旧395条が処分能力を制限された者に認められた賃貸借に関する602条を援用しているのは偶然ではない）、起草者も同様な理解に立っていたらしい（旧民法債権担保編202条も参照）。抵当権者には、自由な使用・収益権というより、むしろ抵当不動産の維持・保存義務が課せられ（内田・432頁以下）、旧395条は、設定者の管理行為上の権限を保障するところにその本来の趣旨があったといわれる。抵当権を価値権と捉え、「価値権と利用権の調和」という形で旧395条の趣旨や運用のあり方が問われたのは、むしろその後の学説（特に我妻説）の影響が大きい。もっとも、抵当権設定登記後の賃貸借も原則として競落人に承継され、例外的に抵当権者に損害を与える賃借権の消滅が認められるとするフランス法と日本法との間にも大きな断絶がある（原則・例

外が逆転している)。以上の点については、後掲の参考文献に詳しい。

(b) 「詐害的短期賃貸借」の問題

短期賃貸借保護の制度は、抵当権者を大きく害さない範囲で、設定者の目的物に対する使用・収益権限を補強し、その実効性を確保するものとして、一見合理的な制度のようにも思われる。しかし、現実には、短期の賃貸借であっても占有する第三者が登場することによって、目的物の価値はかなり低下するだけでなく(**占有減価**)、抵当権の実行が妨害され、抵当権にとって短期賃貸借保護制度は唯一の「アキレス腱」となってしまった。とりわけ、バブル崩壊後の不況下では、この制度を楯にとって、既に担保価値を失った抵当不動産の所有者にわずかな貸金を有する金融業者が賃借権を設定して高額の「立退料」を請求したり、競売手続において買受希望者を牽制しつつ自ら安値で落札をして高値で転売するなど、適正な抵当権実行の妨害をねらう**濫用的・詐害的短期賃貸借**が後を絶たず、不良債権処理の足かせとして強く意識されるようになった。濫用的・詐害的賃貸借の形態は様々で、ときに通常の賃借人を装った「占有屋」による占有がなされたり、賃料の「全額前払い」の主張や、「異常に高額な敷金」差し入れの主張、逆に、賃料が異常に低額で、譲渡・転貸の特約によって占有者が転々と変化するなど、抵当不動産を事実上支配して、容易に換価できない(あるいは買受人に過大な負担を強いる)ような事態を引き起こした。かくして、抵当権実行時における目的物の不当な占有の排除は、抵当権者にとって、きわめて重要な課題となったのである(現在なおそうである)。

(c) 「併用賃借権」による対応と限界

かかる濫用的・詐害的短期賃貸借に対し、実務では、抵当権者自らが優先的賃借人となることで問題に対処しようと試みた。すなわち、抵当権設定登記とともに、抵当権者自身を賃借人とする(停止条件付)短期賃貸借契約を締結し、これを登記(又は仮登記)することによって、その後に現れる賃借権を自己の賃借権に後れるものとして排除しようとしたのである(これを担保価値維持型の「**併用賃借権**」という)。一時は、この併用賃借権が、安全に

抵当権をつけるためのテクニックとして、後述の代物弁済予約の仮登記と併せて不動産担保の「三種の神器」などと呼ばれた。しかし、現実の用益を伴わないかかる併用賃借権に対し、最高裁は、「真正な賃借権とはいえない」として旧395条の適用を否定し（最判昭和52・2・17民集31巻1号67頁）、後順位の短期賃借人に対する抵当不動産の明渡請求を認めない態度をとったため（最判平成元・6・5民集43巻6号355頁）、これによって濫用的・詐害的短期賃借人による不動産占有を買受申出人が登場する前に排除しようとした抵当権者の目論見は頓挫した。本来保護されるべき正常型の短期賃貸借まで、かかる実体のない賃借権登記によって排除されるのは妥当でないというのが裁判所の判断である。その結果、併用賃貸借の意味は失われ、むしろ否定されるべき短期賃借権を選別して、これを排除する別の手法が探求された。とくに、競売手続の中で、形ばかりの短期賃借人に引渡命令を出して（民執83条1項本文）、これを債務名義として買受人が明渡しの執行を行うという手法に期待が寄せられた（この方向は、平成8（1996）年および平成10（1998）年の民事執行法改正による**保全処分による濫用的占有者の排除**へと推し進められた）＊。また、抵当権者の方で、旧395条但書に基づく解除権を行使し、解除後も居座る賃借人を抵当権に基づいて排除する可能性も探られた。

＊【**保全処分による占有者排除**】　民事執行法では、抵当権の実行として競売目的不動産の価額を減少させ又はそのおそれのある行為が行われている場合に、執行裁判所が、**売却のための保全処分**（民執188条→55条1項）として、**価格減少行為**を為すものに対して、目的不動産に対する占有を解いて執行官に引き渡すことを命ずること、および、執行官に目的不動産を保管させることを内容とする保全処分（執行官保管の保全処分）を命ずることが認められている。平成8（1996）年の議員立法による民事執行法の改正では、「売却のための保全処分」の**相手方の範囲**が、執行債務者の他に「占有者」にも拡張された。また、**競売開始決定前の保全処分**制度（旧民執187条の2：平成15（2003）年改正で187条に移動）が新設されて、抵当権実行前であっても一定要件の下で占有者を排除できるようになった。抵当権に基づく妨害排除請求権等を根拠とする保全処分では、その手続きの中で、抵当権の侵害のおそれ等を疎明し、後述平成11年判決によれば「競売手続の進行が害されて適正な価額よりも売却価額が下落するおそれ」までを疎明する必要がある。これに対し、売却のための保全処分、競売開始前の保全処分による場合には、「価格減少行為」の疎明のみでよい（平成15（2003）年改正で民執55条1項の発令要件から「著しい」との要件

がはずされた)。その意味で、執行妨害対策としては、「売却のための保全処分」による方が実用的である。いわゆる「管理占有」への経済的裏付けがないことを考えればなおさらであろう。

同様に、**買受人のための保全処分**（民執77条）も改正されて、占有者を相手方に加えている。**引渡命令**に関しても、民執83条の引渡命令の相手方を拡大して、買受人に対抗できない占有者を広くカバーした。また、平成10 (1998) 年には、**買受申出をした差押債権者のための保全処分**（民執188条→同68条の2）も新設され、売却を実施しても買受けの申出がなかった場合において、債務者又は不動産占有者が不動産の売却を困難にする行為をし又はその行為をするおそれがあれば、抵当権者が買受けの申出と保証の提供をすることによって、執行官保管の保全処分又は申立人保管の保全処分が認められるものとした。なお、平成15 (2003) 年改正では、不動産の占有者が次々と入れ替わる等、占有者を特定することを困難とする特別の事情があるときは、**占有者を特定しないで**売却のための保全処分が発令できるようになった（民執188条→同55条の2）。

(d) 抵当権に基づく妨害排除

抵当権に基づいて（占有権原を失った）元賃借人を排除できるかについては、興味深い判例の展開がある（抵当権侵害一般について、本書第5章第4節も参照されたい）。

以下、主要な判例を紹介する。

(i) 平成3年判決　　まず、①最判平成3・3・22（民集45巻3号268頁＝最高裁判例解説民事篇平成3年度79頁［滝澤孝臣］）では、債権者GのためにA

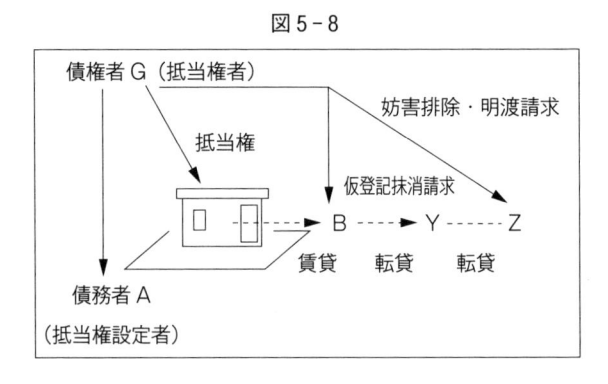

図5-8

によって抵当権が設定された土地建物について、Bのために期間3年の短期賃借権が設定され、その仮登記が経由された後、Bは土地建物をYに、Yは更にZに転貸して、Zがこれを占有しているという事案が問題となった。Gは、短期賃借権の存在によって不動産価額が著しく下落することを理由に解除（旧395条但書）を請求し、その認容判決の確定を条件に、Bの有する仮登記の抹消およびZの占有する土地建物のAに対する明渡しを請求した。明渡請求は、2つの方向から根拠づけられた。一つは、担保物権たる抵当権の**物権的請求権**に基づくものであり、いま一つは、被担保債権を被保全債権とする**債権者代位権**（423条）の行使によるものである＊。判決は、次のように述べて、抵当権に基づく妨害排除請求を否定した。

「抵当権は、設定者が占有を移さないで債権の担保に供した不動産につき、他の債権者に優先して自己の債権の弁済を受ける担保権であって、抵当不動産を占有する権原を包含するものではなく、抵当不動産の占有はその所有者にゆだねられているのである。そして、その所有者が自ら占有し又は第三者に賃貸するなどして抵当不動産を占有している場合のみならず、**第三者が何ら権原なくして抵当不動産を占有している場合においても、抵当権者は、抵当不動産の占有関係について干渉し得る余地はない**のであって、第三者が抵当不動産を権原により占有し又は不法に占有しているというだけでは、抵当権が侵害されるわけではない。／いわゆる短期賃貸借が抵当権者に損害を及ぼすものとして民法395条ただし書の規定により解除された場合も、右と同様に解すべきものであって、抵当権者は、短期賃貸借ないしこれを基礎とする転貸借に基づき抵当不動産を占有する賃借人ないし転借人（以下「賃借人等」という。）に対し、当該不動産の明渡しを求め得るものではないと解するのが相当である。けだし、民法395条ただし書による短期賃貸借の解除は、その短期賃貸借の内容（賃料の額又は前払の有無、敷金又は保証金の有無、その額等）により、これを抵当権者に対抗し得るものとすれば、抵当権者に損害を及ぼすこととなる場合に認められるのであって、短期賃貸借に基づく抵当不動産の占有それ自体が抵当不動産の担保価値を減少させ、抵当権者に損害を及ぼすものとして認められているものではなく……、短期賃貸借の解除の効力は、解除判決によって、以後、賃借人等の抵当不動産の占有権原を抵当権者に対する関係のみならず、設定者に対する関係においても消滅させるものであるが、同条ただし書の趣旨は、右にとどまり、更に進んで、抵当不動産の占有関係について干渉する権原を有しない抵当権者に対し、賃借人等の占有を排斥し得る権原を付与するものではないからである。そのことは、抵当権者に対抗し得ない、民法602条に定められた期間を超える賃貸借……に基づき抵当不動産を占有する賃借人等又は不法占有者に対し、抵当権者にその占有を排

除し得る権原が付与されなくても、その抵当権の実行の場合の抵当不動産の買受人が、民事執行法83条（188条により準用される場合を含む。）による引渡命令又は訴えによる判決に基づき、その占有を排除することができることによって、結局抵当不動産の担保価値の保存、したがって抵当権者の保護が図られているものと観念されていることと対比しても、見やすいところである。以上、要するに、**民法395条ただし書の規定は、本来抵当権者に対抗し得る短期賃貸借で抵当権者に損害を及ぼすものを解除することによって抵当権者に対抗し得ない賃貸借ないしは不法占有と同様の占有権原のないものとすることに尽きる**のであって、それ以上に、抵当権者に賃借人等の占有を排除する権原を付与するものではなく……、前記の引渡命令又は訴えによる判決に基づく占有の排除を可能ならしめるためのものにとどまるのである。／したがって、抵当権者は、短期賃貸借が解除された後、賃借人等が抵当不動産の占有を継続していても、**抵当権に基づく妨害排除請求として、その占有の排除を求め得るものでないことはもちろん、賃借人等の占有それ自体が抵当不動産の担保価値を減少させるものでない以上、抵当権者が、これによって担保価値が減少するものとしてその被担保債権を保全するため、債務者たる所有者の所有権に基づく返還請求権を代位行使して、その明渡しを求めることも、その前提を欠くのであって、これを是認することができない。**」

つまり、旧395条による解除が認められた場合でも、抵当権者は、更に進んでその目的物の占有関係に介入（排除・明渡請求）することはできず、買受人に対する引渡命令等によって抵当不動産の担保価値は保存できているのだから抵当権に基づく妨害排除請求も、被担保債権を被保全債権とする債権者代位権もその前提を欠いて認められないというわけである*。これに対しては、執行妨害を助長する結果になることを懸念する声も小さくなかった（安永正昭・判例評論395号（判時1400号）〔1992年〕154頁など）。

*【**債権者代位権の転用**】　ここで、必要な範囲で債権者代位権制度について簡単に説明しておこう。民法423条は、債務者Sが充分な弁済資力を有しないにもかかわらず、Sが第三者Dに対して有している権利を行使しないで責任財産を危うくしているような場合（たとえば、消滅時効にかかりそうな債権について中断の措置をとらないなど）に、債権者Gが、Sに代わって（代位して）、その権利を行使することを認める。これを債権者代位権という。積極的に財産を減少させる行為をしているのを詐害行為取消権（424条）で取り消して財産を回復させるのと並ぶ債権保全の手段である。債権者代位権を行使するには、「被保全債権の存在」と、「債権保全の必要性」が要件とされており、後者につき通常は「債務者の無資力」がその要件となるが、登記請求権のようにその保全の必要性が債務者の資力の有無に直接関わらない場合について、判例は、無資力要件を不要としており、学説ではこれを「債権者代

位の転用」として説明する。移転登記請求、賃借人の妨害排除請求と共に、抵当権者の妨害排除請求がその典型例とされる。後述の最高裁平成11年判決に出てくる「民法423条の法意に従い」は、この転用を意味している。ただ、抵当権の場合、非占有担保権であることを前提とすると、何が被保全債権となるのか（被担保債権か？）、代位行使によって自己への明渡し（占有の獲得）が正当化できるのか、また、抵当権そのものに基づく物権的請求権としての妨害排除請求権が認められるならば債権者代位権の行使は不要ではないのか、代位されるべき権利の正当性といった問題が内包されている。これらについては、最高裁平成11年大法廷判決における奥田昌道裁判官の補足意見が丁寧に応えている。

(ii) 揺り戻し　しかし、最高裁も全くこの問題に目をつむっていたわけではなく、その後に、②最判平成3・9・13（判時1045号51頁）において、目的物件の買受人が、短期賃貸借の期間満了前に、執行妨害目的の短期賃貸借について期間満了時に明渡しを求めるという「将来給付の訴え」を肯定し、③最判平成6・3・25（判時1501号107頁）では、旧395条但書によって賃貸借関係が賃貸人との間での終了をもたらされることを前提に、「賃貸人からの賃借人に対する明渡請求」を認容するなどしている。さらに、④最判平成8・9・13（民集50巻8号2374頁）では、抵当権実行による差押えの効力発生後に更新された短期賃貸借についても、旧395条但書による解除を肯定して、賃借人が無権原占有者であることを判決で明確にして排除請求の準備をすること（もともと更新後の賃借権は抵当権者には対抗できない）を抵当権者に認めた。

(iii) 平成11年判決　平成11年、最高裁はついに大法廷を開いて、平成3

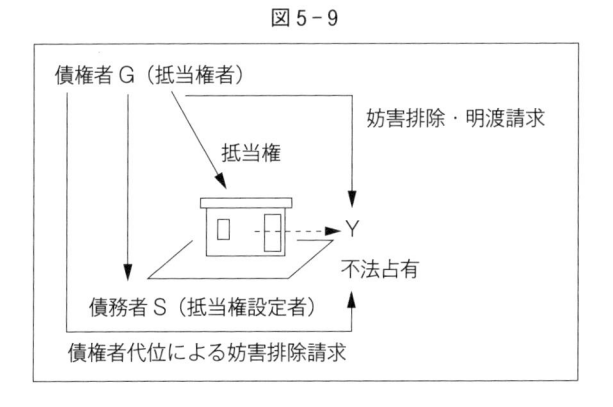

図5-9

年判決を覆すに至った。すなわち、⑤最大判平成11・11・24（民集53巻8号1899頁＝民法判百Ⅰ〈5版補正〉84事件［松岡久和］）は、債務者S所有の甲不動産に貸付債権を担保するために抵当権の設定を受けていたGが、抵当権を実行しようとしたところ、その前からYが甲不動産を権原なく占有（**不法占有**）し始め、買受人が現れず競売手続の進行が害され、適正な価額よりも売却価額が下落するおそれがあるなど、抵当不動産の交換価値の実現が妨げられてしまったため、GがSのYに対する妨害排除請求権を代位行使して、Yに明渡しを求めた事案で、次のように述べて、これを認めた。

「抵当権は、競売手続において実現される抵当不動産の交換価値から他の債権者に優先して被担保債権の弁済を受けることを内容とする物権であり、不動産の占有を抵当権者に移すことなく設定され、抵当権者は、原則として、抵当不動産の所有者が行う抵当不動産の使用又は収益について干渉することはできない。／しかしながら、第三者が抵当不動産を不法占有することにより、**競売手続の進行が害され適正な価額よりも売却価額が下落するおそれがある**など、抵当不動産の交換価値の実現が妨げられ**抵当権者の優先弁済請求権の行使が困難となるような状態がある**ときは、これを**抵当権に対する侵害**と評価することを妨げるものではない。そして、抵当不動産の所有者は、抵当権に対する侵害が生じないよう抵当不動産を適切に維持管理することが予定されているものということができる。したがって、右状態があるときは、**抵当権の効力として**、抵当権者は、抵当不動産の所有者に対し、その有する権利を適切に行使するなどして右状態を是正し**抵当不動産を適切に維持又は保存するよう求める請求権**を有するというべきである。そうすると、抵当権者は、右請求権を保全する必要があるときは、民法423条の法意に従い、**所有者の不法占有者に対する妨害排除請求権を代位行使することができる**と解するのが相当である。／なお、第三者が抵当不動産を不法占有することにより抵当不動産の交換価値の実現が妨げられ抵当権者の優先弁済請求権の行使が困難となるような状態があるときは、**抵当権に基づく妨害排除請求**として、抵当権者が右状態の排除を求めることも許されるものというべきである。」

平成11年判決は、不法占有の事案ではあるが、抵当権の有する効力として、抵当不動産所有者に対する担保不動産の適切な維持・保存請求権を認め、これを被保全債権とする債権者代位権の行使あるいは（傍論ながら）抵当権に基づく妨害排除請求を肯定した点で、画期的なものであった。さらに、奥田昌道裁判官が、本判決補足意見において示した見解は、今後の抵当権の効力を考える上で、傾聴に値するものである。少し長いが、敢えて引用しよう。

「(1)抵当権に認められる抵当不動産の交換価値に対する排他的支配の権能は、交換価値が実現される抵当権実行時（換価・配当時）において最も先鋭に現われるが、ひとりこの時点においてのみならず、抵当権設定時以降換価に至るまでの間、抵当不動産について実現されるべき**交換価値を恒常的・継続的に支配する**ことができる点に、抵当権の物権としての意義が存するものとみられる。したがって、抵当権設定時以降換価に至るまでの間においても、**抵当不動産の交換価値を減少させたり、交換価値の実現を困難にさせたりするような第三者の行為ないし事実状態は、これを抵当権に対する侵害ととらえるべきであり**、かかる侵害を阻止し、あるいは除去する法的手段が抵当権者に用意されていなければならない。／また、抵当不動産の交換価値は競売手続において実現されるものであるから、第三者の行為等が抵当不動産の交換価値を減少させ、又は交換価値の実現を困難にさせるものとして抵当権の侵害に当たるか否かについては、当該行為等の内容のみならず、**競売手続における当該抵当権者に対する配当の可能性**等も考慮すべきである。……(2)……物上請求権は、物権の権利者の目的物に対する事実的支配（占有）が妨げられ、又は妨げられるおそれがある場合に、あるべき状態を回復するための手段として認められてきたものである。抵当権は目的物に対する事実的支配（占有）を伴わずにその交換価値を非有形的・観念的に支配する権利であるが、本件におけるように、第三者が抵当不動産を何らの正当な権原なく占有することにより、競売手続の進行が害され、抵当不動産の交換価値の実現が妨げられ抵当権者の優先弁済請求権の行使が困難となるような状態が生じているときは、右不法占有者に対し、抵当権者は、抵当権に基づき、妨害の排除、すなわち、不動産の明渡しを請求することができるものといわなければならない。……(3)抵当権の侵害に対する救済手段として、**抵当権そのものに基づく妨害排除請求権**が認められるならば、更にそれ以外に、抵当不動産の所有者の有する妨害排除請求権を抵当権者が代位行使することを認めることについては、異論があり得よう。第1の問題点は、民法423条の定める債権者代位権は「自己ノ債権ヲ保全スル為メ」に認められるものであるところ、抵当権侵害の場合において被保全債権となるものは何かである。第2の問題点は、債権者代位権のいわゆる転用事例（不動産所有権の相次譲渡の場合における転得者による中間者の登記請求権の代位行使や、不動産賃借権に対する侵害の場合における賃借人による所有者の妨害排除請求権の代位行使）においては、権利の代位行使は、他に適切な救済手段が存しないためにやむなく認められた便法とされているのに、抵当権侵害の場合には、抵当権者について抵当権に基づく妨害排除請求権を認めることで十分ではないかとの反対論が考えられることである。／第1の点については、……抵当権設定者又は抵当不動産の譲受人は、担保権（抵当権）の目的物を実際に管理する立場にある者として、第三者の行為等によりその交換価値が減少し、又は交換価値の実現が困難となることのないように、これを適切に維持又は保存することが、法の要請するところであると考えられる。その反面として、抵当権者は、抵当不動産の所有者に対し、抵当不

動産の担保価値を維持又は保存するよう求める請求権（**担保価値維持請求権**）を有するものというべきである。そして……第三者が抵当不動産を毀損したり抵当不動産を不法占有したりすることにより、抵当不動産の交換価値の実現が妨げられるような状態が生じているにもかかわらず、所有者が適切な措置を執らない場合には、この請求権の存続、実現が困難となるような事態を生じさせることとなるから、抵当権者において、抵当不動産の所有者に対する担保価値維持請求権を保全するために、**抵当不動産の所有者が侵害者に対して有する妨害停止又は妨害排除請求権を代位行使する**ことが認められるべきである。／第2の債権者代位権の転用事例における補充性（他に適切な救済手段がないこと）の点については、抵当権に基づく妨害排除請求権の要件及び効果（請求権の内容）につき論議が尽くされているとはいい難く、なお検討を要する点が存する現状においては、代位請求による救済の道を閉ざすべきではない……。／ところで、代位権行使の効果として抵当権者は抵当不動産の占有者に対して直接自己への明渡しを請求することができるかの点については、抵当権者は抵当不動産の所有者の妨害排除請求権（明渡請求権）を同人に代わって行使するにすぎないこと、抵当不動産の所有者の明渡請求権の内容は同人自身への明渡しであることからすれば、抵当権者による代位行使の場合も同じであると考えるべきもののようにもみえるが、**抵当不動産の所有者が受領を拒み、又は所有者において受領することが期待できないといった事情があるときは、抵当権者は、抵当不動産の所有者に代わって受領するという意味において、直接自己への明渡しを請求することができる**と解するのが相当である。そして、本件のような事実関係がある場合は、原則として、抵当権者は、直接自己に抵当不動産を明け渡すよう求めることができるものというべきである。その場合に抵当権者が取得する占有は、抵当不動産の所有者のために管理する目的での占有、いわゆる**管理占有**であるといい得る。」

奥田補足意見では、抵当権者が、抵当権設定時から換価に至るまでの間、抵当不動産の交換価値を恒常的・継続的に支配することができる「**担保価値維持請求権**」なる観念が新たに提唱されている。これを債権者代位権の転用を前提とした過渡的な観念と考えるか（内田・439頁）、抵当権の本質的な効力と見るかはさらに検討を要するところである。また、直接自己への明渡請求を認める議論として「**管理占有**」という観念が用いられている点についても、留意したい。その法的性質の解明が待たれるが、あるいは、抵当権者に、抵当目的物についての補充的管理権（とくに実行段階では相対的に強化される）を肯定すべきなのかも知れない。いずれにせよ、抵当権が目的物の抽象的な価値のみを把握する権利であるとの見方は、実体法上も、もはや維持できないところまできている。

(iv) 平成17年判決　平成17年、最高裁は、平成11年の大法廷判決をさらに一歩進めた。すなわち、⑥最判平成17・3・10（民集59巻2号356頁）は、まさに抵当権設定者との間で適法に締結されたことを前提とする建物賃貸借が、抵当権者との合意に反して期間5年とされていた事案（図5-10）で[*]、次のように述べて、抵当権者による目的不動産の自己への明渡請求を認めたのである（同判決については、平成17年度重判民法4事件［松岡久和］、道垣内弘人・リマークス32号［2006年］20頁、判百Ⅰ〈第7版〉86事件［田髙寛貴］、戸田久・ジュリ1306号［2006年］167頁など参照）。

「所有者以外の第三者が抵当不動産を不法占有することにより、抵当不動産の交換価値の実現が妨げられ、抵当権者の優先弁済請求権の行使が困難となるような状態があるときは、抵当権者は、占有者に対し、抵当権に基づく妨害排除請求として、上記状態の排除を求めることができる（最高裁11年11月24日大法廷判決・民集53巻8号1899頁）。そして、**抵当権設定登記後に抵当不動産の所有者から占有権原の設定を受けてこれを占有する者**についても、その占有権原の設定に抵当権の**実行としての競売手続を妨害する目的**が認められ、その占有により抵当不動産の交換価値の実現が妨げられて**抵当権者の優先弁済請求権の行使が困難となるような状態**があるときは、抵当権者は、当該占有者に対し、**抵当権に基づく妨害排除請求として**、上記状態の排除を求めることができるものというべきである。なぜなら、抵当不動産の所有者は、抵当不動産を使用又は収益するに当たり、抵当不動産を適切に維持管理することが予定されており、抵当権の実行としての競売手続を妨害するような占有権原を設定することは許されないからである。／また、抵当権に基づく妨害排除請求権の行使に当たり、**抵当不動産の所有者において抵当権に対する侵害が生じないように抵当不動産を適切に維持管理することが期待できない場合には、抵当権者は、占有**

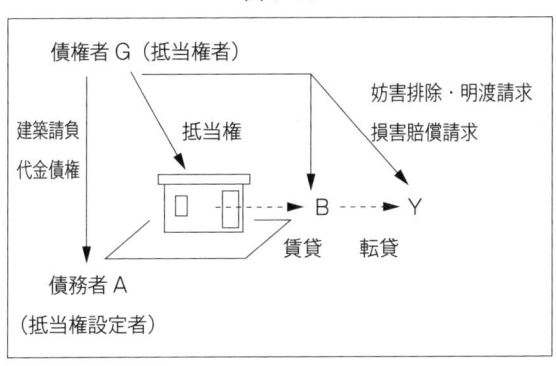

図 5-10

```
債権者 G（抵当権者）
                              妨害排除・明渡請求
建築請負        抵当権          損害賠償請求
代金債権
                  □□ ---→ B ---→ Y
                          賃貸      転貸
債務者 A
（抵当権設定者）
```

者に対し、直接自己への抵当不動産の明渡しを求めることができるものというべきである。」

ここでは、平成11年判決のように、《賃借権の解除ないし無効→占有権原の否定による不法占有状態の作出→明渡請求》という経路をとることなく、しかも《債権者代位の転用》ではなく、抵当権に基づく直接の妨害排除請求が正面から認められた点に注意すべきである（平成11年判決におけるこの点の説示は、厳密には、「なお」書きの「傍論」であった）。

＊【平成17年判決の事案の特徴】　建物所有者Aは、本件抵当権設定登記後、抵当権者Gとの合意に基づく被担保債権の分割弁済を一切行わず、合意に反してBとの間で期間を5年とする賃貸借契約を締結し、その約4か月後、BはYとの間で同じく期間を5年とする本件転貸借契約を締結した。BとYは同一人が代表取締役を務め、本件賃貸借契約の内容変更後は、賃貸借契約と転貸借契約との賃料額が同額（月額100万円）で、敷金額と保証金額も同額（1億円）とされていた。その賃料額は適正賃料額を大きく下回り、その敷金額又は保証金額は、賃料額に比して著しく高額であり、また、Aの代表取締役は、競売手続による売却が進まない状況の下で、Gに対して100万円の支払いと引換えに抵当権を放棄するように要求していた。判決では、このような事情（主観・客観の両面の要素がある）の下では、「抵当権の実行としての競売手続を妨害する目的」が認められ、Yの占有により「抵当目的物の交換価値の実現が妨げられ、その優先弁済請求権の行使が困難となるような状態がある」と判断した。

判例がこうして抵当権に基づく妨害排除請求を正面から認めたとなると、今後は、こうした占有権原の設定に際しての**当事者の抵当権実行妨害目的や抵当不動産の交換価値の実現が妨げられている事実・優先弁済権の行使困難性**の認定が重要となることは言うまでもない。また、債権者代位の転用という手法は、次第にその意義が縮減することになろう。

なお、この平成17年判決では、抵当権侵害を理由に不法行為に基づく賃料相当額の損害賠償も請求したが、最高裁は「抵当権者が抵当権に基づく妨害排除請求により取得する占有は、抵当**不動産の所有者に代わり抵当不動産を維持管理することを目的とするもの**であって、抵当不動産の使用及びその使用による利益の取得を目的とするものではないから」との理由でこれを棄却した。同様に、抵当権者が有していた停止条件付賃借権（併用賃借権！）の侵害を理由とする損害賠償請求についても「本件停止条件付賃借権は、本件

建物の**使用収益を目的とするものではなく、本件建物及びその敷地の交換価値の確保を目的とするもの**であったのであるから、上告人［転借人］による本件建物の占有により被上告人［抵当権者］が賃料額相当の損害を被るということはできない」として棄却した。結果的に、最高裁は、抵当権者の取得すべき占有に大きな制限を課しており（収益執行手続によらないかぎり使用・収益権がない）、先に登場した「管理占有」の持つ特殊な性質を示唆している（せめて抵当権者が管理に要した費用は、民事執行法55条10項等の類推適用によって共益費用として扱うことを考えねば抵当権者にとって大きな経済的負担であろう）。

(3) 平成15（2003）年の改正
(a) 短期賃貸借制度の廃止と建物明渡猶予

多くの問題が指摘されてきた短期賃貸借保護の制度は、平成15（2003）年法134号によって廃止されることになった（改正規定は平成16（2004）年4月1日から施行）。その結果、抵当権設定登記後に設定された賃借権は、地上権などと同様に、原則通り抵当権者に対抗できないものとされた。

しかし、建物賃貸借の場合（土地賃貸借ではない）、賃借人はそこに居住しあるいは現に生業を営んでいるわけであるから、直ちに明渡しを命ずることは酷な場合が多い。そこで新法は、一定の範囲で、一定期間の明渡猶予制度を新設した。すなわち、競売手続開始前から使用又は収益していた賃借人と、強制管理又は担保不動産収益執行の管理人が競売手続開始後になした賃貸借により使用又は収益をなす者に限り、「競売による買受けの時から6箇月」の**明渡猶予期間**が与えられることになった（新395条1項は「引き渡すことを要しない」と表現する。その趣旨等につき、谷口＝筒井・改正担保・執行法の解説35頁以下参照）。いわば代替建物への引っ越し準備期間であり、さほど大きな保護ではない。この明渡猶予は、原賃貸借の承継という性格のものではないため（競売により抵当権とともに原賃借権は消滅する）、買受人は、もとの賃借権に付随していた敷金返還債務を承継することはなく（賃借人はもとの賃貸人に敷金の返還を求めるほかない）、むしろ、明渡時までの利用に対して**賃料相当額の不当利得返還請求**が認められる（東京高決平成22・9・3金法1937

号139頁は、「不当利得に類似するものであり、占有者の従前からの使用利益の継続を前提とした、継続賃料の額をも考慮して、適正な使用の対価の額を算定」すべきであるという)。この賃料相当額の支払いが滞り、買受人からの1か月分以上の支払いの催告に対して相当期間内に履行されないときは、買受人は直ちに明渡しを請求できる（同条2項)。

これにより、一方で正常な短期賃借権の保護は縮減を余儀なくされた。しかし逆に、賃借人を排除して占有を回復する負担は、結局、(明渡猶予期間後の）買受人に課せられることになった。その結果、抵当目的不動産を予め負担のない状態にするには、抵当権の実行妨害目的等を認定して不当な占有を排除するか、執行保全手続を利用するほかない。それゆえ、今後とも抵当目的不動産の買受けを事実上躊躇させるような占有者が出現する可能性は否定できない。平成15 (2003) 年改正は、抵当権に損害を与えていない賃借人を保護する点でも、短期賃貸借の弊害を除去して抵当不動産の買受けに伴う障害を除去するという点でも問題を残しており、立法論としては、更に工夫が必要である（内田・441頁以下参照)。

(b) 抵当権者の同意による賃借権

平成15 (2003) 年改正では、抵当権者にとって不利にならない不動産（土地・建物）賃借権について、抵当権実行後も存続可能となるように、(先順位の) **抵当権者の同意がある場合の賃借権の対抗**制度が導入された（その趣旨等につき、谷口＝筒井・改正担保・執行法の解説40頁以下参照)。すなわち、「登記をした賃借権は、その登記前に登記をした抵当権を有する全ての者が同意し、かつ、その同意の登記があるときは、その同意をした抵当権者に対抗できる」というものである（新387条1項)。一方で、抵当不動産の収益価値を重視し、他方で、旧395条の廃止によって設定者が安定的賃借権を望めなくなる不利益への対応策でもあるが、抵当権者がわざわざこのような同意をする場面は、サブリース形式の優良賃貸マンションの場合のように、かなり限られてこよう（安永・303頁、道垣内弘人ほか・新しい担保執行制度〈補訂版〉[有斐閣、2004年] 63頁以下)。複数の先順位抵当権者があるときは、その「全員の」同意を必要とし、一人でも不同意の者があるときは本条の適用はなく、

登記も受理されない。この登記は、抵当権の順位の変更の登記（374条2項）と類似の性格のものであるが、付記登記ではなく、当該賃借人と抵当権者全員による独立の「主登記」によるものとされている。手続要件は厳格であるが、このようにして、絶対的効力を獲得した賃借権は、抵当権の実行によって覆されることはない。

　抵当権者がこの同意をするに際しては「その抵当権を目的とする権利を有する者その他抵当権者の同意によって不利益を受けるべき者の承諾を得なければならない」（同条2項）。たとえば、抵当権の処分（後述の376条以下）によって利益を得た者、抵当権付債権の差押債権者、さらには賃借権の存否によって競売価格が影響を受けるとすれば、抵当不動産を差し押さえた者なども、ここに含まれよう。

　抵当権者の同意制度によって買受人が引き受けることになる賃借権の内容は、競売時に客観的に認識可能な状態でなければならない。したがって、同意の対象となる賃借権登記には、存続期間・賃料・敷金等が公示されている必要がある（敷金につき、不登132条1項）。その意味では、ここにいう「登記された賃借権」には、借地借家法の定める対抗力を備えただけの賃借権を含めるのは困難である（賃借権の内容の公示手段として不充分だからである）。

　＊【参考文献】　本文掲記の諸判例についての多くの判例評釈の他、内田貴・抵当権と利用権［有斐閣、1983年］第2章、同「抵当権と短期賃貸借」星野英一ほか編・民法講座第3巻［有斐閣、1984年］175頁以下、吉田克巳「民法395条」民法典の百年Ⅱ［有斐閣、1998年］691頁以下所収、須藤典明「抵当権に基づく妨害排除・明渡請求」鎌田薫＝加藤新太郎ほか・民事法Ⅱ〈第2版〉［日本評論社、2010年］20頁以下等がある。また、鎌田薫＝山本和彦＝道垣内弘人ほか「〈座談会〉抵当権制度の現状と将来像(1)～(6)」NBL700号～710号［2000～2001年］が興味深い。

2　法定地上権

　土地と建物を別個の不動産とするわが国の不動産法制の下では、そのいずれか一方もしくは両方に抵当権が設定され、それが実行された結果、土地所有者と建物所有者が異なるに至った場合、必然的に、建物所有のための土地利用権の有無という問題を生ずる。この問題を処理するための特別な制度が

法定地上権制度である。

(1) 法定地上権とは
(a) 意義

民法388条は、「土地及びその上に存する建物が同一の所有者に属する場合において、その土地又は建物につき抵当権が設定され、その実行により所有者を異にするに至ったときは、その建物について、地上権が設定されたものとみなす。この場合において、地代は、当事者の請求により、裁判所が定める」と規定する。かかる地上権を、合意で設定された地上権（約定地上権

図 5-11

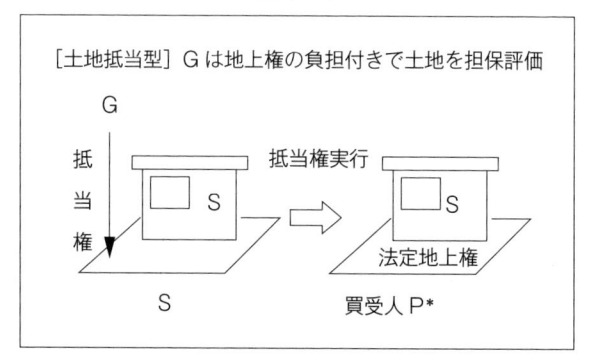

［土地抵当型］Gは地上権の負担付きで土地を担保評価

図 5-12

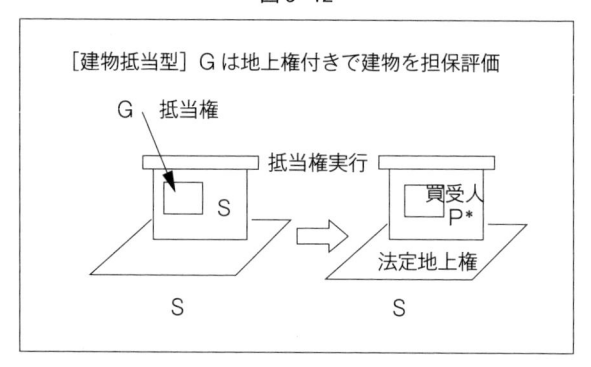

［建物抵当型］Gは地上権付きで建物を担保評価

＊法定地上権の成立は、土地抵当型の買受人に不利に、建物抵当型の買受人に有利に作用する。

［265条以下］）に対して**法定地上権**と呼ぶ。

　わが国では、土地税制や旧地券制度を含む旧来の慣習との関係から、土地と建物が別個の不動産であるという考え方が採用されている（法典調査会での議論を通じて、建物は土地と一体の不動産とする旧民法や修正原案が覆された）。日本式家屋は、土地に密着しているという観念に乏しいのかも知れない。民法388条、389条は、これに伴って設けられたもので、比較法的にも珍しい規定である。土地と家屋が別個の不動産であるとすると、どちらか一方にだけ（あるいは各々に）抵当権を設定することができ、この抵当権が実行されて、土地・建物の一方（あるいは各々）が別の者の手にわたると、建物の敷地利用が無権原になってしまい、建物所有者は土地所有者からの建物収去・土地明渡しの請求を拒めないということになる＊。しかし、せっかくの建物が取り壊されることは国民経済上も好ましくなく、逆に、建物に設定された抵当権が実行されて建物が競落されても敷地利用権がないのでは買い手もつくまい。通常であれば、かかる事態に備えて抵当権設定時に将来の敷地利用権を用意しておくのが当事者の合理的意思でもあろうから、ここで予め**自己借地権**や**自己地上権**を設定して対抗要件を備えておくことができれば、不都合な事態を避けることもできる。しかし、わが国にはそのような制度がなく（区分所有建物の敷地のみが例外：借地借家15条）、理論上も**混同消滅**（179条、520条参照）によって自分の土地の上に借地権や地上権を持つことができない＊。そこで、このような矛盾を回避すべく用意されたのが民法388条である（一般債権者による強制競売に関する民執81条［昭和54年］、国税滞納処分についての国税徴収法127条［昭和34年導入］にも同様の法定地上権に関する規定がある。なお特別法上の法定地上権としては、このほかに立木法5条、工場抵当法16条1項、鉱業抵当法3条などがある。仮登記担保法10条では「**法定賃借権**」という類似の方法が採用されている）。つまり、法定地上権は、土地・建物が別個の不動産であることを前提として、建物保護という社会的・公益的要請と当事者の合理的意思推定を背景に生まれてきた制度といえよう。

　また、389条は、主として抵当権設定後に設定者等が建物を築造したような場面を想定して、抵当権者が土地・建物を一括競売することを可能にした規定である。まずは、法定地上権制度から検討しよう。

(b) 適用要件など

388条の表現は「土地又は建物につき抵当権が設定され、その実行により所有者を異にするに至ったとき」と限定的であるが、判例は、同条を比較的広く解釈・適用し、①抵当権設定当時に建物が存在し、②土地・建物が同一所有者に属しており、③その一方又は双方に抵当権が設定され、④抵当権実行（競売）の結果、土地・建物が別々の所有者に属するに至った場合に、広く法定地上権の成立を認めるに至っている。

(c) 特約による排除の可否

抵当権の設定に際して、法定地上権の成立を特約で予め排除しておけるかについては見解が分かれる。388条が公益的理由で設けられた強行規定であるから排除できないとする見解が通説・判例（我妻・366頁、大判明治41・5・11民録14輯677頁など）と見られるが、反対説（近江・183頁）も有力である。おそらく、抵当権設定当事者間では特約で法定地上権の成立を排除することも有効であろうが（そのような需要もあろう）、第三者が建物所有権の譲渡を受けた場合にまで、その期待を裏切って特約の効力を主張することはできず、その限りで民法388条が強行的に作用すると考えるのが適当であろう（道垣内・219頁、川井・364頁など）。

＊【抵当権実行後の設定者自身の使用収益の運命】 抵当目的物が競落されると、設定者は目的物を明け渡さねばならないか、使用・収益を続けていてよいのかについては、実は民法に明文規定がない。しかし、民事執行法83条は、代金を納付した買受人に対して債務者が不動産を引渡すべき旨を裁判所が命ずることができるものとしており（引渡命令）、この規定の前提は、競落後に設定者は目的物の使用・収益を継続できないというものであって、競落人（買受人）は、判決で明渡しを求めることができることを認める（同168条）。もっとも、必ずしもこのような結論になる必然性はなく、フランスなどではかなりの期間、利用権が対抗できるものとしている。わが国では、買受人は、自ら使用・収益する期待を持ち、いわば目的物の使用財としての側面が重視されている。この、競落後に設定者は目的物の使用・収益を継続できないという原則に対する例外が、民法388条である。民法388条は、抵当権実行の際に、法律上当然に建物所有のために地上権が設定されることにして、抵当権実行後の建物およびその敷地利用権の存続を図っているのである。

＊【自己借地権・自己地上権】 法定地上権制度の内容については不明な点が多

く、紛争を生じやすいため、かねてより改正意見が強い。一つの提案は、土地・建物の一括競売を原則化することで両者の所有が分離するという事態を回避しようとするものであるが、わが国の伝統的な法制とは、なかなか相容れない。そこで、土地所有者が自己のために借地権を設定するという自己借地権を認めてはどうかという考え方が提唱された。昭和35年7月の借地借家法改正要綱案で提案されたが**一般的自己借地権の導入には至っていない**（平成3（1991）年借地借家法改正でも一般的自己借地権の導入は見送られた）。結果として、借地権を設定する場合に、「他の者と共に有することとなるときに限り、借地権設定者が自らその借地権を有することを妨げない」とされたにとどまる（借地借家15条1項参照）。これにより、借地権が借地権設定者に帰した場合でも、他の者と共にその借地権を有するときは、混同消滅の例外として、その借地権が消滅しない（同15条2項）。たとえば、Aが、自己所有地上にマンションを建設して、その一部につき建物区分所有権を取得し、他をB等に譲渡するような場合、Aは、先ず自己の土地に自己借地権を設定しておいて、これをB等に譲渡できるわけである。しかし、それ以上のものではなく、平成3（1991）年の借地借家法改正で導入された自己借地権は、土地所有者がマンションを建設し、借地権を付してマンションを分譲しやすくするという目的に資するための限定的なものなのである。

(2) 法定地上権制度の具体的適用をめぐる諸問題
(a) 抵当権設定当時の建物の存在
① **更地に抵当権が設定された後、土地所有者が建物を建築した場合**、抵当権の実行に際して法定地上権が成立するか。この場合、建物所有者のために法定地上権は認められないとするのが通説・判例である（大判大正4・7・1民録21輯1313頁、最判昭和36・2・10民集15巻2号219頁。我妻・352頁、高木・205頁、川井・265頁など）。抵当権設定時の抵当権者の担保評価に基づく合理的期待（ひいては買受人の合理的期待）を保護するためである。むしろ、389条の問題として、抵当権者には、一括売却をして（民執188条→61条）土地の代価についてのみ優先権を行使する可能性がある（もっとも、土地代価分が、更地として競売にかけたときの競落価格に匹敵するという保障はないが）。

また、更地に抵当権を設定する際に、当事者間で将来目的地上に建物を建築したときには競売の際に地上権を設定したものとみなす旨の合意がなされても、土地買受人に地上権を主張できないとする古い判例がある（大判大正7・12・6民録24輯2302頁。しかし、判例の基準による場合でも、事前に抵当権

者が建物築造を承認し、更地として評価した事実がない場合は法定地上権の成立を認めてよいとされているから（前掲最判昭和36・2・10）、必ずしも徹底していない）。

　これに対して、学説では、更地ケースでも法定地上権の成立を認めるべきであるとする見解も有力である（柚木＝高木・380頁、加藤一郎「抵当権と利用権」谷口知平＝加藤一郎・新民法演習2物権［有斐閣、1967年］190頁、松本恒雄「抵当権と利用権の調整についての一考察」民商80巻3号［1979年］283頁、柚木＝高木編・新版注釈民法(9)493頁［生熊長幸］）。建物保護を目的とする388条の制度趣旨や、法定地上権の成立による不利益が一括競売（後述）で回避できるのであれば、あえて法定地上権の成立を否定するまでもないというわけである。難問であるが、判例は、大審院以来、更地ケースにおける法定地上権の成立を否定しており、判例変更が生じる可能性は低い（更地を更地としてしか評価しない実情を前提とすると判例の立場もそれなりに説得的である）。とはいえ、更地に抵当権を設定した後に、土地所有者が建物を建築して、その建物にも同順位の抵当権をつけて共同抵当にしたような場合であれば、法定地上権を成立させても抵当権者の利益を害することはあるまいから、その建物のために法定地上権を認めることが望ましい（さもないと、土地所有者の土地利用は著しく制限される結果になる）。

　②　**更地に1番抵当権が設定された後、建物が築造され、その後に同地に設定された2番抵当権（共同抵当*）が実行された場合**に法定地上権は成立するだろうか。2番抵当権設定時には、土地建物が同一人に帰属して存在しているわけであるが、判例（大判昭和11・12・15民集15巻2211頁、最判昭和45・7・16民集24巻7号921頁、最判昭和47・11・2判時690号42頁など）および通説（我妻・353頁など）は、1番抵当権設定時をもって法定地上権の成立要件の存否を判断する基準時としている。確かに、競売に際しては目的不動産上の全ての抵当権が一括清算され、たとえ後順位抵当権の実行であっても1番抵当権が消滅して（民執59条1項）、当該手続内で優先弁済を受けることを考えれば、1番抵当権の設定時における担保権者の期待が保護されるべきであり、1番抵当権設定時が基準時となる必要がある。後述する抵当権の順位変更によって、2番抵当権が優先することになったとしても、法定地上権は成立し

図5-13

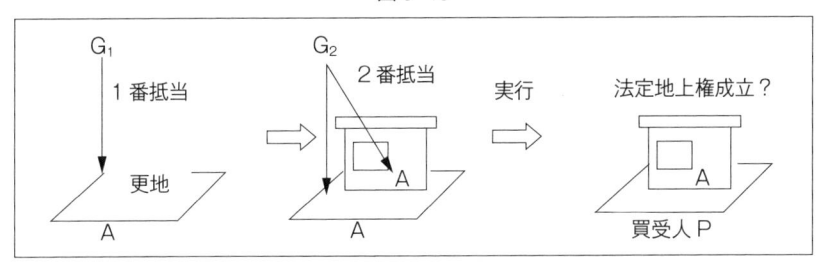

ない（最判平成4・4・7金法1339号36頁）。抵当権の順位の変更は、抵当権の設定時点をも変更するものではないからである。

③　土地に抵当権を設定した当時に建物が存在し、後にその建物が改築されたり、滅失して再築されたような場合（共同抵当でないとき）であっても、法定地上権が成立しうる（大判昭和10・8・10民集14巻1549頁）。抵当目的地上の建物が同一土地内で移転または増改築されても、従前の建物の利用に必要な範囲にある限り、土地の競売によって法定地上権が成立する（最判昭和44・4・18判時556号43頁）。ただ、土地抵当権が設定された時点では古い木造建物が存在し、後から堅固建物を再築したときのように、建物の耐用年数が大きく異なるような場合に（旧借地法2条では2倍の60年）、成立する法定地上権の内容をどのように定めるかは問題である。最判昭和52・10・11（民集31巻6号785頁）によれば、原則は、取り壊し前の**旧建物を基準として**法定地上権の内容が定められるべきであるが、抵当権設定の際に「近々、旧建物を壊して新建物を再築する予定である」ということが了解され、抵当権者も新建物が立つことを前提にして担保評価をしているような場合であれば、抵当権者の利益を害しない特段の事情があり、新建物を基準に法定地上権の内容を定めてかまわないとしている。事情を知らない土地の第三取得者の利益を考えると若干問題が残りそうではあるが（抵当権設定時の旧建物を基準に法定地上権の成立を覚悟するにとどまるかも知れない）、判例がこのような立場を示している以上、危ないときは新建物を基準に敷地利用権の負担を考えておく必要があることになる。

④　これに対し、**土地・建物が同時に抵当目的物とされている場合**（共同

抵当）には、処理が異なってくる*。

（i）かつて、大判昭和13・5・25（民集17巻1100頁）は、抵当地上にあった抵当建物が焼失し、抵当権設定者が病弱であったために、その妻が建物を再築して夫と居住していたという事案で、抵当地の買受けに際して法定地上権の成立を認めた。しかし、最判平成9・2・14（民集51巻2号375頁）は、これを変更し、所有者が土地・建物に共同抵当を設定した後、同建物が取り壊され、同地上に新たに建物が建築された場合は、新建物所有者が土地所有者と同一で、かつ、新建物が建築された時点での土地抵当権者が新建物について土地の抵当権と同順位の共同抵当権の設定を受けたような特段の事情のない限り、新建物のために法定地上権は成立しないとした*。これは、共同抵当の場合において建物抵当と土地抵当の各々につき個別の価値を考慮する建前（**個別価値考慮説**）を排し、共同抵当権者としては結局のところ土地・建物の全体価値を把握しているという考え方（**全体価値考慮説**）に立ったものと見られる（浅生重機＝今井隆一「建物の建替えと法定地上権」金法1326号[1992年]6頁。裁判例につき、柚木＝高木編・新版注釈民法(9)506頁以下[生熊長幸]）。

（ii）競売で共同抵当に入っていた土地・建物が、一括売却されて、同一人に買い受けられた場合、別に法定地上権を成立させる必要はないが、**共同抵当が設定された後、建物だけに後順位抵当権が設定された場合**には、観念的にでも法定地上権を考えておく意味がありそうである。土地と建物の売却価格の割り付け問題が生ずるからである。仮に、この場合に法定地上権が問題にならないとすると、建物価格は敷地利用権なしの建物となりそうであり、建物の後順位抵当権者はほとんど配当を受けられないおそれがある。しかし、後順位抵当権者は、建物を地上権付きとして評価しているのが通常であろうから、建物価格を地上権付きとして決定する必要があるように思われる。そうなると、土地価格の方は、地上権の負担を考慮して決定されることになるが、この負担について先順位抵当権者は建物抵当権によって補うことができる関係にあるから、このように解しても問題はあるまい。

＊【共同抵当とは】共同抵当については後に学ぶ機会があるが、ここでの問題を理解する上で必要な範囲で説明を先取りしておこう。**共同抵当**は、同一の債権の

担保として数個の不動産上に設定された抵当権のことで、**総括抵当**などとも呼ばれる。登記上は共同担保である旨の登記と共同担保目録によって公示される（不登83条2項）。共同抵当では、各抵当不動産が各々債権全額を担保していると観念される（人的担保における連帯保証に似ている）。その権利行使の仕方如何では、各抵当不動産の後順位担保権者の利害に大きな影響を及ぼすことになるため、民法は、異時配当がなされた場合でも同時配当があった場合と同じ負担の割り付けを行って、各不動産の負担の公平を図っている。つまり、抵当権者は任意の不動産を選択して抵当権を実行し、その代金から債権全部についての弁済を受けることができるが、当該不動産の後順位担保権者は、割付額を超える分については他の不動産につき共同抵当権者に代位できる（392条、393条）。なお、平成16（2004）年の現代語化以前の民法388条では「土地又ハ建物ノミヲ抵当ト為シタルトキ」とされていたため、双方に抵当権が設定されて一方のみが実行された場合の扱いにやや疑問があったが（事実上「ノミ」を無視していた）、改正によって「ノミ」という文言が削除され、土地・建物が共同抵当とされた場合も法定地上権が成立しうることが明らかになっている。

＊【共同抵当の場合の処理】　上述のように、土地・建物が同一所有者に帰する土地に抵当権が設定された後、建物が再築された場合、抵当権の実行で別々の所有者のものになった場合には法定地上権が成立するが、原則として、その内容は旧建物を基準としたものになるというのが判例の立場である。土地・建物双方に抵当権をつけた共同抵当の場合でも、こうなるのが本来の筋のように思われる（現に大判昭和13・5・25民集17巻1100頁は、このように解し、従来の通説もこれを支持していた[**個別価値考慮説**]）。しかしながら、新建物のために、あらためて法定地上権が成立するとなると、土地抵当権にとってかなりの痛手となることは否定できない。本来ならば、土地抵当権の把握している価値が法定地上権の負担でへこむ分は、旧建物上の抵当権が把握している地上権で補われるという関係にあったが、旧建物が取り壊された結果、その抵当権が消滅すると、あらためて新建物に抵当権を設定し直しておかないと、へこんだままになる危険性があるからである。そこで、最高裁は、共同抵当の場合には、抵当権者は土地と建物の全体の担保価値を把握しており（**全体価値考慮説**）、仮に建物が再築された場合に法定地上権を認めると土地の担保価値が法定地上権分だけ減少することになって抵当権者の合理的意思に反するから、新建物について土地抵当権と同順位の抵当権が設定されるなどの特段の事情がない限り法定地上権は成立しないとした（前掲最判平成9・2・14）。さらに、最判平成9・6・5民集51巻5号2116頁によれば、同順位の抵当権が設定されたとしても、これに優先する債権（本件では国税）があるときには、やはり法定地上権が成立しないとされている。

ちなみにバブルの崩壊後、共同抵当を設定している場合について、抵当権の実行直前に旧建物を取り壊してバラックを建てて、法定地上権を武器に抵当権者にダメージを与えようとする抵当権実行妨害が頻発した。この場合の対処法においても、

大きく個別価値考慮説と全体価値考慮説の立場に分かれた。個別価値考慮説では、土地抵当権は「**更地マイナス法定地上権**」の価値、建物抵当権は「**建物プラス法定地上権**」の価値を個別に把握しているのだから、旧建物の滅失で「更地マイナス法定地上権」の価値だけが残り、原則として新建物についての法定地上権が成立し、抵当権実行妨害事例に対しては権利濫用などの一般条項で対処するほかないとされた。他方、全体価値考慮説によれば、抵当権者が、共同抵当の形で土地・建物の価値全体を把握していることが重視され、建物抵当権の消滅によって原則として法定地上権の成立を認めない（土地抵当権は更地の価値を回復して把握していることになる）。平成4年頃に、東京地裁の執行実務が全体価値考慮説の採用を表明してからは、次第に後者が主流となり、結局、最高裁の平成9年判決による採用で、この論争に決着が付いた。ただし、高木多喜男「共同抵当における最近の諸問題」金法1349号［1993年］12頁、福永有利・リマークス7号［1993年］146頁など、個別価値考慮説もなお健在である。

⑤　**土地抵当権設定当時に建物は存在していたが、建物登記がなかった場合**に、法定地上権は成立するか。判例・通説は、法定地上権の成立を認める（大判昭和7・10・21民集11巻2177頁、大判昭和14・12・19民集18巻1583頁、最判昭和48・9・18民集27巻8号1066頁など）。抵当権の設定を受けようとする者は現地確認をするのが通常であり（**現地検分主義**）、建物の登記などが無くとも法定地上権の成立を予期して土地を評価するはずだからというのがその理由である。ただ、買受人や後順位抵当権者が建物の存在を知らず、法定地上権が成立しないものとして当該不動産を評価することも皆無とはいえず、登記の持つ事実上の情報提供機能は無視できないという問題は残る（道垣内・215頁）。

　執行官の現況調査（民執188条、57条）や評価人による評価（同188条、58条）に基づく物件明細書（同188条、62条）に法定地上権の概要が記載されることになるが、これには公信力がなく、実体関係と異なる場合は、実体関係が優先することになると考えられている（登記との関係では、後掲松本2論文が詳しい）。

(b)　土地と建物の所有者が同一であることについて
　①　**抵当権設定当時に土地・建物の所有者が異なる場合**は、その土地・建物に対する抵当権の実行による買受けの際に、土地・建物が同一人に帰して

いても、法定地上権の成立は認められない（最判昭和44・2・14民集23巻2号357頁）。抵当権設定時における建物には何らかの敷地利用権があったはずであり、この利用権が対抗要件を備えている限り、後に、土地建物が同一人に帰したとしても、抵当権の目的となっている敷地利用権は混同消滅せず（179条1項但書）、単に休眠状態に入るに過ぎないと考えられるからである。建物抵当権者は建物所有権の「従たる権利」として敷地の約定利用権に抵当権の効力を及ぼしているはずであり、土地抵当権者は建物の約定利用権のみの負担を甘受していたといえよう。

　(ⅰ)　ただ、1番抵当権設定の後に土地建物が同一所有者に帰属し、その後で2番抵当権が設定されたというような場合については、やや問題である。この問題は、より一般的に、複数の抵当権が混在する場合、すなわち、**同一不動産に複数の抵当権が存在し、その中に、抵当権設定当時に土地・建物が同一所有者に帰属する場合とそうでない場合が混在しているとき**に、法定地上権の成否をどう考えるべきかという問題といってもよい。

　判例は、建物に1番抵当権が設定された後に建物所有者が敷地の所有権を取得し、その後に建物に2番抵当権が設定されたという**建物抵当型**事例については、1番抵当権者による競売申立ての場合にも法定地上権の成立を認めるが（大判昭和14・7・26民集18巻772頁、最判昭和53・9・29民集32巻6号1210頁）、土地に1番抵当権が設定された後に建物所有者が土地所有権を取得し土地に2番抵当権を設定したという**土地抵当型**では法定地上権の成立を否定している（最判平成2・1・22民集44巻1号314頁）。2番抵当にせよ、同一所有者に属する間に**建物**に抵当権をつけた以上、土地所有者としては、1番抵当が弁済によっていつ消滅するかも知れないのであるから、その負担を覚悟しておくべきだということになろうか。逆に**土地**に抵当権をつけた場合は、建物の敷地利用権が若干不安定になってもやむを得ないと覚悟すべきであるし、抵当権者としては法定地上権が成立しないものとして担保評価し、土地競落人は、約定利用権を覚悟しても法定地上権までは覚悟していなかったとしても無理からぬところがあるということであろうか。しかし、この区別はあまり説得的でなく、建物抵当型・土地抵当型を問わず、実行時における最優先順位の抵当権を基準に法定地上権の成否を確定する方が簡明であるよう

に思われる（内田・427頁）。

　(ii)　この延長で、第1順位の共同抵当（甲）を設定した時点では、土地・建物が別々の所有者であったが、後に同一所有者のもとに帰してから第2順位の土地抵当（乙）が設定され、しかも、第1順位の抵当権が解除・抹消されて、第2順位の抵当権の順位が昇進した場合に、法定地上権は成立するのかという興味深い問題が生じた。一般論としていえば、共同抵当で建物が存続している以上、第1順位の抵当を基準に考えて良いようにも思われるが（前掲最判平成2・1・22参照）、このケースでは第1順位の抵当が既に消えている点をどう考えるかが問題となる。土地競落人（買受人）の明渡請求に対して、最判平成19・7・6（民集61巻5号1940頁＝民法判百Ⅰ〈第7版〉88事件［松本恒雄］）は、順位の上昇した第2順位の抵当権（乙）が設定された時を基準にして法定地上権の成立を認めた。曰く、

　「土地を目的とする先順位の甲抵当権と後順位の乙抵当権が設定された後、甲抵当権が設定行為の解除により消滅し、その後、乙抵当権の実行により土地と地上建物の所有者を異にするに至った場合において、当該土地と建物が、甲抵当権の設定時には同一の所有者に属していなかったとしても、乙抵当権の設定時には同一の所有者に属していたときは、法定地上権が成立すると解すべきである。／上記のような場合、乙抵当権者の抵当権設定時における認識としては、仮に、甲抵当権が存続したままの状態で目的土地が競売されたとすれば、法定地上権は成立しない結果となる……ものと予測していたということはできる。しかし、抵当権は、被担保債権の担保という目的の存する限度でのみ存続が予定されているものであって、甲抵当権が被担保債権の解除などにより消滅することは抵当権の性質上当然のことであるから、乙抵当権者としてはそのことを予測した上で、その場合における順位上昇の利益と法定地上権の不利益とを考慮して担保余力を把握すべきものであったというべきである」から、ここで法定地上権を認めても乙抵当権者に不測の損害を与えるものではない。

　土地・建物が同一所有者に帰した時点では休眠状態に入っていた約定利用権の復活を語ることも不可能ではないし客観的には法的安定に資するようにも思われるが（原田昌和・法セミ635号［2007年］106頁も参照）、前掲最高裁平成2・1・22判決の射程が、これにより明確となったことは事実である。判例は、存続している最優先順位の抵当権の設定時を基準に考えるべきであるということで、かろうじて判例の整合性を保ったわけである（判決に対し担

保の安定性を害するとして批判するのは、道垣内・212頁）。確かに、このような立場が判例として確定すると、土地の後順位抵当権は、法定地上権の負担のない土地での第2順位としての配当可能額と法定地上権の負担がある第1順位抵当権としての配当額の内でどちらか小さい方を上限として与信を行わざるをえないことになり担保価値の完全な活用が阻害されるおそれがないではない。しかし、土地と地上建物に共同抵当の設定を受けるという方法で、ある程度、問題を回避することが可能であるだけでなく、抵当権が順次に設定と消滅を繰り返すなかで抹消済みの登記についてまで後順位抵当権者に常に調査を強いることが果たして現実的かということも考えねばなるまいから（宮坂昌利・ジュリ1355号［2008年］105頁）、ひとまず判例の立場を是とすべきであろう。

(iii) なお、**土地・建物が実体的には同一人の所有となっているが、登記簿上が別名義である場合**、判例では、**土地に抵当権設定した当時**にはまだ建物についての移転登記が経由されていなかった事件で、法定地上権の成立を認めている（最判昭和44・4・18判時556号43頁［土地抵当型］、最判昭和48・9・18民集27巻8号1066頁［土地抵当型］）。同様に、**建物に抵当権を設定した当時**、土地に自己名義の登記を備えていなかった場合も、抵当権実行による建物競落人が、競落以前に所有権を取得した土地譲受人に対して法定地上権の成立を認めた（最判昭和53・9・29民集32巻6号1210頁［＝河上・法協97巻8号［1980年］1200頁］。ただし、この事案で土地譲受人は土地取得当時に土地登記簿の記載［土地所有権取得原因の期日］と建物登記簿から建物抵当権設定当時に実体上は土地・建物が同一人の所有に帰していたことを知り得た事案である）。土地抵当型であればこれでもかまうまいが、建物抵当型の場合には、土地の第三取得者にそこまでの負担を常に覚悟せよというのは一般論としてはやや問題が残る。判例が現地検分主義を前提に完全に登記不要説に踏み切ったと見るのは早計であり、せめて現地検分と登記簿から、土地譲受人が法定地上権を覚悟するだけの情報が明らかであることを要するように思われる。

逆に、**抵当権設定当時には土地・建物が異なる所有者に帰していたにもかかわらず、登記簿上は同一所有者名義であった場合**はどうか。建物抵当型の場合（A建物所有・B土地所有で、いずれもA名義の登記）、抵当権者は登記を

信頼して法定地上権の成立を期待し、土地について真実と異なる外観を呈していた土地所有者Bの負担において法定地上権の成立を認めることはやむを得まい。しかし土地抵当型の場合（A建物所有・B土地所有で、いずれもB名義の登記）には、Aの敷地利用権は対抗要件を具備していないため抵当権に対抗できず、結果として法定地上権の成立が否定される（やや古いが、大判昭和6・5・4新聞3276号7頁）。

② 以上に対し、**抵当権設定時は土地・建物の所有者が同一であったが、その後所有を異にするに至った場合**はどうか。たとえば、抵当権設定当時には土地・建物が同一人に帰属していたが、その後いずれか一方又は双方が第三者に譲渡された場合、法定地上権は成立するか。通常は、土地・建物の所有者が異なるようになった時点で賃借権などの約定利用権が設定されるであろうが、これは抵当権に後れる利用権であるため、抵当権の実行によって覆る可能性がある。このとき、(i)約定利用権は消滅して、抵当権者が当初予期していた法定地上権が現実化するに過ぎないと考えるか（我妻・355頁、川井・369頁ほか通説）、(ii)約定利用権がある以上、法定地上権を認めることは建物譲受人を必要以上に保護することになるので、約定利用権の方を優先させるべきであると考えるか（林良平編・注釈民法(8)181頁［柚木＝上田］）、あるいは(iii)法定地上権・約定利用権ともに成立するとした上で、建物譲受人はいずれも選択的に利用可能と考えるか（鈴木禄弥・借地法〈上〉〈改訂版〉［青林書院、1980年］263頁）など、学説は分かれる。しかも、建物抵当型と土地抵当型の場合では当事者の利益状況が微妙に異なる。しかし判例は、若干の動揺の後に、法定地上権優先説を採用して（大連判大正12・12・14民集2巻676頁、大判昭和8・10・27民集12巻2656頁など）、今日に至っている。この場合、法定地上権が成立するので約定利用権は消滅する（前掲大判昭和8・10・27）。このように考えることが、388条の趣旨に合致するとともに、抵当権者は、少なくとも抵当権設定当時において法定地上権の成立を予期できたはずであり、競売時の建物所有者が何人であるかは問うべきでないと考えられるからである。実際問題として、たまたま売ってしまうと法定地上権がなくなるというのも不合理であるし、抵当権設定後の約定利用権が抵当権に対抗できないとする以上、抵当権者が抵当権を設定した際の合理的期待や競落人の覚悟

図 5-14

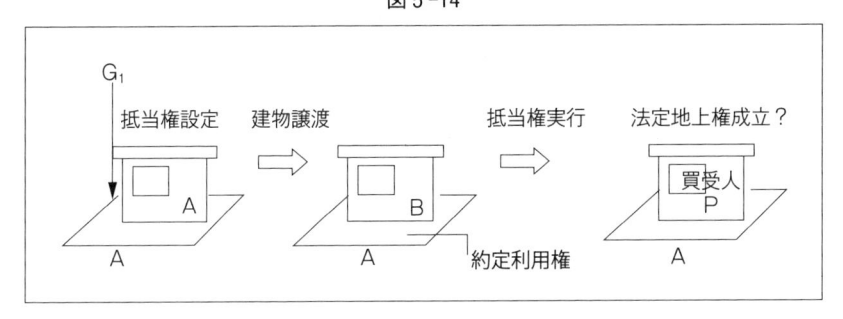

からいっても、妥当な結論と思われる。

③　抵当権設定当時には土地建物が同一人に帰属していたが、土地又は建物に所有権に関する他の者の仮登記が存在していた場合、法定地上権は成立するであろうか。

　土地に仮登記があり建物に抵当権が設定された場合［建物抵当型］は、ひとまず法定地上権が成立しうるが、土地の仮登記が本登記になった時点で新所有者にはその法定地上権を対抗できない（最判昭和41・1・21民集20巻1号42頁）。建物所有者と土地の新所有者の間で、土地の所有権移転を停止条件とする約定利用権が設定されていることが多いであろうから、抵当権者は、この約定利用権を取得して建物の存続を図るほかない。

　逆に、建物に仮登記があり土地に抵当権が設定された場合［土地抵当型］、ひとまず法定地上権が成立するが、仮登記が本登記になった時点で、多くの場合に設定されている建物所有権取得を停止条件とする約定利用権が発効し、これが建物仮登記によって土地抵当権者に対抗できる結果（借地借家10条）、敢えて法定地上権を認めるまでもない。法定地上権成立を認める実益があるのは、土地競売時に、建物所有権が未だ仮登記名義人に移転していないような場合であるが、仮登記を本登記に移した場合の整合性を考えると、法定地上権といっても、そこでは自己の予定している約定利用権の範囲でのみ主張できるとするのが適当であろう（道垣内・218頁）。

　なお、**仮差押え**があった場合も基本的に同様と考えてよい。仮差押えが本執行に移行して強制競売がなされると、買受人に対して法定地上権を対抗す

ることができないからである（建物抵当型につき最判昭和47・4・7民集26巻3号471頁）。

(c)　土地・建物が共有の場合
　土地又は建物のいずれかが共有の場合に、法定地上権の成否はどうなるか。
　①　共有地上の建物（土地抵当型）　たとえば、土地共有者（ＡＢ）のうちの一人Ａが地上建物を単独所有する場合に、Ａが自己の土地持分権にＧのために抵当権を設定し、この抵当権が実行された場合、建物について法定地上権が成立するであろうか。判例（最判昭和29・12・23民集8巻12号2235頁）は、**他の土地共有者の同意がなければ、その建物のために法定地上権は成立しない**とした。客観的・外形的事実から、他の共有者が法定地上権の成立を予め容認していたとみることができない以上、これを認めることは予期せざる負担を他の共有者に課すことになるというのがその理由である（最判平成6・12・20民集48巻8号1470頁。なお、仮換地につき法定地上権の成立を認めた例外的事案［他の共有者が法定地上権を容認していたもの］として最判昭和44・11・4民集23巻11号1968頁がある）。学説は、法定地上権の成立を肯定する説（我妻・360頁）、原則的に否定する説（岩本信行「共有不動産をめぐる法定地上権の成否」判タ386号［1979年］35頁、川井・372頁）、事態の複雑化（ＢＧ間では約定利用権、ＡＧ間では法定地上権）を避けるべく一体として約定利用権の取得を認める説（高木・198頁）などがあり一致を見ない。
　②　共有建物［土地抵当型］　他方、建物の共有者（ＡＢ）のうちの一人Ａが土地を単独所有し、Ａがその土地にＧのために抵当権を設定し、この抵当権が実行された場合には、法定地上権が成立するとした判例がある（最判昭和46・12・21民集25巻9号1610頁）。Ａは、自己のみならず他の共有

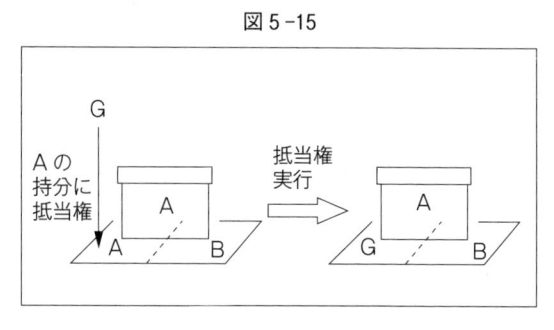

図5-15

者Bのためにも土地利用を認めていたわけであるから、土地抵当権設定時にAが建物を単独で所有していた場合と同様、法定地上権を成立させてもよいとの判断によるものである。

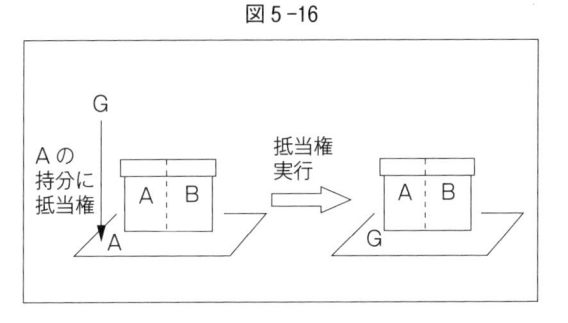

図5-16 Aの持分に抵当権　抵当権実行

③　共有地上の共有建物［土地抵当型］　また、土地・建物の双方が互いに異なる共有者間での共有であった場合（土地はABC共有、建物はADE等8名が共有）について、たとえ土地の共有者ABCがAの債務を担保するために各々の持分について共同してGのために抵当権を設定していたとしても、法定地上権は成立しないとした判例がある（最判平成6・12・20民集48巻8号1470頁）。これには「他の共有者らがその持分に基づく土地に対する使用収益権を事実上放棄し、Aの処分にゆだねていたなどにより**法定地上権の発生をあらかじめ容認していたと見ることができるような特段の事情**がある場合でない限り」という限定が付されている。本件におけるBCはAの妻子であって実質的にはAの単独所有に近い事案ではあったが、そのような事情が「登記簿の記載等によって客観的かつ明確に外部に公示されるものではない」ことから、法定地上権の成否に影響しないものとされたものである。

なお、民事執行法上の法定地上権（民執81条）についてであるが、最判平成6・4・7（民集48巻3号889頁）は、ABの共有に属する土地・建物において、土地のAの持分が強制競売で売却されてCが持分を取得したという事案で、法定地上権の成立を否定した。確かに、ここでは法定地上権の成立を認めずとも直ちに建物の収去を余儀なくされる関係にはないが、建物の敷地利用のためにいかなる権原を想定しているかは明らかでない（Bの持分権？）。いずれにせよ、最高裁は土地共有の場面で、地上建物のために法定地上権を認めることには積極的でない。法定地上権という負担を受ける土地の共有持分権者の利益を極力守ろうとする意図に出たものと推察されるが、その運用は厳格に過ぎる。むしろ、他の共有者が法定地上権の成立を予め容認してい

たとみることのできる事情を緩やかに認定するか、共有者間での敷地利用に関する約定利用権（とくに親族間での停止条件付きの借地権設定合意を含む）などを認定するなどによって、問題を柔軟に処理する方法が模索されるべきではあるまいか（借地借家15条の趣旨を考慮せよ）。

(3) 法定地上権の内容・登記・消滅

(a) 内容

　法定地上権も、その基本的性質・内容は通常の地上権と異ならない。ただ、法定地上権の及ぶ範囲は、建物敷地に限定されず、建物を利用するのに必要な限度で敷地以外にも及ぶとされている（大判大正9・5・5民録26輯1005頁）。法定地上権について当事者が協議で定めた存続期間がないときの存続期間は買受人が代金を支払った時を始期として「期限の定めがない」ものとなるが、借地借家法3条によって、30年間となる。地代は、合意で定めるか、当事者の請求によって裁判所が定める（388条後段）。いずれにせよ、借地借家法11条に基づく地代増減請求も認められよう。

(b) 登記

　法定地上権も一般の物権公示の原則に従い、当事者間では登記を要しないが（大判明治41・5・11民録14輯677頁）、第三者に対しては登記なくして対抗できない（177条）。ただし、借地借家法10条の適用があるときは、建物の登記さえあれば法定地上権の登記がない場合でも、土地譲受人に敷地利用権を対抗できる（最判昭和63・1・26裁判集民事153号323頁）。なお、AのBに対する土地抵当権が実行され、Cが買い受けて土地所有者となり、B所有の未登記の地上建物について法定地上権が成立した後に、BがDに当該未登記建物を譲渡した事案で、Dは登記なしにはCに地上権を対抗できないとした裁判例がある（最判昭和44・4・18判時556号43頁）。建物譲渡に伴う地上権の移転を通常の物権変動になぞらえるなら、177条によって登記を要すると考えられるわけである（ただし、古い裁判例には登記不要としたものがある［大判昭和12・6・5民集16巻760号］。近江・196頁も177条の適用を否定し、登記不要とする）。

(c) 消滅

法定地上権の消滅は、地上権者の権利放棄や存続期間の満了（268条）など、通常の地上権の消滅と同様である。

(4) 一括競売（389条）の可能性

更地に抵当権設定後に建物が築造された場合については、抵当権者は建物所有者が誰であろうと、原則として、建物を収去するという前提で抵当権を実行できる。しかしながら、場合によっては、建物を収去して土地を更地に戻すことなく、抵当権を実行することも可能である。これが「**一括競売**」の制度であり、抵当権者は、土地と共にその建物を競売に付することができる。ただし、その優先権は、**土地の代価分についてのみ**行使することができる（389条1項）。この規定は、当該建物の所有者が抵当地を占有するについて抵当権者に対抗できる権利を有する場合には、適用されない（同条2項）。

確かに、最有効利用の可能性を前提に評価された更地価格と比べた場合、建物が建っている土地では価格が低下することが多い（**建付減価**）。しかし、有為な建築物によって地価が上昇している場合や建付減価を生じてもなお土地価格が被担保債権を弁済するに充分であれば、建物を敢えて壊す必要はなく、抵当権者は、土地と建物を一括して競売した上で、土地価格から優先弁済を受けるのが（建物売却代金は建物所有者に帰属するが、他に債権者がいないときは、抵当権者がそこから弁済を得ることが可能であることはいうまでもない）、社会経済的にも好ましい。一括競売を定めた389条の文言は、平成15（2003）年改正前には、「設定者カ抵当地ニ建物ヲ築造シタルトキハ」とされており、第三者が築造した建物を適用外としていた。そのため、ときに抵当権設定者が第三者と通じて建物を築造して一括競売を妨害するといった事態も生じた。他方、学説の間でも、無用に建物を壊す弊害を避けるべきことを理由に、設定者が建物を築造した後に土地や建物が譲渡されて土地と建物の所有者が異なった場合や、当初から第三者が抵当権に対抗できない借地権に基づいて建物を建てた場合でも一括競売の適用を認めるべきであるとの見解が主張されていた。そこで、平成15年（2003年）の改正法は、建物を築造した主体を問わず、一括競売を認めることとし、建物所有者が土地所有者に対抗できる敷

地利用権を持つ場合に限って適用を排除することにしたわけである。
　一括競売をするかどうかは抵当権者の自由に委ねられており、その申立てがあれば、裁判所は裁量の余地はなくこれに応じるべきである（内田・432頁）。一括競売の趣旨は、建物収去を回避することにあるから、原則として、土地・建物は同一人によって買い受けられるべきことになろうか。

(5) 小括
　以上のように、法定地上権をめぐる問題状況は、決して見通しのよいものではない。しかし、そこで語られる事柄は意外と単純な考慮の組合せであり、およそ次のような諸点にまとめることができよう。すなわち、
　　第1に、法定地上権制度は、当事者間での約定利用権が機能しえない場面で、補充的に作用すべき制度であること、
　　第2に、当事者（抵当権者・抵当権設定者）の合理的期待、とりわけ優先的抵当権の設定時における担保評価をできるだけ尊重すべきこと、
　　第3に、後順位担保権者との関係で、不動産の担保価値を最大限に活用できるよう配慮すること、
　　第4に、建物保護と土地の有効活用という社会的・公益的要請に配慮すること、
　　第5に、公示のあり方を含め、不動産の第三取得者に不測の損害を与えないよう配慮すること、
である。これらは、ときに対立するため、その相互調整が求められる。そして、最後に借地権と法定地上権の差異をどの程度重く見るかによって立場を異にするわけである。
　ちなみに、金融実務では、同一所有者に土地・建物が帰属している場合は、いかに融資額が低くとも共同抵当の利用を原則とし、いずれか一方のみを担保に取ることは考えにくい。まして敷地利用権不明のまま建物に抵当権を設定することは、まずない（土地所有者から「承諾書」を取り付ける）。そうなると、法定地上権問題が起きるのは、あまり厳密な担保評価の期待できない局面であったり、敷地利用権そのものが曖昧なままになっている親族間での土地利用である可能性が高く、むしろ約定利用権の存在を柔軟に認定して、建

物の存続保護への要請を相対的に優先させるのが現実的であるのかも知れない。また、立法論としては、抵当権設定時における自己借地権・自己地上権の導入が真剣に検討されてよい。

 *【参考文献】　判例をめぐる研究はすこぶる多く、しかも重要である。一般的には、村田博史「法定地上権」星野英一ほか編・民法講座(3)［有斐閣、1984年］139頁以下所収、田中克志「土地・建物の一体化と法定地上権・一括競売制度」静岡大学法政研究2巻3＝4号［1998年］1頁、松本恒雄「民法388条（法定地上権）」民法典の百年Ⅱ645頁以下所収［有斐閣、1998年］、同「法定地上権と登記」鎌田薫ほか編・新不動産登記講座(4)［日本評論社、2000年］235頁以下所収、松本恒雄＝大段亨「法定地上権と一括競売」鎌田薫ほか編・民事法Ⅱ〈第2版〉［日本評論社、2005年］92頁以下所収、能見＝加藤編・論点体系・判例民法(3)［第一法規、2009年］175頁以下［中山知己］など、参照。

第8節　抵当権と目的不動産の第三取得者

　抵当権実行以前の段階では、抵当権の目的不動産の所有者（抵当権設定者）は、抵当権者の利益を害しない限り、その不動産について、その占有を失うことなく自由に使用・収益・処分する権限を有している。したがって、抵当権の存在によって、設定者の使用・収益・処分権が制約されることは、必要最小限にとどめることが望ましい（他方で、抵当不動産所有者にとって予想以上の負担でなければ、抵当権者に抵当権を自由に処分する権利を認めてよい）。

　抵当目的不動産の所有権を売買などによって取得した者を「**第三取得者**」と呼ぶ。この第三取得者は、たとえ目的不動産に抵当権が設定されていたとしても、処分権を有する所有者から目的不動産を譲り受けることによって所有者としての諸権能を享受できることはいうまでもない。しかし同時に、この第三取得者は、優先する抵当権が実行されて（抵当権の追及効）、いつ自己の支配を覆滅され、所有権を失うか判らないという不安定な状態におかれている。抵当権の付着した不動産を入手した第三取得者は、前主の地位を引き継いだ格好になっており、いわば物上保証人同様だからである。確かに、第三取得者は、その競売において買受人となることはできるが（390条参照）、取得の際の売買代金とは別に、競売代金を支払わねば目的不動産の支配を継続することはできない（なお、391条も参照）。その意味では、第三取得者にとっては、抵当権者に遅れる利用権者以上に、抵当権の存在が深刻な問題となるわけである。かかる不安定さに対処するため、第三取得者には、いくつかとり得る手段がある。

　たとえば、債務者Sが債権者Gから2500万円を借り受け、3000万円相当の自己所有の甲不動産に抵当権を設定し、SがこれをDに時価で売却するという単純な場面を考えよう。もちろん被担保債権額が時価より大きい場合もあれば、後順位抵当権者が存在して被担保債権総額が時価を超えている場合や、甲不動産の所有者がS以外の物上保証人Eであるような場合もあるが、これらについても、別途検討を加えよう。

図 5-17

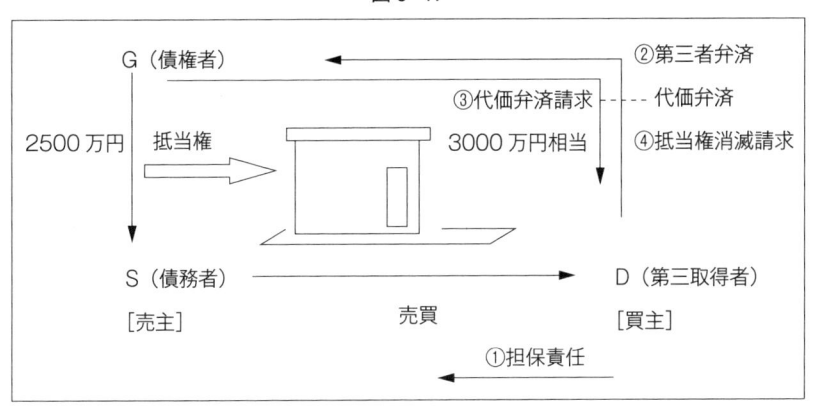

```
┌─────────────────────────────────────────────────────┐
│         G（債権者）         ←──────── ②第三者弁済    │
│          │              ③代価弁済請求----代価弁済     │
│  2500万円 │抵当権  ⟹    3000万円相当   ④抵当権消滅請求│
│          ↓                                           │
│         S（債務者）  ──────→  D（第三取得者）        │
│         ［売主］       売買     ［買主］              │
│                      ←────── ①担保責任              │
└─────────────────────────────────────────────────────┘
```

1 売主の担保責任

　仮にDが、甲不動産を時価3000万円で購入したが、抵当権の実行によってその所有権を失った場合、Dは前主であるS（それ以外の物上保証人Eからの取得の場合も同様）に対して、**売主の担保責任**を追及して（567条参照）、契約の解除や損害賠償を請求できる。また、抵当不動産について必要費・有益費を支出していた場合は196条の区別に従って、抵当不動産の代価から他の債権者よりも先にその費用償還を受けることができる（391条。なお、同条の問題点については、清水元「民法391条について」東北学院大学論集〈法律学〉29号［1986年］15頁以下を参照）。同時に、自己の出捐で被担保債権を（一部）消滅させ、抵当権を消滅させたことにもなるわけであるから、S（またはE）に対する求償権を取得することになる（372条→351条）。もっとも担保責任を追及するにはDが善意でなければならず*、抵当権設定登記があるのでDが全く事情を知らないという事態は少ないが、既に被担保債権は弁済済みである（→抵当権は消滅しており登記は形骸化している）と過失なく信じていたような場合には、これによって保護される可能性がある（契約法で学ぶ）。ただ、抵当権を実行されるような状態のSやEに、充分な資力があることはあまり期待できず、その無資力リスクをDが負う結果、このような救済には限界がある。

＊【追奪担保責任】　一般に、567条の担保責任に関しては、**買主の善意・悪意を問わず**、担保権の実行によって買主が所有権を失った場合には契約解除ができ（第1項）、第三者弁済・代価弁済・抵当権消滅請求などによって所有権を保存した場合には当該費用の償還請求ができ（第2項）、損害を受けた場合にはその賠償請求ができる（第3項）ことは、条文の解釈として定着している（内田貴・民法Ⅱ〈第2版〉［東大出版会、2011年］150頁、山本敬三・民法講義Ⅳ-1契約［有斐閣、2005年］259頁、平野裕之・民法総合(5)契約法［信山社、2007年］322頁など）。しかし、実際には、登記などによって抵当権の存在が明らかであるとすると、①抵当権が存在することを前提に（買主悪意）負担を差し引いて安い価格で売買代金を定めているような場合には、担保負担は買主に引き受けられたものと考えられるから、売主には負担のない目的物の所有権をDに移転する義務がなく、その限りでは売主に義務違反はなく、567条の担保責任は発生しない（担保責任免除特約があると考えても良い）。他方、②抵当権が存在しないことを前提に通常の価格で売買代金が定められたような場合であれば、売主は抵当権負担のない目的物所有権の移転義務を負うわけであるから、担保責任を負うことになり、567条が適用される。567条の想定している場面は②である（山本・前掲260頁、柚木＝高木編・新注釈民法(14)246頁以下など）。確かに、抵当権があるからといって、それが必ず実行されるわけではなく（債務者がきちんと債務を弁済すれば実行されない）、Dが完全な所有権を取得する意図で売買をしても、そのこと自体は不当ではないため、567条の要件では、566条の場合のように買主の「善意」が要件となっていない。その限りで、「買主の善意・悪意は問わない」という理解が正しい。しかし、通常の売買で、抵当権の負担やリスクを無視して代金が定められることはまずなく、他方で、買主としては、抵当権消滅請求の手続が終わるまで代金支払いを拒んだり、遅滞なく抵当権消滅請求をなすよう請求することも可能である（577条1項）。抵当権の存在を認識した（＝悪意の）合理的買主が、何らかの形で負担のない所有権を手に入れようとする場合には、前記のような手段を利用するのではないかと考えられる。したがって、ここで売主の担保責任を追及する買主のほとんどは、抵当権の負担がないものと信じていた（＝善意の）場合と考える方が、経験則に一致する。そこで、本文では「善意でなければならず」とした。具体的には、抵当権登記はあるが、弁済済みであると過失なく信じていたような場合が考えられよう。

2　第三者弁済など

(1)　履行の引受

被担保債権が弁済期前である場合、Dとしては、抵当権が実行される場合

に備えてＳに対して被担保債権額と売買代金の差額である500万円だけを代金として支払っておいて、甲不動産を手に入れることが考えられる。これは、ＳとＤの間で、被担保債権について「履行の引受け」があったとみて良い事態である。そこでは、被担保債権の弁済期が到来してＧがＳに債務の履行を請求した場合、ＤはＳに代わって履行することが予定されている。もちろん、このことはＳ・Ｄ間での債権的な約束事に過ぎないから、Ｇとの関係でＳが債務を免れたり、ＧがＤに対する直接の債権を手に入れるわけではない（債務引受とは異なる）。ここではＤが無資力となった場合に2500万円分が回収不能となるリスクは、Ｓが負っていることになる。

(2) 第三者弁済・債務引受

以上とは別に、**第三者弁済**もしくは**債務引受**による方法も考えられる。被担保債権の債務者Ｓが抵当権設定者であり、抵当不動産の前主でもあるとき、第三取得者Ｄは第三者弁済（474条）をすることによって被担保債権・抵当権を消滅させつつ（消滅における附従性）、それによって発生するＳに対する求償権と売買代金とを相殺することで、負担のない所有権を取得することが可能となる。

ただ、そのためには、被担保債権が**弁済期**にあることおよび不動産を取得した際の**売買価格が被担保債権額より大きいこと**が前提となろう。被担保債権額が売買価格より大きい場合は、売買価格を全部提供しても抵当権が消えず（不可分性！）、Ｄとしては第三者弁済をする実益があまりない。また、後順位抵当権者が控えていて、売買価格がそれらを含めた被担保債権の総額に満たない場合も同様である。上位の抵当権が消えても、後順位抵当権の順位が昇進して優先弁済権を主張するだけであるから（順位昇進の原則）、Ｄとしては不安定な地位から抜け出すことができない。

被担保債権の弁済期が未到来の場合には、債務者Ｓから被担保債務を引き受ける（肩代わりする）ことで＊、同様の実を上げることも期待される（ただし、債務が存続している以上、抵当権を消すことはできない）。とはいえ、「期限の利益」が債務者にあることを考えれば、**期限の利益**を放棄して第三者弁済をしてしまうことも不可能ではない。

被担保債権が期限前であっても、Sが期限の利益を放棄してしまえば原則として債務を弁済できるわけであるから（136条2項）、Dは、474条によって第三者弁済をなし、抵当権を消滅させることもできる場合がある。その際、DのSに対する求償権が発生し、売買代金が未払いなら、これと相殺の上で、差額だけをSに渡して負担のない甲不動産を手に入れることが可能となる。もっとも、後述の「抵当権消滅請求」（379条以下）の手続きでは、競売価格が通常の売買価格よりも低くなるのが通例であるから（そのこと自体は問題）、比較的安価に抵当権を消滅させる可能性が高く、第三者弁済がすすんで選択されるかは、疑問である。

＊【履行の引受・債務引受】 第三者Dが債務者Sとの契約によって、Sの債権者Gに対する債務についてSに代わる弁済を約することを「履行の引受け」と呼ぶ。民法典には規定がないが、第三者が債務の弁済をなすこと（第三者弁済）が認められる場合には、履行の引受が可能と解され、広義の債務引受に属するが、DがSに対する関係で債務を履行する義務を負うだけで、Gに対する関係で直接に債務を負わない点で、**重畳的（併存的）債務引受**［引受人が債務者となるだけでなく原債務者にも債務が残る］や**免責的債務引受**［原債務者の債務は消滅し引受人のみが債務者となる］とは、理論的に区別される。他方、債務引受については、営業譲渡に関連して商法18条に規定があるが、やはり民法典に明文規定がない。しかし、債務引受が可能であることは古くから判例によって認められ、債務者と引受人の合意によって**「第三者のためにする契約」**（537条参照）が成立し、債権者の受益の意思表示を通じて併存的債務引受になり（大判大正6・11・1民録23輯1715頁）、債務者の同意がなくとも（その意思に反しない限り）、債権者と引受人の同意で免責的債務引受が可能とされており（大判大正10・5・9民録27輯899頁）、併存的債務引受ならば債務者の意に反しても可能とされる（大判大正15・3・25民集5巻219頁）。併存的債務引受があった場合には、特段の事情がない限り、原債務者と引受人の間には、連帯債務関係が生ずる（最判昭和41・12・20民集20巻10号2139頁）。詳しくは、債権総論で学ぶ。

(3) 代価弁済

第三取得者Dが積極的に抵当権を消滅させようとしない場合でも、抵当権者Gの側から代価（＝不動産の売却代金）の弁済と引き換えに抵当権の消滅を持ちかけてくることがある（物上代位ではない）。このとき、Dは、Gからの「請求に応じて」代価を弁済し抵当権を消滅させることができる（378条）。

これを**代価弁済**という。この代価弁済制度の存在は、抵当権について物上代位が認められないと解されることの根拠でもある。代価弁済をした第三取得者Dは、抵当権者Gに支払った限りで、目的不動産についてのS（またはE）に対する代金債務を免れ、抵当権は「その第三者のために」消滅する*。このような代価弁済が実質的に意味を持つのは、**被担保債権額が不動産の売買価格を上回っている**ような場合である。競売をしても大して高く売れそうもなく、今後の値上がりも期待できないようなときに、抵当権者としては、この売買代金をそのまま受領した方が良いと判断して、代金を自分に払えと請求するわけである。これに対してDが応じると（応じなくとも良い）、抵当権が消滅し、被担保債権は弁済額の範囲で消滅し、残りが無担保債権となる。なお、（存続期間中の対価を一括して支払った）**地上権**取得者についても代価弁済の可能性が認められている（378条参照。小作料は利用に対する定期の対価であるからということで、永小作権については言及されていない）。

　ただ、代価弁済の制度は、上に見たように、抵当権者の側から請求してはじめて認められる仕掛けになっているため、第三取得者のイニシアティブでこの方法を利用することはできない。抵当権者としても、むやみに実行を強要されるのは不都合だからである。抵当権者の意思に関わりなく抵当権を消滅させるには、次に述べる抵当権消滅制度を利用する必要がある。

　　*【その第三者のために消滅する】　この言い回しは、主として地上権の第三取得者の場合に意味がある。たとえば、SのGに対する債務を担保するためにS所有の甲地に抵当権を設定した後、Dのために期間30年、代金600万円の地上権が設定された場合、Gの請求に応じてDが600万円をGに代価弁済すると、Gの抵当権はDの地上権を否定する効力を持たなくなる。つまり、Gは地上権の負担を伴う甲地上に抵当権を有することとなり、競売が行われても、地上権は買受人に対抗できることになる。Dにとってみれば、自己に優先する抵当権は消滅したと同様の扱いになる（Dのために消滅した）わけである。これに対し、所有権譲渡についての売買代金が全額Gに支払われた場合に、抵当権が甲地上から全部消滅することは、いうまでもなく、Dのためにのみ消滅するわけではない。

(4)　抵当権消滅請求

　第三取得者が、正面から抵当権を消滅させる方法は、「**抵当権消滅請求**

(379条以下)」によるものである。これは、旧来の**滌除**(てきじょ)制度が、平成15(2013)年改正によって改められたものである*。抵当権消滅制度にあっては、被担保債権全額の弁済がない場合でも抵当権を消滅させ得る点で、抵当権の不可分性に修正をもたらし、同時に、抵当権実行の見合わせによる抵当不動産の不適切な「塩漬け」を回避して、その流通を促進する機能を営んでいる*。第三取得者が任意売却で抵当不動産を取得するに際して、抵当権消滅請求がいわば後見的役割を演ずるだけでなく、たとえば、大規模な都市再開発、マンション建替えに反対する区分所有者に売渡請求を行ったが当該区分所有権に物件の価額を上回る被担保債権額での抵当権が設定されていたような場合、借地権設定者が建物買取請求を受けたが当該建物にオーバーローンの抵当権がついているといった場合など、抵当権を消滅させることに事業の促進や取引関係の円滑な処理のために意味が見出される局面も少なくない。

*【滌除制度の問題点】 旧滌除制度の下では、目的不動産の第三取得者が適当な代価での滌除を申し立てると、抵当権者が滌除を拒んで「増加競売」という特別の競売を申し立て、著しく廉価な滌除申立てに対抗できることとなっていたが、増加競売は文字通り第三取得者の提供する代価額よりも増加した(1割増し以上の)売却価格でなければ認められない(1割以上の高価格で買い受ける者が現れないときは抵当権者自身が1割の増加価額で買い受けなければならない)ものであり(旧384条)、しかもその額を予め保証金として提供するなど、様々な手続的制約を伴うものであった(改正前の民執186条)。また、滌除の申立てによって抵当権実行のタイミングが計れず、増加競売に失敗するリスクを冒すことをそれて目的不動産を安く買いたたかれるなど抵当権実行妨害の問題も指摘されていた。そこで、滌除制度の見直しが図られ、増加競売制度を廃止してこれに伴う抵当権者の買受義務の負担をなくすなど、抵当権者の権利行使の自由を尊重する現行抵当権消滅請求制度に改められた。ちなみに、旧滌除制度は抵当権についての公示制度が不完全であったフランス古法(purge制度)に範を求めたもので、隠れた抵当権をつりだして不動産取引の安全を図ろうとしたものであり、その今日的意義には否定的見解も少なくなかった(柚木=高木・415頁など参照)。抵当権消滅請求制度への移行とその評価については、織田博子「抵当権消滅請求制度」伊藤進先生古稀・担保制度の現代的展開[日本評論社、2006年] 51頁以下所収が、包括的な検討を加えており、参考になる。簡潔には、大村・249頁以下も参照。

*【無剰余措置との関係は?】 民事執行法のタテマエでは、買受可能価額でも差押債権者の債権に優先する債権と手続費用を弁済して剰余を生ずる余地がないときは、原則として競売手続が続行されない(**法定無剰余措置**。民執63条参照)。それゆ

え、被担保債権額が抵当不動産評価額を上回っているときは、抵当権者は、他の債権者からの介入を受けることなく、自己の望む時期に抵当権を実行できる自由を有し、したがって、抵当権実行による弁済受領を強制されない。しかし、他の差押債権者の場合と異なり、第三取得者にとっては、自分の所有権を確定的なものにすることに合理的意味があり、むしろ抵当権の実行を渋って不動産流通を阻害するなどの「不動産の塩漬け」を解消することに、抵当権消滅請求の積極的意味が見出される（道垣内・166頁以下参照）。

(a) 請求権者

抵当権消滅請求をなし得るのは、抵当不動産の**所有権を取得した第三取得者**である。平成15（2003）年改正前の旧378条には、「所有権、地上権又ハ永小作権ヲ取得シタ第三取得者」との表現があり、改正で単に「第三取得者」とされたという経緯があるが（379条：地上権・永小作権の取得者は解釈上除外される）、消滅請求の請求権者を拡大する意図での改正ではなかったとされているから、従来通り、このように解して差し支えあるまい（道垣内・167頁）。請求権者たる資格として、対抗要件である登記が必要かどうかは定かでない。しかし、かつての滌除制度の下での請求権者について仮登記を有する場合についてもこれを認めたものがあり（大決昭和10・7・31民集14巻1449頁）、判例上は、所有権を確実に取得しているのであれば本登記までは不要ということになろうか（通説は、むしろ本登記を必要とする）。しかし、**停止条件付第三取得者**については、明文で、条件成就未定の場合は抵当権消滅請求をすることができないとされており（381条）、仮登記がありさえすればよいということでもない。とくに、担保権実行前の仮登記担保権者はこれに該当するであろうし、すすんで、抵当不動産の所有権を担保目的で譲り受けただけの譲渡担保権者については、本登記があっても抵当権消滅請求を認めるべきではあるまい（滌除請求について、最判平成7・11・10民集49巻9号2953頁も同旨）。むしろ、担保権者間での債権回収における公平を優先させるべきだからである。なお、主たる債務者、保証人およびそれらの承継人は、たとえ所有権を取得しても消滅請求をなすことはできない（380条）。債務全額の弁済について責任を負う者だからである。

当初から複数不動産について抵当権者が共同抵当権を設定している場合に、

その一つについての第三取得者が抵当権消滅請求をなすことは可能であろう。しかし、抵当権設定後に土地が分筆されて、分筆後の一つの不動産について第三取得者が登場した場合は、この第三取得者は抵当権消滅請求ができないと解される（道垣内・168頁）。同様に、1個の共有不動産の全体に抵当権が成立している場合に、一部の共有持分の譲受人が、当該持分について抵当権消滅請求をすることもできないというべきである。抵当権者が1個の不動産全体に把握している交換価値を分断することは、抵当権者にとって不測の不利益となるから、消滅請求を認めることは適当でないからである（滌除請求について、最判平成9・6・5民集51巻5号2096頁も同旨）。

(b) 消滅請求手続

抵当権消滅請求においても、D自身が抵当不動産価額を評価し、それを抵当権者が受領する代わりに抵当権を消滅させる点では滌除と変わらない。しかし、第三取得者Dは、抵当権実行としての**競売による差押えの効力が発生する前**に、この抵当権消滅請求をしなければならない（382条：旧制度では、第三取得者への抵当権実行通知があるまで、第三取得者はいつでも滌除請求ができた［旧382条1項］。なお、一般債権者が強制競売を申し立てた場合は、改正前と同様、差押えの効力発生後でも抵当権消滅請求ができる）。逆に言えば、抵当権者の競売による差押えの効力発生後に第三取得者が消滅請求をしても、当該請求は無効であり、たとえ後に抵当権者が競売申立てを取り下げても、［抵当権消滅手続の中での競売申立てではないから］申出額承諾の効果は生じない（384条2号参照）。

抵当権者は、第三取得者からのこの請求を受諾してもよいが、無視して競売をすることもできる。つまり、抵当権消滅請求制度は、抵当権者の抵当権実行権限に影響を及ぼさない限りで第三取得者に権利を認めるにすぎない制度として設計されているのである。

抵当権消滅請求手続は、概ね以下の通りである。

① 抵当不動産の第三取得者は、抵当権登記を有する全ての債権者に対して383条所定の書面を送付し、この書面には、次の事項が記載されていなければならない。

(i)　取得の原因・年月日、譲渡人及び取得者の氏名および住所、抵当不動産の性質、所在、代価その他取得者の負担（383条1号）。

　(ii)　抵当不動産に関する登記事項証明書［現に効力を有する登記事項の全てを証明したもの］（同条2号）。

　(iii)　債権者（抵当権者）が2か月以内に抵当権を実行して競売の申立てをしないときは、抵当不動産の第三取得者が第1号に定める代価又は特に指定した金額を債権の順位に従って弁済又は供託なすべき旨（同条3号）。

　②　この書面の送付を受けた債権者は、競売申立てをするかどうかを決め、申立てをするのであればその旨を債務者と抵当不動産譲渡人に通知し（385条）、抵当権の実行に取りかからなければならない。しかし、送付を受けて2か月以内に抵当権を実行して競売申立てをしないとき（申立てをしても取り下げたとき）、申立てが却下されたとき、申し立てられた競売手続の取消決定が確定したときには、383条3号に記載された代価又は指定金額を承諾したものとみなされる（384条各号）。旧制度とは異なり、この競売に特段の制約はなく、申立期間も2倍に延長されている（第三取得者の申出金額に不満がある抵当権者は、この期間内に第三取得者と金額引き上げの交渉をすることもできる）。他方、競売申立てをなす場合においては、それが許される期間内に、その旨を債務者および抵当不動産の譲渡人に通知しなければならない（385条）。もっとも、通知を受けても、利害関係人には競売を止める手段はないから、通知の懈怠が競売申立ての有効性を左右すると考えるべきかは疑問である（道垣内・170頁。旧法下の増加競売通知につき、我妻・382頁、星野・291頁も同旨）。

　③　最後に、承諾あるいは承諾の擬制があった場合は、登記をした全ての債権者（抵当権者）が抵当不動産の第三取得者の提供した代価または金額を承諾したものとされ、かつ、抵当不動産の第三取得者がその承諾を得た代価又は金額を書面に記された順に従って払い渡す（又は供託する）と、これによって抵当権が消滅する（386条）。提供を約束された金額が遅滞なく全額支払われない（又は供託されない）ときは、消滅請求の効力は、配当を受ける見込みのない後順位抵当権者との関係でも、その効力を失う（滌除の通知の効力に付き、大決大正4・11・2民録21輯1813頁、大判昭和5・4・18民集9巻

358頁など参照)。なお、提供金額の弁済や供託がなされた場合、抵当権は消滅するが、抵当権抹消登記については共同申請主義がとられているので、抵当権者が抹消登記手続に応じてくれないときは、第三取得者はあらためて訴えを提起して抹消登記を求めるほかない。抵当権消滅請求制度を私人間の自治に委ねた結果としてやむを得ないことかも知れないが、せっかくの制度であるから、何らかの手当てが必要であろう。

④　抵当権消滅請求に対抗するために抵当権者が申し立てた競売において、買受希望者が出現しない場合にも、抵当権者は自己買受義務を負担せず、3回売却をしても買受希望者が現れないときは、「売却の見込みなし」ということで競売手続が取り消される。ただ、この場合でも抵当権者は抵当権消滅請求を承諾したものとはみなされないため、抵当権が消滅しない結果に終わる場合がある（従来の滌除では、最終的に抵当権が消滅したが、改正後の消滅請求ではその点が保証されていないために不安定さを残している）。

ちなみに、倒産法制においても、同様な**担保物権消滅請求**制度が認められており（会社更生104条、民事再生148条）、被担保債権全額の弁済がなくとも抵当権を消滅させることができ、債務者の更生を支えつつ、抵当不動産の流通を図っている。

第9節　抵当権の処分

　担保物権が一般に附従性を有するとはいえ、抵当権設定契約において定められた以上の負担を抵当権設定者（目的不動産所有者）に負わせるものでない限り、抵当権者が自己の有する権利を第三者に処分することも認められてよい。そこで、民法376条1項は、「抵当権者は、その抵当権を他の債権の担保とし、又は同一の債務者に対する他の債権者の利益のためにその抵当権若しくはその順位を譲渡し、若しくは放棄することができる」ものとし、その処分についての対抗要件を定める（376条2項、377条）。他の債権の担保とすることを転抵当、抵当権そのものの譲渡・放棄、抵当権の順位の譲渡・放棄を総称して、**抵当権の処分**という。以下、分説しよう。

1　転抵当

(1)　転抵当の意義
　転抵当とは、抵当権そのものを元の被担保債権と切り離し、他の債権の担保とする（いわば抵当権に担保権を設定する）ことをいう*。附従性の例外である。

　たとえば、被担保債権の弁済期が未到来で、抵当権を実行する段階に至らない間に、抵当権者に新たな資金を必要とする事態が生じたような場合、抵当権者は、これをさらに担保に入れることで資金を得ることができるといった点に転抵当の意味がある。事情によっては、特定の後順位抵当権者や、抵当権設定者の債権者に対し、自己の有する優先弁済権を譲ってやることで恩恵を与えたり、対価を得るということが必要な場合もあろう。

　具体的に、ビルの入居者Aがビル所有者Bに入居保証金や建設協力金を支払い、その原資を金融機関Gが融資しているような場合、入居者が当該ビルについて有する抵当権（被担保債権はAのBに対する保証金等の返還請求権）について再度担保にとって転抵当を取得する例がある（旗田庸「抵当権の処分と金融実務」加藤＝林編・担保法大系（第1巻）［金融財政事情研究会、1984

図 5-18

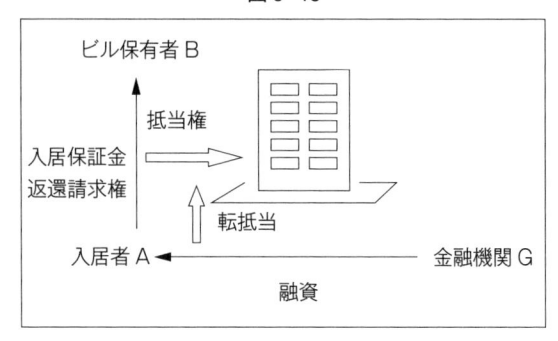

```
          ビル保有者 B
              ↑
            抵当権
   入居保証金  →
   返還請求権
              ↑
            転抵当
   入居者 A  ←――――  金融機関 G
            融資
```

年]755頁以下)。これによって、担保物権の附従性を前提とした被担保債権と抵当権の結合関係は絶たれることになる。

　転抵当は、債権の早期回収をなすことと実質的に変わらない場合が多く、質物を再利用する「**転質**」(348条)と同じ機能を有する(＝**抵当権の再利用**)。民法の対抗要件に関する規定では、物権変動固有の対抗要件と指名債権の場合の対抗要件の双方が要求されている点に留意する必要がある(376条2項、377条参照)。

　抵当権設定者の承諾を得て行うものを「**承諾転抵当**」、承諾なしに抵当権者の責任において行うものを「**責任転抵当**」などと呼ぶが、対抗要件の形から見て、民法に規定されているのは原則として責任転抵当と解すべきであろう。

(2) 法的性質など

　転抵当の法的性質については、転質の場合のように様々な説があるが、基本的にはもとの抵当権者が把握していた目的物の価値を転抵当権者に直接把握させることを意味しており、これにふさわしい構成であれば足り、端的に、抵当権に再度担保権を設定するものと考えておけばよい(債権・抵当権共同質入れを考えるのであれば376条で敢えて規定を設けるまでもない)。

(3) 要件・効果

　転抵当の具体的な設定方法、要件・効果については民法に規定がないため、

解釈で決することになる。転抵当は、抵当権者と転抵当権者の間での合意によって設定され、原抵当権設定者や後順位抵当権者などの同意を要しない。それだけに、その効果において、原抵当権設定者や後順位抵当権者の利益を害さないように注意しなければならない。

　従来、一般には、原抵当権の被担保債権の額より転抵当権の被担保債権の額の方が小さいことが必要とされ、かつ、転抵当権の被担保債権の弁済期が原抵当権の被担保債権の弁済期より早く到来すべきものであることが要求された。つまり、原抵当権の把握した価値支配の条件・限度内で、転抵当権者がその価値を再度支配すると考えられるため、それに相応しいサイズでの担保化であることが予め求められたわけである。そのため、転抵当の実行の要件としては、転抵当の被担保債権の弁済期が到来しても、しばらくの間「足踏み」をして、原抵当権の被担保債権の弁済期が到来しないと、転抵当を実行できないと解されている。

　しかし、以上のことは、転抵当である以上、原抵当権以上の効力が認められるわけではなく、当然の効力上の制約と考えられるものであるから、設定のための有効要件とまで言う必要はない（同旨、道垣内・189頁）。転抵当の被担保債権の弁済期が後に来る場合も、原抵当権の弁済期到来時に原抵当権の被担保債権額を供託して抵当権を消滅させて差し支えない。

(4) 対抗要件
(a) 他の抵当権処分との優劣

　原抵当権について複数設定された転抵当権どうしの優劣は、原抵当権の設定登記にいずれが早く転抵当権の付記登記を経由したかによって決せられる。順位は、付記登記の順序による（376条2項）。原抵当権についての他の処分、すなわち、抵当権そのもの又はその順位の譲渡・放棄あるいは抵当権の順位の変更を受けた者との優劣も、同様に、付記登記の先後で定まる。

　以上は、通常の物権変動における対抗問題と同様の処理である。

(b) 原抵当権の被担保債権についての利害関係人との関係

　問題は、原抵当権の被担保債権についての利害関係人との関係である。

第一に、付記登記がなされない限り、転抵当権が設定されたことを第三者に対抗することはできず、この「第三者」には、原抵当権の被担保債権の債務者も含まれる。

　第二に、転抵当権が設定されたことについての転抵当権設定者（＝原抵当権者）から債務者への通知もしくは債務者の承諾がある場合には、債務者は言うまでもなく、保証人・原抵当権設定者およびその承継人は、もはや原抵当権の被担保債権を弁済しても、それによる原抵当権の消滅を転抵当権者に対抗できない（377条2項）。また、明文ではないが、他の利害関係人についても、原抵当権の被担保債権の債務者をインフォメーション・センターとして、転抵当が設定されたことを知りうる立場にあるから（債権譲渡の対抗要件の場合と同じく）、それらの者に対しても転抵当権が対抗力を備えると解すべきである。

　第三に、転抵当権者と、原抵当権の被担保債権譲受人との優劣をも、377条2項が間接的に決することになる。すなわち、抵当権の処分に関する通知を受けた後に、被担保債権譲渡の通知を受けた債務者等は、譲受人に対して有効に弁済を拒絶でき、結果的に譲受人が転抵当権者に劣後することになるからである（松本恒雄「転抵当と被担保債権の譲渡・質入れの競合」池田真朗ほか・マルチラテラル民法［有斐閣、2002年］186頁以下に立ち入った分析がある）。このとき、転抵当に関する通知の日付が操作されるおそれから、確定日付が要求されてしかるべきかとも思われるが、第三者対抗要件たる付記登記が前提になっているとすれば、日付の偽装は困難であり、あえて確定日付ある通知を要求するまでもないとの見解（道垣内・191頁）を支持したい。

(5) 転抵当権の実行

　転抵当権の実行と言っても、担保目的である原抵当権を競売に付するというわけではなく、結局のところ、原抵当権を実行するということにならざるを得ない。それゆえ、転抵当権実行のためには、原抵当権実行に必要な要件も整わなければならない。たとえば、転抵当権の被担保債権の弁済期のみならず、原抵当権の被担保債権の弁済期も到来していることを要し、原抵当権の優先弁済権の範囲内において、転抵当権者自らの被担保債権の範囲での優

先弁済権を行使することができるにとどまる。他の債権者によって抵当不動産の競売手続が開始された場合も同様である。

2　抵当権の譲渡・放棄、順位の譲渡・放棄

(1)　意義

民法376条1項後段では、4種類の抵当権の処分態様、すなわち、**抵当権の譲渡・抵当権の放棄、抵当権の順位の譲渡・抵当権の順位の放棄**が想定されている。実際には抵当権の順位の変更（374条）を利用することが多く、実務上の利用は多くない。

抵当権の譲渡と抵当権の放棄は、相手が一般債権者である場合の処分方法で、抵当権の順位の譲渡・抵当権の順位の放棄は、後順位抵当権者に対する関係で問題となる。

この際、「**譲渡**」という概念は、処分行為の相手の順番と自分の順番を入れ換えることを意味しており、「**放棄**」は、相手を自分の地位にまで引き上げて抵当権を準共有する形になることを意味している。つまり、他の者に対してはともかく、処分行為の相手に対しては自分への優先弁済を主張しないという意味である。こうした処分にかかる行為は、あくまで相対的なものである。したがって、契約に関与しない他の関係人（債務者・抵当権設定者・後順位担保権者等）の利益を害さない形での処理が求められる。対抗要件や抵当権の実行は、転抵当の場合と異ならない。

(2)　具体的な帰結

主として問題が発生するのは、順位譲渡や放棄等の場合に、処分者と相手方である受益者とで被担保債権の額が異なるときである。受益者の被担保債権額の方が大きい場合と、逆の場合で考えてみよう。

(a)　受益者の被担保債権額の方が大きい場合

たとえば、Aのもつ甲債権（1000万円）、Bの持つ乙債権（1000万円）、Cの持つ丙債権（2000万円）があり、AがCに対し1番抵当権の譲渡をしたと

しよう。そうすると、Cが2000万について1番抵当権を持ったのでは、この処分によって中間者Bの利益が害されることがあり得る（売却価格が3000万円に満たないとき）。そこで、1番抵当権の被担保債権は変わらず1000万円であり、Cの1000万円だけが1番抵当で担保され、Aの甲債権は無担保になると考えられる。

図5-19

A	1000	甲
B	1000	乙
C	2000	丙

Aによって抵当権の「順位の放棄」があった場合は、当初把握していたAの1000万円分の優先弁済権がCと共有され、1：2の割合で分配される。

(b) 処分者の被担保債権額の方が大きい場合

先の①の例で、甲債権が2000万円、乙債権が1000万円、丙債権が1000万円であるとしよう。Aから「順位の譲渡」をされることによってCは1000万円について1番抵当権を得ることになるが、そのままでは中間者Bが上昇して1000万円分の得をする可能性がある。そこで、Aの処分によっても中間者Bの地位が変わらないようにするには、Aの甲債権について1000万円分だけは相変わらず1番抵当を持つことになる。

図5-20

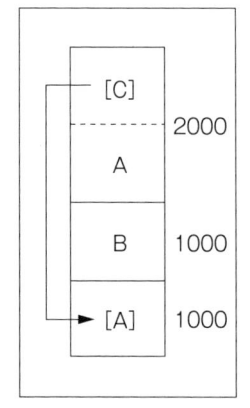

[C]	
---- (2000)	
A	
B	1000
[A]	1000

「抵当権の順位の放棄」があった場合には、2000万円分がAC間で2：1の割合で分配される。

(c) 受益者・処分者の優先劣後関係

①の場合において、目的不動産が3000万円で売却されたとすると、順位が上がったCの1000万円と2番抵当を持つBの1000万円が配当されることには問題がないが、残りの1000万円についてはAとCのいずれが優先して配当にあずかるだろうか。かつては平等にという説もあったが、現在では順位を譲渡した者（＝A）が完全に劣後するものとされている。

「順位の放棄」の場合は、AとCはBに配当した残りの2000万円を1：2

で分け合うということになろう。

　抵当権の譲渡・放棄、順位の譲渡・放棄の４種類のうち、もっとも頻繁に行われるのは抵当権の順位の譲渡であるといわれる。たとえば、土地にＡとＢのために抵当権が設定されているが、まだ不動産の担保価値に余裕があるような場合、Ｃが登場して１番抵当でなければ貸さないと主張する場合は、いったんＣのために３番抵当をつけておいて、Ａとの間で順位の譲渡が行われる。このような無理が通るのは、Ａが中小金融機関でＣが大銀行であるというような場合が多いらしい。

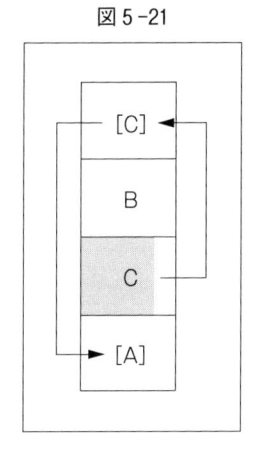

図5-21

　なお、全員が話し合いの合意で順番を入れ換えることもあるが、そのようなタイプの順位の変更は376条の想定している順位の譲渡ではない。しかし今日では、374条１項、２項により、そのような順位の変更も利害関係者の承諾を得て可能とされ、順位変更の登記（不登89条）がその対抗要件となる（昭和46（1971）年の改正によるもので、かつては自由な合意で順位を入れ替えることは認められていなかった）。

第10節　抵当権の消滅

　抵当権は、担保物権共通の消滅原因である被担保債権の弁済や、物権共通の消滅原因（目的物の滅失・混同消滅など）、さらに代価弁済・抵当権消滅請求・競売などによって消滅する。
　なお、抵当権の客体となる権利の放棄については、若干注意を要する。以下、民法にある3か条の特則について説明を加えておこう。

1　時効による消滅

　時効による抵当権の消滅に関しては、396条および397条の2か条があるが、その理解については見解が分かれている。両条文は、ローマ法に起源を有し、フランス古法、フランス民法旧2180条4号を経て、旧民法（債権担保編295条、296条）に導入され、今日に至っている。もともと、抵当権の公示が不十分であった時代の産物でもあり、今日の解釈論としてどのように考えるべきかさらに検討が必要である*。
　第1の問題は、抵当権自体が独立して時効によって消滅する可能性があるかである。民法396条は、「抵当権は債務者及び抵当権設定者に対しては、その担保する債権と同時でなければ時効によって消滅しない」と規定する。その趣旨は、抵当権が債権担保のための制度である点を重視し、両者の運命を一体としてとらえようとする点にある。同条があることによって、債権者は、少なくとも抵当権の消滅時効中断のために二重の手続きを踏む必要はないことになる（星野・293頁）。また、設定者に、抵当権のみの時効消滅を主張させることは適当でもないとの判断がある。ちなみに、物上保証人は被担保債権の時効中断の効果を免れることはできないというのが判例の立場である（最判平成7・3・10判時1525号59頁）。
　しかし、大判昭和15・11・26（民集19巻2100頁）によれば、396条は（債務の弁済について特別の義務や責任のある）債務者や物上保証人についての特則に過ぎず、その他の目的物の第三取得者や後順位抵当権者との関係では、

167条2項によって抵当権も20年の消滅時効に服するという。

　どう考えるべきか。被担保債権について、承認などによる中断によって消滅時効が完成していないとすれば、たとえ弁済期から長期間が経過したとしても、それ自体について「権利の行使」を観念しがたい抵当権の消滅時効を分離させて認めることは適当と思われず、むしろ、被担保債権の消滅時効の完成をもって一体として処理すべきではあるまいか（最判昭和48・12・14民集27巻11号1586頁は、被担保債権の消滅時効が完成した場合には、第三取得者もこれを援用することによって抵当権の消滅を主張できる旨を判示している。河上・総則講義538頁、583頁など参照）。その結果、民法167条2項の「財産権」から、抵当権は除外され、目的物所有者との関係で抵当権自体が時効消滅するのは397条の定める場面に限定されると解すべきである。397条では、取得時効の効果として抵当権の消滅が特別に定められているのだということになろうか。

　＊【文献など】　清水誠「抵当権の消滅と時効制度の関連について」加藤一郎編・民法学の歴史と課題［東京大学出版会、1982年］165頁以下、草野元巳「抵当権と時効」玉田弘毅先生古稀記念・現代民法学の諸問題［信山社、1998年］45頁以下、古積健三郎・換価権としての抵当権［弘文堂、2013年］292頁以下。学説は大きく二分される。一つは、判例のように、396条と397条を切り離して、396条を抵当権自体の消滅時効を債務者・抵当権設定者との関係で制限する規定とし、397条を抵当不動産の取得時効による抵当権の消滅に関する規定とする理解する立場である（我妻・421頁以下、鈴木・91頁、船越・115頁、安永・328頁、松井・114頁、山川・166頁など）。今一つは、抵当権については一般の消滅時効（167条2項）の適用を否定しつつ、396条・397条を一連の規定と理解し、それらが抵当権が時効によって消滅すべき場合を規定したもので、特に、397条は抵当権自体が被担保債権から独立して時効によって消滅する場合を規定したものとするものである（来栖三郎・法協59巻1号［1941年］169頁、有泉亨・民商13巻5号［1941年］103頁、星野・293頁、内田・473頁、道垣内・229頁、高橋・246頁など）。

2　目的物の時効取得による消滅

　第2の問題は、抵当目的物が第三者の取得時効にかかった場合についてである。民法397条は、「債務者及び抵当権設定者でない者」が抵当不動産について取得時効に必要な要件を具備する占有をしたときは、抵当権はそれによって消滅するものと定める。時効取得は一種の原始取得であるから、目的物に付着していた制限物権は消滅するのが原則ともいえそうである（必然的に

そうなるわけではない→道垣内弘人「時効取得が原始取得であること」法教302号[2005年] 46頁以下、52頁）。

　では、抵当不動産の**第三取得者**のもとで時効が完成した場合はどうか。判例は抵当目的物の第三取得者には397条の適用はないとしている（大判昭和15・8・12民集19巻1338頁）。歴史的に、397条のオリジンは抵当権の公示が不完全であった時代に、第三取得者の利益を保護するために用意された規律ではあるが、今日では、その機能する局面が限定されることもやむを得まい。第三取得者は、通常、登記によって抵当権の存在を認識し、実質的に抵当権設定者・物上保証人と同じ地位にあるといえるからである（川井・416頁参照）。となると、本条は、目的不動産をたまたま占有しているときや、登記官の過誤で抵当権登記がなかったような場合にのみ適用される例外的な規定ということになる。しかし、起草者は、397条は文字どおり第三取得者についての規定と考えていたようである（梅・547頁以下、来栖三郎・判例民事法昭和15年度76事件、星野・293頁など参照。沿革については草野・前掲論文56頁以下、古積・前掲書298頁以下に詳しい）。歴史的な制度理解としては、こちらが妥当である（しかも他人物の占有でないことは今日の判例上必ずしも障害ではない）。もっとも、上述のように、第三取得者は登記の際に抵当権の存在を知ることができるはずであるから、ほとんどの場合に過失が認められる。そこで、抵当権の存在について悪意の場合は、10年の時効が完成しても抵当権付不動産が時効取得されると考えることになり（星野・293頁、野村豊弘・法協87巻5号 [1970年] 128頁など）、抵当権が消滅するには20年間の占有を要すると考えるべきことになろう（最判昭和43・12・24民集22巻13号3366頁は、第三取得者が未登記のまま占有開始時に所有権について善意・無過失でありさえすれば、抵当権の存在について悪意又は有過失であったとしても10年間の占有で取得時効が認められるとするが、抵当権の負担のない所有権の取得時効まで認めたものだとすると、疑問が残る）。

　なお、最判平成24・3・16（民集66巻5号2321頁）は、A所有の甲不動産について未登記譲受人Bのもとで取得時効が完成したのち、時効取得を原因とする所有権移転登記を経由しないうちに、Aが第三者Cのために甲不動産に抵当権を設定して抵当権設定登記を経由し、その後Cの申立てによって競

売手続が開始されたために、BがCの抵当権設定登記時を起算点とする甲不動産の再度の取得時効の完成を理由に第三者異議の訴えを提起した事案で、未登記譲受人BがCの抵当権設定登記時から甲不動産について引き続き取得時効に必要な占有（善意での10年間の占有）を継続したときは、「BがCの抵当権の存在を容認していたなど抵当権の消滅を妨げる特段の事情がない限り」Bは甲不動産を時効取得し、その結果Cの抵当権は消滅するから、BはCの申し立てた担保不動産競売手続に対して第三者異議の訴え（民執38条）を提起して競売手続の取消しを求めることができるとした。事案は、第三者による占有開始の「後」に抵当権が設定されたものであり、397条の射程外ともいえそうであり、長期にわたる継続的な占有を保護すべきものとする時効制度の趣旨、時効完成後の譲渡の局面での再度の時効取得の可能性（最判昭和36・7・20民集15巻7号1903頁）とのバランスが決め手となろう。

3　地上権・永小作権の放棄

　民法398条は、地上権または永小作権を抵当権の目的とした者が（369条2項参照）、その権利を放棄しても、それをもって、抵当権者に対抗することができない旨を定める。したがって、抵当権は消滅していないものとして扱われる。他人の権利の目的となっている権利は、その者の関与なしに勝手に放棄できず、このことは一種の信義則（あるいは禁反言）の現れでもあり、混同消滅の例外（179条）とも共通する。確かに放棄は処分権を有する者の自由ではあるが、これによって他人の権利に不利な影響を与えることは許されず、時に条件成就の妨害ともなろう（130条参照）。この規定が援用される別の場面もある。たとえば、借地上の建物に抵当権が設定されている場合、借地契約を合意解除しても、そのことを抵当権者に対抗できないとするのが判例であるが（大判大正11・11・24民集1巻738頁、大判大正14・7・18新聞2463号14頁など）、その背後には398条の考え方が控えている。建物抵当権の効力は敷地利用権に及んでおり、それを承知で、他の者が合意によって一方的に喪失させることは認められないというわけである。抵当権者としてはそのような権利放棄や合意解除による消滅を無視してよい。これに対し、有体

物である抵当目的物を所有者が滅失させた場合には、抵当権は消滅する（最判昭和62・7・9判時1256号15頁［抵当目的である建物の解体］）。抵当権者としては、所有者に対する損害賠償請求で満足せざるを得ず、第三者が滅失させた場合は、所有者の有する損害賠償請求権に物上代位していくほかない。

第11節　特殊の抵当(1)：共同抵当

　ここでは、特殊の抵当(1)として、共同抵当について学ぶ。特殊とはいっても、わが国では、不動産が土地・建物に分かれており、しかも土地が細分化されていること等から、被担保債権の担保として複数の不動産にまとめて抵当権を設定する共同抵当がすこぶる多く、決して例外的な担保形態というわけではない。債務者との関係では、抵当目的物が増えただけのことであるが、それぞれの不動産に設定された後順位抵当権の存在や、抵当目的物の一部もしくは全部が債務者以外の者（物上保証人）の所有である場合、抵当目的物の一部が第三者に譲渡された場合など、共同抵当実行後の配当をめぐっては、様々な形態での関与者の利害調整が必要となる問題領域である。まずは、債務者所有の複数不動産に抵当権が設定されている場面から始めて、多様な形態での処理へと検討を進めよう。

1　共同抵当とは

　たとえば、GのSに対する9000万円の融資に際して、債務者Sの所有する甲地（8000万円）と甲地上の乙建物（4000万円）の両者を共に9000万円の貸金債権の担保に取って抵当権の設定を受ける場合のように、「同一の債権の担保として数個の不動産（必ずしも同一所有者の物である必要はない）につき抵当権を有する場合」を**共同抵当**という（392条）。つまり、同一の被担保債権の担保として複数の抵当目的不動産が存在する場面である。日本では、土地と建物が別個の不動産であり、また、一筆の土地面積が比較的小さいために、しばしば、土地とその地上建物や、数筆の土地、数個の建物等に、併せて抵当権を設定する共同抵当の形がとられている*。

　債権者としては、抵当目的物の毀損や滅失に備えて、できるだけ充分な担保を取っておく必要があり、ひとまずの担保としては甲不動産だけでも何とか間に合うような場合にも、余分に抵当をつけておくことには理由がある（**危険の分散**）。また、一部の担保で不足する場合は、別の不動産や物上保証

人の不動産に、併せて抵当権を設定することもあり、こうした**担保価値の集積**によって、債権者は被担保債権に見合うだけの担保目的物を獲得できる。さらに、複数の担保目的物（たとえば土地とその地上建物）を共同抵当とすることで、それらの**一体的処理**が可能となり、既に見た法定地上権をめぐる複雑な問題を回避することも期待される。すなわち、いわゆる**全体価値考慮説**の下では、土地・建物を共同抵当とした抵当権者は、もともと土地の価値全体を把握しているものと判断され、共同抵当の目的であった建物を取り壊してバラックなどを建築して抵当権者にダメージを与えようとする行為に対しても、法定地上権を容易に認めないという形で保護される結果が期待されるのである（最判平成9・2・14民集51巻2号375頁参照＊）。

＊【**抵当建物の分割と複数建物の合体**】　長屋形式の建物では、当事者の設定合意とは別に、共同抵当ができあがることもある（139頁以下参照）。たとえば、一個の抵当目的物である甲建物の真ん中に隔壁を造って2個の独立した乙・丙建物となし、甲建物の滅失登記をして、乙・丙建物の保存登記がなされたような場合、甲建物の抵当権を消滅させることは適当でないから、乙・丙建物について共同抵当の形をとることになる。逆に、長屋形式の隣接する甲・乙建物に、それぞれ異なるＡＢの抵当権が設定されており、その後に、隔壁が撤去されて一個の丙建物になった場合には、甲・乙建物について滅失登記がなされても、それによってＡＢの抵当権が消滅するのは適当でなく、各抵当権は丙建物につき、甲建物・乙建物の価格の割合に応じた持分を目的として存続すると解される（最判平成6・1・25民集48巻1号18頁参照）。ちなみに、合体前の建物上の抵当権登記は、合体後の建物登記簿に移記されることになっている（不登49条、50条、不登規則120条参照）。

＊【**最判平成9・2・14**】　判旨は、この間の事情を次のように述べる。「所有者が土地及び地上建物に共同抵当権を設定した後、右建物が取り壊され、右土地上に新たに建物が建築された場合には、新建物の所有者が土地の所有者と同一であり、かつ、新建物が建築された時点での土地の抵当権者が新建物について土地の抵当権と同順位の共同抵当権の設定を受けたとき等特段の事情のない限り、新建物のために法定地上権は成立しないと解するのが相当である。けだし、土地及び地上建物に共同抵当権が設定された場合、抵当権者は土地及び建物全体の担保価値を把握しているから、抵当権の設定された建物が存続する限りは当該建物のために法定地上権が成立することを許容するが、建物が取り壊されたときは土地について法定地上権の制約のない更地としての担保価値を把握しようとするのが、抵当権設定者の合理的意思であり、抵当権が設定されない新建物のために法定地上権の成立を認めるとすれば、抵当権者は、当初は土地全体の価値を把握していたのに、その担保価値が

法定地上権の価額相当の価値だけ減少した土地の価値に限定されることになって、不測の損害を被る結果になり、抵当権設定当事者の合理的意思に反するからである。」この問題については、法定地上権に関する本書第5章第7節2⑵も参照。

2 共同抵当の設定と公示

共同抵当の設定には特段の方式がない。とにかく同一の被担保債権の担保のために、複数の抵当目的物が供されていればよい。各目的不動産が同一人に帰属していなくともよく、また、各々の目的物に対する抵当権が同時に設定される必要もないため、後から追加的に設定してもよい。

共同抵当の設定登記は、目的物の各々の登記の末尾に、それと共同抵当の関係にある他の不動産が存在する旨の記載（記号及び共同担保目録の目録番号を含む）をすることによって行われる。当該登記を管轄する登記所には**共同担保目録**が備えられ、そこに共同抵当目的不動産の権利関係が全て記載されることになっている（不登83条1項4号、同2項、不登規則166条〜170条）。もっとも、このような登記簿上の共同抵当に関する記載は、対抗要件的意味を持つものではなく（したがって登記をしたからといって特に抵当権者に有利になるわけではない）、むしろ後順位抵当権者等の利益のために要求されるものである。そのため共同抵当の公示は、ときに不完全で、むしろ登記による公示とは無関係に、後順位抵当権者から「実質的に共同抵当である」として配当異議が唱えられたり、後述の代位行使がなされて、はじめて問題が顕在化することも少なくない。

3 共同抵当権の実行と代価の配当

⑴ 全部配当主義と後順位抵当権者等の公平

共同抵当の実行においては、共同抵当権者に、原則として各抵当権についての自由な選択権が認められており、同時に、あるいは、別々に抵当権を実行して、それぞれから被担保債権全額に満つるまでの配当を受けることが認められる（**全部配当主義**）。つまり、共同抵当は、すべての抵当目的物から

各々被担保債権全額に満つるまでの債権回収をなしうる（配当を受けることができる）。その意味で、複数の債務者からそれぞれ全額弁済を受け得る連帯債務（432条参照）に似ている（鈴木・278頁）。

　しかし、抵当権者が目的物を自由に選んで抵当権を実行できるとすると、各不動産に後順位抵当権者が存在している場合や、目的不動産が債務者所有ではなく物上保証人所有のものであるような場合などには、最終的な配当において、それらの者の間で互いに有利・不利を生じかねない。

　たとえば、債権者Gが9000万円の融資に際し、債務者Sの甲・乙それぞれの不動産（代価8000万円・4000万円）に1番抵当権（共同抵当）の設定がなされ、その後、各々にA、Bの2番抵当権（各被担保債権が4000万円・2000万円）が設定されたような場合、Gが先ず甲だけを差し押さえて競売すれば、Gは甲の売却代金である8000万円全額について配当を受け、甲の2番抵当権者Aには剰余がなくなり、次いで乙が競売されると、Gは残った1000万円について乙の売却代金から優先的に配当を受け、乙の2番抵当権者Bは、残余の3000万円から十分な弁済を得ることになりそうである。抵当権実行の順序が逆の場合には、甲の2番抵当権者Aの方が有利になる。かかる事態は、後順位抵当権者同士にとって大いに不公平であって、その立場を著しく不安定なものにする。だいいち、どの不動産から先に実行されるか分からないよう

図5-22

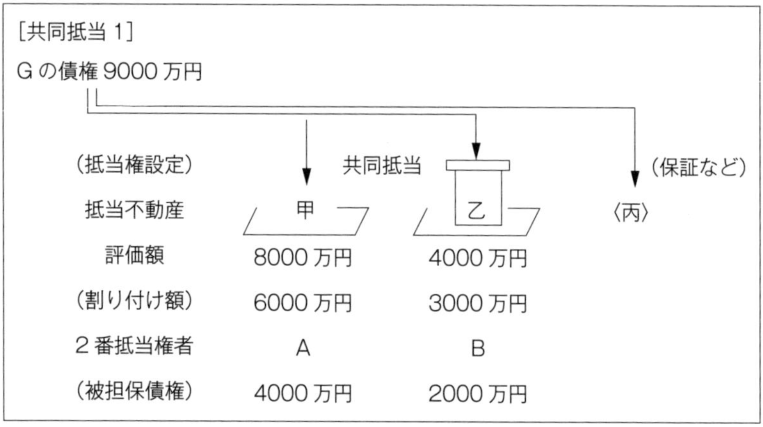

```
[共同抵当1]
Gの債権 9000万円

（抵当権設定）        共同抵当              （保証など）
抵当不動産      甲           乙           〈丙〉
評価額        8000万円      4000万円
（割り付け額）   6000万円      3000万円
2番抵当権者      A            B
（被担保債権）   4000万円      2000万円
```

では、剰余が出なくなるのを恐れて、それぞれに後順位抵当権者がつかず、各不動産の担保価値の有効な利用が望めない。

(2) 割り付け

そこで、民法は、全ての共同抵当権が同時に実行されて配当がなされた場合（同時配当）を基準にして、担保目的物の価額に応じた按分によって、共同抵当の場合の各目的物が負担すべき内容を確定して（**割り付け**）、後順位抵当権者等の地位を保全することとした（392条）。

以下、全ての共同抵当権が同時に実行される場合（**同時配当**）と、いずれかの抵当権が先に実行される場合（**異時配当**）に分けて上述の例に則し、具体的に説明しよう。

① 同時配当の場合

まず、共同抵当の目的不動産全部について同時に抵当権が実行され、競売された場合（同時配当の場合）には、Ｇは、甲・乙不動産の**代価に応じて被担保債権の額を按分し、その債権額に至るまで**弁済（配当）を受けることができる（392条1項）。ここにいう各不動産の「代価」とは競売における売却代金のことであるから、競売をやってみてはじめていくらであるかが確定し（評価額と一致するとは限らない）、「債権額」も配当時点での（375条にしたがって計算された）元本・利息等の合計金額をいう。ひとまず単純化して述べると、Ｇは、不動産の売却価額に応じ、2：1で被担保債権総額の9000万円を分け、甲から（9000×2/3＝）6000万円、乙から（9000×1/3＝）3000万円の配当を受けることになる。これを、共同抵当における「**割り付け**」と呼ぶ。かかる割り付けの措置があることによって、各不動産の担保価値に余力がある場合に、安んじて一定の配当を期待できる後順位抵当権者等が現れ、債務者Ｓは追加融資を受けることができる（→担保価値の有効利用）。

ちなみに、やや特殊な問題であるが、甲不動産について、順位の放棄などによって共同抵当権者Ｇと同順位の抵当権者Ｐがいる場合は、「まず、当該1個の不動産の不動産価額を同順位の各抵当権者の被担保債権額の割合に従って按分し、各抵当権者により優先弁済請求権を主張することのできる不動産の価額（各抵当権者が現実に把握した担保価値）を算定し、次に、民法392

条1項に従い、共同抵当権者への按分額及びその余の不動産の価額に応じて共同抵当の被担保債権の負担を分けるべきもの」とする近時の判例がある（最判平成14・10・22判時1804号34頁）＊。

＊【同順位抵当権者への配当】　本文の甲不動産について、共同抵当権者G（債権額9000万円）と同順位の抵当権者P（債権額3000万円）が存在し、同時配当を行う場合の計算方法としては、2つの考え方がありうる。ひとつには、まず392条1項にしたがって、Gの被担保債権を甲乙の不動産価額に応じて割り付けておいて、甲不動産への割り付け額（6000万円）について、GとPの被担保債権の割合に応じて按分するやりかたである（Gには6000×3/4＝4500万円、Pには6000×1/4＝1500万円）。これは、基本が共同抵当であることを前提に、行使される債権額を基準にするものである。今ひとつには、甲不動産の代価をGとPの被担保債権額の割合によって按分しておき、次いで、Gへの按分額と乙不動産の価額（4000万円）に従って負担を分けるという考え方がある。つまり、甲不動産の代価8000万円をGに6000万円、Pに2000万円と按分しておいた上で、甲乙の価額割合6000万：4000万にしたがって負担を分けると、6000万×6/10＝3600万円が甲からGに配当されることになる。最判平成14・10・22は、後者の立場を採用している。要するに、全部配当主義を前提に、Gが支配していた担保価値を不動産価額によって按分するという考えを貫徹させているわけである。

②　異時配当の場合

(i) 異時配当と全部配当主義　ある不動産（たとえば甲地）についてのみ競売手続がなされた場合にも（**異時配当**）、Gは、甲不動産の売却価額から8000万円全額の配当を受けることができる（392条2項前段）。残りの1000万円分は乙不動産の代価から回収することになる。しかし、これによって単純にGの債権が消滅し、その抵当権が消滅するわけではない。甲不動産の2番抵当権者（次順位以下の抵当権者等）は、同時配当の場合に乙不動産の代価から共同抵当権者Gに配当されるべきであった金額3000万円（このケースではGに配当した残りの2000万円）までは、Gに代位して、そこから優先的に配当を受けることが認められる（392条2項後段）。たとえば、Aが甲不動産に被担保債権額3000万円で2番抵当権を持っていれば、乙から2000万円の配当を受けることができる（被担保債権額がそれ以上あってもGへの割り付けがあった3000万円の枠内での代位行使が限度となる）。

(ii) ここでいう「**代位**」は、実質的には、共同抵当権者Gが有していた1

番抵当権が甲の後順位抵当権者Aに法律上移転することを意味している（**抵当権の法定移転**）。代位については**付記登記による公示**が可能であるが（393条、不登91条）、仮にそれがなくとも、抵当権設定者や代位時に存した後順位抵当権者等に対する関係では、代位主張が可能である。かかる者は、共同抵当下にあった他の不動産の後順位担保権者からの代位を当然に予想しうる立場にあるからである。ただ、付記登記がされていないと、代位されるべきGの抵当権が抹消された後に新たに抵当権の設定を受けた「第三者」が登場した場合には、その者に対して代位の主張ができなくなると解されているため（大決大正8・8・28民録25輯1542頁）、その関連で、実際上は困難な場面も少なくないと思われる。いずれにせよ、異時配当の期間が長引くようなときは、対抗要件としての付記登記をしておく方が安全である（弁済による代位についての最判昭和41・11・18民集20巻9号1861頁も参照）。

(iii) 一部弁済と代位　共同抵当の目的である不動産の一つについて、先順位の共同抵当権者が、配当によりその**債権の一部について弁済を受けたにとどまる場合**には、当該不動産の後順位抵当権者は未だ代位権を行使することはできず、先順位の抵当権者が残額の完済を受けるなどして消滅したときにはじめて392条2項の代位が可能となる（それまでは、**代位の仮登記**［不登105条2号］ができるにとどまる）と解されている（大連判大正15・4・8民集5巻575頁、近江・225頁）。したがって、設例について言えば、Gが甲不動産から8000万円の配当を受けただけでは、未だAの代位は認められず、Gが乙不動産から残りの1000万円の配当を受けて、被担保債権の完済を受けたときに、はじめて代位が可能となる。もっとも、この点について疑問がないわけではない。もともと、後順位抵当権者であっても抵当権を実行して弁済を受けることのできる地位にあったわけであるから、一部弁済にせよ、その地位を保護して直ちに代位できる（抵当権を実行できる）ことを認めるべきではないかとの有力な批判があり（我妻・452頁、川井・408頁、道垣内・205頁、内田・468頁など）、これに与したい。

(iv) 共同抵当権の放棄と代位の帰趨　共同抵当権者の被担保債権が、債務者の任意弁済などを受けることによって残債権のためには甲不動産のみでも担保として充分と考え、Gが乙不動産の抵当権を**放棄**してしまった場合、

甲不動産の後順位抵当権者等の代位権はどうなるか。

　確かに後順位抵当権者等の代位への期待権は保護される必要がある。ところが初期の判例は、権利放棄は権利者の自由であって、代位への期待は単なる「希望」にすぎないから、放棄にあたって後順位抵当権者等の同意は不要であり（大決大正6・10・22民録23輯1410頁）、後順位抵当権者等の権利を侵害したことにもならないとしていた（大判昭和7・11・29民集11巻2297頁）。しかし、やがて、大判昭和11・7・14（民集15巻1409頁）で、放棄がなければ後順位抵当権者が民法392条2項によって共同抵当に供された他の不動産について代位することができた限度で、抵当権を放棄した共同抵当権者の優先弁済権を否定し、実質的に、放棄を制限するという立場に変じた。最高裁もまた、これを踏襲して、現在の判例を形成している（最判昭和44・7・3民集23巻8号1297頁、最判平成4・11・6民集46巻8号2625頁）。今日では、共同抵当不動産が、少なくとも**いずれも債務者所有の場合**、一部の抵当権が放棄されたときには、民法392条2項による後順位抵当権者の代位に対する期待権が侵害されるような場面で、抵当権を放棄した共同抵当権者の優先弁済権は制限される（配当額から減じられる）。このとき、害される代位権は民法392条2項に基づくものであるから、弁済者代位における担保保存義務違反としての効果（504条）とは、ひとまず区別しておく必要がある（前掲大判昭和11・7・14は「504条の法意」も掲げたが、最高裁は、もはやこの点について言及していない）。

　問題は、共同抵当権者Gが抵当権を放棄した乙不動産の所有者が、債務者Sではなく、**物上保証人**Cであったような場合である。上述の判例の考え方に従うと、Gの放棄によって甲不動産の後順位抵当権者は代位権を侵害され、割り付けされた限度で、Gに対抗できることになる。しかしながら、物上保証人Cが、SのGに対する債務を代位弁済してGの共同抵当権を取得したような場合に（500条参照）、自己所有の乙不動産上の抵当権を抹消して、甲不動産の抵当権を実行するとなると、甲不動産の後順位抵当権者Aは、Cに代位権を対抗できないと解されている。なぜなら、物上保証人Cは、弁済による代位を期待しつつ物上保証をしており、甲不動産の後順位抵当権者Aは、物上保証人による弁済者代位を覚悟しつつ、先順位抵当権者に物上保証人と

の共同抵当が設定されているような債務者所有不動産（甲）に後順位抵当権の設定を受けたと考えられるからである。したがって、この場面では、後順位抵当権者は代位権を対抗できない。

　(v)　混同との関係　　共同抵当権者Ｇが、共同抵当目的物の一つとなっている債務者Ｓ所有の乙不動産の所有権を取得したような場合には、Ｇが有していた抵当権について混同（179条）が生じ得る。もし、混同消滅するとなると、甲不動産の後順位抵当権者としてはもはや代位が認められないことになりかねない。そこで、学説では、この場合を共同抵当の放棄の場合と同様の利益状況があると考え、後順位抵当権者の利益を保護しようとする見解が少なくない。その理由づけは様々であるが、放棄の場面に準じて、混同がなければ後順位抵当権者が代位できたであろう限度で、甲不動産における配当でＧはＡに優先できないと考えるか、あるいは、当初の割り付けによって各々単独の抵当権になった上で、その一つが混同消滅すると考えることもできようか。いずれにせよ、他者の期待権の対象となっている抵当権である以上、その限りではＡとの関係で混同消滅していないものとして扱う必要があろう。

　(vi)　一方の不動産に後順位抵当権者がいない場合　　甲不動産に後順位抵当権者が存在しないときには、392条１項のような割り付けの措置があることは、Ｇの１番抵当権が消滅した後の乙の後順位担保権者等にとって、かえって不利になるかに見える。しかし、その場合でも、割り付けの原則を崩すべきではないというのが判例の立場であり（大判昭和10・4・23民集14巻601頁参照）、甲不動産についての配当後の剰余（設例では2000万円分）は、一般債権者の利益のために配慮されるべきものとされる（高木・239頁）。乙不動産の後順位抵当権者Ｂは、もともとそれだけの配当しか期待していなかったわけであるし、必要とあらば、Ｂも甲を共同抵当にとっておけばよかったのだというわけである。それゆえ、Ｂとしては、Ｇに対して、「先ず甲不動産から先に売却して、その競売代金で債権の満足を得るべきである」とは要求できない（訴えの利益がない）。

4　共同抵当と物上保証人・第三取得者

　異時配当において、共同抵当の目的物が物上保証人所有である場合や第三者に譲渡された場合には、債務者所有の不動産である場合と比較して特別な配慮が必要となる。

　物上保証人が債務者に代わって被担保債権を弁済したとき、物上保証人は、債務者に対する求償権を有すると同時に、この求償権を担保すべく、債権者が有していた担保権その他の一切の権利を行使することができることになっている。これを**弁済者代位**という（500条、501条参照）。物上保証人所有の不動産から債権者が配当を受けて債権を消滅させることは、物上保証人が債務者に代わって弁済をなすのと同じであるから、これによる弁済者代位を生じさせることについては争いがない。この局面では、392条による割り付けを前提とした負担割合の確定問題と、弁済者代位の範囲の問題が交錯する。ここでは、相対立する2つの立場が考えられる。一つは、物上保証人といえども、自らの不動産を担保に供した以上は被担保債権額の負担は覚悟しているはずであるから、とくに債務者所有の場合と区別する必要はない、というものである。いま一つは、物上保証人は他人の債務の弁済を強制される立場にある者であるから、できるだけ負担を軽くして、最終的には債務者のところに負担を収斂させるのが適当であり、まずは債務者の不動産をもって弁済に充てるべきであり、仮に、物上保証人の不動産が弁済に充てられた場合には、500条に基づく法定代位への期待をできるだけ保護すべきであるというものである。判例・通説は、第2の立場を採用している。以下、敷衍する。

(1)　一部が物上保証人所有の場合

(a)　物上保証人の優先

　たとえば、債権者Gが債務者Sに対する9000万円の債権を担保するため、甲不動産（時価8000万円）と乙不動産（時価4000万円）に抵当権を設定して共同抵当としたが、乙不動産は債務者の所有物ではなく、Dが物上保証人として担保に供したものであったとすると、乙不動産の抵当権実行によってGが

配当を受けた場合は、民法500条による物上保証人の代位と、割り付けによる甲不動産の後順位抵当権者の利益とが衝突する。このとき、物上保証人は他の共同抵当目的物（甲不動産）から自己の求償権の満足を得ることを期待しており（後から設定された甲の後順位抵当権等によってこの期待は奪われるべきではない）、他方で、甲不動産の後順位抵当権者等は、予め物上保証人の代位を予期できる立場にあったとすれば、物上保証人の弁済者代位を優先させるのが適当であるということになる（異論はある）。設例に戻れば、乙不動産からGが4000万円の配当全額を得た場合には、物上保証人Dは債務者所有の甲不動産の代価から弁済者代位によって4000万円の配当を受けることができ、甲の後順位抵当権者Aは、Dに対する関係で割り付けを前提とした代位の主張をなすことは認められない（**物上保証人の代位権は後順位抵当権者に優先する**。大判昭和4・1・30新聞2945号12頁、最判昭和44・7・3民集23巻8号1297頁）。このことは同時配当の場合にも妥当するものとされ、最判昭和61・4・18（裁判集民事147号575頁）では、物上保証人所有の乙不動産と債務者所有の甲不動産とを共同抵当の目的とする順位1番の抵当権が設定されていると共に甲不動産に後順位の抵当権が設定されている事案において、甲乙不動産が同時に競売された場合においても、乙不動産の競落代金の交付により共同抵当権者が弁済を受けたときは、物上保証人は、後順位抵当権者に優先して、甲不動産に対する1番抵当権を代位により取得する旨を判示している。結果として、通説・判例では、392条2項後段の適用の射程を、共同抵当の目的物がいずれも債務者所有の場合に限られるべきものとしている（鈴木禄弥・研究［一粒社、1968年］232頁は後順位抵当権者のヨリ確実な公平を図るべく反対説を展開していたが、後に改説されている［鈴木・283頁］）。配分方法さえ定まっていれば、少なくとも後順位抵当権者の予測可能性は保証されるのであるから、物上保証人の代位に対する期待を犠牲にしてまで、後順位抵当権者間の平等扱いに固執する必要はないということであろう。そうなると、このようなケースでは、同時配当の場合にも、異時配当の場合に準じて割り付けを行う必要はないということになろう（星野英一・法協89巻11号［1972年］1636頁参照）。

(b) 物上保証人と後順位抵当権者

では、物上保証人と乙不動産の後順位抵当権者Bの関係はどうなるか。甲不動産について、物上保証人Dの代位がAに優先することは上述の通りであるとすると、乙の後順位抵当権者Bとしては、この**抵当権の上に物上代位するのと同様**にして優先弁済を受けることができるというのが判例である（大判昭和11・12・9民集15巻2172頁、最判昭53・7・4民集32巻5号785頁＝民法判百Ⅰ〈第2版〉88事件［内田貴］など。寺田正春「共同抵当における物上保証人の代位と後順位抵当権者の代位について」同志社法31巻5＝6号［1980年］322頁は直接の代位権を認める）。なぜなら、物上保証人Dとしては、自己所有不動産上に設定した後順位抵当権を当初から甘受しているのであるから、392条2項の趣旨に鑑み、Dに移転したGの抵当権はBの債権（2000万円）を担保するものと考えるのが適当だからである。物上代位に近づけて考えれば差押えの要否が、転抵当類似の関係と見れば登記の要否が、それぞれ問題たりうるが、既に後順位抵当権の公示がある以上、優先弁済権の存在は明らかであるから、いずれも不要とするのが判例の立場であろう。したがって、設例では、甲不動産についてのGの抵当権に基づいて、物上保証人Dは、4000万円の範囲で代位をなし得るが、Bは2000万円の債権額を限度として、（甲不動産の後順位抵当権者であるAにも優先して）優先弁済を受けることができる

図 5-23

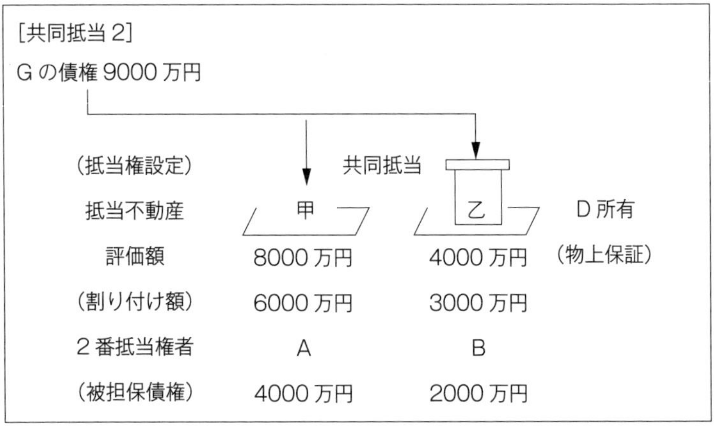

```
[共同抵当2]
Gの債権9000万円

（抵当権設定）      共同抵当
抵当不動産       甲          乙        D所有
評価額        8000万円    4000万円   （物上保証）
（割り付け額）    6000万円    3000万円
2番抵当権者       A           B
（被担保債権）   4000万円    2000万円
```

ということになる。この理は、物上保証人が債権者との間で代位権の不行使特約を結んでいた場合にも、Bの優先弁済を受ける権利を左右するものではないとされている（最判昭和60・5・23民集39巻4号940頁＝民法判百Ⅰ〈第7版〉91事件［池田雅則］*）。

(c) 物上保証人と債権者

とはいえ、設例では、乙不動産が実行されて4000万円全額がGに配当されても、まだGは被担保債権のうち5000万円が残っているわけであるから、物上保証人Dが一部弁済したのと同様の状態にあり、そこでは甲不動産上のGの抵当権は、DとGの準共有状態にある（502条1項参照）。この場合、甲不動産が実行されると、その配当においてGとDはいかなる関係に立つか。判例によれば、「弁済による代位は代位弁済者が債務者に対して取得する求償権を確保するための制度であって、そのために債権者が不利益を被ることを予定するものではない」という理由で、抵当権が実行された場合の配当については、債権者が優先するとされている（前掲最判昭和60・5・23）。したがって、設例では、Gが乙不動産から弁済を受けることのできなかった残額5000万円が甲不動産の代価からGに配当され、残金についてDが3000万円（うち2000万円はB）の配当を受けることになる。

*【最判昭和60・5・23】 Xが、共同抵当の目的として債務者所有の甲不動産につき第1、第2、第3順位の、物上保証人所有の乙不動産につき第1順位の抵当権の設定を受けていたところ、乙不動産が先に競売され、甲不動産の競売において、甲不動産につきXの有する第2、第3順位の抵当権が乙不動産につきYが有する第2順位の抵当権に劣後するものとして配当がなされたために、配当異議の訴えを提起したという事案において、最高裁は、物上保証人所有不動産の後順位抵当権者の地位について次のように総括している。
「共同根抵当の目的である債務者所有の不動産と物上保証人所有の不動産にそれぞれ債権者を異にする後順位抵当権が設定されている場合において、物上保証人所有の不動産について先に競売がされ、その競落代金の交付により一番抵当権者が弁済を受けたときは、物上保証人は債務者に対して求償権を取得するとともに、代位により債務者所有の不動産に対する一番抵当権を取得するが、**物上保証人所有の不動産についての後順位抵当権者は物上保証人に移転した右抵当権から債務者所有の不動産についての後順位抵当権者に優先して弁済を受けることができるものと解する**

のが相当である（最判昭和53・7・4民集32巻5号785頁参照）。右の場合において、債務者所有の不動産と物上保証人所有の不動産について共同根抵当権を有する債権者が物上保証人と根抵当権設定契約を締結するにあたり、物上保証人が弁済等によって取得する権利は、債権者と債務者との取引が継続している限り債権者の同意がなければ行使しない旨の特約［**代位権不行使特約**］をしても、かかる特約は、後順位抵当権者が物上保証人の取得した抵当権から優先弁済を受ける権利を左右するものではない……。けだし、後順位抵当権者が物上保証人の取得した一番抵当から優先して弁済を受けることができるのは、債権者が物上保証人所有の不動産に対する抵当権を実行して当該債権の弁済を受けたことにより、物上保証人が当然に債権者に代位し、それに伴い、後順位抵当権者が**物上保証人の取得した一番抵当権にあたかも物上代位するようにこれを行使しうる**ことによるものであるが、**右特約は、物上保証人が弁済等をしたときに債権者の意思に反して独自に抵当権等の実行をすることを禁止するにとどまり**、すでに債権者の申立によって競売手続が行われている場合において後順位抵当権者の右のような権利を消滅させる効力を有するものとは解されないからである。／……債権者が物上保証人の設定にかかる抵当権の実行によって債権の一部の満足を得た場合、物上保証人は、民法502条1項の規定により、債権者と共に債権者の有する抵当権を行使することができるが、この抵当権が実行されたときには、その**代金の配当については債権者に優先される**と解するのが相当である。けだし、弁済による代位は代位弁済者が債務者に対して取得する求償権を確保するための制度であり、そのために債権者が不利益を被ることを予定するものではなく、この担保権が実行された場合における**競落代金の配当について債権者の利益を害するいわれはない**からである。」

(2) 全部が物上保証人所有の場合

共同抵当の目的物のすべてが同一の物上保証人に帰属するときには、結果として、物上保証人の弁済による代位の問題が介在しない。そこで、この場合には、むしろ後順位抵当権者間の公平を図った392条2項の適用がないかということが問題となる（抵当権放棄をめぐる事件であるが、最判平成4・11・6民集46巻8号2625頁＝民法判百Ⅰ〈第7版〉92事件［清水恵介］参照）。

最高裁は、このことを次のように述べる。

「共同抵当権の目的たる甲・乙不動産が**同一の物上保証人の所有に属し**、甲不動産に後順位の抵当権が設定されている場合において、甲不動産の代価のみを配当するときは、後順位抵当権者は、民法392条2項後段の規定に基づき、先順位の共同抵当権者が同条1項の規定に従い乙不動産から弁済を受けることができた金額に満つ

るまで、先順位の共同抵当権者に代位して乙不動産に対する抵当権を行使することができると解するのが相当である。けだし、①後順位抵当権者は、先順位の共同抵当権の負担を甲・乙不動産の価額に準じて配分すれば甲不動産の担保価値に余剰が生ずることを期待して、抵当権の設定を受けているのが通常であって、先順位の共同抵当権者が甲不動産の代価につき債権の全部の弁済を受けることができるため、後順位抵当権者の右の期待が害されるときは、**債務者がその所有する不動産に共同抵当権を設定したと同様、民法392条2項後段に規定する代位により、右の期待を保護すべきもの**だからである。②甲不動産の所有権を失った物上保証人は、債務者に対する求償権を取得し、その範囲内で、民法500条、501条の規定に基づき、先順位の共同抵当権者が有する一切の権利を代位行使し得る立場にあるが、③自己の所有する乙不動産についてみれば、右の規定［500条・501条］**による法定代位を生ずる余地はなく**、前記配分に従った利用を前提に後順位抵当権を設定しているのであるから、後順位抵当権者の代位を認めても、不測の損害を受けるわけではない。……右の場合において、先順位の共同抵当権者が後順位抵当権者の代位の対象となっている乙不動産に対する抵当権を放棄したときは、先順位の共同抵当権者は、後順位抵当権者が乙不動産上の右抵当権に代位しうる限度で、甲不動産に優先することができるのであるから（最判昭和44・7・3民集23巻8号1297頁参照）、甲不動産から後順位抵当権者の右の優先額についてまで配当を受けたときは、これを不当利得として、後順位抵当権者に返還すべきものといわなければならない（最判平成3・3・22民集45巻3号322頁参照）。」

他方、共同抵当目的物がそれぞれに**異なる**物上保証人に帰属する場合には、501条4号によって、目的物の価格に応じて物上保証人の法定代位の範囲が定まり、これが基準とされる（前掲大判昭和11・12・9）。

してみると、共同抵当目的物の所有関係と配当に際しての優先劣後に関する基本ルールは、おおよそ次（表5-2）のように整理することができよう。

(3) **第三取得者と法定代位**

共同抵当が設定された債務者所有の不動産の一つを第三者が譲り受けた場合、後順位抵当権者との関係をどう考えるべきか*。

S所有の甲不動産・乙不動産にGが抵当権の設定を受けていたところ（共同抵当）、乙不動産が第三者Eに譲渡されたという場面を想定しよう。第三取得者は、譲渡後は物上保証人たる地位に立つ。そこで、先の物上保証人と債務者に共同抵当目的物が帰属している場合の処理をそのまま適用すると、

表 5-2

配当方法 帰属形態	同時配当	異時配当
いずれも債務者所有	392条1項	392条2項
同一物上保証人が所有	392条1項準用	392条2項準用
債務者・物上保証人が所有	債務者所有目的物から先に配当	物上保証人の法定代位が優先
異なる物上保証人が所有	各不動産の価格に応じて配当（392条1項 or 501条4号）	各不動産の価格に応じて代位の範囲を決する（501条4号）

　第三取得者Eは乙不動産の抵当権が実行された場合には、甲不動産に優先的に代位していくことができそうである。しかし、翻って考えてみると、Aが後順位抵当権を設定した時期が第三取得者Eが乙不動産の所有権を取得した時期よりも「後」であるとすると、Eとしては弁済者代位を期待して乙不動産を譲り受け、Aは物上保証人による代位を覚悟しつつ後順位抵当権の設定を受けたとも言え、逆に、甲不動産の後順位抵当権設定が「先」であるときは、Aは392条2項による代位を期待し、その期待は、共同抵当目的物の恣意的な譲渡から保護されて然るべきことになろう。学説の多くは、こうして、**後順位抵当権の設定と第三取得者による所有権取得時期の先後**で処理を区別しており、一律に第三取得者を優先させていない。さらに言えば、第三取得者Eが乙不動産を取得した際の**購入代金**を決定する際に、どの程度の負担を覚悟していたかによっても結論は左右されそうである。共同抵当であることを認識しつつ、割り付けの負担を覚悟して、その分を代金から差し引いて購入しているとすれば、仮にAの後順位抵当権設定がEの乙不動産取得時より後であったとしても、392条2項の代位を認めても決してEに不利になるわけではないからである。要は、第三取得者が、当該不動産を取得した時点での状況判断から、果たして、当初からの物上保証人あるいは債務者の、いずれに引き寄せて評価できるかにかかっている。
　甲・乙不動産ともに同一の物上保証人Dの所有であったが、乙について第三取得者が登場したような場合も同様に考えてよいか。この場合、なるべく

図 5-24

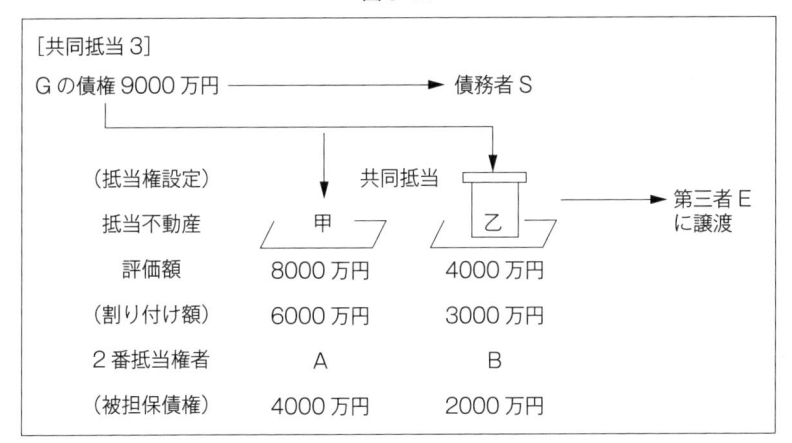

```
[共同抵当 3]
 Gの債権 9000 万円 ────────────→ 債務者 S
          │                      ↑
 (抵当権設定)  ↓       共同抵当      │
          甲                    乙    ──→ 第三者 E
 抵当不動産                                に譲渡
 評価額      8000 万円           4000 万円
 (割り付け額) 6000 万円           3000 万円
 2 番抵当権者    A                 B
 (被担保債権) 4000 万円           2000 万円
```

D所有の不動産から弁済するように努力すべきであるとすると、債務者所有の場合と同じように考えてよいであろう。

＊【第三取得者登場の態様】 甲不動産・乙不動産が共同抵当の目的物とされている場合に、乙不動産に第三取得者が登場する場面には、各不動産の帰属についていくつかの態様が考えられる。まず、共同抵当設定当時に、①甲が物上保証人P、乙が物上保証人Q所有であった場合、②甲が物上保証人P所有、乙が債務者S所有であった場合、③甲が債務者S所有、乙が物上保証人所有であった場合、がある。さらに、④甲・乙ともに同一の物上保証人P所有であった場合、⑤甲・乙とも債務者S所有の場合がある（道垣内・209頁）。第三取得者が、基本的に前主の地位を引き継ぐべきであると解すると、①では、501条4号で認められる範囲で甲不動産に代位でき、②では全く代位ができない（債務者のところに全ての負担が集中する）、③では、求償権の全額につき甲不動産に代位できる。本文で問題としたのは、④と⑤であり、後順位抵当権者の抵当権設定と、第三取得者登場の時期の前後によって調整し、かつ、債務者のところに最終的負担を集中させようという発想での処理方法である。

この関係で、民法504条の**債権者の担保保存義務**について、興味深い判決があるので、ここで紹介しておこう（最判平成3・9・3民集45巻7号1121頁＝平成3年度重判民法4事件［前田達明］、沖野眞已・法教139号［1992年］132頁）。甲・丙不動産は債務者Sの所有で、乙不動産が第三者D所有であった場合、債権者Gが債権回収のためには乙と丙だけでも足りると判断して甲不

動産の担保を喪失してしまった（配当加入しないで放置しておいた）。すると、丙不動産の抵当権を実行した後、ＤがＧに代位（500条）して担保を使おうとしても甲不動産がもはや存在しない。民法504条では、その償還できなくなる限度でＤが担保責任を免れるものとしている。つまり、Ｄに対する関係でＧに担保保存義務違反があったため、この回収不能リスクをＧが負うべきこととなる。事案では、さらにその後に、物上保証人であったＤが、乙不動産をＥに譲渡したような場合に、Ｄと同様にこの免責の効果をＥが享受できるかが問題となった。第三取得者Ｅの立場をどう理解すべきか。Ｅが乙不動産を手にいれた際にどの程度までの負担を覚悟して購入代金を決定したかなど考慮しておく必要がありそうな場面ではある。しかし、最高裁（前掲最判平成3・9・3）は、債権者が故意または懈怠により担保を喪失・減少したときには、504条の規定によって償還を受けることができなくなった金額の限度において抵当不動産によって負担すべき責任の全部または一部が「当然に消滅する」ことを前提にして、その後、さらに当該不動産が第三者に譲渡された場合にも、この「責任消滅の効果は影響を受けるものではない」とした。第三取得者は、基本的に前主のところで確定した効果と地位を引き継ぐという立場を鮮明にしたわけである。

第12節　特殊の抵当(2)：根抵当

　ここでは、「根抵当」について検討する。根抵当は、銀行取引をはじめとする継続的取引関係において、繰り返し発生・消滅する一群の不特定の債権について、債権者が不動産に一定の価値枠を確保して担保を得ようとする場合に用いられる抵当権の一種である。きわめて頻繁に用いられており、今日の事業者間取引では、通常の抵当権（普通抵当権）を圧倒するまでになっている。根抵当権は、「極度額」の範囲で、被担保債権が、いわば新陳代謝するものであり、被担保債権と担保権の牽連性は希薄である（附従性や随伴性がない）。しかし、「元本の確定」を生じた後は普通抵当権と同様の処理に服するため、問題の多くは普通抵当権の場合と共通する。

1　根抵当とは

(1)　機能
　通常の抵当権（普通抵当権）は、特定の債権（一定範囲の利息や損害金を含む）を担保するためのものであり、この被担保債権が弁済によって消滅すれば、「消滅における附従性」の原則通りに、抵当権も消滅する運命にある。つまり、被担保債権と担保たる抵当権が1対1対応で成立・存続・消滅する関係にある。そうなると、新たに被担保債権が発生した場合には、あらためて抵当権の設定を行う必要がある。しかし、メーカーと問屋、問屋と小売店、金融機関と事業者などのように、**継続的取引関係**にある事業者間にあっては、頻繁に債権が発生しては順次弁済によって消滅していくため、一つひとつの債権について抵当権の設定・消滅を繰り返していくことが非常に煩瑣である（だいいち、登記手数料がかかる）。もちろん普通抵当権でも抵当権を「流用する」ことで別の債権を担保させることも不可能ではないが、いずれにせよ後順位抵当権者が登場した場合にはその順位保全が認められない。そこで、とりわけ金融取引や継続的事業者間取引では、累積する可能性のある複数の債務について予め一定限度額（**極度額**）での「担保枠」を定めておき、被担保

債権を特定のものに固定せず（およそ一定範囲に属する債権については附従性から解放し）ひとまとめに担保権を設定するとともに、将来にわたって被担保債権が決済されつつ増減する、つまり、「被担保債権が新陳代謝する」ような抵当権が求められる（図5-25）。たとえば、製造業者Aには販売店Bとの関係で毎月300万円程度の売掛代金債権が発生し、3か月後に支払いを受ける約定であるとすると、1000万円程度の枠で新陳代謝する債権を不動産で担保させておくことができれば変動する債権を担保する上で便利である。かような要請に応えるのが、**根抵当**である（根保証・根質・根仮登記担保・根譲渡担保など「根」がつく担保は、多かれ少なかれ同様に被担保債権の新陳代謝を認めるものである）。根抵当は、わが国の取引実務では既に明治時代から行われており、判例によってその有効性が確認され（大判明治34・10・25民録7輯9巻137頁、大判明治35・1・27民録8輯1巻72頁）、登記実務も先行していた。しかし、第2次大戦後、附従性原則との関係での成立に関する疑問や、あらゆる債権を担保させる「**包括根抵当**」を承認すべきかどうかという問題が議論されたのを契機に（昭和30・6・4法務省民事局長通達甲1127号は包括根抵当の有効性を否定した）、昭和46（1971）年の民法の一部改正によって民法398条の2以下に規定が整備されて、今日に至っている。

以上からも分かるとおり、根抵当権の通常の抵当権に対する違いの大きな点は、その成立や消滅において、個々の被担保債権の運命と切り離されて**附従性**がないことであり、同様に、債権が譲渡されても**随伴性**がない点に特徴

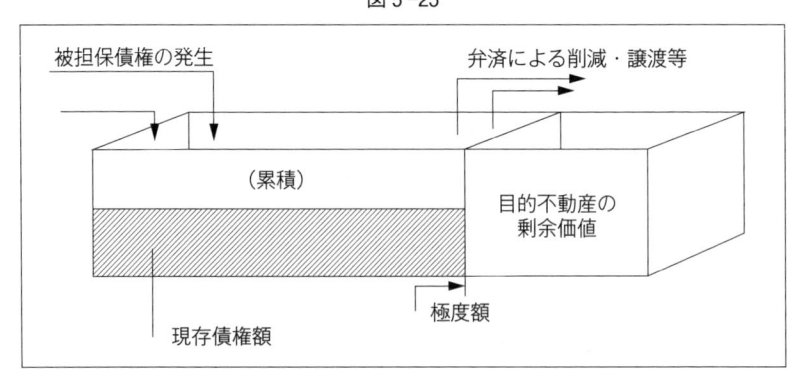

図5-25

がある。もっとも、担保であるからには、いつかは被担保債権が優先弁済を受けるために実行される場合があり得るわけであり、そのために、どこかの時点で被担保債権の新陳代謝をストップ（固定）させる必要がある。これを「**元本（被担保債権）の確定**」という。そして、この「元本の確定」があって後は、根抵当権（**確定根抵当権**）は普通抵当権に準じて処理されるのである。

(2) 定義

根抵当権は、民法398条の２第１項によって「設定行為で定めるところにより、**一定の範囲に属する不特定の債権を極度額の限度において担保するため**」に設定するものとされ、この担保すべき不特定の債権の範囲は、「債務者との**特定の継続的取引契約によって生ずるものその他債務者との一定の種類の取引によって生ずるもの**」に限定して定められるべきものとしている。そこでは、極度額を上限とするいわば「優先担保枠」が想定され、その中で担保されるべき一定種類の債権が新陳代謝し、成立・存続・消滅における附従性が否定され、債権の譲渡に伴って随伴することもない、担保権として独自の物権的性格が備えられる。つまり、その本質は、一定種類の債権について極度額の範囲内で優先弁済を受け得ることへの「物権的期待権」といってよいものである（抵当権侵害における損害賠償の範囲などを論ずる際には一考を要する）。

2 根抵当権の設定

設定行為で定めるべき内容のうち、重要なものは**被担保債権の範囲、極度額、元本確定期日**である。根抵当権も通常の抵当権と同様に、対抗要件となる登記によって公示される（→271頁の登記例参照）。

(a) 被担保債権の範囲

根抵当権で担保される被担保債権の範囲は、設定契約によって定まるが、その範囲は、誰の（**債権者基準**）、誰に対する（**債務者基準**）、いかなる種類の債権であるか（**債権範囲基準**）で特定される（鈴木・286頁の整理による）。と

りわけ、債権範囲基準については、かねてより議論があったことから、398条の2第2項および第3項で、ある程度限定的に基準が列挙されている。これが包括根抵当を禁ずる趣旨であることは明らかである*。担保すべき債権の範囲および債務者については、元本の確定前であれば、設定当事者の合意によって変更することも可能である（398条の4第1項）。なお、根抵当の場合、被担保債権への附従性がないから、当事者に全く取引がない時点で根抵当権が設定されても有効であるが、この継続的取引契約自体が無効原因を含んでいるような場合には、設定契約も無効になる（高木・256頁）。

＊【包括根抵当はなぜ認められないか】 諸外国における根抵当類似の制度では、被担保債権の範囲に限定を設けないものもある（石田穣・519頁以下）。しかし、包括根抵当は債権者にとって極めて便利であるから、力の強い債権者Gが常にこれを要求することにもなりかねない。そうなると、Gにみるべき債権がないのに根抵当権だけが設定されて債務者Sの経営を圧迫するおそれがあり（他からの融資が受けられない→不動産の担保価値の効率的利用が妨げられる）、また、過大な担保をとったGが、根抵当の与信枠が残っているときに、Sの信用不安を利用して他のSに対する手形や債権を安く譲り受けて、根抵当権によって額面どおりに回収するといったことが行われる可能性もある（後順位抵当権者や一般債権者との不公平）。そこで、民法は、包括根抵当を禁じ、被担保債権の範囲を398条の2第2項、第3項で列挙されている4種の定め方に限定するとともに、ある時点からは被担保債権となることを制限することとした。

具体的な特定方法は、次の通りである。

(i) 取引関係・取引の種類　第1に、特定の継続的取引に基づいて生じる債権について、債権発生の**原因**となる**取引そのもの**や、特定債務者との間での**取引の種類**を限定する特定方法がある（398条の2第2項）。たとえば、「SとG銀行との手形割引取引・当座貸越契約」、「G・S間で平成＊年＊月＊日に締結された電気部品供給契約」、「G・S間の石油販売特約店契約」のように、継続的取引契約の名前を挙げたり、GとSの間での「売買取引」、「運送取引」のように、取引の種類のみを掲げ、そこから生ずる債権を根抵当権で担保すべきことを定めるやり方である。

この関連で、根抵当権の被担保債権の範囲を「銀行取引による債権」・「信用金庫取引による債権」にしたような場合に、その根抵当債務者が第三者のために保証人となった場合における**保証債権**が含まれるかが問題となった事

例がある。保証債権の被担保債権適格性については見解が分かれるが（伊藤進・金法1195号［1988年］6頁［積極］、中馬義直「根抵当権が保証債権に及ぶことの是非（上・中・下）」手形研究437号〜439号［1990年］［消極］）、最判平成5・1・19（民集47巻1号41頁）は、積極説に立ち、根抵当債務者に対する保証債権は「**信用金庫取引**による債権」の被担保債権に含まれるとした。しかし他方で、最判平成19・7・5（判時1985号58頁）は、信用保証協会を債権者とし、被担保債権を「**保証委託取引**により生ずる債権」として設定された根抵当権につき、信用保証協会の根抵当債務者に対する保証債権が被担保債権範囲に含まれないという。前掲平成19年判決は、その理由を次のように述べている。

> 「信用保証協会と根抵当債務者との保証委託取引とは、信用保証協会が根抵当債務者の依頼を受けて同人を主債務者とする債務について保証人となる（保証契約を締結する）こと、それに伴って信用保証協会が根抵当債務者に対して委託を受けた保証人として求償権を取得すること等を主たる内容とする取引を指すものと理解され、根抵当債務者でない者が信用保証協会に対して負担する債務についての根抵当債務者の保証債務は、上記取引とは関係のないものといわなければなら（ず）……『保証委託取引』という表示が、法定された信用保証協会の業務に関する全ての取引を意味するものと解することもできない」。

要は、問題となっている一定の**継続的取引関係の趣旨**を考慮した上で、根抵当権設定契約における**被担保債権基準をめぐる当事者の合理的意思解釈**に帰する問題というべきであり、「保証債権」であることによって根抵当で担保される債権に含まれるか否かが決まる問題ではないということであろう。

ちなみに、継続的取引契約を具体的に指定する場合には、その契約が当事者間で特定できればよく、個々の債権が被担保債権に含まれるか否かを登記面から第三者が判断できる記載になっている必要はないというのが立法担当者の見解であるが（清水湛「新根抵当法の逐条解説（上）」金法618号［1971年］23頁）、最高裁の見解は、むしろ「設定行為において定められている被担保債権の範囲は、第三者に対する関係でも明確であることを要する」というものである（最判平成5・1・19民集47巻1号41頁、前掲最判平成19・7・5など）。極度額が示されているとはいえ、最終的にどのような債権が優先弁済の対象となるかは、後順位抵当権者や第三取得者にとっても無関心ではいられない

事柄だけに、判例の立場を支持すべきであろう。

　なお、根抵当権設定当時の**既存債権**が「一定種類の取引によって生じた債権」に当たる場合、通常はそれをも被担保債権として差し支えないが、債務者以外の**物上保証人**の不動産に設定された根抵当権について問題とされた事件がある。この点も、根抵当権設定契約の解釈問題と言うべきであるが、少なくとも、物上保証人が既存債権の存在を知らなかった場合は、被担保債権に組み入れることに慎重であるべきであろう（高松高決平成11・3・18判タ1011号174頁）。

　(ii) 特定原因　　第2に、**特定の原因**に基づいて継続して生じる債権について、債権の「発生原因」を特定する方法がある（398条の2第3項前段）。あまり例はないが、登記参考例として挙げられるものに、継続的に甲工場から出る廃液による損害賠償債権や、乙酒造から移出される清酒に関する酒税債権（債権者は国）などがある。

　(iii) 手形・小切手　　第3に、**手形・小切手上の請求権**という形での限定がある（398条の2第3項後段）。これは、債務者が振り出したり、裏書き・保証した手形・小切手が、第三者の手を経て債権者である銀行に回ってきたような場合に（回り手形・回り小切手）、根抵当で担保させたいという銀行業界の要請に応えたものである。厳密に言えば、そこでの手形の取得は、第三者との間で生じたものであって債務者と根抵当権者の間での取引から生じたものには当たらないが、銀行などでは、このような形で取得した債権も根抵当権で担保されることが強く期待されているためである（逆に、かかる制度趣旨からすると、根抵当権者（債権者）と抵当債務者の間で直接に授受された手形・小切手は含まないものと解される［鈴木・285頁、道垣内・236頁］）。もっとも、この規律は大きな濫用の危険をはらんでいる。たとえば、債務者の信用状態が悪化した後に、極度額の枠にまだ余裕のある根抵当権者が、他の債権者から手形を安く買い集めては根抵当権で担保させるようなことをすると、後順位担保権者や一般債権者にとって大変不利かつ不公平な結果になる。そのため、担保されるべき手形・小切手債権の範囲は一定のものに制限されている（398条の3第2項）。すなわち、①「債務者の支払の停止」、②「債務者についての破産手続開始、再生手続開始、更生手続開始又は特別清算開始の

申立て」、③「抵当不動産に対する競売の申立て又は滞納処分による差押え」という事由があったときは、それ以前に取得した手形・小切手についてのみ根抵当権を行使することができ、例外的に、「その後に取得したものであっても、その事由を知らないで取得したものについては、これを行使することを妨げない」としている。

(iv) 電子記録債権　平成20（2008）年12月に施行された電子記録債権法に基づいて発生・譲渡等のされる電子記録債権も、手形・小切手と同様に高度の流通性が期待され、398条の2第3項の類推適用の可能性を前提として根抵当権の被担保債権とする登記の受理が認められている（平成24年4月27日第1106号法務省民事局第二課長通知）。電子記録債権の利用は飛躍的に増大しており、民法398条の2第3項の規定を改正して、明文規定を置くことが検討されている。

(v) 特定債権　特定の債権であっても、前記のものと「併せて」であれば、担保すべき債権として定めることができると解されている（特定債権だけでは、根抵当の趣旨に合致しないので登記申請が受理されず、普通抵当のみの利用が許されるにすぎない）。

(b) 極度額の定め

「**極度額**」とは、根抵当権者が、抵当権の実行によって優先弁済を受けることのできる限度額のことで、根抵当権の必須の要素である。根抵当権者は、この極度額を限度として「確定した元本並びに利息その他の定期金及び債務の不履行によって生じた損害の賠償の全部について」その根抵当権を行使することができる。つまり、限度内では、**確定が生じた後の**利息・遅延損害金については最後の2年分といった抵当権特有の制限（375条）なしに、極度額に達するまでは何年分でも担保される（398条の3第1項）。逆に、この極度額は、**絶対的上限**であるから、たとえば、元本が極度額を超えてしまうと、超過した元本および利息は全く担保されない無担保債権となる。

抵当不動産について極度額を超える売却代金が生じたとき、超過分の金員は、後順位抵当権者等に配当されることになる。したがって、根抵当権の設定された不動産について取引しようとする者にとって当該不動産の剰余価値

は、この極度額を差し引いた形で評価されるのが通常である。極度額は、後からも変更が可能であるが、後順位抵当権者等の利害に大きく関わるために、利害関係を有する者の承諾を得なければ変更できない（398条の5）。

(c) 元本確定期日

根抵当権が現実に優先弁済的効力を発揮するにあたっては、**元本の確定**がなされ、この確定によって被担保債権が新陳代謝をやめて固定されることが前提となる。根抵当権は、この確定の時点で存する元本およびそこから生じる利息・遅延損害金を担保する普通抵当権と同様のものに転化する。「確定」は、一定の事実の発生や、根抵当権者あるいは設定者からの**元本確定請求**によっても生じるが（389条の19第2項、第1項［設定から3年経過後］）、設定契約によって予め5年以内の期間（398条の6第3項）で確定期日を定めておくことも可能である（398条の6第1項）。確定期日の定めがある場合、設定者はこれに拘束されるから、期日が到来するまでは元本確定請求ができない（398条の19第3項）。もっとも、予め定められた元本確定期日は、当事者によって変更することもでき、この変更は、極度額の場合などと違って、後順位抵当権者その他の第三者の利害に直接影響しないので、それらの者の承諾を必要としない（398条の6第3項）。

3　元本確定「前」の根抵当権

根抵当権は、一定範囲の継続する債権債務関係から生ずる債権を担保するものであるから、その関係が終了するまでの間に、債権者・債務者の死亡（＝相続）や合併など、様々な変化が生じるであろうし、根抵当権や被担保債権を処分しなければならない事態も生じるため、事情の変化に応じた根抵当権の見直しが必要となる。そこで、民法では、このような元本確定前の根抵当権の内容変更や処分について詳しい規定を用意している（398条の4～15）。主要な点は次の通りである。

第12節 特殊の抵当(2)：根抵当　271

(1) **個別的譲渡など**

(i) **譲渡・代位弁済**　まず、根抵当権の債権者Gが債務者Sに対する個々の債権を確定前に第三者に**譲渡**したときには、根抵当権は随伴せず（随伴すると法律関係が複雑になりすぎる）、譲受人は無担保の債権を譲り受けたことになる。当該債権が根抵当権のカバーしている「枠」から抜け出てしまうからである。同様に、Sの債務を第三者Dが代わって**代位弁済**したような場合にも、Dは500条の弁済者代位に基づいて根抵当権を利用することはで

表 5-3 【根抵当権　登記簿例】

順位番号	登記の目的	受付年月日・受付番号	権利者その他の事項
権利部（乙区）（所有権以外の権利に関する事項）			
1	根抵当権設定	平成5年12月20日第22000号	原因　平成4年10月10日設定 限度額　金8,000万円 債権の範囲　銀行取引　手形債権　小切手債権 債務者　豊島区南大塚一五丁目2番4号 　■■■■ 根抵当権者　港区六本木二十丁目1番1号 株式会社　〇〇都民法銀行 　（取扱店　首都支店） 共同担保　目録（あ）第8888号
2	1番根抵当権抹消	平成6年8月7日第16000号	原因　平成6年8月7日弁済
3	抵当権設定	平成6年10月5日第18000号	原因　平成6年10月4日金銭消費貸借同日設定 債権額金6億円 利息　年4.6%（年365日日割り計算） 損害金　年14.5%（年365日日割り計算） 債務者　豊島区南大塚一五丁目2番4号 　■■■■ 抵当権者　千代田区霞ヶ関一六丁目2番 　〇〇　金融公庫 共同担保目録（あ）第9999号
4	抵当権抹消	平成14年11月28日第24000号	原因　平成14年11月18日弁済
5	根抵当権設定	平成14年11月28日第24001号	原因　平成14年11月28日金銭消費貸借同日設定 限度額　金1億5,000万円 債権の範囲　証書貸付取引 債務者　豊島区南大塚一五丁目2番4号

きない（398条の7第1項）。さらに、更改によって個々の被担保債権の債権者が変更した場合にも、根抵当権を新債権に移すことはできない（398条の7第3項［518条の例外］）。個々の被担保債権について、差押え・転付命令あるいは質権実行等によって債権者が変更した場合も同様に、「根抵当権者から債権を取得した者」に準じて扱われるべきであろうから、根抵当権の行使はできないと解されよう。

しかしながら、これでは根抵当権付きの債権を処分するときに根抵当権が切断されて譲受人の取得した債権が無担保になることを嫌って、根抵当権付き債権の円滑な譲渡が困難になるおそれがある。とくにバブル崩壊後の企業再編や不良債権処理に際して、根抵当権の被担保債権を抵当権付きで譲渡する必要性が強く意識された。そこで、民法は、平成10（1998）年の臨時措置法を経て、平成15（2003）年改正において、元本確定期日が定められていない場合には、一律に、根抵当権者からいつでも元本の確定を請求できることにした（道垣内弘人ほか・新しい担保執行制度〈補訂版〉［有斐閣、2004年］90頁以下［小林明彦］）。その場合、元本は確定請求時に確定するので（398条の19第2項、第3項）、（元本確定により譲受債権に随伴性が生ずるから）根抵当権者としては必要に応じて債権の円滑な譲渡が可能になるわけである（ちなみに、元本確定の登記は根抵当権者が単独で申請できる［不登93条参照］）。

(ii) **債務引受**　第2に、元本確定前に、**免責的な債務の引受け**がなされて債務者が変更しても、根抵当権者はこの引受人の債務について根抵当権を行うことができない（398条の7第2項）。ただし、それが免責的債務引受でなくて**重畳的な債務の引受け**である場合は、Ｓの債務がなお根抵当によって担保されることは言うまでもない。また、債務者について営業譲渡があっても、根抵当権は当然には移らないので、譲受人と債権者との取引が引き続き継続したとしても、そこから生じた債権が根抵当権によって担保されるわけではない（必要とあらば**債務者の変更**をしたうえで、既存の債務を引受け、その特定債務を被担保債権に付け加えることになる）。

(iii) **更改**　元本確定前に、債権者又は債務者を交替させる**更改**（既存の債務を消滅させると同時に、それに代えて新たに別の債務を成立させること［513条～518条参照］）があった場合、当事者は、根抵当権を更改後の新債務に移

すことはできない（398条の7第3項）。このことは、担保の移転について定めた民法518条の特則に当たる。債権者の交替は債権譲渡と同じであり、債務者の交替は債務の引受けに相当するものであることから、上記の、398条の7第1項、第2項と平仄を合わせているわけである＊。

＊【根抵当と根保証】　根抵当においては、根抵当の一部実行を観念しがたいために、元本確定前に被担保債権が譲渡されたり、代位弁済、債務引受、債権者・債務者の更改があったとしても、根抵当権の行使は認められない。これに対して、根保証の場合には、保証債務の一部について履行が可能である。そこで、根保証がついているときに、元本確定前の履行請求が可能か、また、元本確定前に被保証債権が譲渡された場合に保証債権も随伴するかは、契約自由の原則に従って、当事者の合意に委ねられる。最判平成24・12・14判時2178号17頁は、根保証契約の当事者は、①主たる債務の範囲に含まれる個別の債務が発生すれば保証人がその都度それを保証し、その弁済期が到来すれば元本確定期日（保証期間の定めがある場合は保証期間満了日の翌日と定めたものとする）の前でも、保証債務履行に応じる旨、および、②被保証債権が譲渡された場合は保証債権もこれに随伴して移転する旨を合意するのが通常と解するのが合理的であること。したがって、「被保証債権を譲り受けた者は、その譲渡が当該根保証契約に定める元本確定期日前にされた場合であっても、当該根保証契約の当事者において被保証債権の譲受人の請求を妨げるような別段の合意がない限り、保証人に対し、保証債務の履行を求めることができる」という。個人保証の場合にも同様に考えることが可能か、被保証債権の総額が極度額を超える場合に一部債権譲渡がされたような場合にはどうかなど、なお留保すべき問題が残されている。

(2)　被担保債権そのものの変更

被担保債権の範囲を特定する基準は、債権者・債務者・債権範囲の3つであるから、それぞれについて変更を生ずる可能性がある。根抵当権は、その際に元本が確定してしまうのか、それとも新たな主体に承継され、それ以降に発生する債権をも担保するのかが問題となる。債権者・債務者基準では、相続や合併・会社分割などが問題となるが、相続があった場合は、原則確定するものの、合意によって承継が可能であり、合併・会社分割などの場合は、事業の継続性の観点から、原則として承継され、確定請求によって確定する仕組みになっている。

(3) 相続・合併・会社分割
① 債権者について
　第1に、**債権者**について、死亡による相続と会社の合併・会社分割という事態がありうるほか、根抵当権を全部または一部譲渡してしまう場合が考えられる。
　(i) 相続　　相続については、原則として確定を生じるが、当事者の合意によって根抵当権が承継され得る。すなわち、元本確定前に債権者について相続が開始したとき、当事者間で合意が整えば、相続人と根抵当権設定者（抵当不動産の第三取得者が登場している場合はその者（道垣内・241頁参照））との合意で定めた相続人が相続開始の時に存する債権ならびに相続開始後に取得する債権を、根抵当権が担保する（398条の8第1項）。しかし、合意がないか、その合意について相続開始後6か月以内に登記をしないときは、相続開始の時に元本が確定したものとみなされる（398条の8第4項）。
　(ii) 合併　　合併（吸収合併・新設合併のいずれも含まれる）の場合には、相続の場合と違って、原則として、根抵当権が合併後の法人に承継され、合併の時に存する債権のほか合併後存続する法人や合併によって設立された新法人が合併後に取得する債権も、根抵当権が担保する（398条の9第1項）。**事業の承継性**が重視された結果である。しかし、根抵当権設定者（不動産の第三取得者を含む）にしてみると、爾後に担保すべき債権・債務の範囲が拡大するなど、利害に大きく関わることであるから、債権者の合併による利害の変化を受け容れたくないときには、担保すべき元本が合併の時に確定したものとみなすための**元本確定請求**が認められる（398条の9第3項、第4項）。
　(iii) 会社分割　　平成12（2000）年の商法改正によって会社分割制度が新設され（商法旧373条〜374条の31→会社757条〜766条）、これに伴って、民法398条の9と同趣旨の手当てが会社分割についても必要となり、追加された規定が398条の10である。債権者について会社分割があった場合、根抵当権は原則として承継され、分割時に存在する債権だけでなく、分割をした会社および分割で設立された会社または分割した会社の権利義務を承継した会社が、分割後に取得する債権をも担保する（398条の10第1項）。根抵当権設定者（抵当不動産の第三取得者を含む）が元本確定請求をすることができる点に

ついては、合併の場合と同様である（398条の10第3項）。

② 債務者について

債務者についても、相続・合併・会社分割、さらにそのいずれにも当たらない債務者変更が考えられるが、基本的には、「債権者の変更」の場合と同様の処理となる。つまり、元本確定前に債務者について相続が開始したとき、根抵当権は、相続開始時に存する債務のほか、根抵当権者と根抵当権設定者（第三取得者を含む）との合意によって定めた相続人（＝事業承継者）が相続開始後に負担する債務を担保する（398条の8第2項）。かかる合意も、相続開始後6か月以内に登記しないときは、承継はなく、相続開始の時に確定したものとみなされる（398条の8第4項）。

他方、債務者における**合併・会社分割**の場合は、債権者のときと同様、根抵当権が原則として承継され、合併・分割時に存在する債務だけでなく、合併後の会社、分割をした会社および分割で設立された会社または分割した会社の権利義務を承継した会社が、分割後に負担する債務を担保する（398条の9第2項、398条の10第2項）。このとき、［債務者以外の］根抵当権設定者（第三取得者を含む）が**元本確定請求**をすることができる点は、債権者側の合併・会社分割の場合と同様であり、その確定請求により確定する（398条の10第3項→398条の9第3項～5項）。当然ながら、その債務者が根抵当権設定者であるときは確定請求できない（同条3項但書）。さもないと、元本確定を望む債務者は、好きなときに合併すればよいということになるからである。

なお、このときの元本確定請求は、根抵当権設定者が合併のあったことを知った日から2週間を経過したとき、または合併の日から1か月を経過したときはすることができない（398条の9第5項）。なお、債務者基準自体の変更は、根抵当権設定契約の変更によることになるから、設定者と根抵当権者との合意が整えば可能である（第三者の承諾は特に問題とならない）。

表5-4

	相続	合併	会社分割
根抵当権者（債権者）	398条の8第1項	398条の9第1項	398条の10第1項
債務者	398条の8第2項	398条の9第2項	398条の10第2項

(4) 債権範囲基準の変更について

債権範囲基準の変更については、元本確定前なら、根抵当権者と設定者の間での合意だけで、変更が可能である（398条の4第1項前段）。これは、設定契約の変更であるから設定者との合意が必要であることは当然であるが、極度額を変更しない以上、後順位抵当権者らの第三者の期待や利益を害することはないため、第三者の同意は不要である（同条2項）。この変更に関する登記があれば、変更後の基準に合致するものが最終的な被担保債権となる。したがって、変更前の基準に照らせば、いったん被担保債権に含まれていたようなものでも、変更後の基準に合致しなければ被担保債権からはずれることになる。ただ、元本確定前に、その旨の変更の登記をしなかったときは、その変更はしなかったものとみなされる（同条3項）。

(5) 極度額の変更について

極度額の変更については、設定者以外にも、利害関係人が存在することがある。たとえば、極度額が増額されると、目的不動産の後順位担保権者や、第三取得者、差押債権者等は、それだけ配当が少なくなって不利益を被るおそれがある。これらの者は、公示された極度額を基準に目的不動産の残存価値の取得を期待しているからである。逆に、極度額を減額する場合は、後順位抵当権者、第三取得者らにとっては利益となる反面、根抵当権自体に権利を有している者（転抵当権者など）には不利益となる。したがって、いずれにせよ不利益を及ぼすおそれのある者の**承諾**を得た上でなければ、極度額の変更はできない（398条の5）。承諾を得られれば、極度額の変更をして、**付記登記**しなければならず（変更登記手続につき不登88条2項1号、66条［付記登記］）、この変更登記が効力要件である。

(6) 確定期日の変更について

元本について確定期日の定めがある場合、この確定期日は、後順位抵当権者等の承諾なしに変更可能である（398条の6第1項、第2項）。しかし、その期日は無制限ではなく、確定期日を定め又は変更した日から5年以内でなければならず（同条3項）、もし、期日変更をしても、変更前の旧期日の到来

以前に、その旨の登記がなされないと、変更前の期日において、担保すべき元本が確定するので注意を要する（同条4項）。

4 根抵当権の処分

根抵当権には、その処分について一定の制限がある。普通抵当の処分方法（376条参照）をそのまま適用したのでは、法律関係が徒に複雑になるからである。そこで、根抵当では、**転抵当と順位の変更**だけを残し、(i)根抵当権の譲渡・放棄、(ii)根抵当権の順位の譲渡・放棄を禁じた（398条の11）。他方で、根抵当権に固有の譲渡方法（全部譲渡・分割譲渡・一部譲渡を含む）を定めることによって、その処分を可能にしている。

(1) 転根抵当

根抵当権も、普通の抵当権と同様に転抵当の目的とする（＝根抵当権を他の債権の担保のために用いる）ことができる（398条の11第1項但書）。その設定方法などは、基本的に、普通抵当権の際の議論がそのまま妥当する。転根抵当権者は、原根抵当権者が優先弁済を受け得る範囲で、優先弁済権を行使することができる。言い換えれば、「確定」時の原根抵当権の被担保債権の範囲内で、かつ、極度額の範囲内で優先弁済を受け得る。このように、転根抵当権者は、原根抵当権の優先弁済権の範囲に重大な利害を有しているため、前述のように、極度額の変更の際には（とくに、それが減額されるような場合には）、必ず、転根抵当権者の承諾を得ねばならない（398条の5）。

なお、根抵当権は被担保債権との牽連性が希薄化していることから、転根抵当が設定されたとしても、377条2項（抵当権の処分の対抗要件の効力）を及ぼすことは適当でないと考えられ、適用除外とされている（398条の11第2項）。その結果、債務者・保証人・物上保証人は、転根抵当権者の承諾を得ることなく、原債権者に弁済をしてかまわない。言うまでもなく、その弁済によって、根抵当権自体が消滅することはない。ただ、そうなると原債権が完済され、転根抵当権者に優先弁済で配当されるものが何もないという事態も生じかねないが、実務上は、系列金融機関でしか転根抵当が使われていな

いため、問題が顕在化していない。

(2) 根抵当権の譲渡

(a) 全部譲渡

前述のように、根抵当権の処分については、元本確定前は、376条1項の規定による根抵当権の一方的な処分［譲渡・放棄、順位の譲渡・放棄］をすることができない（398条の11第1項本文）。しかし、根抵当権設定者の承諾を得た上での、根抵当権の譲渡が認められている（398条の12第1項）。根抵当権の全部譲受人は、その極度額を限度とする担保を取得することになる（通常は被担保債権と切り離して譲渡されることはほとんどないであろうが、理論的には、「担保枠」のみの譲渡である）。

(b) 分割譲渡

対象となる根抵当権を2個（あるいは2個以上）の根抵当権に分割して、その1つを根抵当権設定者の承諾を得て譲渡することを、根抵当権の分割譲渡という（398条の12第2項参照）。根抵当権の分割譲渡の場合には、これにより分割前の根抵当権を目的とした権利（転抵当など）が譲り渡した根抵当権について消滅することから（同条2項後段）、設定者の承諾のほかに転根抵当権者などの利害関係人の承諾も必要とされる（同条3項）。なお、分割によって生じた複数の根抵当権は同順位のものとなる。

(c) 一部譲渡

根抵当権は、設定者の承諾を得て、（根抵当権を分割しないで）その一部を譲渡して、譲渡人と譲受人とで共有（＝準共有［264条＊］）することも可能である（398条の13）。この共有された根抵当が実行される場合は、極度額を限度として、それぞれの債権額の割合に応じて優先弁済を受けることになる（398条の14第1項本文）。つまり極度額の共同利用ができるわけである。ただし、これと異なる割合を定めたり、一方が優先して弁済を受けることを定めることも可能で（同条但書）、この定めも登記を要する（不登88条2項4号、89条2項参照）。この根抵当権の共有持分とでもいうべきものは、根抵当の一

部譲渡の形で、他の共有者の同意と設定者の承諾を得て、その権利を譲渡することでもできる（398条の14第2項）。

表 5 - 5

(1) 全部譲渡 (398条の12第1項)	譲渡契約＋設定者（又は第三取得者）の承諾 →譲受人の債権のみ担保
(2) 分割譲渡 (398条の12第2項、第3項)	抵当権の極度額を分割。 譲渡契約＋設定者（又は第三取得者）の承諾＋利害関係人の承諾 →譲渡した根抵当権は譲受人の債権を担保。 残った根抵当権は譲渡人の債権を担保。 →両者は同順位となる
(3) 一部譲渡 (398条の13、14)	譲渡契約＋設定者（又は第三取得者）の承諾 →譲渡人と譲受人が根抵当権を準共有。 →確定時の元本債権額の割合で配当を受ける。 （異なる優先弁済割合を定め得るが、確定前の登記が必要）

(d) 順位の譲渡・処分を受けた根抵当権者の譲渡

　上述のように、根抵当権者は、自ら根抵当権の順位の譲渡・放棄をなすことは認められていないが（398条の11第1項）、先順位の普通抵当権者から、その順位の譲渡・放棄を受けることまでは否定されていない。この場合に、順位の譲渡・放棄を受けた根抵当権者が、その根抵当権の譲渡又は一部譲渡をした場合には、譲受人は、その順位の譲渡又は放棄の利益を受けるものとされている（398条の15）。譲受人が、先に行われていた先順位抵当権者からの順位の譲渡または順位の放棄の利益を受け得ることは当然だからである。

5　共同根抵当・共用根抵当・共有根抵当

(1) 共同根抵当

　債権者Ｇが債務者Ｓの所有する甲・乙の不動産のそれぞれに根抵当権を設定した場合、普通抵当の共同抵当であれば、「割り付け」の問題を生ずるが、根抵当の場合は、原則として個別的・累積的に極度額まで担保すべきものと

解され（全部配当主義が採用される）、それぞれについて極度額まで優先弁済権を持つ。たとえば、1億円の土地とその上にある5000万円の建物に根抵当権が設定され、極度額が各々1億円と5000万円とされた場合、合計1億5000万円までの優先弁済権が、被担保債権のために確保されていることになる。いわゆる**累積根抵当**である（398条の18）。累積根抵当の場合には、各不動産についての根抵当権は、別個のものとして独立している。

　もちろん、合意で、割り付けを行う共同根抵当を設定することも可能であるが、その場合は、設定と同時に、**同一債権**（被担保債権の範囲・債務者・極度額がいずれも同一であることが前提となる）の担保として**共同根抵当権が設定された旨の登記**が必要である（398条の16。これを**純粋共同根抵当**という）。共同担保の登記（不登83条1項4号、同2項）は、効力要件となる。立法時には累積根抵当が当事者の期待にも合致していると考えられたが、現実には、累積根抵当よりも、純粋な共同根抵当の方が利用頻度が高いと言われている（目的不動産の一体的処理への要請が強いためであろうか）。純粋共同根抵当にするには、同一の被担保債権の範囲、債務者、極度額の変更、根抵当権の一部又は全部譲渡などを、すべての不動産について登記しなければ効力を生じない（398条の17第1項）。なお、共同根抵当の対象となっている抵当不動産のうち、一つについて確定事由が生じたときは、共同根抵当の全てについて根抵当権が確定するという効果を伴う（398条の17第2項）。

(2) 共用根抵当

　一つの根抵当権について複数の債務者がいる場合に、これを**共用根抵当**などと呼んでいる（慣行上の呼称であって法律用語ではない）。共用根抵当では、複数の債務者の債務が、一つの根抵当を「共用」することで担保されている。共用根抵当で問題となるのは、競売代金が被担保債権の合計額に不足する場合の配当方法である。判例（最判平成9・1・20民集51巻1号1頁）によれば、まず、配当金を各債務者に対する被担保債権額に応じて按分し、次いで、それらの債権が同順位であることを前提に、その按分額を489条〜491条に定める充当方法に従って、各債務者の被担保債権に充当すべきものとされ、その際には、各債務者間に連帯債務関係などがあっても、各債権にはその全額を

算入すべきものとしている。判旨は、「債務者複数の根抵当権は、各債務者に対する債権を担保するための部分からなるものであるが、右各部分は同順位にあると解されるから、配当金を各債務者についての被担保債権額に応じて右各部分に按分するべきであり、債権者の選択により右各部分への按分額が決められるものと解する余地はなく、また、同一の債務者に対する被担保債権相互間においては、法定充当の規定により右按分額を充当することが合理的であるからである」という。

(3) 共有根抵当

　根抵当権を数人で共有する（厳密には準共有）という**共有根抵当**は、複数の債権者が根抵当権者となって設定契約をする場合のほか、根抵当権の共同相続や一部譲渡によっても発生する。この場合、抵当権実行による優先弁済は、各債権額の割合に従い按分して行われる（398条の14第1項本文）。しかし、元本確定前に、これと異なる割合を定めていた場合、あるいは、ある者が他の者に先立って弁済を受けるべきことを定めていたときは、その定めが登記されていることを前提に（不登88条2項4号）、これに従う（民法398条の14第1項但書）。共有根抵当権者は、他の共有者の同意を得れば、持分の全部譲渡をすることができる（398条の14第2項）。部分的な分割譲渡や一部譲渡は法律関係が複雑になるので認められていない。被担保債権の範囲や債務者・確定期日などは各共有者で異なっていても差し支えないが、法律関係の複雑化を避けるためにも、確定の効果は、全共有者の根抵当権の元本が確定した時をもって生じるものと解される（道垣内・254頁）。

6　元本の確定

(1) 元本の確定とは

　根抵当権が実際にその優先弁済的効力を発揮するには、被担保債権の新陳代謝を止めて、元本を「確定」しなければならない。**元本の確定**は、それまで極度額という形で把握されていた数量的な担保枠が、具体的に、確定のあった時点で被担保債権の特定基準に合致する債権を担保する抵当権（**確定根**

抵当権）に転化し、これによって優先弁済額の基本が定まることになる重大なイベントである。確定後に生じる利息・損害金などは、すべて根抵当権によって担保される（398条の3第1項）。また、確定によって、根抵当権固有の性格が失われ、以後は、確定債権を担保する普通抵当権と同様に、附従性・随伴性などを帯びる。確定は、根抵当権の内容の変更、つまりは「物権の変更」に相当するものであるから、かかる物権変動についての登記が対抗要件となるが（177条）、実際問題として第三者の利益と衝突することはあまりないので、登記に実体法上の意味はほとんどない（確定後に被担保債権が譲渡され、譲受人が後順位抵当権者に対して配当要求を主張する場面くらいであろうか）。

(2) 元本の「確定事由」

元本の確定事由は、複数ある。

(a) 元本確定期日の到来

予め**元本確定期日**を定めた場合には、この期日が到来することによって、元本が確定する（398条の6第1項）。元本確定期日は、いったん定めて、後に変更することも可能である。この変更には後順位抵当権者等の承諾を要しない（398条の6第2項→398条の4第2項）。ただし、確定すべき日は、それを定めた日もしくはそれを変更した日から5年以内でなければならない（398条の6第1項、3項）。確定期日の合意がある場合には、設定者・根抵当権者ともに、一方的な確定請求はできない（398条の19第3項）。

(b) 元本確定請求

元本確定期日のない場合でも、一定要件の下で、設定者（抵当不動産所有者）あるいは根抵当権者による元本確定請求がなされた場合に（上記(a)の場合は除かれていることに注意）、元本の確定を生じる。元本確定期日の定めがない場合、設定者（抵当不動産所有者）は、根抵当権設定の後、3年を経過すると、**元本確定請求**ができるようになる（398条の19第1項）。これは、形成権の行使にあたるもので、確定請求から2週間経過すると、担保すべき元

本が自動的に確定する（398条の19第1項後段）。根抵当権設定者が長期にわたって不確定な根抵当権の拘束を受けるのは酷であるという配慮から、このような規定が設けられている。目的不動産の第三取得者も、設定者と同様の立場にあるから、この確定請求ができると解される。抵当不動産の所有者が債務者であるときは、被担保債務の全額を支払うべき義務を有している以上、この請求はできないと解される。

　他方、根抵当権者は、確定期日の合意がない場合には、間合いをはかって何時でも、担保すべき元本の確定請求ができ、担保すべき元本は、その請求時に（2週間の猶予期間なしに）直ちに確定する（398条の19第2項）。なお、確定の登記は、確定の事実を公示する意味しかないため、抵当権者が単独で申請できる（不登93条）。

　(c)　その他の確定事由

　民法398条の20第1項1号〜4号では、①抵当目的不動産について競売手続・不動産収益執行手続の開始又は差押えがあったこと、根抵当権者が物上代位権を行使（差押えの申立て）したこと、②滞納処分による差押えをしたこと、③根抵当権者が抵当不動産に対する競売手続の開始又は滞納処分による差押えがあったことを知った時から2週間を経過したとき、さらには、④債務者又は設定者が破産手続開始決定を受けたときなどが、確定事由として定められている。まさに、根抵当権者が優先弁済権を行使すべき局面であり、執行の準備として被担保債権を確定しておく必要があるからである。以前は、被担保債権の範囲の変更・取引関係の終了などによって、もはや担保すべき元本が生じなくなった場合にも確定するとされていたが、不確実で、紛争の種になるため削除された。

　もっとも、3号および4号に関しては、競売手続の開始もしくは差押え又は破産手続開始の決定の効力が消滅したときは、担保すべき元本は確定しなかったものとみなされる。ただ、元本が確定したものとして根抵当権又はこれを目的とする権利を取得した者があるときは、その限りで、確定の効果を生ずる（398条の20第2項）。

　その他、前述のように、債権者・債務者に合併・相続等の事実が生じた場

合にも、確定が生ずることがある。たとえば、根抵当権者に相続が開始し、根抵当権設定者と相続人間での合意を相続開始後6か月以内に登記しなかったとき（398条の8第1項、第4項）、債務者に相続が開始し、根抵当権者と相続人間の合意を6か月以内に登記しなかったとき（398条の8第2項、第4項）などである。

なお、確定期日の有無にかかわらず、債務者の資産状況の悪化など根抵当権設定者（＝物上保証人）が予期できなかった事情の変化が発生した場合に、確定請求を認めるべきではないかとする見解がある（高木・263頁、丸山・441頁）。根保証の場合に特別解約権を認める見解に通ずるものであるが、保証と物上保証の違いを考えると同列に論ずることはできず（道垣内・248頁）、確定のもたらす重大な効果に鑑みれば、安易な類推や拡張には慎重であるべきであろう。

7 確定後の極度額減額請求と根抵当権消滅請求

元本の確定が生じても、すぐに実行されて、根抵当権が消滅に至るとは限らない。しかし、それにもかかわらず、いつまでも元本が確定した状態での根抵当権の拘束を受けさせるのは設定者にとって重大な負担である（まだ、極度額変更の可能性があり、遅延損害金なども膨らみ続ける）。そこで、設定者その他の利害関係人には、「**極度額減額請求権**」、「**根抵当権消滅請求権**」の2種類の権利が認められている。この請求権の性質は、形成権である。

(1) 極度額減額請求

確定した被担保債権の合計が極度額を下回っているときに、根抵当権設定者（抵当不動産所有者）は、現時点での債務額と以後2年分の利息その他の定期金及び債務の不履行による損害賠償の合計額まで極度額の減額を請求できる（398条の21第1項）。これを**極度額減額請求**という。確定が生じて以降は、普通抵当の場合と同じ範囲で被担保債権の上限を画することを認めようというわけである。共同根抵当（398条の16）の場合は、一つの不動産について減額請求すると、他の不動産についても減額の効力を生じる（398条の21第

2項)。

(2) 根抵当権消滅請求

(1)の場合とは逆に、確定した被担保債権の合計が極度額を上回っているときには、利害関係人（物上保証人、目的不動産の第三取得者、地上権者、賃借人など）は、極度額に相当する金額を根抵当権者に払渡し又は供託して、この根抵当権を消滅させることを請求できる（398条の22第1項前段）。これらの者が第三者弁済（474条）する場合には、本来であれば債務額の全額を支払う必要があるが、根抵当権を消滅させるためには極度額を支払えば充分であって、根抵当権者の利益を害することもないので、このような形での**根抵当権消滅請求**を認めているわけである。超過分の債権は、無担保となる。ここでの払渡し又は供託は「弁済」に相当する（同条1項後段）。これは、抵当不動産の第三取得者が極度額の限度で弁済した場合も根抵当権設定登記の抹消を請求できないとしたかつての判例（最判昭和42・12・8民集21巻10号2561頁）に反対する学説を受けて、設けられた規定である。

共同根抵当の場合には、一つの不動産について根抵当権消滅請求があったとき、根抵当権はすべて消滅する（同条2項）。

もっとも、主たる債務者や保証人（およびその承継人）は、いずれにしても被担保債権の全額についての支払義務を負う者であるから、これらの者には、根抵当権消滅請求権は認められていない（普通抵当権の消滅請求ができない者と同じである）。当該抵当不動産の停止条件付第三取得者も、いまだ権利取得が不確実であるからという理由で、同様にこの請求権を有しないものとされている（398条の22第3項による380条、381条の準用）。

8 優先弁済権の実現

優先弁済権の実現のプロセスは、既に、根抵当権が確定しているので、原則として普通抵当権と異ならない（375条の不適用の点にのみ注意）。確定した元本額が極度額を超える場合には、この超過分について、根抵当権者は、一般債権者の立場で配当を受けるにとどまる。その充当については、488条

〜491条が適用されると解される（我妻・491頁など。ただし、最判昭和62・12・18民集41巻8号1592頁は、488条の適用には否定的）。

なお、共同根抵当の処理は、登記で明示されていない限り、「累積共同根抵当」と解されている（当事者の意思解釈による）。そのため、普通抵当の場合には392条の適用があるから「割り付け」を生じるが、根抵当の場合には、逆に、登記で共同抵当権である旨を登記で明示していない限り、全部について極度額まで個々の根抵当権がついているという扱いになる。したがって、どの不動産についてでも極度額まで優先権を行使できる（398条の18）。共同根抵当である旨の登記がなされている場合に限り、共同抵当の代価の配当や代位に関する民法392条〜393条の適用がある。

9 根抵当権の消滅

元本確定前には、被担保債権が弁済等で消滅して一旦はゼロとなっても、根抵当権は消滅しないし、被担保債権が譲渡されても根抵当権が随伴していくことはない。しかし、根抵当権も、物権共通の消滅原因に服するものであって、目的物の滅失・混同・放棄などによって消滅する。また、目的物についての代価弁済・抵当権消滅請求・抵当権の消滅時効、目的物の時効取得に伴う問題も普通抵当の場合と同様である。

元本確定後は、普通抵当権の場合と同様に考えて良い。ただ、前述の通り、「根抵当権消滅請求権」の行使によっても、消滅することがある点に留意する必要がある。

* 【参考文献】　貞家克己＝清水湛＝岩城謙二・新根抵当法の解説［商事法務研究会、1972年］、貞家克己＝清水湛・新根抵当法［金融財政事情研究会、1973年］、小林資郎「根抵当」民法講座(3)［有斐閣、1984年］217頁以下所収、中馬義直「根抵当権の設定と被担保債権」担保法大系(2) 2頁以下所収［金融財政事情研究会、1985年］、湯浅道男「根抵当権の被担保債権」金融担保法講座Ⅱ［筑摩書房、1986年］35頁以下所収、野田宏「根抵当権の確定」金融担保法講座Ⅱ［筑摩書房、1986年］1頁以下所収、鈴木禄弥「根抵当について」同・研究245頁以下、同・根抵当法の問題点［有斐閣、1973年］、同・根抵当法概説〈第3版〉［新日本法規、1998年］、高木多喜男「根抵当権」同・金融取引の法理（第2巻）［成文堂、1997年］361頁、舟橋秀明「根抵当権者の元本確定請求権に関する一考察」札幌法学18巻2号［2007年］1頁。

第13節　特殊の抵当(3)：特別法上の抵当権

　ここでは、特殊の抵当(3)として、民法典以外に散在する特別法上の抵当権を紹介する。通常の抵当権（あるいは根抵当権）とは異なり、土地・建物という不動産以外にも、特別法においては、立木や、工場（財団を組成するものとしないものがある）、各種財団、会社総財産、さらには、一定の公示手段が用意された動産（船舶・自動車・航空機・農業用動産・建設機械など）についても抵当権の設定が可能とされている。とりわけ事業に関わる資産を広く抵当目的物として融資が受けられるようにとの政策的配慮による場合が多い。また、以上のような抵当対象目的物の拡張とは別に、抵当証券に被担保債権と一体として表示された抵当権である「証券抵当権」では、抵当権の流通も図られている。

1　特別法上の抵当権

　通常の抵当権（あるいは根抵当権）は、土地・建物という不動産所有権（ほかに地上権・永小作権などがある）の上に設定されるが（民法369条）、それ以外にも、特別法によって様々な形で抵当権設定が可能とされているものがある。抵当権に関する特別法の展開は、主として事業活動を支援する目的での**抵当対象目的物の拡張**と、**抵当権の流通の促進**という2方向において見出される。また、目的物の拡張に際しては、財団抵当や企業担保のように有機的に一体化された組成財産の持つ担保価値を最大限引き出そうとする動きも見いだすことができる。こうした動きとその限界は、その後に様々な形態での変則的担保の進展につながるものであって注目されてよい。

　抵当対象目的物の拡張として、具体的には、土地とは独立した特殊な不動産たる**立木**や、**工場**（財団を組成するものとしないものがある）、**各種の財団**（**不動産財団**に対する抵当権として工場財団抵当［工場抵当法（明治38（1905）年法54号）］・鉱業財団抵当［鉱業抵当法（明治38（1905）年法55号）］・漁業財団抵当［漁業財団法（大正14（1939）年法9号）］・港湾運送事業財団抵当［港湾運送

事業法〔昭和26（1951）年法161号〕]・道路交通事業財団抵当［道路交通事業抵当法〔昭和27（1952）年法204号〕]・観光施設財団抵当［観光施設財団抵当法〔昭和43（1968）年法1号〕]、財団が1個の物と見なされる物財団に対するものとして鉄道財団抵当［鉄道抵当法〔明治38（1905）年法53号〕]・軌道財団抵当［軌道抵当法〔明治42（1909）年法28号〕]・運河財団抵当［運河法〔大正2（1927）年法16号〕］がある)、会社の総財産に対する**企業担保権**［企業担保法〔昭和33（1957）年法106号〕]、さらには、一定の公示手段（特別な登記や登録制度）が用意された**特定種類の動産**（船舶［商法848条〕・自動車［自動車抵当法〔昭和26（1951）年法187号〕]・航空機［航空機抵当法〔昭和28（1953）年法66号〕]・農業用動産［農業動産信用法〔昭和8（1933）年法30号〕]・建設機械［建設機械抵当法〔昭和29（1954）年法97号〕])についても特別法上の抵当権制度がある。これらには、事業に関わる生産手段を広く担保に供し、融資がスムーズに受けられるようにとの政策的配慮によるものが多い。

　さらに、以上のような抵当対象の拡張の動きとは別に、抵当証券に被担保債権と一体として表示された抵当権たる**証券抵当権**［抵当証券法〔昭和6年法15号〕]では、抵当権の流通の促進が図られている。

　以下、主要なものについて分説しよう。

　＊【参考文献】　抵当権に関する特別法の全体像については、香川保一・特殊担保［金融財政事情研究会、1963年]、加藤一郎＝林良平編・担保法大系第3巻、4巻所収論文、石井眞司＝西尾信一編・特殊担保――その理論と実務［経済法令研究会、1986年]、近江幸治「日本民法の展開(2)特別法の生成――担保法」広中＝星野編・民法典の百年Ⅰ［有斐閣、1998年］181頁以下、高木・289頁以下、石田穣・580頁以下が簡潔に紹介している（とくに石田・前掲には、関連文献が詳細である。また、ドイツとの比較において、池田雅則「集合財産担保に関する基礎的考察――日独諸制度の比較(1)～(8)」北法45巻4号～47巻2号［1994～1996年］参照。

2　立木抵当

　植栽された樹木は、かねてから土地とは独立して取引される慣習があったが、民法は樹木を土地と一体をなすものとして、登記法上も立木に特別の登記を認めなかった。そこで、かつては土地所有権と分離して立木だけの取

引をするには、先ず土地に賃借権や地上権を設定し、その権利を登記するほかなかった。「立木ニ関スル法律（立木法）」（明治42［1909］年法22号）は、樹木の集団を登記することによって、これを土地とは別個の不動産とみなし、その上に抵当権を設定することを認めた（同法2条2項）。なるほど、立木は、明認方法を施して土地とは独立して取引の対象となしうるとするのが判例であるが（大判大正5・3・11民録22輯739頁）、それだけでは公示内容の複雑な抵当権設定まではできず、立木法に基づく抵当権設定のみが可能である。その意味で、立木法は、主として森林等の造営者に金融の道を開く目的で制定されたといってよい（渡辺・後掲152頁以下参照）。立木法によれば、立木所有者は当事者で協定した施業方法により立木を採取でき（同法3条）、それ以外の採取の場合には、第三者が即時取得するまで抵当権者に追及力が認められる（同法4条）。また、立木が地上権者に属する場合に備えて、法定地上権（同法5条）や法定賃借権制度（同法6条、7条）が用意されている。地上権者・賃借権者に属する立木に抵当権が設定されている場合、設定者は、抵当権者の承諾なしに、この権利（地上権・賃借権）を放棄ないし解除できない（同法8条）。

　　＊【参考文献】　立木法については、渡辺洋三「立木法の制定」同・土地・建物の法律・制度（上）［東大出版会、1960年］135頁。立木抵当につき、香川保一「立木抵当」特殊担保［金融財政事情研究会、1963年］861頁、田山輝明「農業金融法制と担保」高島平蔵教授還暦・現代金融担保法の展開［成文堂、1982年］466頁、宇津木旭「森林担保金融の諸問題」金融担保法講座Ⅱ［筑摩書房、1986年］205頁以下所収。

3　工場抵当権

　工場抵当権とは、工場所有者が**財団を組成しない工場**に属する土地または建物に設定する抵当権をいう（工場抵当2条）。財団を組成する工場の方は、「工場財団」と呼ばれ（同法8条1項）、こちらを目的として設定される抵当権は、次述の工場財団抵当である。

　工場抵当権では、工場に属する土地・建物の一方もしくは双方に抵当権が設定されるが、その効力は、原則として土地または建物の**付加物**や工場の用に供する物（＝**供用物**）に及ぶ（同法2条1項）。これは、民法370条の定める

抵当権の効力の及ぶ範囲よりも幾分か広い。とくに、工場抵当権の場合、**一体としての工場**の経済的効用に鑑みて、機械・器具など、工場に属する土地・建物の付加物・供用物全体が担保目的物となり、抵当権設定後に備え付けられた物もこれに含まれることになる（供用物につき大判大正9・12・3民録26輯1928頁）。

　問題は、**付加物・供用物の公示方法**である。付加物は、工場に属する土地・建物の構成部分であるから特段の登記を要しないが、供用物については、登記官によって作成された**「供用物の目録」**が必要であり（工場抵当3条）、この目録上の記録が登記としての効力を有する。目録の記載は、概括的な記載では足りず、軽微な付属物を除いて具体的に記録されなければならない。工場抵当権の場合、供用物の種類や数量が多く、分離して取引されることも少なくないため、抵当権の効力が及ぶものを明確にしておく必要があるからである。それゆえ、供用物が目録に記載されていない場合には、抵当権の効力は当該供用物に及ばないのが原則とされている（最判昭和32・12・27民集11巻14号2524頁、最判平成6・7・14民集48巻5号1126頁）。

　工場所有者が、抵当権者の同意を得て工場の土地・建物から付加物・供用物を分離した場合、抵当権はその付加物・供用物につき消滅する（工場抵当6条1項、2項）。しかし、そうでない限り、付加物・供用物が工場から分離されても、（第三者が即時取得しない限り）抵当権は消滅せず、抵当権者は、工場所有者や第三者に対して当該付加物・供用物を分離前の状態に復旧することを要求できる（最判昭和57・3・12民集36巻3号349頁）。また、工場所有者が、抵当権者に無断で付加物・供用物を故意に分離した場合には、工場所有者は期限の利益を失い、抵当権者は直ちに抵当権を実行できるものと解されている（石田穣・586頁）。工場所有者に故意がない場合にも、分離された付加物・供用物については、立木法4条2項に準じて、抵当権者は、必要に応じ動産競売（民執190条以下）を申し立て、代金を供託しておくことが認められよう。

　なお、工場に属する付加物・供用物は、一体としてその経済的効用を発揮すべきものであることから、工場の土地または建物に対する差押え・仮差押え・仮処分の効力は、その付加物・供用物にも及び（工場抵当7条1項）、逆

に、当該付加物・供用物は、土地または建物とともにしなければ差押え・仮差押え・仮処分の目的とすることができない（同条2項）。したがって、抵当権者は、工場に属する付加物・供用物が独立に差し押さえられたような場合、執行異議の申立て（民執11条）あるいは第三者異議の訴え（民執38条）を提起できると解されている（明治民訴時代の判例であるが、大判昭和6・3・23民集10巻116頁）。

*【参考文献】酒井栄治・工場抵当法［第一法規、1988年］、秦光昭「工場抵当法3条目録の法的性質と従物理論——最判平成6・7・14に関連して」白鴎法学4号［1995年］47頁、舟橋哲「工場抵当法の特別法的意義——2条、3条を中心に」法政論究29号［1996年］141頁、小林秀年「工場抵当法3条目録の効力について」遠藤浩先生傘寿記念・現代民法学の理論と課題［第一法規、2002年］239頁以下、大山和寿「狭義の工場抵当に関する立法論的考察」青法48巻3号［2006年］39頁。

4 財団抵当権

(1) 財団抵当権の概要

財団抵当権とは、財団を目的とする抵当権をいう。財団は、財産の集合体であって、ここでは、土地・建物・機械・器具・地上権・賃借権・工業所有権などが財産の集合体として1個の不動産あるいは物として扱われる。財団抵当権は、わが国の資本主義が日清戦争・日露戦争を経て急速に発展する過程で、その旺盛な資金需要に応えるべく、担保附社債信託法とともに導入されたもので、当初は、工場財団・鉱業財団・鉄道財団の3つについて認められたが（1905年）、後に、軌道財団（1909年）・運河財団（1913年）・漁業財団（1925年）・港湾運送事業財団（1951年）・道路交通事業財団（1952年）・観光施設財団（1968年）の6財団についても認められて今日に至っている（清水誠「財団抵当法（法体制確立期）」講座日本近代法発達史［勁草書房、1974年］95頁以下、広中＝星野編・民法典の百年Ⅰ・181頁［近江幸治］に詳しい）。これらの9財団は、大きく**不動産財団**（法律上「1個の不動産」とみなされる財団）と**物財団**（法律上「1個の物」とみなされる財団）に分類され、不動産財団には、工場財団・鉱業財団・漁業財団・港湾運送事業財団・道路交通事業財団・観光施設財団の6財団が属し、物財団には、鉄道財団・軌道事業財団・運河財

団の3財団が属する。不動産財団に関しては、工場財団について工場抵当法（明治38年法54号）に基本的な規定が用意され、これが他の財団にも準用されている。物財団については、鉄道抵当法（明治38年法53号）における鉄道財団に関する規定が、他の財団に準用されている。

両者の実質的差異は、**財団を組成する財産内容の特定方法**にあり、不動産財団（道路交通事業財団を除く）では、財団の設定者が法定の財産から内容を適宜選択するが、物財団（道路交通事業財団を含む）では、財産内容が法定されており、財団の設定者が選択することのできない仕組みになっている。その結果、不動産財団では、必ずしも事業財産の全部が含まれない場合があり、その公示方法は、登記所における登記による。他方、物財団では、公共性の高い企業を担保化するために、その**一体性**が強く要請されて事業設備の全体が抵当の対象となり、その公示は、行政官庁に備え付けられた登録簿への登録による。

以下、双方の代表である工場財団抵当と鉄道財団抵当を見ておこう。

(2) 工場財団抵当

(a) 工場財団の設定と抵当権設定

工場財団抵当を組成し得るのは、①工場に属する土地および工作物、②機械・器具・電柱・電線・配置諸管・軌条その他の附属物、③地上権、④賃貸人の承諾ある場合の物の賃借権、⑤工業所有権、⑥ダム使用権であり、これらの全部または一部が設定者の選択によって財団を構成する（工場抵当11条）。**財団の設定**は、**工場財団登記簿**に所有権保存の登記をすることによってなされ（同法9条）、工場財団に設定された抵当権は、工場財団登記簿になされる抵当権設定登記により公示される（同法20条3項参照）。財団の所有権保存登記は、その後6か月以内に抵当権設定の登記を受けない場合は効力を失う（財団は不成立となる）。

(b) 公示

かつては、上記の抵当権設定登記と工場財団目録の2つが工場財団抵当の公示方法とされていたが、新工場抵当法（平成16年法124号）によって登記に

一本化されている。現在では、工場財団の組成物件は、工場財団登記簿の表題部に登記される（同21条1項4号）。もっとも、登記官は、工場財団を組成するものを明らかにするため「工場財団目録」を作成することができ、設定者が、工場財団について所有権保存登記を申請する場合には、工場財団目録に記載すべき情報を提供すべきものとされているので（同法22条）、実質的な手続きとしては大きな変化はない。法律で定められていない財産は、付加一体物となるのでない限り、財産目録に記載されていても財団を組成せず、抵当権の効力はこれに及ばないことになる。しかし、財産目録を信頼した買受人の保護を考えれば、民事執行法184条を類推して、その取得を認めるのが適当である（石田穣・590頁）。

(c) 財団としての一体性維持

工場財団は、財団の一体性を維持するために「1個の不動産」とみなされており、この上に1個の所有権と抵当権が成立すると観念されている。

他人の物・権利あるいは差押え・仮差押え・仮処分の目的物は組成物件となしえないが（工場抵当13条1項）、財団としての一体性を守るため、一定手続の下で、他人から権利の申出がない場合には、権利は存在しないものとみなされ（第三者は、少なくとも善意・無過失の利害関係人に対して自己の権利を主張できなくなる）、差押え等はその効力を失う（同24条、25条）。この場合の第三者としては、設定者に対し不法行為に基づく損害賠償請求か、不当利得を理由に利得の返還請求をなすほかない。

設定者が抵当権者の同意を得ることなく組成物を分離しても抵当権の追及力が及ぶ（同15条1項）。また、組成物の無断譲渡は禁じられており（同法13条2項）、譲渡をしても、やはり抵当権の追及力が及ぶ。このとき、狭義の工場抵当の場合と同様、第三者の即時取得との関係が問題となり得るが、判例（最判昭和36・9・15民集15巻8号2172頁）・通説（我妻・563頁など）は、即時取得の適用を肯定している。妥当であろうが、公示がある以上、第三者の善意・無過失の認定は慎重である必要があろう。

組成物件は、差押え・仮差押え・仮処分の目的とならない（同13条2項）。したがって、他の債権者が、組成物件を差し押さえたような場合、抵当権

者・設定者は執行異議（民執11条）または第三者異議の訴え（民執38条）を提起できること、工場抵当の場合と同様である。

(d) 実行

抵当権の実行は工場財団の競売であるが、財団が1個の不動産とみなされていることから、担保不動産競売（民執180条1号）による。なお、明文規定はないが、抵当権実行については一括競売申立のみが許され、一括売却が原則とされている（平野忠昭「工場抵当」遠藤浩編・不動産法大系Ⅱ［青林書院新社、1971年］445頁、雨宮慎也「工場抵当権、各種財団抵当権の実行とその実務上の問題点」担保法大系第3巻262頁参照）。もっとも、同一財団を組成する大規模な工場設備や数戸の工場が別々の土地にあるような場合には、一括売却が困難であるため、抵当権者の申立てによって工場財団を個々の物として売却する個別売却も認められている（同法46条）。

(3) 鉄道財団抵当

(a) 鉄道財団の設定と抵当権設定

鉄道財団抵当権は、鉄道財団を目的とする抵当権である。財団を組成する財産は法定されており、他の物財団の場合と同様、設定者はその選択をなすことができない（鉄道抵当3条）。鉄道財団を組成する財産としては、鉄道線路・鉄道用地・工場・変電所・送電施設・駅舎・信号施設・車両・保線用施設・賃借権・地上権などが定められている。これらの財産は、登記簿の一部である財団目録に記録され、全体として「1個の物」と観念される。鉄道財団を設定しようとする者は、**財団目録**を提出して、監督官庁（国土交通大臣）による財団の認可を受けなければならず（同法7条）、この認可によって財団が一応成立するが（同法2条ノ2第1項）、設定者は認可後6か月以内に鉄道抵当原簿への抵当権設定登録をしなければ認可の効力が消滅する。つまり、鉄道財団は、監督官庁の認可と、これに続く6か月以内の**鉄道抵当原簿**への登録によって、認可の時に遡って成立することになる。

他人の物・権利あるいは差押え・仮差押え・仮処分の目的物は組成物件となしえないが、財団としての一体性を守るため、一定手続の下で、他人から

権利の申出がない場合には、権利は存在しないものとみなされ、差押え等はその効力を失うこと（鉄道抵当8条1項）、工場財団の場合と同様である（ただし工場財団とは異なり、第三者の損害賠償請求権について明文規定がある［鉄道抵当11条3項］）。工場財団の場合には、権利の申出をしなかった第三者の不利益は動産に限られるが、鉄道財団では、不動産についても第三者に不利益を生じうる。

(b) 公示

鉄道財団の公示は、財団を認可した監督官庁に備えられた鉄道抵当原簿への財団設定の登録によってなされ（鉄道抵当28条ノ2）、財団を組成する財産に関して作成された財産目録は鉄道抵当原簿の一部とみなされる（同法33条）。こうしてできあがった鉄道抵当原簿への抵当権設定登録が、抵当権の公示となる。債権者は、財団目録に記載された財産が財団を組成することを前提に、抵当権設定を受けて良いかどうかを判断し、買受人は競売において買い受けて良いかどうかを判断することができる。その意味では、財団を組成するものとされる財産でも、財産目録に記録されていない場合には、財団を組成しないと解される（石田穣・598頁）。

(c) 組成財産の個別譲渡・分離

財団を組成する財産の個別的譲渡、財団から分離した財産に対する抵当権の効力や、第三者による善意取得にかかる問題については、工場財団抵当の場合と同様である（鉄道抵当9条、20条参照）。

(d) 実行

抵当権の実行は鉄道財団の一括競売である。財団は「1個の物」と観念されているが（鉄道抵当2条3項）、主要な組成財産が不動産であるため、担保不動産競売（民執180条1号）となるのが通常である。なお、工場財団抵当権では財団組成財産について個別に抵当権を実行することも可能とされているが（工場抵当46条）、鉄道財団抵当では原則としてこれを禁じている（鉄道抵当70条）。鉄道財団抵当では、公共性の高い企業を担保化するため、組成財

産の有機的一体性に鑑み、その一体的処理が強く要請されているからである。

　　＊【参考文献】　岩崎平八郎＝小林英雄・〈特別法コンメンタール〉鉄道抵当法・軌道抵当法・企業担保法［第一法規、1973年］。

5　企業担保権

(1)　企業担保権の意義

　企業担保権は、株式会社の発行する社債を担保するために、その会社の流動する総財産を一体として担保目的として設定される担保物権である。企業担保権制度は、財団抵当に比較的近いが、財団抵当を設定できる財団は限定されて、企業が一般に利用できず、財団目録の調製・変更等にも手間がかかるため、イギリスの浮動担保（floating charge）を範にとって、より簡便に企業財産全体を担保化する目的で創設された（企業担保法［昭和33年法106号］）。企業担保権では、財産目録を調製する必要がなく、組成物件の流動性も高く、しかも会社の総財産が目的となっていることから、かりに競売されても買受人は会社を継続して経営することができるなどのメリットがある。

(2)　企業担保権制度の概要

(a)　設定と公示

　企業担保権を設定できるのは株式会社のみであり、その被担保債権は社債に限定されている（同法1条）。設定契約は、公正証書によってなされる要式行為であり（同法3条）、その公示は、株式会社登記簿に登記することによってなされ、この登記が効力発生要件である（同法4条）。

(b)　効力

　企業担保権者は、現に会社に属する総財産について、他の債権者に先立って債権の弁済を受けることができる（同法2条1項）。「現に」というのは、企業担保権が優先弁済的効力を現実化する企業担保権実行時あるいは設定会社の破産時を意味しており、新陳代謝する会社財産をその時点で捉えて優先弁済権を行使することができるというわけである。したがって企業担保権で

は、その設定後に会社の財産に編入された物にも当然に効力を及ぼす一方、会社財産から分離した財産については効力が及ばない（離脱財産についての第三取得者の対抗要件具備は、企業担保権の登記後であっても企業担保権者に対抗しうる）。つまり、企業担保権は、常に増減・変動する会社の総財産について、企業担保権実行の時点で固定して、その担保価値を具体的に把握する、ある種の「期待権」なのである。これは、後に学ぶ流動動産・債権譲渡担保にも似ている。

　企業担保権は、目的物の占有を債務者のもとに留めながらその担保価値を把握する点で抵当権の性格を受け継いではいるが、その設定の前後を問わず他の担保物権に劣後し（企業担保7条）、他の一般債権者・担保権者による個々の財産に対する強制執行・担保権実行に際し、優先的効力を主張し得ない（同法2条2項）。その意味では、担保としての効力は弱く、一般債権者に優先するのみである点では（同法2条1項）、むしろ一般の先取特権に近い。そのせいか、一部の大企業以外ではあまり利用されていないといわれる。

(c) 実行

　企業担保権の実行は、企業担保権者の申立てに基づいて（同法11条）、裁判所による実行手続開始決定により開始する（同法19条1項）。企業担保権が実行されると、会社の総財産が差押えの対象となる（同法20条1項）。裁判所によって選任された管財人（同法21条）によって総財産の換価が実施されることになる。その換価は、一括競売または任意競売の方法により行なわれ（同法37条1項）、一括売却の場合の会社の総財産の評価は、これを一体としてなすべきものとされている（同法38条2項）。配当は、その優先順位にしたがって裁判所が実施する（同法52条）。

　なお、企業担保権によって担保される社債は、破産法上、優先的破産債権として他の破産債権に優先し（破産98条1項）、民事再生法上は、一般優先債権として再生手続によることなく随時弁済され（民事再生122条）、会社更生法上は、更生債権として扱われる（会社更生2条8項）。

　＊【参考文献】　執行秀幸「企業担保権の行方」高島平蔵教授還暦・現代金融担保法の展開［成文堂、1982年］195頁以下所収、同「企業担保権の内容・効力」担保法大系(4)［きん

ざい、1985年〕2頁以下、近藤崇晴「企業担保権の実行手続上の問題点」担保法大系Ⅱ79頁以下、内田俊一「担保付社債信託・企業担保権の現状と問題点」金融担保法講座Ⅱ〔筑摩書房、1986年〕249頁以下所収、など。

6 動産抵当権

(1) 動産抵当とは

　動産抵当とは、動産を目的とした抵当権で、特定の動産について登記簿や登録簿を備えて、その動産の上に抵当権を設定するものをいう。動産については、通常は公示制度が用意されていないため抵当権を設定できず、**公示**と**目的物の同一性識別**が障害となるが、ここでは特別法によって、目的物の特定が比較的容易な動産について登記簿や登録簿が用意されている。具体的には、船舶抵当権・農業用動産抵当権・自動車抵当権・航空機抵当権・建設機械抵当権がある。

(2) 各種動産に関する抵当権
(a) 船舶

　船舶は、その性質上動産ではあるが、特定が比較的容易であることもあって、取引の安全や金融の便宜のため一定規模以上のものについては不動産と同様に登記制度を用意し、抵当権設定登記を認めるものとされており（商法848条）、その強制執行や競売は不動産に準じて行われる（民執112条以下、121条。ちなみに、登記済みの船舶は、即時取得の成立が認められない）。船舶登記は船籍港を管轄する法務局・地方法務局・その支局・出張所を管轄登記所とする（船登2条）。この登記された船舶を目的とする抵当権を**船舶抵当権**といい、船舶を担保とする海事金融のために用いられている。その効力は、船主債権者の共同の利益等のために特別に認められている船舶先取特権（商法842条、船主責任制限95条、国際海運19条）には劣後するものの（商法849条）、一般の先取特権には優先する比較的強いものである。抵当権は、船の**属具**（船舶の従物とでもいうべき物で、救命ボート・羅針盤など属具目録に記載される〔商法709条〕）にも及ぶほか、物上代位・消滅など不動産抵当権と同様の扱い

がなされる（商法848条2項・3項）。船舶に対する民事執行は、20トンを境とする船の大きさによって不動産執行・動産執行に準じて行われる（民執189条→112条）。詳しくは、商法で学ぶ。

(b) 農業用動産

　農業動産信用法（昭和8年法30号）は、農林漁業経営者が資金調達をする場合について、農業用動産（同法2条で法定され、トラクター・脱穀機・コンバインなどの各種農業用機械・漁船・牛馬など、農機具類に関する施行令［農業動産信用法施行令］で具体的に列挙されている）に抵当権を設定することを認めており（同時に貸付資金でそれらを購入した場合に貸付者のために先取特権の成立を認める）、これを**農業用動産抵当権**という。船舶を除けば、わが国で初めて動産抵当制度を導入したものである。抵当権者・先取特権者となりうる者は、農業協同組合・信用組合などの一定の法人に限られている（農動産3条）。20トン未満の漁船の担保手段としては、かなり利用されているようであるが、そのほかについての利用は低調である。公示方法は、特別に用意された農業用動産抵当登記簿への登記である（農動産13条1項3号）。農業用動産の場合、登記による目的物の特定と具体的な同一物識別が必ずしも容易でなく、また、打刻などの補助的識別方法の規定も用意されていない。そのためか、登記の公示力は弱く、善意の第三者に対する関係での対抗要件となるに過ぎず（同13条1項）、目的物は、登記があっても即時取得の対象となるものとされている（同条2項）。質権の設定も可能である（なお、同14条2項）。

　抵当権の実行は、若干の場合を除いて動産競売の例による。任意売却による旨の特約も有効とされている（最判昭和37・1・18民集16巻1号36頁）。

　＊【参考文献】宮崎孝雄・（特別法コンメンタール）農業動産信用法［第一法規、1973年］。

(c) 自動車

　道路運送車両法（昭和26年法185号）による登録を受けた自動車（登録がなければ自動車は運行の用に供してはならない［同法4条］）を目的として設定される抵当権を**自動車抵当権**といい、自動車抵当法（昭和26年法187号）に基づ

いて認められている（同法3条）。自動車による運送事業を営む事業者に金融の便を与えるためのものである。公示方法は、道路運送車両法による自動車登録ファイルへの登録であり、この登録が抵当権等の得喪変更について対抗要件となる（同法5条1項）。その効力は、民法上の抵当権とほぼ同じであるが、抵当権の処分や共同抵当における配当上の特則、第三取得者による抵当権消滅請求等は認められていない（抵当権者の請求に応じた代価弁済は可能である［同法13条］）。

登録を受けた自動車には質権の設定ができず（同法20条）、第三者による即時取得も認められない（逆に、無登録の場合には質権設定が可能であるし、質権の即時取得もあり得る［最判昭和45・12・4民集24巻13号1987頁］）。したがって、第三者が登録自動車の所有権等を取得しようという場合には自動車登録の確認と目的物の同一性確認が必要となるが、同一性識別は、車体番号等の打刻によってはかられている（道路運送29条以下参照）。

ちなみに、自動車の割賦販売における代金債権を担保する方法としては、しばしば所有権留保という方法が用いられているが、ここでは省略する（第6章第4節2参照）。

　＊【参考文献】酒井栄治・（特別法コンメンタール）自動車抵当法・建設機械抵当法［第一法規、1973年］、山川一陽「自動車・航空機・建設機械抵当」担保法大系第2巻131頁以下、田村耕一「自動車販売における契約形態と自動車抵当・所有権留保の比較・分析」熊本法学110号［2006年］1頁。

(d) 航空機

航空法（昭和27年法231号）によって、航空機登録原簿に登録された航空機を目的物として設定される抵当権を**航空機抵当権**といい、航空機抵当法（昭和28（1953）年法66号）に基づいて認められている（同法2条、3条）。航空機によって運送事業を営む事業者に金融の便をはかるものである。公示方法は、航空機登録原簿への抵当権の登録である（同法3条、5条）。登録を受けた航空機には、質権の設定をなしえず（同法22条）、第三者による善意取得も認められていない。自動車と同様、機体への登録機号の打刻が、目的物の同一性を識別させる手段となっている（航空法8条ノ3第1項）。

航空機抵当権の効力は、一般の抵当権の場合とほぼ同じであるが、第三取得者による抵当権消滅請求は認められていない。抵当権と先取特権が競合する場合、航空機抵当権は、民法330条1項に定める第1順位の先取特権と同一順位になる（航空機抵当11条）。抵当権の実行は、原則として不動産競売に準じて行われる（民執規175条）。

　＊【参考文献】　田中敬一郎・(特別法コンメンタール)航空機抵当法［第一法規、1973年］。

(e)　建設機械

建設機械抵当法（昭和29（1954）年法97号）によれば、一定の建設工事（建築業法［昭和24（1949）年法100号］に定める土木工事）に使用する機械類について、記号を打刻して建設機械登録簿に保存登記（建設抵当4条）をすると、これを前提として、抵当権を設定することができる（同法5条）。これを**建設機械抵当権**という。建設業者に機械の購入資金調達の便を与えるものである。抵当権の効力は一般の抵当権とほぼ同様であるが、第三取得者による抵当権消滅請求は認められない。登記簿への登記を経た建設機械については、質権の設定ができず（同法25条）、第三者による善意取得も認められない。抵当権の実行は、原則として不動産競売に準じて行われる（民執規177条）。

　＊【参考文献】　酒井・前掲（特別コンメンタール）、山川一陽「自動車・航空機・建設機械担当」担保法大系(3)131頁以下など。

7　証券抵当権

(1)　意義

証券抵当権は、**抵当権が被担保債権と共に証券に化体**して取引の客体にされる場合の抵当権である。民法上の抵当権は、その流通を目的として証券化することを認めていない。昭和5（1930年）年の金融恐慌に直面して、抵当権者の投下資本の回収・流動化、とりわけ地方銀行の貸付資本の固定化によってもたらされた不動産金融の行き詰まりを打開すべく制定されたのが抵当証券法（昭和6年法15号）である。同法は、抵当権と被担保債権を証券に化

体させ、これを流通させることで不動産融資の流動化と資金供給を図ろうとしたものであったが、実際には、あまり利用されることがなかった。戦後も、状況は大きく変化しなかったが、高度成長期以降、抵当証券の高金利に着目して多くの抵当証券会社が誕生し投資家の注目を浴びた（同時に多くの問題も発生し「抵当証券業の規制に関する法律」[昭和62（1987）年法114号、平成19（2007）年廃止→金商法へ]が抵当証券購入者の保護を図っていた）。しかし、その後の低金利政策によって、抵当証券の投資対象としての魅力が次第に失われ、また、不況下で倒産の相次いだ抵当証券会社の安全性に疑問が持たれたこともあって、今日における利用は比較的低調にとどまっている。ちなみに、抵当証券上の権利は「モーゲージ証書」などと称して分割譲渡されることがあるが、これは抵当証券会社に対する債権証書にすぎず、抵当証券法との直接的関係はない。なお、証券抵当に似た制度として、証券化した債権を抵当権などによって担保して、その安定した価値を維持しつつ流動性を支援するものに**担保附社債制度**＊があり、こちらは比較的多用されている。

＊【担保附社債制度】　会社によって発行される社債の担保として抵当権等が設定され、担保権自体は社債発行会社と社債債権者の間に介在する信託会社に帰属させ、信託会社は、総社債債権者のために担保権を保存・管理する義務を負い、担保権が実行されると社債債権者は債権額に応じて担保の利益を享受する受益者となるという信託システムが、担保附社債信託とよばれるものである。日露戦争後、外資導入のため、財団抵当法とともに創設された制度である（担保附社債信託法[明治38（1905）年法52号]）。抵当権に担保されつつ被担保債権が流通するという点では、抵当証券と同様の機能を果たしているといえよう。

(2)　概要

抵当証券は、当事者間での特約を前提として、抵当権者の申請で登記所が発行する。上述のように、この証券は抵当権と被担保債権が化体したものと観念され、手形のように、裏書譲渡される。証券には、登記簿の記載事項が転載され、登記内容と一致させるために、抵当権の変更は、変更登記と共に証券の記載変更をしなければ第三者に対抗できない（抵当証券法16条）。抵当権および被担保債権の存在を確実ならしめるには、ここに「公信の原則」を導入することが望ましいが、基礎にある登記に公信力がない以上、これを転

載した証券にも公信力は認められない。そこで、証券発行前に、抵当権設定者・第三取得者・債務者・抵当権又はその順位の譲渡人および先順位を放棄した者に対し、証券発行に異議がないかを催告し（同法6条、7条）、一定期間内に異議申立てがないときは、たとえ異議事由があっても善意の第三者には対抗できないものとしている（同法10条1項）。被担保債権の存在についても、上記利害関係人が、債権の質入れ・差押え・仮差押え・相殺の抗弁について異議を申し立てないときは、証券の善意の取得者には対抗できない（同法7条、10条1項）。つまり、異議申立権者の帰責事由を基礎に、結果として証券に公信力を付与するという手法を採用した上で、抵当証券が流通に置かれることになる（同法15条1項）。この流通過程では、証券が無権利者の手に移っても、原則として手形と同様の公信力が認められ（同法40条→手形16条）、人的抗弁も善意・無重過失の第三者には制限される（同法40条→手形17条）。

(3) 実行

抵当証券所持人は、債務者に対して支払請求ができ（同法27条）、抵当証券を提示して不動産担保権の実行の開始を求めることができる（民執181条2項）。なお、証券に基づく抵当権実行によって満足を得ない場合には、裏書人に償還請求ができる点で（抵証31条、38条）手形の考え方が導入されている。

*【参考文献】 今村与一「日本の抵当証券制度」、上原由起夫「抵当証券の流通をめぐる実務上の問題点」、庄菊博「抵当証券の手続面における特色と問題点」、以上担保法大系第3巻396頁、424頁、461頁、藤原勇喜「抵当証券の理論と実務」米倉明ほか・金融担保法講座Ⅱ287頁、庄菊博・抵当証券制度の課題［勁草書房、1989年］など。

第 6 章

非典型担保

　ここでは、民法が予定している典型的な担保に対して、その限界を乗り越えようとして実務が開発していった新たな担保について検討する。非典型担保・変則担保・変態担保などと呼ばれるそれらの新種の担保の中でも、大きなグループを形成しているのが、担保目的物（有体物に限られない）の権利をまるごと移転してしまう法形式を用いた権利移転型担保の存在であり、仮登記担保・譲渡担保・所有権留保などと呼ばれるものがこれにあたる。これに契約的に構成されて担保的機能を営む代理受領・振込指定、さらには相殺の担保的機能が加わる。ほかにも担保的機能を果たすことを狙って契約上の仕組みを利用した様々な制度が展開している。取引界の需要に応じて案出された多様な担保制度は、従来の正規担保における諸原則を動揺させており、これをできるだけ担保目的に適合的な内容に構成して、金融の円滑化を図ると共に、債務者・設定者・目的物第三取得者・後順位権利者・一般債権者らが不当に不利益を受けることのないよう利害調整していくことが課題となっている。

第1節　権利移転型担保

1　非典型担保

(1)　非典型担保・総説

　民法が予定している担保（**典型担保**）は、原則として、目的物所有者の所有権を制限するタイプの**制限物権**として、特定の物あるいは財産権の上に設定され、その実現は、民事執行法上の手続きに基づいて行われる。中でも、抵当権は、対象が主として不動産に限られているとはいえ、目的不動産を債務者や物上保証人の占有・支配下に置いたまま融資を可能とする点で、きわめて優れた担保手段といえよう。しかしながら、そこには、対象範囲や効力、実行方法など、そこにはいくつかの制約や限界があることも否めない。そうした限界を超えるべく、種々の特別法が制定されていることは既に見たが（第5章第13節）、実務では、さらに、多様な財産権あるいは日毎に新陳代謝する在庫商品（流動動産）や売掛代金債権（流動債権）、さらには未発生の将来債権にいたるまで、様々な目的物や権利を担保化して金融を得る手段が模索され、同時に、民事執行法に基づく強制競売以外の方法での**私的実行可能性**など、その使い勝手の良さや柔軟さを追求して、民法上の本来の担保物権以外の多様な担保手段（**非典型担保**）が考案されてきた。

　その一つが、ここで扱ういくつかの権利移転型担保である。これは、目的物に関する所有権移転の外形を伴いつつ、実際には、債権担保の実をあげようとするもので、**仮登記担保**、**譲渡担保**と呼ばれるものが代表である。また、やや特殊な局面ではあるが、売買目的物の所有権を代金債権者（売主）が代金債権の満足を得るまで留保するという**所有権留保**も、消極的権利移転あるいは一度移転した目的物を売主に戻すものと観念すれば、ここに含めることができよう。

　このほか、有体物を目的とするものではないが（その限りでは、もはや担保物権ではない）、事実上、担保的機能を果たす諸制度（**機能的担保**）も種々考

案されている。たとえば、**債権譲渡担保**（便宜上、動産譲渡担保とまとめて説明しよう）、**代理受領、振込指定**などがあり、さらに、**相殺契約**もまた、反対債権を有する金融機関などで有力な担保的役割を演じている。

　なるほど、物権は法律によって定められねばならないという物権法定主義の建前（175条）からすると、こうした非典型担保（変則担保・変態担保とも呼ばれる）に物権あるいは物権類似の対外的効力を認めることには問題がないではない（厳密にいえば通謀虚偽表示にもなりかねない）。しかし、本来、物権法定主義が守ろうとしているのは、それぞれの担保の効力・内容が**公示の要請**に適い、取引の安全や他の債権者等の期待利益を脅かさないようにとの配慮に基づくものであるから、一定の公示方法を備えた非典型担保の創出は、これを認め、金融取引界の需要に応えることが望ましいというのが大方の評価といえよう。ただ、これらの非典型担保が、ときに公示の不完全さや、その担保としての実質を超えて、目的物や権利の「丸取り」を可能にしたり、相手の経済活動そのものを支配するなど、選ばれた法形式上の権利が不当に行使されることもあるため、その適正な運用に配慮する必要がある。後にみるように学説・判例が、かかる非典型担保の存在を肯定しつつ、その内容の適正化に努めているのはそのためである。

(2)　権利移転型担保

具体的に、次のような場面を考えてみよう。

(a)　代物弁済予約＋仮登記

【Ex.1】　Sは、Gから1億円の融資を受けることになったが、Sが期日までに貸金債権の弁済を怠った場合には、金銭の支払いに代えて、Sの所有する土地・建物（1億5000万円相当）で**代物弁済**するものとし、債務不履行時の代物弁済によって生ずる所有権移転請求権を保全するために、仮登記をおこなうこととした。

　代物弁済とは、債務者が債権者の承諾により、その本来負担していた給付に代えて他の給付をすることであり、弁済と同一の効力を生じさせ、かかる給付（＝代物による弁済）をなすことで債務を消滅させるというものである（482条参照）。設例の**代物弁済予約**を付した金銭消費貸借では、債務不履行

のときに目的物所有権が債務者Sから債権者Gに移転することが予定されており、Gには、将来の所有権移転請求権に対する期待権が発生し、この目的物の価値に対する条件付支配が、担保として機能する。代物弁済予約に基づいて、**仮登記**（不登105条）を経由して順位を保全し（同106条参照）、他の債権者に優先して弁済を得ることが可能となるため、このような方法を**仮登記担保**と呼ぶ。「代物弁済」自体は、常にありうる弁済方法の一つではあるが、ここでは、Sの債務不履行があった場合に、民事執行法上の手続きを踏むでもなく、Gが予約完結権を行使すると、1億円の貸金債権の代わりに1億5000万円相当の不動産がGに丸ごと帰属する結果となる点に注意しなければならない（さらに、**停止条件付代物弁済**にしておくと、予約完結の意思表示がなくとも条件成就によって当然にGに所有権が帰属する）。当事者が、本来の給付と代物とが等価であると判断して弁済に代える以上、それで良いではないかと考えられる一方で、担保として、抵当権などと比較した場合、このような結果が果たして適正かつ公平であるかは大いに疑問であり、その清算の必要等をめぐって議論が展開する。単なる売買予約の場合でも事情は同じである。この方法は、通常、仮登記の可能な不動産について利用され（動産の場合は占有を備えないと第三者に対抗できない）、現在では、立法によって規制されるに至っている（仮登記担保契約に関する法律［昭和53年法78号］）。

(b) 譲渡＋買戻特約または再売買予約

【Ex.2】 Sは既に自己所有不動産に目一杯の抵当権を設定し、ほかには、事業のために保有する建設機械くらいしかめぼしい財産がないが、急遽300万円の運転資金が必要になった。そこで、Gに300万円で建設機械を売却することとしたが、その際、期日までに300万円が返済された場合は、SがGから同機械を買い戻すことができるものとし（**買戻特約**：民法579条［ただし、不動産に限る］参照または**再売買の予約**）、同機械を借り受けて引き続き事業のために利用できることにした。

このとき、Sは、賃貸借等によって建設機械の利用を継続しつつ、事実上、300万円の融資を受けることが可能になり、建設機械に抵当権を設定したのと同様の便益を得ることができる。ここでの名目上の売買代金の実質は「貸付金」にほかならない。抵当権の設定は、場合によって建設機械抵当法を利

用して行うことも不可能ではないが、他の様々な動産についても、この方法が利用可能であるだけでなく、法定の面倒な手続きもない。買戻特約あるいは再売買の予約により、Ｓが代金提供（実質的には借金の返済）をすることによって目的物を買い戻せば、Ｓに目的物の所有権は復帰する。不動産に関して同様の手法を用いれば、買戻し特約を登記することで第三者対抗要件を備えることもでき、Ｓが買戻権を失えば、民事執行法上の手続きとは別に、Ｇが目的物の所有権を完全に獲得した上で、必要に応じてタイミングを見計らって換価することも可能となる。そもそも、民法579条以下に定める「買戻し」は、立法当初から金融の手段としての利用が認識されていた（来栖三郎・契約法［有斐閣、1974年］212頁など参照）。

　以上のように、目的物が債権者Ｇに「譲渡される」という法形式を利用しつつ、その実質において、Ｇは「担保として」目的物の交換価値を把握しているところから、このような担保の取り方を**譲渡担保**と呼ぶ。設例は**動産譲渡担保**であるが、担保目的で譲渡されるものを債権に置き換えれば、**債権譲渡担保**ということになる。さらには、集合動産・集合債権・会員権・ソフトウェアなどのように通常であれば担保化の困難なものについても、その譲渡が可能である限り、担保化が可能であり、また、質権の場合と異なって担保権者に目的物の占有を移す必要がないので、営業用動産や権利などを設定者のもとに留めておくことも可能である。かつては、①当事者間で金銭消費貸借契約を締結した上で、その債権担保のために目的物の権利を移転する場合と、②目的物の売買契約のみを締結し、売主が利息相当分を加えた代金を返済することによって目的物を買い戻す場合（形式上は被担保債権に相当するものが存在しない）を区別して、①のみを譲渡担保、②を**売渡担保**などと呼んで区別したが、いずれも譲渡担保法理の下で一律に処理すべきものとするのが今日の学説・判例の大勢である。

(c)　所有権の留保

【Ex.3】　ＳはＧから自動車を400万円で購入することになり、代金を分割で支払うことにしたが、その際に、ＳＧ間の特約で、車は即時に引き渡されるが、代金が完済されるまでは、その所有権を売主であるＧが留保することとした。

ここでは、売買契約の局面で、その売買代金が完済されるまで目的物の所有権を売主に留めておくものとされており（**所有権留保特約**）、上述の２つの例とは幾分趣きが異なる（被担保債権は売買代金債権であり、形の上で、目的物の所有権は、一貫して売主Ｇの下にある［停止条件付所有権移転］）。しかし、売買契約によって目的物所有権が移転すること（176条）を前提に考えると、いったん買主Ｓに移転した目的物所有権を、代金債権が完済されるまで、その担保としてＧに譲渡したのと変わらないともいえよう。

　以上は、いずれも目的物の所有権を債権者に帰属させるという法形式に仮託して、債権者Ｇが債務者Ｓに対して有する債権を担保するという機能を果たしている。権利移転型担保と呼ばれるゆえんである。

2　非典型担保はなぜ必要とされるのか

　以上の説明からも、非典型担保が実務界でなぜ必要とされるかは、およそ明らかであろう。

　第１に、**多様な動産・財産権の担保化**の需要がある。民法では抵当目的物は不動産に限定され、質権は債務者が目的物を占有することが認められていないから、特別法による場合のほかは、債務者が動産その他の権利を占有・利用しつつ担保とすることができない。しかし、譲渡担保等を用いれば、多様な動産について動産抵当と同様の実をあげることが可能となる。さらに、各種の債権をはじめ会員権やソフトウェア、のれんなどの知的財産権など、さらには民法上は担保化の可能性が不明確な財産権や構成物が変動するような流動動産・流動債権、一定の将来債権などのように、担保目的とすることが困難と思われるものでも、担保化が可能になる。

　第２は、**担保権の私的実行可能性**である。もとより、法定の典型担保よりも強力な担保的効力を狙ったものも少なくないが、後に見るように、非典型担保においても判例上の清算義務の確立によって「丸取り」のうま味が限定されつつある今日では、とりわけ権利移転型の非典型担保の持つ最終的な実益は、煩わしい執行手続や多数の利害関係人の同意等を問題とすることなく、優先弁済実現のために私的実行をなしうる担保である点に求められよう（田

高・クロススタディ293頁など）。抵当権が利用可能であるにもかかわらず、不動産譲渡担保や仮登記担保が利用あるいは併用されるのは、まさに、それ故にである。

3 非典型担保の課題

(1) 清算義務をめぐって
　非典型担保による権利移転の法形式は、本来の売買等とは異なり、終局的・確定的な権利移転を目指すものではなく、債権担保を目的とした「手段」、いわば「方便」として利用されているに過ぎない。したがって、その経済的実質を重視するならば、被担保債権の優先的回収という目的を実現できれば十分なはずであり、その目的に比して過大な効力を付与する必要はない。そこで、これを典型担保にできるだけ近づけて運用しようという力が働く。たとえば、目的物の「丸取り」による債権者の不相当な利益追求を抑制して清算義務を強化するのは、かかる配慮による。いうまでもなく、その法形式を採用した当事者の合理的意図は尊重されねばならない。したがって、**法形式と実質**をいかに合理的に調和させるかが非典型担保法の中心的課題となる（加藤雅信「非典型担保法の課題」椿寿夫編・担保法理の現状と課題（別冊NBL31号）［1995年］57頁など参照）。

(2) 権利移転型担保の構成
　以上のことは、権利移転型担保の法的構成の理解にも微妙な影響を与える。あくまで採用された法形式を前提とした**所有権的構成**と、担保の実質・性格をそのまま反映させた**担保的構成**が考えられるが、今日では、いずれの構成が妥当かというよりも、利用された法形式に拘泥するのではなく、担保としての実態に即して如何なる効力を付与すべきかを具体的に考えていくことこそ重要である。

　　＊【参考文献】　文献は極めて多いが、一般的には、吉原省三「非典型担保の新しい問題点」判タ281号［1972年］12頁、加賀山茂・現代民法・担保法610頁以下などの包括的概観があり、前者は早くから非典型担保の持つ問題点を的確に整理し、後者は、非典型担保契

約における優越的地位の濫用のコントロールという観点から、抵当権のような典型担保のもつ非典型担保に対するある種の「秩序付け機能」に着目している点で興味深い（取引の公正と契約正義の観点から発動される消費者契約法10条を想起されたい）。また、主として譲渡担保法理に焦点を合わせたものであるが、田髙寛貴・展開、同「非典型不動産担保法再考（上・下）」NBL643号22頁、651号53頁［1998年］が示唆に富む。同じく、アメリカ統一不動産担保法を素材としつつ、非典型担保の私的実行型担保としての再構成をめざす、田髙寛貴「私的実行型担保法規範の定立（1～4・完）」専修法74号、75号、78号、81号［1998年～2001年］がある。所有権留保に関しては、とくに、米倉明・所有権留保の研究［新青出版、1997年］など、参照。

第2節　仮登記担保

1　仮登記担保とは

(1)　意義

　仮登記担保とは、債務者Ｓが債権者Ｇに対する債務（借金・売掛代金債務など）の担保として、その弁済について不履行があった場合に備えて、Ｓまたは第三者Ｄ（物上保証人にあたる）の所有する目的物甲（通常は不動産）で代物弁済する（民法482条）という予約（または停止条件付代物弁済契約）、あるいは単なる売買予約をなし、その目的物に関するＧの予約上の権利や停止条件付権利を保全するために**所有権移転請求権保全の仮登記**をしておくというものである（ここで仮登記をする点をとらえて「仮登記担保」と呼ばれる）。担保としての実行は、私的実行によることが前提であり、民事執行法上の競売手続を経ることを予定していない。かかる仮登記担保の法律関係は、以前は、判例によって、その法理が形成されてきたが（後述の最大判昭和49・10・23民集28巻7号1473頁はその集大成）、現在では**「仮登記担保契約に関する法律」**（昭和53年法78号。以下「仮登記担保法」という）で規律されている。

　仮登記担保法によれば、**仮登記担保契約**とは、「金銭債務を担保するため、その不履行があるときは債権者に債務者又は第三者［物上保証人］に属する

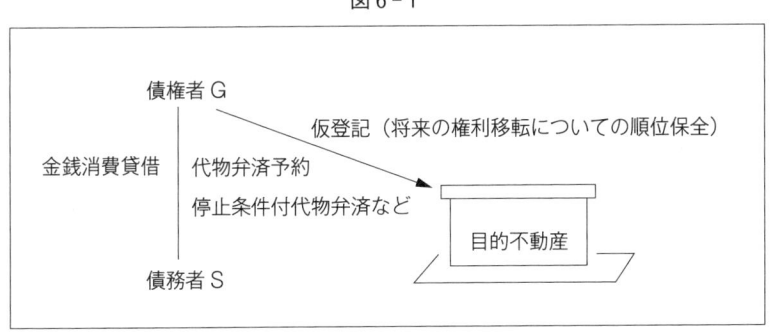

図6-1

```
債権者Ｇ ─────────→ 仮登記（将来の権利移転についての順位保全）
  │
金銭消費貸借 │ 代物弁済予約
  │ 停止条件付代物弁済など    目的不動産
  │
債務者Ｓ
```

所有権その他の権利の移転等をすることを目的としてされた代物弁済の予約、停止条件付代物弁済契約その他の契約」であり、「その契約による権利について仮登記又は仮登録のできるもの」とされている（同法1条）。つまり、代物弁済予約等によって**権利移転することについての仮登記・仮登録の有する順位保全効を利用した担保**にほかならない。戦後の金融界で、代物弁済予約や売買予約といった法形式を利用した不動産担保が盛んに行われたが、その目的は、主として抵当権の実行としての競売手続を回避する点にあったが、同時に、債権者にとっては、目的物を「丸取り」することによって被担保債権額以上の価値を取得できることにも魅力があった。しかし、その実質が担保であることを考えれば、そのような丸取りを認めることは適当でなく、判例は単なる暴利行為（民法90条）による介入を超えて、次第に**清算義務**を負わせるなどして内容を規制するに至った（最判昭和42・11・16民集21巻9号2430頁、最大判昭和49・10・23民集28巻7号1473頁*）。仮登記担保法は、こうした判例法を背景に制定されたものである*。

* 【参考文献】 仮登記担保については、椿寿夫・代物弁済予約の研究［有斐閣、1975年］、吉野衛・新仮登記担保法の解説〈改訂版〉［きんざい、1981年］、生熊長幸「仮登記担保」民法講座(3)［有斐閣、1984年］241頁以下、宇佐見大司「仮登記担保の内容・効力」担保法大系第4巻［きんざい、1985年］114頁、同「仮登記担保権に対する抵当権の規定の準用」金融担保法講座Ⅲ［筑摩書房、1986年］1頁以下、鈴木禄弥「仮登記担保――法成立前の判例理論の趨勢」同・物的担保制度の分化［創文社、1992年］197頁以下、伊藤進「法制定後の仮登記担保論」同・私法研究著作集(5)権利移転型担保論［信山社、1995年］107頁以下など参照。

* 【最大判昭和49・10・23の考え方】 昭和39年、XらはAに対し、同人の夫Bを連帯債務者として、350万円を貸し渡すとともに、両名との間で従来からの貸金を合わせた貸金元本485万円とする準消費貸借契約を締結し、この契約に基づく貸金債権を担保するため、Aとの間で右債務が不履行になったときは代物弁済としてA所有の甲建物（850万円相当）の所有権をXらに移転する旨の「停止条件付代物弁済契約」を締結して、同契約を原因とする停止条件付所有権移転の「仮登記」を経由した。しかし、Xらは、Bと友人関係にあったため、期限到来後も直ちに建物の所有権取得を主張せず、本件建物の処分代金から弁済を受けてもよいと考え、翌年、Bに対し同建物売却の委任状を交付した。Yらは、Aに対し、金銭債権を有する一般債権者あるいは抵当権者であり、本件建物について強制競売申立てをなし、競売開始決定を得てXと建物の帰属と清算金支払請求権をめぐって争った。最高裁は、次のように応えている。

「債権者が、金銭債権の満足を確保するために、債務者との間にその所有の不動産につき、代物弁済の予約、停止条件付代物弁済契約又は売買予約により、債務の不履行があったときは債権者において右不動産の所有権を取得して自己の債権の満足をはかることができる旨を約し、かつ、停止条件付所有権移転又は所有権移転請求権保全の仮登記をするという法手段がとられる場合においては、かかる契約……を締結する趣旨は、**債権者が目的不動産の所有権を取得すること自体にあるのではなく、当該不動産の有する金銭的価値に着目し、その価値の実現によって自己の債権の排他的満足を得ることにあり、目的不動産の所有権の取得は、かかる金銭的価値の実現の手段にすぎない**と考えられる。したがって、このような仮登記担保契約に基づく法律関係……の性質及び内容については、右**契約締結の趣旨**に照らして当事者の意思を合理的に解釈し、かつ、関連法律制度全般との調和を考慮しながらこれを決定しなければならない。／この見地に立って考えると、仮登記担保関係における権利……の内容は、当事者が別段の意思を表示し、かつ、それが諸般の事情に照らして合理的と認められる特別の場合を除いては、**仮登記担保契約のとる形式のいかんを問わず、債務者に履行遅滞があった場合に権利者が予約完結の意思を表示し、又は停止条件が成就したときは、権利者において目的不動産を処分する権能を取得し、これに基づいて、当該不動産を適正に評価された価額で確定的に自己の所有に帰せしめること**……又は相当の価格で第三者に売却等をすることによって、これを換価処分し、その評価額又は売却代金等（以下換価金という。）から自己の債権の弁済を得ることにあると解するのが、相当である。／……仮登記担保権者は、債務者が債務を履行しなかったときは、これにより取得した目的不動産の処分権の行使による換価手続の一環として、債務者に対して仮登記の本登記手続及び右不動産の引渡を求め、更に、第三者がこれを占有している場合には、その者が不法占有者であるときは直ちに、また賃借人であるときでも、その賃借権が仮登記担保権者において本登記を経由すればこれに対抗することができなくなるものであるかぎり、本登記を条件として、その第三者に対し右不動産の明渡を求めることができる……。他方、右不動産の**換価額が債権者の債権額**……を超えるときは、仮登記担保権者は、**右超過額を保有すべきいわれはないから、これを清算金として債務者に交付すべきであり**、その清算金の支払時期は、換価処分の時、即ち、(イ)適正評価額による所有権取得の方法によるいわゆる**帰属清算**の場合には、仮登記担保権者が目的不動産の評価清算によりその所有権を自己に帰属させる時（この場合**債務者は、清算金の支払があるまで本登記手続義務の履行を拒みうるものと解すべきである。**）、(ロ)第三者に対する売却等によるいわゆる**処分清算**の場合には、その処分の時であると解するのが、相当である。そして、清算金の支払時期である右換価処分の時に仮登記担保権者の債権は満足を得たこととなり、これに伴って仮登記担保関係も消滅するものというべく、その反面、債務者は、右時期までは債務の全額……を弁済して仮登記担保権を消滅させ、その目的不動産の完全な所有権を回復することができるが［受戻権］、

右の弁済をしないまま債権者が換価処分をしたときは、確定的に自己の所有権を失い、その後は仮登記担保権者に対して前述の清算金債権を有するのみとなるものと解すべきである。／……仮登記担保権者は、目的不動産の換価処分により差額を生じたときはこれを清算すべきものであるが、仮登記担保権者がかような清算金の支払義務を負うのは、債務者又は仮登記後に目的不動産の所有権を取得してその登記を経由した第三者に対してのみであつて、**仮登記後に目的不動産を差し押えた債権者や、これにつき抵当権の設定を受けた第三者等は、仮登記担保権者と直接の清算上の権利義務の関係に立つものではない**。仮登記担保権者による権利の実行には、実質上担保権の実行として、あたかも抵当権に基づく不動産の競売に類似する点があるとしても、その故をもって、これらの権利者が、競売手続における競売代金の配当のように、一定の優先順位に従って自己の債権の満足に充てられる金額につき、自己に給付せらるべき清算金として、仮登記担保権者に直接その支払を請求しうるものとすることはできない。」

　仮登記担保をめぐる判例法については多くの優れた分析があるが、とりわけ、鈴木禄弥「仮登記担保権についての判例理論の趨勢（上・下）」ジュリ577号、579号［1974年～1975年］（のち、同・物権担保制度の分化［創文社、1992年］197頁以下に再録）、山田卓生＝石川正美「大法廷判決による仮登記担保権の法理（上・下）」判タ316号［1975年］19頁、318号18頁、椿寿夫「仮登記担保判例の到達点（上・下）」判タ335号［1976年］66頁、336号28頁などが、昭和49年判決を軸に周到な検討を加えている。

　こうして判例法をベースに、仮登記担保法では、さらにその担保的性格を前面に押し出し、目的物についての**清算義務**を明定するとともに（同法2条、3条）、目的物について担保権の実行や強制執行が開始された場合は、**仮登記担保権が仮登記の順位で設定された抵当権とみなされて優先弁済を受け得るに過ぎない**ものとした（同法13条）。

　なお、仮登記担保については、譲渡担保との比較のため、もう一度触れる機会がある（本章第4節1）。

　　＊【仮登記担保は激減？】　実は、非典型担保の中では譲渡担保の方が金融界で先に発達したが、判例・学説の間では、早くからその暴利的性格を排除すべく様々な解釈論が展開された。そのため、第二次大戦後には、当時の抵当権が抱える問題（実行手続での手間・費用、短期賃貸借保護や滌除制度の存在など）を回避しつつ、「丸取り」のうま味を求めた債権者が、好んで仮登記担保を利用・併用するようになった。しかし、昭和53（1978）年に仮登記担保法が成立して、①抵当権に近づけた清算法理を貫徹させたこと、②清算金支払い前に他の担保権者や一般債権者が競売を申し立てると競売手続の方が優先してしまうこと、③平成15（2003）年改正によっ

て短期賃貸借保護の制度が廃止され、滌除制度も抵当権消滅請求制度へと修正されるなど、抵当権の抱えていた脆弱な要素が次第に減少したことなどから、仮登記担保の利用は激減したといわれる。また、同法が、④根担保仮登記の効力を限定したことや（同法14条）、⑤私的実行手続を厳格に規律したこと、とりわけ、帰属清算方式のみを認め、目的物を処分する前に清算金を支払わねばならないとしたことは、債権者にとって大きな負担となり、さらには、⑥代替的手段である譲渡担保を設定する際の登記費用が安くなって仮登記担保設定費用との差を縮めたことなども、その低調な利用に影響しているといわれる（安永・441頁参照）。せっかくの立法が、実務界の敬遠によって、仮登記担保の衰退を招いたのは皮肉である。今日における仮登記担保のメリットは、競売手続を免れた場合にのみ、抵当権消滅請求や被担保債権の範囲限定などを排除できるという点に限られている。せめて、債権者にとって市場での処分による簡易で妥当な清算を容易にできることが図られて良いように思われる。立法の果たすべき役割を痛感させる現象である。

(2) 設定と公示

仮登記担保法によれば、仮登記担保を設定する契約として、担保目的での**代物弁済予約・停止条件付代物弁済契約・売買予約**などの「所有権その他の権利の移転等をすることを目的としてされた」種々の契約が一括して捉えられている。

仮登記担保の公示は、そのような契約に基づく権利移転に関する仮登記または仮登録である。このような目的での仮登記を、同法は「**担保仮登記**」と呼ぶが、この仮登記には（抵当権設定登記のような）債務者や被担保債権に関する記載がなされるわけではない。つまり、曲がりなりにも公示されてはいるものの、通常の担保目的でない仮登記・仮登録と外観上の区別がつかないという問題を残している（担保目的でない場合に仮登記担保でないことはいうまでもない）。ちなみに、**根仮登記担保**契約も、当事者間では有効とされているが、競売手続・倒産手続や先順位仮登記担保権者の支払う清算金に対する物上代位の局面では、第三者効を有しないとされているのも（同法14条、19条5項、4条2項、参照）、公示の不完全さが災いしている。

(3) 目的物・被担保債権の範囲

仮登記担保の効力が及ぶ目的物の範囲・被担保債権の範囲は、専ら設定契

約によって定められるが、付加物・従物等に関する処理や物上代位の可能性については、原則として抵当権に関する諸規定が類推適用されることになろう。

　被担保債権の範囲は、清算期間の経過時に存在する債権および設定者の負担すべき費用で債権者が代わって負担したものの全額である（仮登記担保法2条2項参照）。もっとも、他の債権者によって開始された競売手続の中で優先弁済を受ける場合をはじめ、他の債権者が関与してくる場面では、抵当権に準じて、最後の2年分の利息および遅延損害金についてのみ優先弁済を受けることができるにとどまる（同法4条3項→13条2項、3項）。

2　仮登記担保の実行

　仮登記担保権の実行は、基本的に私的実行であるが（仮登記担保権者に競売申立権はないというのが通説であるが、論理的には可能と考えるべきではないか［石田穣・625頁以下は説得的である］）、そのプロセスは概ね次の通りである。

　①　**担保権実行開始の通知**　先ず、債務者が不履行に陥った場合、仮登記担保権者は、契約の定めに従って仮登記担保の実行を開始する。それが代物弁済予約であるときは、予約完結の意思表示を行うが、停止条件付き代物弁済の場合は、履行遅滞が条件成就となるために特段の意思表示を要しない。ただし、これによって直ちに目的物所有権が債権者に確定的に移転してしまうわけではない。

　②　**清算金見積額等の通知**　仮登記担保権者は、設定者である債務者又は第三者（物上保証人）に対して、清算金の見積額（清算金がない場合にはその旨）の通知をしなければならず、この通知が債務者に到達してから2か月の期間（**清算期間**）が経過すると、はじめて目的物の所有権移転の効果を生ずる（仮登記担保法2条1項。所有権移転を遅らせた理由については、道垣内・276頁）。なお、担保仮登記後に登記（仮登記を含む）がされている先取特権・質権・抵当権または後順位担保仮登記を有する権利者（物上代位権者等）があるときは、債権者は、遅滞なく、これらの者に対しても同様の通知をしな

ければならないとされている（同法5条）。
　③　所有権移転および清算金支払　清算期間の経過による目的物の所有権移転に伴い、（反対の特約がない限り）被担保債権は目的物の価額の限度において消滅し（同法9条）、仮登記担保権者は、設定者に対する本登記請求や引渡請求が可能になる。この場合の清算金支払いと本登記請求や引渡請求とは**同時履行の関係**（民法533条参照）に立つ（仮登記担保法3条2項）。清算期間経過前に、これより設定者に不利な特約を結ぶことは許されない（同条3項）。仮登記担保権者が提供する清算金の額は、当初に通知した清算金見積額であり、その際に、清算金が見積額より低い金額であったとの主張は認められない（同法8条1項［通知の拘束力］）。設定者も同様であるが、不満がある場合には、本登記請求に対抗して訴訟などで争うほかない（安永・445頁）。
　仮に、清算金を支払う前に、仮登記担保権者が目的物を第三者に譲渡している場合には、設定者は、当該譲受人に対して留置権を主張することができる（最判昭和58・3・31民集37巻2号152頁）。
　ちなみに、仮登記担保権者の清算金支払いの前に、一般債権者による競売手続や後順位担保権者による不動産競売の申立てがなされていた場合には、仮登記担保権者は本登記請求ができず、競売手続の中での配当要求しか認められていない（同法15条。「**競売優先主義**」であり、かつての判例の立場を修正している）。その際、目的物の引渡請求だけであれば、競売による買受人が現れるまでならば認めてもよいようにも思われるが（最判平成3・4・19民集45巻4号456頁もこれを認める）、実際問題として仮登記担保権者への引渡しを認めた場合、その新たな利用形態が、後に登場する買受人の利用の妨げになるなど、競売手続に悪影響が出る可能性もあり、（最終的には仮登記担保の負担のない不動産所有権を買受人に取得させるだけなのであるから）敢えて引渡請求を認める実益があるかには疑問がある。
　④　設定者の受戻権　設定者は、清算金の支払いを受けるまでは（たとえ清算期間後であっても）、「債権等の額に相当する金銭」、すなわち、債務が消滅しなかったならば設定者が支払うべきであった額の金員を債権者に提供して、目的物の所有権を受け戻すことができる（同法11条本文。これを**受戻権**

という)。この受戻権は**形成権**であって、所要の金銭提供によって直ちに受戻しの効果が生ずると解されている。仮登記担保が実質的には担保である以上、実行手続が完了するまでは担保を消滅させ得るとの発想によるものである。受戻権者は設定者（＝債務者・物上保証人）であるが、設定者からの第三取得者も、設定者（売主）に代位して（423条参照）受戻権を行使する可能性がある。

　ただし、清算金がないとき、清算期間経過後5年が経過したとき（除斥期間）、もしくは、第三者が（清算期間満了後で、担保権者からの清算金の支払いが未了の間に）所有権を取得した場合には、受戻権は消滅する（同条但書、参照）。なお、ここでの第三者による所有権取得は、所有権移転の本登記を経由する必要があると解されていることに注意する必要がある（設定者が受戻権を行使した後に登場する第三者との関係は、典型的な民法177条の対抗問題となる）。なぜなら、仮登記のままであれば、形式上も担保権者は所有者ではないのであるから、債権者は未だ目的物を譲渡できる地位になく、仮に譲渡できたとしても、第三者としては直ちに本登記ができるわけではないからである（設定者は留置権を行使できる）。したがって、同法11条但書が適用されるのは、特約その他の関係上、清算金支払いの前に債権者に本登記が経由された場合に限られよう。しかも、第三者が清算金支払い未了であることにつき悪意である場合は、受戻権は消滅しないと解されている（高木・327頁など。かつての判例［最判昭和46・5・20判時628号24頁］の立場でもある）。

3　後順位担保権者・第三取得者との関係

(1)　後順位担保権者

　仮登記担保権の目的物に後順位の担保権（抵当権・仮登記担保権）が設定されたり、先取特権が成立したような場合、この後順位担保権者は、目的物の価値から先順位仮登記担保権者が把握した担保価値を差し引いた残余価値を、その順位に従って支配していると考えられる。そのような後順位担保の実現方法としては、残余価値を清算金の形で設定者に帰属させておいた上で、この清算金請求権に対して**物上代位**するという方法と、自ら担保権を実行

（**競売請求**）して残余価値について配当を受ける方法がありうる。

　(a) 物上代位
　(i) 物上代位と差押え　　仮登記担保法4条によれば、仮登記担保権者の仮登記後に登記（仮登記を含む）をした先取特権者・質権者・抵当権者・後順位仮登記担保権者は、その順位により、債務者等が支払いを受けるべき清算金（見積額を限度とする）に対して、その権利を行使することが認められている（解除条件付きの将来債権である**清算金請求権**への物上代位）。この場合には、清算金払渡しの前に**差押え**をしなければならない（同法4条1項。その趣旨は民法304条の場合と同じである）。差押命令が債権者（清算金支払義務者）に到達して1週間が経過すると、清算金の取立てが可能となる（民執155条1項）。

　(ii) 前提としての通知　　以上のような物上代位権者に物上代位の機会を与えるため、仮登記担保権者は、私的実行の手続きに入ったことおよび清算金見積額等の**通知**を（仮登記担保法2条1項の通知が設定者に到達した時に存在する）物上代位権者になす必要があり（同法5条1項）、通知をしないで清算金を設定者に弁済しても、これをもって物上代位権者には対抗できない（同法6条2項）。また、仮登記担保権者は通知を受けていない後順位担保権者に対し、仮登記に基づく本登記についての承諾請求（不登109条1項）もなしえないと解されている（最判昭和61・4・11民集40巻3号584頁）。

　(iii) 清算金請求権の処分制限　　さらに、後順担保権者の物上代位を保証するため、清算金請求権について、清算期間内における一切の処分（譲渡・質入れ・免除・放棄・相殺）が禁じられている（仮登記担保法6条1項）。そのため、仮登記担保権者は、かかる状況下で清算金を払っても本登記請求や目的物引渡しを得られないばかりでなく（同法3条2項参照）、清算期間内の清算金の弁済を物上代位権者に対抗できないのである。仮登記担保権者が、別の債権を設定者に対して有している場合に、これと清算金支払債務とを相殺しうるかは問題であるが、もともと清算金請求権は後順位担保権者の優先権付きで発生したものであるから（道垣内・283頁）、清算期間経過以前に相殺を可能とすることは後順位担保権者を著しく害する結果となるであろうし、

経過後も、既に差押えがあれば物上代位権の方が優先すると考えるべきであろう（一般の差押えと相殺に関する法理［債権総論で学ぶ］よりも仮登記担保権者に抑制的に作用する）。

(iv) 清算金の弁済供託　もっとも、仮登記担保権者をこのような状況から救済するために、法は、仮登記担保権者が清算金を弁済供託することを認めており（同法7条。以後、物上代位権は供託金還付請求権に対して行使される）、これによって仮登記担保権者は、設定者に対し土地等に関する所有権移転の本登記や目的物の引渡しを請求できるようになる。

(b) 競売請求

先順位担保権者による競売があった場合には、仮登記担保権は、その手続中において（仮登記の順位での）抵当権とみなされ、先順位担保権者が優先弁済を受けた残余金から弁済を受けて（同法13条1項）、仮登記担保権が消滅し、登記は抹消される（同法16条、民執82条1項2号）。

問題は、後順位担保権者による**競売請求**があった場合の先順位仮登記担保権の処遇である。考え方としては、①後順位担保権者の競売手続を排除して（第三者異議）私的実行を保証するか、②両手続を併存させた上で先着手主義とするか（かつての判例［最大判昭和49・10・23民集28巻7号1473頁］の立場）、③仮登記担保を完全に担保として処遇し、私的実行に対する公的競売の優先により、優先弁済権のみを保障するというものがありうる。仮登記担保法は、③の道を選んで、後順位担保権者が、仮登記担保権者による清算金支払いまでに競売手続をとった場合には、仮登記担保権者は競売手続を排除することができず（同法15条1項）、仮登記担保権を「抵当権」とみなし、当該仮登記を「抵当権設定登記」とみなして、その順位で優先弁済を受けることとした（同法13条1項）。通知を受けた見積額に不服のある後順位担保権者は競売申立てをして、そこでの余剰配当を期待するであろうから、その意味で、後順位担保権者の競売請求は、仮登記担保権者の支払う清算金の額の適正さを確保する対抗手段となっている。同法の5条通知に、そのような積極的意味があるとすれば、かかる通知を受けなかった後順位担保権者は、清算期間後でも競売請求ができるというべきであろう。さらに、判例（最判昭和61・4・

11民集40巻3号584頁）によれば、後順位担保権者は競売による配当が見込めない場合でも、清算期間経過後に、5条通知をしていない後順位担保権者に対して本登記についての承諾を求めることができないという。

　仮登記担保によって優先弁済を受ける範囲は、抵当権の場合と同様に（民法375条参照）、利息その他の定期金について、その満期となった最後の2年分、遅延利息は最後の2年分についてのみとされている（仮登記担保法13条2項、3項）。もっとも、仮登記担保では、記載事項が限られているため、元本・利息・遅延損害金などが登記からは知り得ないという問題が残されている。

　仮登記担保権者が、自分の債権について優先弁済を受けようとするときには、執行裁判所に、債権の存否・原因・額などについて届出をしなければならない（裁判所から催告がある）。配当要求の終期までにこの届出をしないと仮登記担保権者は弁済金や配当金の交付を受けることができない（同法17条。同法制定時にはなかった規定であるが、民事執行法の制定に伴う改正で、かかる失権的効果が明定された）。こうして、仮登記担保権は、競売による不動産の売却によって消滅する（同法16条1項）。

(2) 第三取得者

　目的物の第三取得者は、清算期間中であれば、第三者弁済をなすことによって仮登記担保権を消滅させることができる。そして、かかる第三者弁済の機会を確保するため、仮登記担保権者は、第三取得者にも清算金の見積額などの通知をしなければならない（同法5条2項）。

4　仮登記担保権と用益権

(1) 仮登記担保権設定後の賃借権

　仮登記前に設定されて対抗要件を具備している用益権がある場合には、仮登記担保権者が私的実行によって目的不動産の所有権を取得して本登記を得ても、所有権取得は用益権に劣後するから、（抵当権の場合と同様に）用益権は存続する。しかし、仮登記後に設定された用益権は、仮登記が本登記にな

ると、仮登記担保権者の取得した所有権には対抗できないため、消滅する運命にある。平成15（2003）年改正法以前には、短期賃貸借保護に関する規定（旧395条）の類推適用の可否という問題が存在したが、改正後は、建物明渡猶予制度（新395条）の類推適用があるかという新たな問題が生じている。基本的には、目的不動産を生活の本拠としていた者の環境激変緩和策として必要なものであるから、類推適用を認めるべきであろう（高木・324頁）。

(2) **法定賃借権**

同一所有者に属する土地・建物の一方に仮登記担保権が設定され、それが実行された場合には、抵当権における法定地上権の場合と同様に、建物存続のために土地の用益権が発生するかという問題を生ずる。仮登記担保法10条は、同一所有者に属する土地・建物のうち土地について仮登記担保が設定された場合について、設定者のためにその建物所有のための「**法定賃借権**」（法定地上権ではない）の取得を定めた。現在、建物の敷地利用のためには圧倒的に賃貸借が利用されていることに配慮したものである。建物が担保目的とされる場合は、仮登記担保権者が将来の実行を見越して設定者との間で予め敷地について停止条件付賃貸借契約を締結するであろうと考えたためといわれるが（安永・451頁）、立法としての適否は疑問である。

なお、同様の状況下で、他の一般債権者や抵当権者による強制競売があった場合には、法定地上権との競合が生じることになるが（村田博史「仮登記担保契約と土地利用権」法時52巻4号［1980年］145頁参照）、基本的には、法定地上権について積み重ねられた議論の帰趨にゆだねるべきではあるまいか。

5　倒産手続との関係

仮登記担保権は、債務者の破産・民事再生・会社更生においては、抵当権と同じに扱われる（同法19条1項、3項、4項）。破産手続上あるいは民事再生手続上は、別除権として、破産手続によらないで行使することもできるため、私的実行の方法を選択することも可能である（破産65条・民事再生53条）。会社更生手続では、更生担保権としての扱いになる（会社更生2条10項）。た

だし、**根仮登記担保権**には、このような効力は認められていない（仮登記担保法19条5項）。根仮登記担保権は、根抵当権とは異なり、被担保債権についての公示がなく、極度額などでその優先弁済効を制限することもできないことから、結果的に、根仮登記担保によって目的物の価額全部が支配されてしまい、余剰価値の利用が妨げられるなど、包括根抵当と同様の弊害が危惧されたためである。しかし、そのために根仮登記担保の効力は大きく減殺され、根抵当権との併用によってこれを補う必要があることから立法的には問題がないではない。

6 仮登記担保権の消滅

仮登記担保権の消滅に関する議論は、基本的に、抵当権をモデルとして考えることができそうである。被担保債権の消滅、混同・放棄などで消滅することはいうまでもない。ただ、仮登記にかかる権利が、その性質上、純粋な担保物権というより（代物弁済という形で）債権的に構成されていることに鑑みると、目的物が滅失しても所有権移転に関する契約は履行不能となるに過ぎないし（ただし、「物件」取得期待権たる担保としての意味は失われる）、10年の消滅時効にもかかる可能性がある（起算点は予約完結権行使可能時ないし停止条件成就時か）。

7 譲渡担保と仮登記担保

譲渡担保については、次節で学ぶが、譲渡担保と仮登記担保の区別は、そこで採用された法形式に依存するだけに、当事者の主観的意図とずれて、時に微妙な解釈問題となることがある（田髙・展開236頁以下に興味深い分析がある）。この点をめぐる興味深い判例があるので紹介しておこう。最判平成14・9・12（判時1801号72頁）では、借入金の返済がされない場合には債務者所有の甲土地を債権者名義に変更して第三者に売り渡すことを承諾する旨の契約について、当事者間で、これが仮登記担保契約に当たるか否かが争われたところ、最高裁は、以下のように述べ、譲渡担保契約であると認定した

（藤井裁判官の反対意見がある）。

「本件契約は、これに基づく所有権移転登記手続がされた後も、XにおいてYに債務の弁済を求めていた事実等に照らすと、目的不動産の所有権の移転によって債務を確定的に消滅させる代物弁済契約ではなく、仮登記担保の実行によって確定的に所有権の移転をさせようとしたものでもない。Xは、本件契約により、本件土地をX名義に変更した上で、なおも債務の弁済を求め、利息を受領してきたのであるから、本件契約は、債務担保の目的で本件土地の所有権を移転し、その登記を経由することを内容としていたもので、譲渡担保契約にほかならない……。／そして、譲渡担保において、債務者が弁済期に弁済をしない場合には、債権者は、当該譲渡担保がいわゆる帰属清算型であると処分清算型であるとを問わず、目的物を処分する権能を取得し、債権者がこの権能に基づいて目的物を第三者に譲渡したときは、譲受人は目的物の所有権を確定的に取得し、債務者はその時点で受戻権ひいては目的不動産の所有権を終局的に失うのであるから……本件においては、XからAへの本件土地の売却によって、Aは本件土地の所有権を確定的に取得し、Yは、清算金がある場合にXに対してその支払いを求めることができるにとどまり、本件土地を受け戻すことはできなくなったというべきである」。これに対し、反対意見は、「ある事実関係について、複数の法規に基づく複数の法律関係が考えられるときに、どの法規に基づく法律構成を選択して主張するかは、当事者にゆだねられた事柄である。仮登記担保と主張されているときにこれを譲渡担保と認定することは、少なくとも当事者の予想を超えるものであり、不意打ちとなることを免れない。まして本件では、Xらは、代物弁済契約としか主張せず、担保的構成の主張を拒否しているのである。Xらが代物弁済の主張にこだわったのは、……登記原因が代物弁済であったからであると思われるが、Xらとしては、証拠に即して担保目的による所有権の取得であることを主張すべきであった。／私は、本件について、多数意見が本件契約を代物弁済契約でも仮登記担保契約でもないとした点に異論はないが、これを譲渡担保契約であるとした点は、当事者の主張しない所有権取得原因事実を認定するもので、ひいてはXに対する不意打ちであり、訴訟における弁論主義に反するとの疑いを払拭することができない」と述べている。（下線筆者）

第3節　譲渡担保

1　譲渡担保とは

(1)　意義

　譲渡担保とは、たとえば動産譲渡担保の場合、事業者Ｓが金融機関Ｇから300万円の融資を受けるために金銭消費貸借契約を締結し、その債務の履行を担保する趣旨で、Ｓが所有する製造機械セット（甲）の所有権をＧに譲渡するという法形式をとるもので、まさに、「**担保のために権利を譲渡する**」というところから、この呼び名がある。その場合の対抗要件は、通常、Ｓにおいて機械の占有を保持したまま、**占有改定**の方法で目的動産をＧに引き渡すという方法がとられる（Ｓが機械を継続して使用できるようにＧとの間で、甲を目的物とする使用貸借か賃貸借契約を締結する）。Ｓが期限までに債務を返済すれば、甲の所有権はＳに復帰するが、返済できなければ甲の所有権が確定的にＧに帰属して、清算金との引き換えにその占有もＧに移すことになる。

　こうしてＳは、動産である機械セットを民法の定める担保である質権によらずに担保として提供することが可能になるわけであるが（**事実上の動産抵当**）、かような方法は、動産に限らず、様々な財産権について汎用性がある。したがって、より一般的に言えば、「譲渡担保」とは、債権者が債務者に対して有する債権を担保するため、動産・不動産・債権などの財産所有者又は権利者が、その所有権や権利を、法形式上は債権者に移転（譲渡）し、債務（被担保債権）が弁済されれば、それらは原権利者に返還される（復帰的に移転する）が、債務が弁済されないときは、形式的にだけでなく、実質的にもそれらの物や権利を確定的に債権者に帰属させるという内容を持つ**権利移転型非典型担保**の総称ということになり、既存の財産権移転の法形式を利用してある種の**仮託行為**である。

　譲渡担保における以上のような関係における債権者を**譲渡担保権者**、目的となる財産の所有者又は権利者を**譲渡担保（権）設定者**、実質的に担保され

ている債権を**被担保債権**と呼ぶ。

　譲渡担保は、古くからその存在が認められていたもので（明治末期の大判明治45・7・8民録18輯691頁など）、かつては、所有権が外部的にも内部的にも移転する**強い譲渡担保**と、外部的にのみ移転する**弱い譲渡担保**が区別され、弱い譲渡担保を原則型とするという判例（大連判大正13・12・24民集3巻555頁）も存在したが、今日では、その実質的・担保的効力の及ぶ範囲こそが重要であるとされ、このような区別の意味は失われつつある。また、権利移転方式による担保方法の区別として、①当事者間で金銭消費貸借契約を締結した上で当該債権を担保するために目的物の権利を移転する場合と（一応、被担保債権が存在する）、②目的物について売買契約を締結して、売主が利息相当分を加えた代金相当額の金員を返済することで目的物を取り戻すことができる（形の上では、買戻しあるいは再売買の予約によるもので、被担保債権の発生・消滅とは構成されていない）とするものを分けて、後者を売渡担保などと呼んで区別した（大判昭和8・4・26民集12巻767頁、我妻栄「『売渡担保』と『譲渡担保』という名称について」同・民法研究Ⅳ［有斐閣、1967年］121頁以下参照）。しかし現在では、後者についても、その実質を観察して、譲渡担保として一括して扱うのが学説・判例の大勢である＊。

　＊【譲渡担保と売渡担保の区別について】　譲渡担保と売渡担保の違いは、専ら、当事者が用いた用語法（売買・買戻し・再売買の予約など）から導かれる意思解釈によるものであり、もともと、あまり明確なものではない。以前は、譲渡担保と売渡担保の主たる違いは、後者が、約定の一定期間経過によって、買戻権や予約完結権が目的物価格と買戻代金や再売買代金との差額についての清算を伴わないで消滅するのに対し、前者では、清算および受戻権に関する議論が妥当するという点に見出された。しかし、仮登記担保に関する議論の進展につれ、後者についても担保目的のものである以上、清算・受戻しの法理を貫徹させるべきであるとされ、そうだとすれば、占有のあり方（来栖三郎・契約法［有斐閣、1974年］222頁、近江幸治・担保制度の研究［成文堂、1989年］24頁以下等はこの点に着目する）や用いられた用語法に必要以上に拘泥することなく、譲渡担保法理に服せしめることが適当と考えられるようになっている（高木・332頁、道垣内・298頁、新版注釈民法(9)838頁［福地俊雄］など）。もちろん、担保型でない「真正の」買戻しや再売買予約の存在を否定するまでもないが（最判平成11・11・30民集53巻8号1965頁［住宅公団による転売禁止等の条件違反の場合の買戻特約付宅地分譲］などは真正の買戻し特約とされている）、少なくとも、「売

渡担保」という用語には、もはや積極的存在意義を見出せない。

　最判平成18・2・7民集60巻2号480頁（民法判百Ⅰ〈第7版〉95事件［小山泰史］、不動産判百〈第3版〉83事件［角紀代恵]）は、「**真正な買戻特約付売買契約**においては、売主は、買戻しの期間内に買主が支払った代金及び契約の費用を返還することができなければ、目的不動産を取り戻すことができなくなり、目的不動産の価額（目的不動産を適正に評価した金額）が買主の支払った代金及び契約の費用を上回る場合も、買主は、譲渡担保契約であれば認められる清算金の支払義務を負わない（民法579条前段、580条、583条1項）。このような効果は、当該契約が**債権担保の目的を有する場合**には認めることができず、買戻特約付売買契約の形式が採られていても、目的不動産を何らかの債権の担保とする目的で締結された契約は、譲渡担保契約と解するのが相当である。／そして、真正な買戻特約付売買契約であれば、売主から買主への目的不動産の占有の移転を伴うのが通常であり、民法も、これを前提に、売主が売買契約を解除した場合、当事者が別段の意思を表示しなかったときは、不動産の果実と代金の利息とは相殺したものとみなしている（579条後段）。そうすると、買戻特約付売買契約の形式が採られていても、**目的不動産の占有の移転を伴わない契約**は、特段の事情のない限り、債権担保の目的で締結されたものと推認され、その性質は譲渡担保契約と解するのが相当である」として、その実質を優先させ、買戻期間経過後に買主X（実質的債権者）により売主たる占有者Y（実質的債務者）に対して提起された所有権に基づく明渡請求を認めなかった。つまり、民法580条を文字通り適用せず、単に買戻期間が経過したというだけでは、［処分時まで］売主（実質的債務者）の買戻権が消滅するわけではないという譲渡担保についての判例法理（最判昭和62・2・12民集41巻1号67頁）を及ぼしているのである。この議論からすれば、債権者の清算義務も当然認められよう。また、最判平成18・7・20民集60巻6号2499頁では、「再売買が予定されている売買契約の形式を採っているものではあるが、債権担保の目的でなされたものについては、譲渡担保契約と解される」とした。

　要は、譲渡担保と売渡担保との区別は、「担保とする意思」を契約の趣旨や事実から読み取れるかどうか（契約締結の動機・占有の態様・実質的被担保債権・利息などから推認される）にかかっているわけである。確かに、担保目的であるかどうかの主張・立証責任の所在については、問題が残されているが（生熊長幸「買戻・再売買予約の機能と効用」加藤一郎＝林良平編・担保法大系第4巻475頁参照）、法的性質決定を見通しの良いものにするには、ひとまず「占有移転の有無」を基準に、債権担保目的を推認しようとする判例の立場が支持されて良いと思われる。

(2) 譲渡担保のメリット

　抵当権や質権が、あくまで、目的物の所有権を債務者や原権利者（設定

者)のもとに残したままで、原則として将来の価値権のみを支配して、実行時の優先弁済権を確保するのみであるのに対し、譲渡担保では、本権たる所有権の部分が「根こそぎ」債権者に移転する形がとられている。

　既に述べたように、この方式を採用することの大きなメリットの一つが、①目的物の種類・範囲を問わない点にあることはいうまでもない。抵当権のように不動産に限られず、動産や債権についても質権のように占有を移転する必要がなく、さらには、集合動産や集合債権・将来債権その他の財産権（コンピュータ・ソフト等の知的財産権・のれん・株主権・会員権*等）のように典型担保では担保化が困難な財産についても、およそ譲渡可能なものであれば、あらゆるものが譲渡担保の目的となり得る。そのほかにも、②債権者が目的物の権利を予め取得する形になっていることから競売手続などによることなく簡易・迅速かつタイムリーに担保目的を実現できること、③目的物が不動産の場合には、最初から、債権者の為に所有権移転登記をしていることから、後順位担保権者や優先的賃借人といった利害関係人がでてこないこと（平成15（2003）年改正前には、さらに短期賃貸借の成立を防ぐ意味もあった。もっとも、登録免許税は抵当権設定登記などと比べると高めになる）。さらに、メリットというには憚られるが、④場合によっては、被担保債権額より高額な目的物を丸取りできるという「うま味」があったことも否定できない（後の清算法理の貫徹で、かかる「うま味」は減殺された）。

　以上のように、譲渡担保は、債権者にとって極めて有利であるために、古くから利用あるいは典型担保と併用されてきた（「売渡抵当」・「抵当直流」・「譲渡質」といった流担保の可能性を秘めた担保として利用された）。もちろん、このような担保の取り方に対しては、その法的効力について少なからぬ疑問も表明されてきた。たとえば、①民法345条は質権設定者による質物の代理占有を禁じ、349条は流質契約を禁じているが、譲渡担保は、その「脱法行為」となるのではないのか（→大判大正3・11・2民録20輯865頁は、脱法行為とはいえないとした）、②流質契約が抑制しようとしている債権者の「丸取り」による暴利行為を容認することにならないか（90条違反）、あるいは、③譲渡担保は権利関係の実態を反映しない「虚偽表示」（94条）ではないのか（大判明治30・12・8民録3輯11巻36頁参照）、④「物権法定主義」に反しな

いのか（「大は小を兼ねる」のか、「過ぎたるは及ばざるがごとし」なのか？）、⑤仮登記担保法の趣旨に反しないのか等々。しかし、後述のように、清算理論の確立した今日では、取引界の需要を認めるべきであるとされ、譲渡担保の合意も、独立した約定担保契約として有効であること（**慣習上の担保物権として認知**）を前提にした上で、実質的目的に即してその効果に必要な限定を付する解釈論を立てる方向で意見の一致を見ており、この種の議論は過去のものとなりつつある。むしろ、検討すべきは、法形式とその実質的機能との違いを前提にしつつ、具体的利益状況の中で、当事者間の対内的関係あるいは他の第三者との対外的関係で、譲渡担保にどのような効果を付与して利益調整を施すべきかという点にある。

　それにしても、譲渡担保の活用によって、あらゆる企業資産の担保化が可能となってきた反面、ひとたび企業が破産したような場合には、ほとんどの資産が譲渡担保権者に捕捉される結果、一般債権者の債権の引き当てとなるべき資産が枯渇し、一般債権者への配当が、ほとんど期待できない状況になりつつあることは否めない。それゆえ、一般債権者の利益を代表する破産管財人と譲渡担保権者の対立は厳しいものとなり、裁判例における当事者としても破産管財人が登場する場面が少なくない。

　＊【**会員権の譲渡担保？**】　預託金会員制ゴルフ会員権のような会員権は、会費納入義務のような債務や権利、さらには解除権のような形成権を含む一定の「契約上の地位」であるが、これもまた「契約上の地位の引受け」という方法（一種の譲渡担保である）によって、担保に供することが可能である（ゴルフ会員権につき最判昭和50・7・25民集29巻6号1147頁［米倉明・法協94巻1号［1997年］133頁］参照）。当該権利の価値がこれに伴う債務等の費用を上回る場合、その差額に担保価値が見出されるわけである（より一般的には、須藤正彦「契約上の地位の担保」星野英一ほか編・担保法の現代的諸問題（別冊NBL10号）［商事法務研究会、1983年］109頁以下など参照）。

(3) 譲渡担保の法的構成

　譲渡担保の法律構成を如何に考えるべきかは、そこから導かれる具体的帰結はともかく、その後の問題処理の論理展開（実行後の清算義務の根拠付けや、譲渡担保の対外的関係、執行手続、保険など）に一定の影響を与えざるをえない問題である。そこで、学説は、譲渡担保の法的構成について、担保として

の性格に配慮しつつ様々な工夫を凝らしてきた（生熊長幸「譲渡担保の法的構成」金融取引法大系(5)［有斐閣、1984年］337頁、同・276頁以下、鳥谷部茂「譲渡担保における法律構成」林＝甲斐編集代表・谷口知平先生追悼第3巻［信山社、1993年］184頁以下、米倉明「譲渡担保の法的構成」同・担保法の研究［新青出版、1997年］57頁以下、石田穣・671頁以下など）。

(a) 所有権的構成

当事者によって採用された法形式を重視すると、目的物の所有権は、ともかく債権者Gに移転しており、Gは設定者Sに対して目的物を担保目的以外には利用しないという債務を負い、Sは債権的な取戻権を持っているだけ（たとえば信託的譲渡を受けた［四宮和夫・信託法〈新版〉［有斐閣、1989年］10頁など参照］）とする見方が可能となる。あくまで、所有権移転を前提とするこのような考え方は、「所有権的構成」などと呼ばれる。一方で、所有権者以上の権利を与えず、かつ債権担保目的に権利を制限するには、いちおう譲渡担保権者に目的物の所有権が移ってはいるが、設定者留保権等によって制限されていると解する方が望ましいとの判断が背後にあるようである（道垣内・300頁など）。

(b) 担保的構成

他方で、その経済的実質を重視すると、むしろ債権者Gは「譲渡抵当権」とでもいうべき特殊な担保権を手に入れただけであって、「所有権」というタイトルはなお設定者Sのもとにとどまっていると構成することもできる。これを「担保的構成」などという。

図6-2

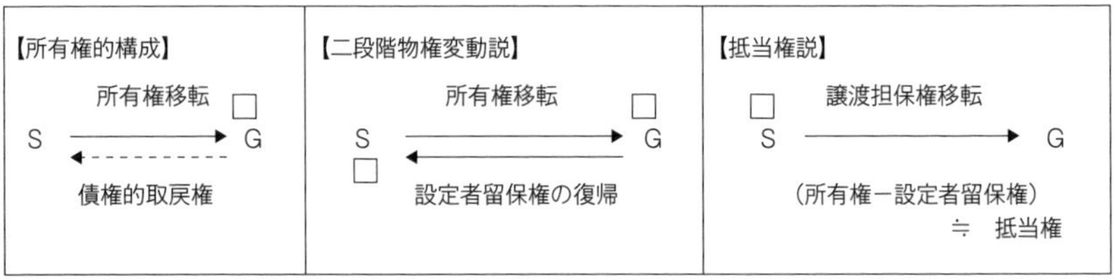

【所有権的構成】	【二段階物権変動説】	【抵当権説】
所有権移転 □ S ─────→ G ←───── 債権的取戻権	所有権移転 □ S ─────→ G □ 設定者留保権の復帰	□ 譲渡担保権移転 S ─────→ G （所有権−設定者留保権） ≒ 抵当権

譲渡担保をあくまで担保として構成する場合にも、様々な説明が可能であり、①債権者と債務者が、各々、確定的な所有権取得への物権的期待権を持っている状態であるとしたり、②所有権がいったん債権者に移転した上で、「所有権マイナス担保権」である**設定者留保権**と呼ばれるものが設定者に復帰するというメカニズムを考える見解（「**二段階物権変動**」：鈴木・237頁。これも考え方としては所有権的構成を出発点に置く中間的立場である。ただし再移転の対抗要件は具備できていない。石田穣・675頁以下は当事者の意思を基準に適法な権利移転型譲渡担保というには再移転についての仮登記を要求するが、実際には困難であろう）、さらに、③担保的実質を重視する考えを徹底して、譲渡担保を実質的に抵当権と異なるものではないとする見解（抵当権説：米倉・譲渡担保［弘文堂、1978年］44頁、加藤雅信「非典型担保法の体系」椿寿夫編・担保法理の現状と課題［1995年］62頁以下、田髙・展開310頁以下）などが登場している。

(c) 判例の立場

　個々の判例については後に少し立ち入って検討するが、基本的には、目的物の（限定的な）所有権移転を一応の前提としつつ、そこから直ちに演繹的に問題処理をするのではなく、具体的効果の面で調整を加えるという道を選んでいる。たとえば、不動産譲渡担保において、被担保債権が弁済されて譲渡担保が消滅したが、登記名義が譲渡担保権設定者名義に回復されることなく放置されていたところ、譲渡担保権者が目的不動産を**第三者に譲渡**した事案で、第三者が背信的悪意者でない限り、譲渡担保権設定者は登記なしに所有権取得を第三者に対抗できないとしたが（最判昭和62・11・12判時1261号71頁）、これなどは譲渡担保権者への所有権移転を前提としなければ説明が困難であろう。ただ、同時に、最判昭和41・4・28（民集20巻4号900頁）では、譲渡担保権を会社更生法上の**更生担保権**として扱い、最判昭和57・9・28（判時1062号81頁）では、不動産の不法占拠者に対する譲渡担保権者の**明渡請求**で「債権担保の目的を達するのに必要な範囲内においてのみ認められる」という言い方をしたり（結果的には設定者に目的物の返還請求を認めている）、最判平成18・7・20（民集60巻6号2499頁）が譲渡担保の重複設定（後順位譲

渡担保の成立)を認めている点などは、所有権的構成からも不可能ではないが、どちらかといえば担保的構成に親和的な判断である。また、抵当権の滌除制度はすでに廃止されているが、前掲最判平成7・11・10では、実行前の譲渡担保権者には、第三取得者と同様の**滌除権者としての地位**を認めなかった(消滅請求につき、同様の結論となろう)。さらに、清算手続終了前の**目的物の被保険利益**が譲渡担保権者と設定者のいずれに帰属するかについて、最判平成5・2・26(民集47巻2号1653頁)は、双方が被保険利益を有するものとし(価値が分属している［我妻・619頁以下］ということか？)、その前提として「譲渡担保権者には、**債権担保の目的を達するのに必要な範囲内においてのみ目的不動産の所有権移転の効力が生じ、譲渡担保権者が目的不動産を確定的に自己の所有に帰させるには清算手続を要する**」などとしている。

　これらの判例の姿勢は、必ずしも明確ではないが、目的の範囲内との限定付きながら、法形式としての所有権移転をひとまずの前提として、担保権者同士の利害調整や対第三者関係の場面では、物権レベルの担保権としての実質に即した処理をしているといえそうである(判例法の展開については、道垣内弘人「譲渡担保」安永正昭＝道垣内弘人編・民法解釈ゼミナール(2)物権［有斐閣、1995年］144頁以下、同「日本民法の展開(3)判例の法形成——譲渡担保」広中＝星野編・民法典の百年Ⅰ311頁以下所収が詳しい)。

2　設定と対抗要件

(1)　設定契約

　譲渡担保権の**設定**は、基本的に、債権者と設定者(債務者又は物上保証人)の間での無方式の諾成的契約によって行われるが、最低限の内容として①所有権その他の財産権を債権者に譲渡すること、②それが債権担保の目的である旨が合意されていることが必要である。売買契約に伴って、担保目的での買戻特約や、再売買予約が付されている場合も、原則として、譲渡担保の合意と見てよい。最終的には当事者の合理的意思解釈によることになろうが、判例(最判平成18・2・7民集60巻2号480頁)は、買戻特約付き売買契約で目的物の占有移転がない場合の契約解釈として、これを譲渡担保と性質決定し

(2) 目的物など

(a) 多様な目的物等

　譲渡担保の**目的**となるものは、およそ**譲渡性のある財産権**であれば、何でもかまわない。機械器具・販売目的の商品等の動産、手形・小切手・株券等の有価証券、土地・建物等の不動産、その他動植物、ゴルフ・クラブ会員権のような権利・契約上の地位、コンピュータ・ソフトのような知的所有権・無体財産権など多様である。さらに、ひとまとまりの動産や債権である集合物・集合債権や将来債権にまで目的の種類は拡大している。たとえば、動産について「家財一切」という集合物（最判昭和57・10・14判時1060号78頁）や、「一定の倉庫の中にある乾燥ネギフレーク」というように構成部分となる中身が変動する流動的な集合動産であっても、「その種類・所在場所・量的範囲などによって目的物の範囲が特定されている場合」であれば、一個の集合物として譲渡担保の目的となりうるとされている（最判昭和54・2・15民集33巻1号51頁など）。また、具体的に、「Ａ会社の第1乃至第4倉庫内及び同敷地ヤード内」の「普通棒鋼・異形棒鋼等一切の在庫品」といった特定の仕方で集合物の特定性を認めて譲渡担保権の成立を肯定した例も存在する（最判昭和62・11・10民集41巻8号1559頁）。これに、占有改定による対抗力の取得を組み合わせると、債権者は、一定の倉庫等に搬入される商品の総てを担保目的物として組み入れることが可能になるが、卸売業者や材料納入業者の持つ動産売買先取特権（321条）との優劣をめぐっては、深刻な議論を生ずる（333条によって、第三者への目的物の「引渡し」後は動産売買先取特権が劣後するからである）＊。

　　＊**【動産売買先取特権と譲渡担保の優劣】**　動産売買先取特権は、目的の動産が第三取得者に引き渡されると、追及効がない（333条）。それゆえ、動産売買後に、買主が目的動産を譲渡担保に供したような場合、占有改定による引渡しを経た譲渡担保権者に対して、動産先取特権の効力を及ぼすことができるかが問題となる。最判昭和62・11・10民集41巻8号1559頁では、集合動産譲渡担保と動産売買先取特権の優劣が問題となった事案で、譲渡担保権者は、特段の事情のない限り、第三者異議によって先取特権による競売手続を排除できるものとした。これは、所有権的構

成に親和的な判断であるが、その結論には、多くの疑問も提起されている（田原睦夫「動産の先取特権の効力に関する一試論」林良平先生還暦・現代私法学の課題と展望（上）［有斐閣、1981年］69頁以下所収、角紀代恵・ジュリ854号［1986年］120頁、鎌田薫ほか編著・民事法Ⅱ〈第2版〉［日本評論社、2010年］145頁以下［古積健三郎］など）。「特段の事情」についての判断を含め、更に検討を要しよう。

(b) 他人の所有物

目的物に、**他人の所有物**が紛れ込んでいるような場合には、その物について譲渡担保権の即時取得（192条）が成立しうるかが問題となる。これが認められた場合には、他人物に譲渡担保権が設定されることになる。

(c) 抵当不動産

抵当権付不動産について譲渡担保権が設定された場合、譲渡担保権者は第三取得者として抵当権の消滅請求が可能であろうか。**譲渡担保権者の第三取得者性**の問題である。譲渡担保権者が所有者であることを前提とすれば、「第三取得者」と評価されてしかるべきことになる。しかし、最判平成7・11・10（民集49巻9号2953頁）は、これを否定した。譲渡担保にあっては、債権担保の目的を達するのに必要な範囲でのみ目的不動産の所有権移転の効力が生ずるに過ぎず、担保権を実行して清算手続を完了していない譲渡担保権者は**未だ確定的に目的不動産の所有権を取得した者ではなく**、民法379条所定の滌除権者（平成15（2003）年改正後の抵当権消滅請求権者）たる第三取得者ということはできない、というのがその理由である。

(3) 被担保債権

被担保債権は、抵当権の場合と同様、**特定債権**に限らず、**不特定債権**や**将来債権**でもよい。確かに、新陳代謝する不特定債権を被担保債権とする**根譲渡担保**については、目的物の価値全部を事実上支配する点で根仮登記担保に匹敵するだけに、両者の制度間バランスに疑問がないではない（根仮登記担保は私的実行の場面でこそ有効であるが、競売・破産手続・民事再生手続・会社更生手続では無効とされていることに注意［仮登記担保14条、19条5項］）。しか

し、譲渡担保権者が、根抵当を併用する可能性を持たず、所有権移転の対抗要件まで備えていることを考えれば、**包括的根譲渡担保**の有効性を公序良俗違反として否定する余地を残しておけば足りようか（道垣内・305頁。なお、田原睦夫「根譲渡担保を巡る諸問題」林良平先生献呈論文集・現代における物権法と債権法の交錯［有斐閣、1998年］291頁以下も参照）。

なお、買戻しや再売買予約などの法形式が利用されている場合は、厳密には被担保債権が存在しないことになりそうであるが、そこで予定された買戻価格や再売買価格が被担保債権額として認定されることになろう（伊藤秀郎「残された売渡担保の問題点」判タ246号［1970年］9頁、道垣内・305頁など）。

(4) 公示方法・対抗要件

譲渡担保設定契約に基いて、その効力を第三者に対しても主張できるようにするには、何らかの形で対抗要件を備える必要がある。

(a) 不動産

不動産については**登記**が対抗要件となるが（177条）、その際の**登記原因**には「譲渡担保」と記載することが可能とされており、これが一般化するものと予想される（平成16（2004）年改正による不登61条の登記原因証明情報の必須化）。しかし、これによっても、登記簿上、被担保債権の範囲や、実行の有無などは必ずしも明らかでない（抵当権と異なり、登記事項とされていない）点に問題が残されている。

(b) 動産

動産についての対抗要件は「**引渡し**」であるが（178条）、これに**占有改定**を含むというのが判例である（最判昭和30・6・2民集9巻7号855頁［＝民法判百Ⅰ〈第7版〉61事件［石綿はる美］］は、譲渡担保契約が締結され、債務者が引き続いて目的物を占有・使用していれば、それだけで占有改定があると認定し、その所有権取得を第三者に対抗できるものとした）。通常は、目的物を設定者のもとに留めたままにするために占有改定によることになろうが、これでは何ら外形的変動がないため、公示として極めて不完全であり、しばしばネー

ム・プレートや打刻などを使って**公示の補完**が試みられている。債務者としては、譲渡担保の公示を嫌って充分な対策を講じない場合も少なくなかったが、平成16 (2004) 年以降は、譲渡人が法人である場合は、登記によって特定可能な動産につき**動産譲渡登記**が利用可能となっており、個別動産・集合動産の譲渡担保において、この登記があると民法178条の引渡しがあったものとみなされている（動産・債権譲渡特例法3条1項。ただし、当該動産につき、貨物引換証・預証券・質入証券・倉荷証券・船荷証券が作成されている場合は除かれる）。動産の場合、設定者の占有を信頼して譲渡担保権の付着した目的動産の所有権を手に入れようとした第三者取得者の保護は、即時取得（民法192条）によってはかられることになる（その際、動産譲渡登記の存在は、少なくとも第三者が金融機関などの事業者である場合は、動産譲渡登記の調査を怠ったことについて、その主観的態様［過失］の認定に影響しよう）。

(c) 債権

指名債権についての譲渡担保の対抗要件は、**債権譲渡の対抗要件**である民法467条以下によるほか、動産・債権譲渡特例法4条の適用もある。ちなみに、判例（最判平成8・7・12民集50巻7号1918頁）によれば、預託金会員制ゴルフ・クラブ会員権の第三者対抗要件は、指名債権の譲渡に準じて対抗要件を備えるべきものとしている（むしろ、クラブの定める会員権譲渡手続・名義書換手続の履践を優先させるべきか［平成8年度重判民法5事件［池田真朗］参照］）。

(d) 動産・債権譲渡特例法

これらの対抗要件具備の措置は、対外的に債務者の信用を損なうおそれがあるために嫌われ、結果として周りの者に不測の損害を及ぼす可能性があった。その意味では、前述のように、動産・債権譲渡特例法による登記は、サイレント方式で、動産及び債権の譲渡担保等の持つ公示上の問題を克服するために注目されるもので、引渡しや通知と同様、対抗要件として機能することに留意すべきである（同法7条2項5号によって譲渡登記記載事項として、目的動産の名称・種類・保管場所の所在地などが要求され、必要とされる事項が法

務省令で定められるため、特定のあり方にも間接的な影響を生ずる）。そこでは、他の譲渡担保の対抗要件とも競合することがあろうが、通常の二重譲渡の場合と違って（占有改定と即時取得に関する議論をそのまま妥当させると、現実の引渡しを受けた方が優先する）、その先後によって1番譲渡担保、2番譲渡担保といった優先関係を生じるものと考えられている（最判平成18・7・20民集60巻6号2499頁参照。もっとも、実際問題としては、1番譲渡担保が実行されて債権回収がなされるプロセスで、2番手の譲渡担保権者が担保権を行使する余地は乏しい）。

　いずれにせよ、譲渡担保は法形式と実質が異なるだけでなく、目的物の占有を移転しないで設定されることになるため、曖昧な特定の仕方をしていると極めて包括的に担保を取ることになり、一般債権者にとって脅威であることは否めない。そのため、まずもって特定方法の明確化が求められる。また、形式的にせよ債権者に所有権の帰属が移るため、それが勝手に処分されたり、債権者（譲渡担保権者）の債権者によって差し押さえられて、設定者が目的物を取り返せなくなる虞もある。さらに、目的物の価値が被担保債権額を大きく上回るような場合は、代物弁済での丸取りと同様に、暴利行為となる可能性もあるため、一定範囲での清算義務を譲渡担保権者に課すことが重要な課題となる（後述のように判例［最判昭和46・3・25民集25巻2号208頁＝民法判百I〈第7版〉96事件［山野目章夫］］で手当てされた。なお仮登記担保法3条も参照）。

3　譲渡担保の効力

　譲渡担保の効力については、それが民法の定める担保物権ではないことに鑑み、当事者間の対内的関係と、他の債権者・担保権者・第三取得者などとの対外的関係を区別して論ずるのが適当であろう。また、通常の動産・不動産と、流動動産や債権とくに流動債権の譲渡担保とでは、別の配慮が必要である。まずは、特定動産・不動産についての譲渡担保の場合を念頭に検討しよう。

(1) 対内的関係における効力

譲渡担保設定者と譲渡担保権者の対内的関係では、合意に基づく担保権としての実質に即して、内容を合理的に確定していくことが基本となる。

(a) 一般的考え方

一般的には、抵当権の効力と同様に考えるのが判例・通説の見解である（高木・343頁、近江・304頁など）。たとえば、**効力の及ぶ目的物の範囲**は、民法370条に準じて、付加物・従物および従たる権利に及ぶものとされ（最判昭和51・9・21判時833号69頁）、**不可分性**（296条）・**物上代位性**（304条）も肯定されている（最決平成11・5・17民集53巻5号863頁。もっとも、当該事案は設定者に処分権を与えていた事例であるから譲渡担保権に追及効はなく、むしろ動産売買先取特権の実質を有するものであることに留意する必要がある。内田・528～530頁、さらに、生熊長幸・物上代位と収益管理［有斐閣、2003年］92頁以下の分析を参照）。随伴性は認められていない。

ただ、第三者が登場する対外的問題を併せ考えると、不可分性以外の点は、いずれも問題を含んでいる（道垣内・307頁以下参照）。譲渡担保権者・設定者の法的地位を考えるに際しては、一方では、所有権移転という法形式を自ら採用したことについての責任を勘案すべきであり、同時に、担保としての実質以上の権利行使を許容すべきではないからである。

(b) 検討

① 目的物の範囲　　目的物の範囲については、単なる所有権移転登記によって、抵当権のように登記「以後の」従物・付加一体物にまで譲渡担保権者の優先的効力が及んでいるというのは、外から見た場合には不意打ちになる可能性がある。せいぜい、所有権取得時において、当該所有権の効力が及ぶ範囲（譲渡担保権設定時における従物、付合物および従たる権利［建物敷地の賃借権など］）でのみ譲渡担保の効力が及ぶというべきではあるまいか。

② 物上代位　　物上代位の当否も微妙である。設定者が目的物を第三者に賃貸した場合の賃料は、形の上では譲渡担保権者が貸主となるわけであるから、厳密には、その後の占有態様にもとづく果実収取権（297条）の問題

として処理することが可能かつ適当である。さらに、設定者が目的物（動産）を第三者に譲渡し、第三者がこれを即時取得した場合の売買代金に対する物上代位の可能性は、必ずしも直接に導き出されるわけではなく、むしろ自己所有物を第三者に処分された場合の所有者としての権利として、譲渡担保権設定者に目的物の処分権を与えていた場合にはその対価に対する動産売買先取特権に準じた権利、与えていなかった場合には損害賠償請求権を被保全権利とする一定の優先権（債権者代位の転用？）を認めるのが筋であるのかも知れない。ちなみに、目的物が不動産である場合には、第三者への所有権移転登記ができないのであるから、転売代金債権への物上代位という問題を考える必要はない。目的物が第三者によって毀損された場合の損害賠償請求に関しては、設定者と譲渡担保権者が、それぞれの支配の内容に応じて不法行為に基づく損害賠償請求をなせば足りよう。だとすれば、ここで、敢えて物上代位を持ち出す必然性はないことになる。損害保険金についても同様の問題があるが、判例には、構成部分の変動する集合動産を目的とする集合物譲渡担保権について、設定者が営業を廃止して、もはや営業を継続する余地がない場面で、損害保険金への物上代位を認めたものがある（最判平成22・12・2民集64巻8号1990頁＝金判1356号10頁）*。

　　*【損害保険金への物上代位？】　最判平成22・12・2では、譲渡担保権者が、譲渡担保権に基づく物上代位権の行使として、担保目的物である養殖魚の死滅により譲渡担保権設定者が取得した損害填補のための漁業共済金請求権の差押えの申立てをした事案で、構成部分の変動する集合動産を目的とする集合物譲渡担保権は、設定者が通常の営業を継続している場合には特段の事情のない限り譲渡担保権者が物上代位権を行使することは許されないが、譲渡担保権設定者が通常の営業である養殖業を廃止した場合には、譲渡担保権者において譲渡担保の目的である集合動産を構成するに至った動産の価値を担保として把握するものであるから、その効力は、目的動産が滅失した場合にその損害を填補するために譲渡担保権設定者に対して支払われる損害保険金に係る請求権に及ぶとした。物上代位の問題というより、むしろ被保険利益の支配・帰属の問題（最判平成5・2・26民集47巻2号1653頁参照）と言うべきであろうか。なお、被保険利益との関連では、田髙・クロススタディ291頁以下も参照。

(c) 被担保債権の範囲

被担保債権の範囲に関しては、抵当権のように、後順位担保権者が登場する可能性が少ないことや、仮登記担保の私的実行の場合とのバランスから、民法375条のような制限は不要と解されている（通説。反対、米倉・譲渡担保〔弘文堂、1978年〕30頁など）。一般論として、最判昭和61・7・15（判時1209号23頁＝昭和61年度重判民法6事件〔近江幸治〕）も、「強行法規又は公序良俗に反しない限り、当事者間での合意によって自由に定めることができ、民法374条〔現375条〕又は根抵当権に関する398条ノ3の規定に準ずる制約を受けない」とする。

(d) 対内的利用関係

目的物の**対内的利用関係**は、抵当権の場合に、設定者が目的物を占有して利用を続けることができるのと同様、当事者の合理的意思解釈としても、譲渡担保権設定者の実質的所有権（設定者留保権？）に基づいての利用が認められるべきであり、設定者のこの権利は清算完了時まで肯定されるべきものである。したがって、法形式の上で、所有権移転があることを前提に賃貸借契約を締結して設定者に利用を継続させているような場合でも、賃料は、その実質において被担保債権の利息に相当するものであり、賃料不払いがあっても直ちに賃貸借契約の解除に結びつくような性質のものではない。譲渡担保権者からの明渡請求は、担保権の実行と清算が完了してからということになろう。

譲渡担保権設定者には、占有に伴い善良なる管理者の注意をもって担保目的物を保存する義務がある。他方で、譲渡担保権者の所有権にも、同様の制限や義務があると解すべきである（大判昭和8・4・26民集12巻767頁は、譲渡担保権者が、担保目的以上に権利を行使しない義務〔担保物保管義務〕を負うとする）。したがって、譲渡担保権者としては、債務の弁済前には、それが法形式上は自分の所有物であるからといって、他人に譲渡したり、目的物を破壊したりすると、債務不履行責任あるいは不法行為責任を負うと考えねばなるまい（最判昭和35・12・15民集14巻14号3060頁〔債務不履行責任を肯定〕）。所有権的構成からは債務不履行責任、担保権的構成からすれば、所有権侵害に

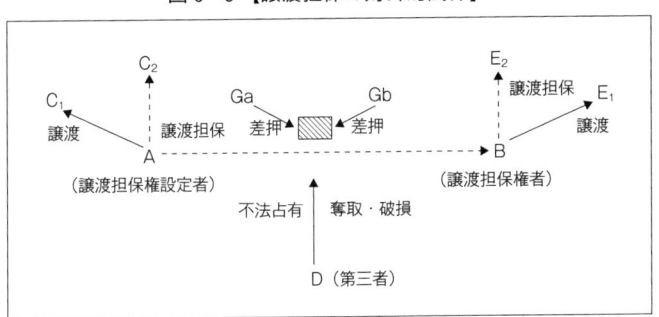

図6-3【譲渡担保の対外的関係】

基づく不法行為責任ということになろうか。譲渡担保権設定者についても同様であり、実質的所有権が残っているからといって、その所有権を譲渡して第三者に取得させたり、目的物を壊すようなことをしてはならない。設定者の義務として、所有権的構成では当然のことであり、担保的構成では債務不履行に相当しよう（庄菊博「譲渡担保目的物の不当処分行為によって発生する責任の性質」専法32号［2003年］47頁以下も参照）。

設定者には受戻権があるが、いつまで行使できるかについては、問題が多い（後述）。

(2) 対外的関係における効力

譲渡担保の場合、公示方法が不完全である上に、実質が担保、形式が所有権移転となっているわけであるから、外から第三者が見ると真の所有者が誰であるかが分かりにくい場合が多い。少なくとも、外見上の法形式だけを見ていると、譲渡担保権者が所有者に見えるが、公示方法の不完全な動産の場合には、設定者もまた所有者らしい外観を残しているため、利益調整は微妙である。

問題状況を幾つかのパターンに分けて整理してみよう（図6-3参照）。

(a) 譲渡担保権者側の第三者との関係
① 譲渡担保権者Bが目的物を第三者E_1に売却したとき

譲渡担保権者が、被担保債権の履行遅滞を理由に担保権を実行し、目的物を第三者に有効に譲渡しうることは、譲渡担保に関する構成如何によって結論を異にしない（最判昭和57・1・22民集36巻1号92頁、最判昭和62・2・12民集41巻1号67頁ほか）。問題となるのは、被担保債権の弁済期以前に、Bが目的物を処分したような場合である。

譲渡担保権者Bが弁済期前に目的物を第三者E_1に譲渡した場合、単純な**所有権的構成**で考えれば、E_1は（AB間の特約についての善意・悪意を問わず）完全に有効に所有権を取得し（大判大正9・9・25民録26輯839頁など）、設定者Aは担保権者Bに対して債務不履行責任を問うほかない（もっとも、川井・461頁などでは、設定者Aが弁済又は受戻しによって所有権を取り戻すべき地位にあることから、第三者E_1との間で一種の対抗関係に立つものとしている）。ちなみに、最判昭和34・9・3（民集13巻11号1357頁）は、Aの債務完済前に譲渡担保権者Bが目的物を第三者E_1に売却したために、Bが設定者Aに対して目的物返還義務の履行ができなくなった場合につき、AはBに対して損害賠償を請求することはできるが、不動産買主E_1からの明渡請求に対し、この損害賠償請求権をもって留置権を行使することは許されないとしている。

これに対し、**担保的構成**では、Bは譲渡担保権という特殊な担保権しか有していないわけであるから、実体法上、E_1はBから所有権を取得することはできず（無権利の法理）、譲渡担保権の範囲でしか権利を取得できないというのが原則となる。したがって、Aが被担保債権となっている債務を弁済すれば完全な所有権がAに戻り、弁済がなされず譲渡担保が実行されるとなれば、E_1がBから所有権を取得した上で、E_1とAの間で清算をすることになろう。ただし、E_1がBを完全な所有者であると信じたことに過失がないときは、不動産であれば**94条2項の類推適用**、動産であれば**192条**により、完全な所有権を手に入れる可能性がある。ちなみに、二段階物権変動説（鈴木）では、E_1とAの間は対抗問題となり、対抗要件具備の先後で決着が付けられる。

なお、不動産譲渡担保で、被担保債権が弁済されて譲渡担保権が消滅したにもかかわらず、登記名義を設定者Aに戻さず放置していたため、登記名義人Bが目的不動産をE_1に譲渡したような場合には、所有権的構成からは二

重譲渡と同様の関係になり（最判昭和62・11・12判時1261号71頁はこの立場か）、E_1が背信的悪意者でないかぎり、譲渡担保権設定者Aは、登記なしには所有権取得を第三者E_1に対抗できない（近江・307頁など。ただし、最判平成6・2・22民集48巻2号414頁は、E_1が背信的悪意者であっても譲渡そのものは有効という）。担保的構成では94条2項が類推適用されて、第三者が善意・無過失の場合にのみ所有権を取得できることになる。

② 譲渡担保権者Bが目的物について第三者E_2のために譲渡担保を設定したとき

BからE_2への譲渡が、譲渡担保の趣旨で行われたとしても、**所有権的構成**によれば、BはAの権利による直接的拘束を受けないと考えられる結果、譲渡担保権を有効にE_2に取得させることが可能となりそうである。これに対し、**担保的構成**では、転抵当類似の状況になり、**転譲渡担保権**をE_2が取得するものと解されよう（最判昭和56・12・17民集35巻9号1328頁はこれを前提に議論を展開している。なお、米倉・譲渡担保［弘文堂、1978年］75頁は転抵当に準じて問題を処理する）。ただ、このとき、E_2が善意・無過失であると、94条2項の類推適用あるいは192条による**譲渡担保権の即時取得**の可能性もあることに留意すべきである。不動産譲渡担保権者がE_2のために抵当権を設定した場合も、同様に考えてよいであろう。

③ 譲渡担保権者Bの債権者Gbが、目的物を差し押さえたとき

所有権的構成によれば、目的物がBの所有物となっている以上、差押えは完全に有効であり（Aは第三者異議の訴え［民執38条］によって競売手続を阻止できない）、AとしてはBの債務を第三者弁済した上で、差押えの効力を失わせることができるのみとなる。なお、最判平成18・10・20（民集60巻8号3098頁＝平成18年度重判民法6事件［田髙寛貴］）は、「不動産譲渡担保において、被担保債権の弁済期後に譲渡担保権者の債権者が目的不動産を差押え、その旨の登記がされたときは、設定者は、差押登記後に債務の全額を弁済しても、第三者異議の訴えにより強制執行の不許を求めることはできない」と判示している。したがって、被担保債権の弁済期以後は、Aが弁済によって目的物を取り戻せるチャンスは、差押登記の時までということになる。

これに対し、**担保的構成**によれば、Aは、所有者としての第三者異議の訴

えによって、差押えを排除することが一応可能となる。ただし、その場合でも、民法94条2項の類推適用によって善意の差押債権者の保護を認める見解が有力である（高木・361頁など。より一般的には、松岡久和「差押債権者の実体法上の地位（上・下）」金法1339号［1994年］20頁、1401号24頁、参照）。なお、差押債権者が悪意の場合でも、被担保債権の弁済期が到来して譲渡担保権者が私的実行を行うと、設定者Aは、受戻権を行使して所有権を受け戻さない限り、第三者異議の訴えの異議事由が失われる。

④　譲渡担保権者が破産したとき

従来は、譲渡担保権者が破産した場合、破産法上、譲渡担保設定者は目的物の取戻しができないといわれてきた。ただ、これは過度に所有権的構成を意識した結果であって、譲渡担保の被担保債権も同時に破産財団に属しているわけであるから、設定者Aの地位に変動はなく、自ら債務を弁済さえすれば目的物を取り戻せることになるというのが適切である（大判昭和13・10・12民集17巻2115頁は既に同旨。破産法旧88条および会社更生法旧64条が取戻しを否定していたのを、学説の批判を受け入れて、平成16（2004）年改正でこの点を削除したのは、担保的構成への配慮によるものかも知れないが、法的構成の如何に関わらず、実質的にも妥当である。道垣内・325頁、大村・315頁など参照）。民事再生手続の場合も同様である（民事再生52条）。

(b)　譲渡担保権設定者側の第三者との関係

①　譲渡担保権設定者Aが目的物を第三者C_1に譲渡したとき

設定者Aが目的物を第三者C_1に譲渡したとしても、**所有権的構成**を前提に考えると、目的物が不動産の場合は、AからC_1への譲渡とBの譲渡担保権取得の関係は、Aを起点とした二重譲渡であり、単純な対抗問題となる。Bが既に所有権移転登記を得ている以上、C_1が所有権を対抗することはできない。だいいち、Aとしては登記名義を移転できないから、設定者による第三者への売却は事実上考えにくい。動産の場合は、Bが対抗要件（占有改定で足りる）を具備することでAは無権利者になるため、C_1には即時取得（192条）による保護があるのみである。他方、**担保的構成**によれば、Aはなお実質的所有者であるため、C_1は譲渡担保権付きの所有権を有効に取得す

ることが可能になる（抵当不動産の第三取得者と同様の地位に立つ）。しかし、C_1が譲渡担保権の存在について善意・無過失のときは［動産譲渡登記の存在は過失の認定に影響しよう］、動産では192条によって負担のない所有権を取得することがあり得よう。

② 譲渡担保権設定者Aが目的物について第三者C_2のために譲渡担保を設定したとき

　不動産については、いずれにせよ、一方にしか移転登記ができないのであるから、C_2は登記を取得できず、問題はほとんど生じない。しかし、動産譲渡担保の場合は、設定者Aに占有が残っているために、二重譲渡担保権設定の可能性が生じる。このとき、所有権的構成によれば、Aは無権利者であるから、C_2としては民法192条の即時取得によってのみ譲渡担保権を取得する余地があるに過ぎない。他方、担保的構成によれば、C_2は、遅れて第2順位の譲渡担保を設定したことになり、その順位は、対抗要件（占有改定または動産譲渡登記）の前後で決まる（近江・318頁など）。もっとも、先順位の譲渡担保権者がいないと信じたことに過失がない場合には、第1順位の譲渡担保を即時取得する可能性があることにも留意すべきである（ただ、即時取得を語るには、判例上、現実の占有移転が要求されるから、譲渡担保としては考えにくい。ちなみに、集合動産の譲渡担保に関してであるが、最判平成18・7・20民集60巻6号2499頁（＝法協124巻11号［2007年］212頁［森田修］）は、構成部分の変動する集合動産を目的とする対抗要件を備えた譲渡担保権設定者が、その目的動産につき通常の営業の範囲を超える売却処分をした場合、当該譲渡担保の目的である集合物から離脱したと認められない限り、当該処分の相手方は目的物の所有権を承継取得することはできないとし、動産譲渡担保が同一の目的物に重複して設定された場合、後順位譲渡担保権者は私的実行をすることができない旨を判示している）。

③ 譲渡担保権設定者Aの債権者Gaが目的物を差し押さえたとき

　登記された不動産譲渡担保については、事実上、このような事態が生じない。そもそも設定者Aのところに登記名義がないのだから、Aの債権者がこれを差し押さえることが困難だからである（これに対し、抵当権説に立つ米倉明「不動産譲渡担保と差押えの可否」我妻栄先生追悼・私法学の新たな展開［有

斐閣、1975年]348頁以下では、差押え可能との前提で論が進められている)。未登記の場合には、BとGaのいずれが先に登記を具備したかによって優劣が確定する。

問題は、目的物が動産の場合である。動産の現実的占有が設定者Aのもとに留まっているために、Aの債権者Gaがこれを差し押さえることは充分に起こりうる。このとき、**所有権的構成**によれば、Bが法律上の所有者であるから**第三者異議の訴え**（民執38条）でGaの差押えを排除することができる（大判大正3・11・2民録20輯865頁、大判大正5・7・12民録22輯1507頁、民事執行法下での最判昭和56・12・17民集35巻9号1328頁、最判昭和58・2・24判時1078号76頁［執行保全判百20事件［栗田隆］、民事執行法判百21事件［拇善夫］など参照］も結果としてこれを認める)。その結果、Gaの差押えは空振りに終わり、Gaとしては、目的物についてAが受け取るであろう清算金にかかっていくしかないことになる。これに対し、**担保的構成**では、第三者異議を否定するとともに（我妻・639頁、高木・356頁、山野目・305頁など)、Bの地位は抵当権と同様の効力を有するのみであるから、配当加入して優先弁済権を主張できるとするものもあるが（解釈論として民執133条の類推による配当要求を肯定する見解［竹下守夫「譲渡担保と民事執行」ジュリ809号［1984年］89頁］などもある)、法形式上の制約を考えると（民執133条は、動産執行における配当要求資格者を先取特権と質権に限定している)、やはり第三者異議を主張するほかなさそうである。あるいは判例も、第三者異議を認める以外には譲渡担保の目的を達することが出来ないとの配慮によるものかも知れないが、譲渡担保権を所有権の権能の一部と考えれば（設定者留保権がマイナスになっているだけ)、民事執行法38条の解釈によって、第三者異議を認めることも可能であり、いまのところいずれの立場に立つとしても、これが穏当な考え方であろう（鈴木・378頁、内田・533頁、中野貞一郎・民事執行法〈増補新訂第6版〉［青林書院、2010年］301頁なども参照)。

④　譲渡担保設定者が破産したとき

設定者に破産手続が開始した場合、**所有権的構成**では、Bが所有者として取戻権を行使できることになる。他方、**担保的構成**によれば、Bは別除権者として私的執行をなし得るはずであるが（破産65条)、会社更生については、

会社更生担保権者として更生手続によってのみ権利行使できるとされている。最判昭和41・4・28（民集20巻4号900頁、倒産判百〈第4版〉50事件［小林秀之］）によれば、「（機械器具の）譲渡担保権設定者について会社更生手続が開始されたときに、譲渡担保権者は、**更生担保権者（破産の別除権者に対応）に準じて**その権利の届出をし、更生手続によってのみ権利行使すべきであって、物件（工場備え付けの機械）の所有権に基づく取戻権を有するものではない」として、担保的構成に親和的な判断をしている（仮登記担保と同様の処遇が与えられているわけであるが［仮登記担保19条4項参照］、会社更生という、企業の再生を目指す手続きだからこその判決なのか、譲渡担保の担保権的性格に軸足を移したのかは評価が分かれる）。

(c) 第三者による侵害

譲渡担保の目的物を、当事者とは無関係の第三者が奪い取ったり、破壊した場合はどうか。

「奪取」は、**所有権的構成**からすると、譲渡担保権者Bが所有者として振る舞い、侵害者に向かって、所有権に基づく返還請求や不法行為に基づく損害賠償請求をなし、設定者Aは、目的物を占有している限りで、占有回収の訴え及び損害賠償請求をなすことが可能である。他方、**担保的構成**では、Bは譲渡担保権に基づく物権的請求権あるいは不法行為に基づく損害賠償請求権を有し、Aは、所有権に基づく返還請求権及び不法行為に基づく損害賠償請求権を行使できるということになる（最判昭和57・9・28判時1062号81頁［設定者からの不法占有者に対する返還請求］）。

他方、目的物が壊された場合には、所有権的構成では、Bが所有権侵害を理由に不法行為に基づく損害賠償請求ができ、Aは取戻しへの期待権又は債権侵害を理由に不法行為の成否を問うことになろう。担保的構成では、Aが所有権侵害を理由に、Bは担保権侵害を理由に不法行為に基づく損害賠償請求をなすことになるわけである。なお、侵害の除去・予防についても、同様に考えることができ、譲渡担保権者は物権的請求権によって、妨害除去・妨害予防を主張できる。

4　譲渡担保の実行と清算・受戻権

(1)　譲渡担保権の実行

　被担保債権(「売渡担保」とされる場合は買い戻すべき金額の支払い)の弁済期が到来したにもかかわらず、債務者が当該債務の履行をしない場合、債権者(譲渡担保権者)は、譲渡担保目的物から債権回収を図ることになる(ある種の代物弁済[482条]を受けるに等しい)。

　譲渡担保の実行についての、今日、ほぼ確立した捉え方は、「債務者がその所有不動産に譲渡担保権を設定した場合において、債務者が債務の履行を遅滞したときは、債権者は、目的不動産を**処分する権能**を取得し、この権能に基づき、目的不動産を適正に評価された価額で確定的に自己の所有に帰せしめるか[帰属型]又は第三者に売却等をすること[処分型]によって、これを**換価処分**し、その評価額又は売却代金等をもって自己の債権(換価に要した相当費用額を含む。)の弁済に充てることができ、その結果剰余が生じるときは、これを**清算金**として債務者に支払うことを要する」というものである(後掲、最判昭和62・2・12民集41巻1号67頁)。

　つまり、譲渡担保権実行の具体的内容のキーワードとなるのは、目的物の終局的な所有権取得(処分権能)・占有取得・換価処分及び清算である。もっとも、譲渡担保の場合、既に、形式的にせよ目的物の権利移転(譲渡)を終えているわけであるから、あらためて目的物上の権利を取得するための特別な手続は不要である。ただ、それが担保権の実行である以上は、**目的物適正評価額**＊と被担保債権額の差額分(剰余金)をどうすべきかという**清算義務**をめぐる問題が残されており(ここでは仮登記担保について確立した清算法理が、譲渡担保にも波及している)、さらに、設定者に残っている**受戻し(買戻し)に対する権利**＊を消滅させるために、いかなる手続きが必要かも決しておく必要がある。

　譲渡担保権の実行は、民事執行法が本来予定するところではないため、基本的には**私的実行**による。それは、譲渡担保権設定契約に由来するものであって、被担保債権の債務不履行を条件として発生する譲渡担保権設定契約上

の効果と考えられるものである*。

　なお、譲渡担保権の実行は、債務者の債務不履行によって自動的に開始するわけではなく、設定者に対する**担保実行通知**によって始まると解すべきである。この通知については、仮登記担保法2条を類推適用することが適切である。その上で、清算が行われ、清算の終了によって譲渡担保権の実行が完了し、債務者の有していた受戻権も消滅する。ここでの**受戻権の消滅**と対応する形で、形式的所有権を超えた**実質的所有権の移転**が生ずると考えられる。

　＊【目的物の適正評価額】　清算の前提となる目的物の適正評価額は、必ずしも実際に換価処分した際の売却額（時価）とは一致しない。したがって、適正評価額は、目的物の処分の難易、処分のために許される期間の長短など諸般の事情を考慮した上で、はじき出す必要がある。裁判例では、現実の売却価額が適正処分評価額を20％前後下回ったような場合でも、適正評価額として維持されているものがある（東京地判昭和50・5・26判時799号66頁、東京地判昭和51・3・29判タ342号235頁など）。

　＊【受戻権】　受戻しは、所有権的構成の下では、いったん譲渡担保権者に移転した所有権を債務者（設定者）が取り戻すことを意味するが、担保的構成では、目的物件の上にある担保権が消滅して円満な所有権が設定者のもとに回復することを意味する。なるほど担保的構成の下では、担保実行前の原状回復それ自体は弁済の効果であるから敢えて固有の受戻権を考えるまでもないが、担保実行の効果が生じた後には、なお法定買戻権のようなものを考える必要が生じよう。受戻しの具体的内容は、不動産譲渡担保の場合は、譲渡担保権者に移転した所有権登記名義を回復したり、動産等の譲渡担保では譲渡担保権者の占有下にある担保目的物の占有を回復することにある。こうした、譲渡担保における受戻権の存在は、仮登記担保権に関する判例法の進展と併行して認められていったものである（最判昭和43・3・7民集22巻3号509頁、最判昭和57・1・22民集36巻1号92頁、最判昭和62・2・12民集41巻1号67頁）。仮登記担保法制定後は、同法11条とのバランスにも配慮して受戻権の存在が正当化されている。受戻権については、荒川重勝「譲渡担保権設定者の『受戻権』と清算金請求権」立命法231＝232号［1993年］1207頁以下など参照。

　＊【譲渡担保権に基づく競売申立ての可能性など】　譲渡担保も一種の担保権であるとすると、競売申立ても理論的には可能といえそうである。民事執行法上の担保実行としての競売については、担保の種類の限定がなく（民執181条、190条、193条）、単に「担保権」とするだけであり、譲渡担保をそこに含めるかどうかは解釈に委ねられているからである。ただ、民事執行法は、一般に譲渡担保を担保として処遇しておらず（民執87条1項4号、133条など参照）、立法担当者も、あくまで所有権的構成による立法を考えていたようであり、法形式上の譲渡が完了しているものに敢えて競売権・換価権を認める必要があるかも疑問である。不動産譲渡担保で

は、担保権者は既に登記名義を有しており（後述の設定者の受戻権を別にして、売ろうと思えばいつでも目的物を換価できる状態にある）、動産譲渡担保では設定者が協力して目的物の提供・差押えの承諾がないと競売が困難であること（民執190条）、費用や時間的コスト等を勘案すると、譲渡担保権者に競売申立権を認める実益は乏しい（高木・144頁）。

　なお、他の債権者が設定者の占有下にある目的物件（特に動産）を差し押さえて競売手続きをとった場合に、譲渡担保権者もその手続き内で優先弁済を受けることが考えられないではないが、判例の基本的立場と思われる所有権的構成では譲渡担保権者には第三者異議の訴えが可能であるため、かかる方法を強制されることはなく、以下では、もっぱら私的実行を念頭に置いて考えよう。

(2) 清算・受戻権
(a) 譲渡担保権者の清算義務の存否

　かつては、民法90条に反しない限り、譲渡担保権者は、担保目的物の価値を「丸取り」できると考えられていたが、既に、仮登記担保などでは早くから清算の必要性が唱えられ（最判昭和42・11・16民集21巻9号2430頁）、これに並行して譲渡担保についても清算義務の存在が強く意識されるようになった。

　今日、譲渡担保が実行されて換価処分ができた場合の目的物適正評価額が被担保債権額を超えるときは、その差額分（剰余金）について清算することが必要であり、原則として「丸取り」は許されないとの判例準則が確立している（後掲、最判昭和46・3・25民集25巻2号208頁［民法判百Ⅰ〈第7版〉96事件［山野目章夫］］。ただし、その差額がきわめて僅かであって非清算特約の存在が暴利行為とならない限り清算義務を免れるとする余地もあろうが（竹内俊雄・譲渡担保論［経済法令研究会、1988年］36頁注32など）、非清算を排除した仮登記担保法3条の規律を勘案すれば、おそらく僅少の清算といえども必要というのが判例の立場であろう。ただし、実際の結論は目的物の評価方法の柔軟さに左右される。）。

　債権額よりも目的物評価額が小さく、清算義務が発生しないことが明らかな場合は、債務不履行を前提に**担保権実行通知**をすれば、目的物の所有権は確定的に債権者に帰属し、以後、債務者（設定者）は受戻権を失う。清算後の残債権は、無担保債権となる。

以上のことは、譲渡担保権設定契約の解釈上、譲渡担保権者が目的物所有権を自己に帰属させることによって代物弁済的に債権の満足を得るものとされる場合（**帰属型・帰属清算型**）であろうと、譲渡担保権者が目的物を売却処分した上でその代金から満足を得るものとされる場合（**処分型・処分清算型**）であろうと、いずれについても妥当する*。

*【**帰属清算型 vs.処分清算型**】 帰属清算型は、担保を実行した場合に目的物の所有権が完全に譲渡担保権者に帰属し、あたかも代物弁済が行われたように目的物評価額によって被担保債権を消滅させ、剰余が出た場合はこれを清算金として設定者に支払うことを内容としている。他方、**処分清算型**では、担保権を実行するに際して目的物件を第三者に処分し、その売却代金を被担保債権の回収に当て、剰余が出た場合には清算金として返還することをその内容としている。問題となる譲渡担保が帰属清算型か処分清算型かは、専ら譲渡担保権設定契約の解釈によって決まるが、必ずしも厳密なものではない。両者の違いは、もはや清算義務の存否にはなく、むしろ目的物の評価方法や受戻権の存続期間などに現れる。換価にあたって、帰属清算では担保権者自身が評価額を出すので、第三者が買取価格を提示する処分清算の方が客観的で合理的な額が出そうではあるが、目的物の特性如何では、売り急ぎによってタイミングを損なったり、第三者と通謀して安価に譲渡される危険がないではない。また、帰属清算では、設定者が自己の占有下にある目的物の引渡しを清算金支払いがあるまで拒絶できるが（同時履行）、処分清算では、処分の前提として担保権者が目的物の引渡しを求めることができるとすると、清算金支払いより先履行とならざるをえず［判例はここでも同時履行を要求］、清算金支払請求権の保全の上で設定者にやや不利となる（仮登記担保法は、この点を考慮して帰属清算方式を採用している）。また、後述のように、設定者の受戻権についても、帰属清算型の場合は、清算期間を過ぎても現実に清算が完了するまで存続するが、処分清算型では第三者に処分された時点で消滅すると解されている。したがって、目的物の特性にもよるが、総合的にみれば、帰属清算型の方が債務者・譲渡担保権設定者の保護に厚く、妥当な結果となる場合が多い。契約の趣旨が不明なときは、帰属清算型と解すべきであろう。

(b) 清算義務の履行と担保目的物引渡義務の関係

(i) 清算金支払いと目的物件の引渡しの関係について、かつては、譲渡担保の2類型とされる処分清算型と帰属清算型を区別した上で、帰属清算型では同時履行関係に立ち、処分清算型では同時履行関係に立たないというのが判例の立場であったが（大判大正10・11・24民録27輯2164頁など）、前掲最判昭

和46・3・25は、無限定に、原則として両者は**同時履行**の関係に立ち、譲渡担保権者の清算義務の履行と担保目的物の引渡請求とは**引換給付**の形で認容されるべきものとしており（四宮和夫・法協90巻2号［1973年］429頁の検討も参照）、これが判例として確立している。

前掲昭和46・3・25判決の事案は**不動産譲渡担保**に関するものであるが、判決は次のように述べる。すなわち、

> 「貸金債権担保のため債務者所有の不動産につき譲渡担保形式の契約を締結し、債務者が弁済期に債務を弁済すれば不動産は債務者に返還するが、弁済をしないときは右不動産を債務の弁済の代わりに確定的に自己の所有に帰せしめるとの合意のもとに、自己のため所有権移転登記を経由した債権者は、債務者が弁済期に債務の弁済をしない場合においては、目的不動産を換価処分し、またはこれを適正に評価することによって具体化する右物件の価額から、自己の債権額を差引き、なお残額があるときは、これに相当する金銭を清算金として債務者に支払うことを要［し］……、この担保目的実現の手段として、債務者に対し右不動産の引渡しないし明渡しを求める訴えを提起した場合に、債務者が右清算金の支払いと引換えにその履行をなすべき旨を主張したときは、特段の事情のある場合を除き、債権者の右請求は、債務者への清算金の支払いと引換えにのみ認容されるべきものと解するのが相当である（最判昭和45・9・24民集24巻10号1450頁［仮登記担保に関する判決を引用］）」。

こうして、最高裁昭和46年判決以降の譲渡担保に関する議論の焦点は、次に述べる清算金額の確定時期や清算の具体的方法、受戻権の消長に移行することとなった。ただ、本判決は、あくまで不動産譲渡担保に関するものであって、目的物件が不動産以外の場合にまでその射程が及ぶかは慎重に考慮する必要がある。たとえば、動産の場合は換価処分自体が困難な場合が多く（竹内俊雄・前掲書が強調する）、債権等の権利を目的とする譲渡担保では「引換給付」という発想が馴染みにくいため、目的物件の種類に応じて清算義務のあり方が変わらざるを得ない。

(ⅱ)　最高裁昭和46年判決が示された当時の最高裁は、併行して、仮登記担保に関する判例法の形成途上でもあり、どちらかといえば帰属清算型をモデルとした思考に傾斜していたことにも留意する必要がある（民法判百Ⅰ〈第2版〉212頁［米倉明］が示唆する）。仮登記担保との関係を意識すればするほど、不動産譲渡担保における清算義務に関しては、その後に立法的解決を与えられた仮登記担保法の諸規定（同法2条、3条など*）の類推（椿寿夫「仮登記

担保の問題点」争点Ⅱ238頁など参照）もしくは直接適用（鈴木・367頁）、あるいは両者のバランス論（高木・345頁以下）が重要な意味を有する可能性があるからである。

(ⅲ) 目的物の占有が債権者のもとにある場合（不動産譲渡担保の登記も同様の関係にある）、その返還と弁済の関係はどうか。この場合は、弁済の方が先履行とならざるをえない（内田・527頁）。同時履行関係を認めると、債権者としては、弁済を受ける前から登記の抹消や担保物の返還準備に着手することを余儀なくされ、過大な負担となるからである（抵当権の抹消登記の場合［最判昭和57・1・19判時1032号55頁］や仮登記担保の抹消の場合［最判昭和61・4・11裁判集民事147号515頁］などと同様である）。

＊【担保の実行における仮登記担保法との均衡】　既に学んだように、仮登記担保法2条によれば、当事者間で所有権を移転するとされている日以降に、清算金の見積額（清算金がないときはその旨）の通知を債務者に対してなすことによって、担保の実行が開始され、目的不動産の所有権は、通知から2か月を経過した日に債権者（担保権者）に移転する。債権者は、この清算期間経過時に債務者（設定者）に対して、具体的に清算金支払義務を負い（同法3条1項）、そこでの清算金支払いと債務者（設定者）からの所有権移転登記や引渡しが同時履行の関係に立つものとされている（同条2項）。債務者（設定者）は、債権者に対して、清算金の支払いを受けるまでは所有権の受戻しを請求でき（同法11条）、目的不動産が競売された場合には、債権者は、抵当権者として優先弁済を受けることができる（同法13条）。つまり、仮登記担保は、清算期間経過時において、はじめて所有権を債権者に帰属させて清算義務を発生させるという形で法制度が構築されており（受戻しは「債権者に移転していた所有権」の取戻しである）、清算期間経過時における帰属清算は可能であっても、債権者が第三者に換価処分した上で余剰があれば清算するという処分清算方式をとることが制度上困難な形になっている。しかも、仮登記担保における受戻権の消長の決め手は、清算金が支払われたかどうかにかかっている（所有権の移転時期とは必ずしも結びつけられていない）。しかし、仮登記の順位保全効しか認められない仮登記担保の場合と異なり、譲渡担保では、論理的に処分そのものが不可能なわけではない。それゆえ、処分清算が実施され、第三者に所有権が移転したときには清算金支払いがあったかどうかに関係なく受戻権が消滅する可能性がある。逆に言えば、譲渡担保では、受戻権の消長と完全な所有権移転をリンクさせて良い（後掲最判昭和62・2・12は仮登記担保法の類推適用否定を前提に、受戻権消滅時を評価基準時としている）。このような違いを度外視して、譲渡担保の実行を仮登記担保にどこまで接近させることが可能かは、重要な解釈論上の問題となる。

(c) 清算金額の確定時期・受戻権の消長等

具体的に**清算金額の確定時期**はいつになるか、債務者（設定者）の**受戻権**はいつまで行使できるかが問題である。

最判昭和62・2・12（民集41巻1号67頁＝昭和62年度重判民法19事件［平井一雄］）は、最高裁昭和46年判決を引用しつつ、

「債務者がその所有不動産に譲渡担保権を設定した場合において、債務者が債務の履行を遅滞したときは、債権者は、目的不動産を処分する権能を取得し、この権能に基づき、目的不動産を適正に評価された価額で確定的に自己の所有に帰せしめるか又は第三者に売却等をすることによって、これを換価処分し、その評価額又は売却代金等をもって自己の債権（換価に要した相当費用額を含む。）の弁済に充てることができ、その結果剰余が生じるときは、これを清算金として債務者に支払うことを要するものと解すべきである」が、「他方、弁済期の経過後であっても、債権者が**担保権の実行を完了する**までの間、すなわち、㈣債権者が目的不動産を適正に評価してその所有権を自己に帰属させる帰属清算型の譲渡担保においては、債権者が債務者に対し、目的不動産の適正評価額が債務の額を上回る場合にあっては清算金の支払又はその提供をするまでの間、目的不動産の適正評価額が債務の額を上回らない場合にあってはその旨の通知をするまでの間、㈺目的不動産を相当の価格で第三者に売却等をする処分清算型の譲渡担保においては、その処分の時までの間は、債務者は、債務の全額を弁済して譲渡担保権を消滅させ、目的不動産の所有権を回復すること……ができるものと解するのが相当である［最大判昭和49・10・23、最判昭和57・1・22参照］。けだし、譲渡担保契約の目的は、債権者が目的不動産の所有権を取得すること自体にあるのではなく、当該不動産の有する金銭的価値に着目し、その価値の実現によって自己の債権の排他的満足を得ることにあり、目的不動産の所有権取得はかかる金銭的価値の実現の手段にすぎないと考えられるからである。／右のように、**帰属清算型の譲渡担保**においては、債務者が債務の履行を遅滞し、債権者が債務者に対し目的不動産を確定的に自己の所有に帰せしめる旨の意思表示をしても、債権者が債務者に対して**清算金の支払若しくはその提供又は目的不動産の適正評価額が債務の額を上回らない旨の通知**をしない限り、債務者は受戻権を有し、債務の全額を弁済して譲渡担保権を消滅させることができるのであるから、債権者が単に右の意思表示をしただけでは、未だ債務消滅の効果を生ぜず、したがって清算金の有無及びその額が確定しないため、債権者の清算義務は具体的に確定しないものというべきである。もっとも、債権者が清算金の支払若しくはその提供又は目的不動産の適正評価額が債務の額を上回らない旨の通知をせず、かつ、債務者も債務の弁済をしないうちに、**債権者が目的不動産を第三者に売却等をしたとき**は、債務者はその時点で受戻権ひいては目的不動産の所有権を終局的に失い、同時

に被担保債権消滅の効果が発生するとともに、右時点を基準時として清算金の有無及びその額が確定されるものと解するのが相当である」
としている。つまり、清算義務が具体的に確定するのは、債権者による清算完了時または実行完了時（受戻権の消滅時）と平仄を合わせて、

①目的物件の適正評価額と被担保債権の差額の支払いまたは提供があったとき、

②適正評価額が被担保債権額を上回らないために清算金がない旨の通知をしたとき、

③（帰属清算型・処分清算型を問わず）債権者が第三者に目的物件を売却等の処分をしたとき

のいずれかとされ、これによって債務者は終局的に受戻権を失うとともに、被担保債権消滅の効果が生じるとされているわけである。逆に言えば、その時点まで債務者（設定者）には目的物件の受戻権があることになる（魚住庸夫・曹時41巻6号、米倉明・法協114巻11号1423頁も参照）。少なくとも、債務者が債務の履行を遅滞し、債権者が債務者に対し目的不動産を確定的に自己の所有に帰せしめる旨の意思表示をしただけでは、未だ債務消滅の効果を生じない。処分清算が実施された場合は、第三者に所有権が確定的に移転した時点で受戻権が消滅する。

最判平成6・2・22（民集48巻2号414頁＝民法判百Ⅰ〈第7版〉97事件［鳥谷部茂］）では、譲渡担保権者Aが債務者Yに有する貸金債権38万余円の担保として価格990万円を下らない甲不動産の譲渡を受けており、差額の清算がないまま、甲不動産がAからその親族Xに無償で譲渡（贈与）されて登記を経由したという事案が問題となっているが、判決は、

「不動産を目的とする譲渡担保契約において、債務者が弁済期に債務の弁済をしない場合には、債権者は、右譲渡担保契約がいわゆる**帰属清算型であると処分清算型であるとを問わず**、目的物を処分する権能を取得するから、債権者がこの権能に基づいて**目的物を第三者に譲渡したときは**、原則として、譲受人は目的物の所有権を確定的に取得し、債務者は、清算金がある場合に債権者に対してその支払いを求めることができるにとどまり、残債務を弁済して目的物を受け戻すことはできなくなるものと解するのが相当である（最大判昭和49・10・23、最判昭和62・2・12参照）。この理は、譲渡を受けた第三者がいわゆる**背信的悪意者に当たる場合であっても**異

なるところはない。けだし、そのように解さないと、権利関係の確定しない状態が続くばかりでなく、譲受人が背信的悪意者に当たるかどうかを確知し得る立場にあるとは限らない債権者に、不測の損害を被らせるおそれを生ずるからである」という。本判決によって、目的物についての**処分権**に着目した場合、特約上の処分清算・帰属清算の区分は意味を失い（道垣内・法協112巻7号［1995年］983頁、987頁）、実施上での区分に差異が残るにとどまるのみとなる。なお、「背信的悪意者にあたる場合であっても」との書きぶりからすると、最高裁は、ここに二重譲渡の関係を見出していないらしいことにも留意したい（二段階物権変動説や設定者留保権説では、むしろ対抗問題として扱う方が自然であり、そうであれば背信的悪意者排除の法理［最判昭和44・1・16民集23巻1号18頁など］を否定すべき理由はないからである。判決の結論には、疑問が残る）。

　Yとしては、第三者への譲渡によって受戻権が消滅した以上、清算金請求権についての弁済期が到来しているはずであるから、自己の清算金請求権を守るには留置権を行使するほかない。

　なお、受戻権成立後、債権者の処分によるのではなく、火災などで目的物件が返還不能になったような場合には、建物評価額を差し引いた額が清算金となる。不可抗力の場合も同様であり、もし、火災保険金があるときは、保険金請求権自体は担保権者に帰属して債務が清算されると考えることになろう（大判昭和8・12・19民集12巻2680頁）。保険金請求権が受戻権の物上代位の対象となるわけである（柚木＝高木編・新版注釈民法(9)853頁［福地俊雄］参照）。

(d)　受戻権の放棄と清算金支払請求の関係

　では、債務者（設定者）が、受戻権を自ら放棄してしまえば、いつでも清算金支払請求ができるのだろうか。最判平成8・11・22（民集50巻10号2702頁）は、帰属清算型の譲渡担保につき、譲渡担保権者であるYが清算金の支払い又は提供をせず、清算金がない旨の通知もしない間に、譲渡担保権設定者Aが事業に失敗して自殺し、その相続財産法人XがYに対し、本件土地の受戻権を放棄する旨を通知して清算金の支払いを請求した事案が問題となった。第一審・原審は請求を認容したが（清算請求の時点を基準として清算金の

有無及びその額を決定)、最高裁は、これを覆して否定説に立つことを明らかにした。その理由は、受戻権と清算金支払請求権が発生原因を異にする別個の権利であること、譲渡担保権者が有している譲渡担保権の実行時期を自ら決定する自由を制約すべきでないという点にある*。しかも理屈の上では、受戻権を放棄しても、それだけでは、単に、「以後は被担保債権の弁済をしない」という意味しかないとすると、それ以上の権利変動が生ずるわけではないため、清算金支払請求権の発生を直ちに基礎づけるのが困難である。ただ、立法論としては、もはや弁済ができないが高額の清算金が期待されるような場面では、設定者の側からも担保権実行を促す手続きが必要ではあるまいか。

  * **【最判平成8・11・22】** Yは、昭和59年3月末ころ、亡Aに対し1億8000万円を貸し渡し、その担保として、A所有の土地について帰属清算型の譲渡担保権の設定を受け、譲渡担保を原因とするAからYへの所有権移転登記が経由された。Aは、右貸金債務の弁済期にその支払いを怠り履行遅滞に陥り、その後、Aが死亡し、その相続財産法人であるXの相続財産管理人は、Yが清算金の支払い又は提供をせず、清算金がない旨の通知もしない間に、Yに対し、本件土地の受戻権を放棄する旨を通知し、清算金の支払いを請求した。その間、Yは、Aの死後、本件土地を使用して駐車場を経営し、右受戻権放棄の通知までの間に1320万円の収益を得ており、Xの相続財産管理人は、Yの得た右収益は不当利得に当たるとして、これを自働債権とし、右貸金債務と対当額で相殺する旨の意思表示をしている。本件は、Xが、本件土地の受戻権を放棄したことによってYに対し清算金支払請求権を取得したとして、本件土地の評価額から右相殺後の貸金残額を控除した金額に相当する清算金の内金の支払いを請求するものである。
  原審は、譲渡担保権設定者は、被担保債務の履行を遅滞した後は受戻権行使の利益を放棄することができるから、譲渡担保権者が清算金の支払い又は提供をせず、清算金がない旨の通知もしない間であっても、譲渡担保権者に対し受戻権行使の利益を放棄することにより清算金の支払いを請求することができると判断し、本件土地の評価額から右相殺後の貸金残額を控除した範囲でXの清算金支払請求を認容すべきものとした。
  しかし、最高裁は、「譲渡担保権設定者は、譲渡担保権者が清算金の支払い又は提供をせず、清算金がない旨の通知もしない間に譲渡担保の目的物の受戻権を放棄しても、譲渡担保権者に対して清算金の支払いを請求することはできないものと解すべきである。けだし、譲渡担保権設定者の清算金支払請求権は、譲渡担保権者が譲渡担保権の実行として目的物を自己に帰属させ又は換価処分する場合において、

その価額から被担保債権額を控除した残額の支払いを請求する権利であり、他方、譲渡担保権設定者の受戻権は、譲渡担保権者において譲渡担保権の実行を完結するまでの間に、弁済等によって**被担保債務を消滅させる**ことにより譲渡担保の**目的物の所有権等を回復する**権利であって、両者はその発生原因を異にする別個の権利であるから、譲渡担保権設定者において受戻権を放棄したとしても、その効果は受戻権が放棄されたという状況を現出するにとどまり、右受戻権の放棄により譲渡担保権設定者が清算金支払請求権を取得することとなると解することはできないからである。また、このように解さないと、譲渡担保権設定者が、受戻権を放棄することにより、本来譲渡担保権者が有している**譲渡担保権の実行の時期を自ら決定する自由**を制約し得ることとなり、相当でないことは明らかである」とした。

判例における譲渡担保の法的構成を考える上では、重要な判決といえよう。

(e) 受戻権の時効消滅

設定者の受戻権は時効によって消滅するか。この問題への解は、受戻権の法的性質をどのように理解するかによって左右される。民法167条2項は「債権又は所有権以外の財産権」が20年間行使されないと時効消滅すると定めるため、受戻権が「所有権以外の財産権」に当たるかどうかが決め手となる。最判昭和57・1・22（民集36巻1号92頁）の原審は、受戻権が「形成権」であることを前提に、167条2項により20年の消滅時効にかかるとした。しかし、最高裁はこれを覆して、

> 「不動産を目的とする譲渡担保契約において、債務者は、債務の弁済期の到来後も、債権者による換価処分が完結するまでは、債務を弁済して目的物を取り戻すことができると解するのが相当である。そうすると、債務者によるいわゆる受戻の請求は、債務の**弁済により回復した所有権**に基づく**債権的返還請求権**、又はこれに**由来する抹消ないし移転登記請求権**の行使として行われるものというべきであるから、原判示のように、債務の弁済と右弁済に伴う目的不動産の返還請求権等とを合体して、これを**一個の形成権たる受戻権**であるとの法律構成をする余地はなく、従ってこれに民法167条2項の規定を適用することは許されない」

と述べ、受戻権が独立に消滅時効に服するものではないとした。その趣旨は、必ずしも明確ではないが、債務の弁済と弁済に伴う目的不動産の返還請求等を合体させて「一個の形成権たる受戻権」が存在すると構成した原審の法律構成を否定する点にあるようであり、むしろ各々が別個に時効にかかることまで否定するものではないようにも思われる。ちなみに、仮登記担保法は受

戻権を形成権として構成した上で5年間の期間制限を定めており（同法11条）、その類推適用も十分考えられよう（帰属清算型の場合につき、高木・364頁以下。これに対し、「受戻権独自の消滅時効を考える必要はない」と読んだ上で、判例の立場を支持する見解も有力である［内田・528頁、道垣内・316頁以下等参照］）。受戻権を敢えて形成権とそれに基づく請求権の二段階構成で説明する必要があるかは疑問であるが、受戻権の実態に即して、そこから導かれる請求権を中心に時効消滅の可能性を語ればよいように思われる（河上・民法総則講義384頁）。ここでは仮登記担保法11条を勘案して、5年間の時効消滅を考えるのが適当であろう。

(f) 清算金支払請求権と留置権

　譲渡担保権が実行されて債権者Gからの目的物引渡請求があった場合、債務者（設定者）Sがいつまでこれを拒むことが可能かという問題に関連して、債権者Gから清算金が未だ支払われていない段階で、目的物件を譲り受けた第三取得者Dが登場することによって、Sの受戻権が消滅する場面で、Gに対する清算金支払請求権を被担保債権として留置権が発生するかという問題がある。とりわけ処分清算型の場合は、かかる事態が常態となる可能性がある。理論的には、譲渡前に既にGに対する関係で清算金支払請求権が発生して目的物が留置権の対象となっているのであれば、牽連関係ありとして、Dに対する留置権を主張することに障害がないであろう（295条1項）。しかし、清算金支払請求権が譲渡（処分）によってはじめて発生するという理解（処分清算ではこれが一般的な理解か）に立つとすると、牽連関係を持ちだして留置権を根拠づけることが難しくなりそうである（道垣内弘人・リマークス20号〈上〉［2000年］14頁参照）。ところが、前掲最判昭和46・3・25は、留置権の発生を前提として、原審差戻しの判決を下した（仮登記担保に関する最判昭和58・3・31民集37巻2号152頁も留置権の対抗を認める）。その後、最判平成9・4・11（裁時1193号1頁）も、不動産譲渡担保につき、清算金が支払われないまま目的物件が第三者に転々譲渡された事案で、留置権の発生を積極に解し、その後も踏襲されている（最判平成11・2・26判時1671号67頁、最判平成15・3・27金法1702号72頁など）。

前掲最高裁平成9・4・11判決は、
「不動産を目的とする譲渡担保権が設定されている場合において、譲渡担保権者が譲渡担保権の実行として目的不動産を第三者に譲渡したときは、譲渡担保権設定者は、右第三者又は同人から更に右不動産の譲渡を受けた者からの明渡請求に対し、譲渡担保権者に対する清算金支払請求権を被担保債権とする留置権を主張することができるものと解するのが相当である（最判昭和58・3・31民集37巻2号152頁）」
として、清算金支払いの完了前に、譲渡担保権者から転々譲渡されて中間省略で登記を経由した第三取得者との関係で、設定者の留置権を認めた。結果において、債権者との関係で同時履行の抗弁を主張したのと同様、引換給付判決が導かれる。仮登記担保の場合に留置権を認める最大判昭和49・10・23（民集28巻7号1473頁）、最判昭和58・3・31（民集37巻2号152頁）との均衡論からも、留置権行使を肯定する方向に傾くだけでなく、実質的にも、被担保債権の履行期以後は、引渡請求と清算金支払請求は（清算金の有無や金額の確定基準時は現実の譲渡時までずれこむとしても）既に潜在的な対立関係にあるわけであるから、清算金の支払いを確保する上で、留置権の発生を認めるのが公平に適うように思われる（安永・408頁、459頁）。

5 譲渡担保権の消滅

(1) 譲渡担保権の消滅原因

譲渡担保権の消滅は、基本的に抵当権に準じて考えることができる。すなわち、目的物が滅失した場合、担保権の放棄のほか、被担保債権が弁済によって消滅したとき（消滅における附従性）、譲渡担保も消滅する。場合によっては、代価弁済（378条）や消滅請求（379条）の類推適用の可否も問題になり得ようが、あまり利用できる状況とは思えない。

(2) 弁済と目的物返還義務

債務の弁済と譲渡担保目的物の返還は、同時履行ではなく、抵当権などの場合と同様、債務の弁済が先履行となるというのが判例の見解である（最判昭和57・1・19判時1032号55頁、最判昭和61・4・11裁判集民事147号515頁、最

判平成6・9・8判時1511号71頁)。清算金支払請求と目的物引渡請求を同時履行関係においた前掲最判昭和46・3・25とは、一見対照的問題のようにも考えられるが、担保目的物の返還は、被担保債権が弁済によって消滅したことを前提に行われるべきものであって、一方が他方の履行を推進すべき双務的関係にはないからであろう。

(3) **譲渡担保権消滅に伴う対抗問題**

譲渡担保権が弁済等によって消滅したが目的物の返還が滞っている間に、第三者がこれを取得したような場合、債務者と第三者の関係が、二重譲渡の場合と同様に対抗関係に立つであろうか。最判昭和62・11・12(判時1261号71頁)は、XがAに対する債務を担保するために甲不動産を譲渡担保に供して所有権移転登記を経由したが、後に債務が弁済されて譲渡担保が消滅したにもかかわらず、Aが甲不動産をYに売り渡し、Yが仮登記を経由したという事案で、Xからの仮登記抹消請求に対し、「不動産が譲渡担保の目的とされ、設定者から譲渡担保権者への所有権移転登記が経由された場合において、被担保債権の弁済により譲渡担保が消滅した後に、目的不動産が譲渡担保権者から第三者に譲渡されたときは、右第三者がいわゆる**背信的悪意者**に当たる場合は格別、そうでない限り、譲渡担保権設定者は、登記がなければ、その所有権を右第三者に対抗することができないものと解するのが相当である」と判示した。所有権移転の法形式を重視した結果といえよう。

抵当権の場合は、被担保債権が消滅して実質的に空虚になった抵当権の外形だけが残っているときは、これに利害関係を有するに至った第三者が登場したとしても、登記に公信力がない以上、原則として当該第三者は保護されない。しかし、譲渡担保の場合には、法形式上にせよ所有権移転登記であるだけに、抵当権と同様に考えることはできない。所有権的構成からすると、判例のように、二重譲渡の場合と同じく処理されるべきことになるであろうから、登記の有無によって優劣が決せられ、第三者が背信的悪意である場合のみ排除されるに過ぎない。これに対し、担保的構成の場合、ここでの第三者は無権利者からの譲受人となるために、第三者が単純悪意の場合にも94条2項類推適用によって保護されないので、結論が若干異なってくる可能性が

ある。譲渡担保権設定契約において所有権移転の形式を採用した以上、二重譲渡の場合と同様に処理されてもやむを得ないのではあるまいか。

6 集合動産譲渡担保・流動動産譲渡担保

ここでは、動産譲渡担保の発展形態である集合動産・流動動産譲渡担保について検討する。企業が事業活動の資金を得るために求められる担保として、これまでは、不動産抵当（特に根抵当）や連帯保証などが比較的重要な役割を演じてきた。しかし、譲渡担保では何を担保の目的とするかについての自由度が高いことや実行手続の簡便さもあって、今日では、企業が保有している機材等の動産群、資材・半製品・出荷前の製品なども広く担保目的物として把握されるようになっている（債権群については次項で扱う）。理論的には、動産の集合を一つのまとまりとして独立の「集合物」を観念できるのか、内容が日々新陳代謝する動産群（流動動産）を担保とするとはどういうことか、実際に担保権の実行段階でどのような手当てが必要になるのか等、検討されるべき課題は少なくない。

(1) 流動する集合動産の担保化
(a) 意義

事業者Sに対して金融機関Gが継続的に信用を供与する関係にあり、そこで発生する貸金債権等を担保するために、Sの特定倉庫（あるいは特定店舗・特定工場）内に在庫する取扱商品の全てについて所有権を一括して譲り受ける旨の合意をなし、その対抗要件を具備するというように、一定範囲の動産群（集合体）を担保目的物として譲渡担保権を設定するのが**集合動産譲渡担保**と呼ばれるものの典型的形態である。しかも、そこでの被担保債権は、継続的取引から生じる不特定の債権であることが多く、通常は**根譲渡担保**となっている。従来は、企業が事業活動の資金を得るために求められる担保としては、不動産抵当（特に根抵当）や連帯保証などが比較的重要な役割を演じてきた。しかし、既に不動産には目一杯の担保がつけられているなど、従来型の担保に限界が生じていることもあって、残された担保目的財産として在

図6-4

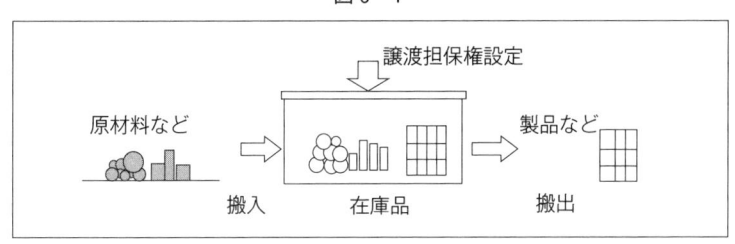

庫品や種々の事業活動から生じた債権群などが着目されたことは容易に理解されよう。もっとも、ここでの在庫商品等は、Ｓが事業活動を継続する以上は、有効に譲渡・販売・搬出・処分等ができるように一定の処分権能がＳに認められていなければならず、入荷・搬入・搬出・販売といった事業活動に伴う一連の流れの中で、担保目的物が常に新陳代謝する「**流動性**」を持った内容のものとなる点に大きな特徴がある。つまり、「**集合物**」には、内容が設定時に固定されたままのものもある一方で、流動・新陳代謝するものも少なくない。となると、売却・譲渡等によって当該集合体の枠から離脱し、仕入れ・搬入等によって新たにこれに加入することによって日々構成物が変化するために、最終段階で具体的構成物が特定（固定化）するとしても、通常は流動性があることを前提とした「集合物」の観念が必要となる。このようなタイプの集合動産を**流動動産**と呼ぶ*。流動動産譲渡担保は、たとえば、Ｓが販売事業者であれば「特定店舗内の在庫商品すべて」、工場であれば、「特定工場にある原材料・半製品・完成品など一切の商品」がその対象とされるなど、きわめて汎用性が高い。これに、後に取り上げる集合債権譲渡担保を組み合わせることで、いわば当該企業の going-concern としての営業収益力をフルに担保として捉えることも可能になる。ただ、それだけに、これといった担保を持たない他の一般債権者にとってみれば、最終的に債務者の責任財産が大きく減ぜられる結果となるため、そこでの利害調整に配慮することも重要な課題となる。

　　＊【**集合動産譲渡担保と流動動産譲渡担保**】　　複数の物をひとまとめにして担保目的物とすることだけならば比較的容易である（「特定工場内の機械・器具・備品類一切」を一括して譲渡担保に供する場合も「集合動産譲渡担保」である）。その内容物は

固定しており、多少の入替えを別にすれば「流動性」はない（共同動産譲渡担保である）。この場合、「集合物」の譲渡担保を語るとしても、それは単に便宜上の問題であって、かような譲渡担保設定合意の1個1個の物についての譲渡担保が、複数個別動産について偶々同時に行われたと観念することや、抵当権の場合の付加一体物と同様の発想で処理することでも足りる。もし、個別に若干の入替えや機械の更新等があった場合でも、その都度、担保からはずされ（**解除条件付設定合意**）、入替えに設置された機械などに改めて追加的に譲渡担保が設定されることにした（**停止条件付設定合意**）と考えればよい（伝統的には、流動動産についても、こうした議論の延長上で説明が行われてきた［**分析論**］）。したがって、かかる場面で、それ以上に通常の譲渡担保と異なる議論を展開する必要性は乏しく、「集合物」を観念する実益もあまりない。問題となるのは、やはり随時流動性のある動産が「集合物」として把握されるような場面である（分析論と集合物論については後述）。沢山のポリタンクに詰め込まれた水を総体として1個の目的物とするのでなく、川の流れの一区画を指示して一定量の水資源を優先的に確保するようなものである。

(b) 債務者の担保価値維持義務

債権者Gが流動動産譲渡担保の設定によって第一に期待していることは、目的物を担保に取りながらも、Sが事業活動を継続することによって収益を上げ、そこから債権の回収を図ることであり、万一Sが債務を弁済できなくなった時点で存在する被担保債権総額を、その時点で（およびその時点以降に）Sの倉庫内等に存在する在庫品等の集合動産を債権者が自己のものとして具体的に取得・処分して債権回収を可能ならしめようというものにほかならない（中古市場が充分に発達していないわが国では、在庫品等の換価処分で債権回収が期待できるものは大きくなく、担保として補充的役割しか演じ得ないといわれる［平野・300頁］）。そのため、通常の事業活動が営まれている段階では、「集合物」を構成する動産がSによって処分され得ることは性質上当然のこととして認めつつ、Sとの関係では、おおよその**価値枠**を設定して、そこに含まれる構成動産を補充しつつ集合体の価値総額を基本的に（ときには中身がゼロに近づいたり満杯になることもあり得る）維持すべく義務づけていると考えることになろう（安永・414頁）。これに対応する形で、譲渡担保権者には目的物調査権や必要に応じて増担保請求権が語られる（平野・309頁）。

以上のような意味で、流動動産譲渡担保は、実行以前のモニタリングや債

権管理において多くの債権的側面を含み持ち、再建型の金融支援にも適するなど、個別の構成物に直接の物権的効力を及ぼす担保権とは大きく性質を異にし、「集合物」という一定範囲の枠に属しあるいは属するであろう潜在的動産群を押さえている極めて特殊な担保権（優先弁済期待権）といわねばならない。

(c) 集合物論と分析論

上述のように、集合動産譲渡担保にいう「集合物」概念は、個別動産群を全体としてひとまとめにして単に一個の集合体として総称するにとどまらない。中身が固定していれば、個別の構成物について複数の譲渡担保権を取得していると考えればよいが、その構成内容が新陳代謝するとなると、それだけでは十分ではない。

(i) 分析論　集合物の構成内容の新陳代謝を説明するため、当初は、個々の動産が集合体に加入することを停止条件として譲渡担保の目的物に編入され、搬出されると分離することを解除条件として譲渡担保目的物でなくなるという、技巧的ではあるが伝統的理解の延長上で、当事者間の合意に基づいた担保設定契約と占有改定による対抗要件具備が語られた（**分析論・分析的構成**という）。民法85条の「有体物」に抽象的な集合物概念を含めることが困難である以上、個々の動産・商品を譲渡担保の目的物とし、その所有権移転を前提に担保としての機能を認めようとするものであって、ある意味で堅実な説明方法ではある。このとき、設定者が、個々の動産を処分できるのは、予め、当事者間で処分授権がなされ、当該動産は処分を解除条件として譲渡担保目的からはずされ（代金への物上代位は認める余地があるとされている［最決平成11・5・17民集53巻5号863頁参照］）、搬入された物については、組み入れ・搬入を停止条件として予め譲渡担保の設定が合意されていることになる。ただ、そうなると、変動後に新たに組み入れられた物件についての譲渡担保権は、それに先立つ他の物権設定や差押えに対しては劣後する結果となり、危機時期以降の組み入れは否認や詐害行為取消の対象となることを覚悟しなければならない*。国税徴収法上の物的納税制度との関係でも譲渡担保権者が不利になるといわれる（安永・417頁注18）。

(ii)　**集合物論**　　他方、今日では、内容が変動しつつも範囲の特定された「1個の統一体」として同一性を維持しつつ存続する抽象的「集合物」なる抽象的存在を認めた上で、この「集合物」の上に譲渡担保権が設定され、あとは、その構成部分が変動しているだけであるとの理解（**集合物論**）が広く認められるに至っている（比較法的には、フランス法がこれに類似の観念を認めるが、ドイツ・スイス法の支配的見解は明確に否定する［石田穣・722頁以下など参照］）。「集合物」という観念自体は、団体法で有名なギールケ（O.von. Gierke）に由来し、我妻博士らによってわが国に紹介されたもので（我妻栄「集合動産の譲渡担保に関するエルトマンの提案」同・民法研究Ⅳ［有斐閣、1967年］141頁以下所収、米倉明「『集合物』概念の有用性」同・譲渡担保［弘文堂、1978年］113頁以下など参照）、判例もこれを肯定する。すなわち、「構成部分の変動する集合動産についても、その種類、場所及び量的範囲を指定するなどなんらかの方法で目的物の範囲が特定される場合には、**一個の集合物として譲渡担保の目的となりうる**」というわけである（最判昭和54・2・15民集33巻1号51頁、最判昭和57・10・14判時1060号78頁、最判昭和62・11・10民集41巻8号1559頁など）。その場合の対抗要件は、譲渡担保権設定時に当該「集合物」につき占有改定による引渡しを受けることによって具備され（前掲最判昭和62・11・10）、最初の譲渡担保権設定時点以降の物権設定や差押えに対抗しうる特殊な担保権として処遇される可能性が出てくるのである。

　集合物論を徹底する立場では、譲渡担保の目的物はこの「集合物」という抽象的枠にほかならず、内容を構成する個々の目的物は動産譲渡担保権の直接の目的物ではないと説かれ（道垣内・327頁）、あるいは、一定の「価値枠」に過ぎない（伊藤進「集合動産譲渡担保理論の再検討」ジュリ699号［1979年］92頁）とも理解される。集合物論では、その都度の動産の組み入れが新たな「担保の供与」には当たらないと考えられるため、危機時期以降の組み入れも詐害行為取消や倒産法上の否認の対象にならない（米倉・研究159頁、安永・416頁など）。ただ、「集合物」の総体としての本来的価値を増加させるような組み入れ行為については詐害行為取消や否認の対象とすることはあり得よう（道垣内・327頁は、目的物への付加一体物について抵当権の効力が及ぶ範囲を定めた民法370条但書の類推適用を提案しており、説得的である）。

＊【詐害行為取消権・否認権】　一般に債権者は債務者の財産に対して直接に権利を持つわけではないため、債務者の財産管理に干渉できないのが原則であるが、債務者の財産状態が悪化して債務の弁済が危ぶまれるような状態（無資力状態）に陥っているときには、債権者は債務者の財産減少行為を傍観する必要はなく、自己の債権保全のために取消権（詐害行為取消権）によって減少した財産を債務者の手元に取り戻すことが認められている（424条以下）。倒産時においても、破産した債務者が、破産宣告［破産手続開始決定］前に破産債権者全体に損害を与えたり、一部債権者のみに満足を与えるような行為をした場合には、逸出財産を破産財団に回復するため、当該行為の効力を破産財団との関係において失わせる権利が管財人に認められており（破産72条以下）これを「否認権」という。いずれも、債権回収が危殆化した時点で債務者の財産管理に介入する同趣旨の制度である。ここでは、債務者が無資力状態になっているにもかかわらず、譲渡担保という形で一部の債権者に担保設定・担保供与をすることで優先弁済権を与えることが、他の一般債権者を害することになるので許されないというルールが適用されるかどうかが問題となっている。分析論では、危機時期以降に組み入れられた個別動産については新たな担保供与があったことになり、集合物論では、異常な価値増加がない限り従前の担保が継続しているだけとの評価につながるわけである。詐害行為取消権等について、詳しくは債権総論で学ぶ。

　確かに、分析論による説明では、個々の動産が直接に譲渡担保の対象になるだけに、権利は確実にその構成物に及んでいることが容易に感得される。これに対し、集合物論では、個々の動産との結びつきが間接的であるから、担保として若干弱いという印象をぬぐえず（「債権的」権利でしかないと表する論者もいる［石田喜久夫・現代の契約法［日本評論社、1982年］189頁］)、何時の時点で内容物が特定・固定するのかも必ずしも明確ではないため、他の債権者との関係で一定の譲歩を余儀なくされる局面も出てこよう。しかし、債務者に対して平時における処分権を残し、公示方法も不完全になりがちな流動動産譲渡担保では、むしろ、やむを得ないことであり、任意にひとまとまりの多様な対象を担保目的として潜在的に獲得する便宜の方が遙かに大きいとすれば、その程度の不完全さは甘受すべきかもしれない＊。

　ちなみに、流動動産を「集合物」として捉える発想には、根質や根抵当と似た面がある。かつて債権と担保目的物が1対1に対応していたのに対し、根抵当などでは、一定の担保枠を想定し、その被担保債権が新陳代謝する（→被担保債権の方が流動する）と考えたが、流動動産譲渡担保では、（極度額

のような固定的上限を持たないものの）一定の範囲内で新陳代謝するのが担保目的物となっているわけである（→担保目的物の方が流動する）。さらに言えば、一般先取特権という法定担保権は、債務者の責任財産という刻々と変化する（＝流動する）包括的集合財産を担保目的としている制度なのだと考えることもできよう。流動動産譲渡担保では、一般先取特権よりは特定可能な基準によって範囲が確定された財産に目的物が限定されており、あたかも種類債権が特定される場合のように、実行あるいは処分清算における処分等によって最終的には「特定（固定化）」することで、確定的に特定財産に対する権利として具体化する（ちなみに、森田宏樹「集合物の『固定化』概念は必要か」金判1283号［2008年］1頁は、実行の効果として個々の物件に対する確定的所有権帰属が生じることから、あえて『固定』なる中間概念は不要であるとする）。その意味では、新陳代謝する責任財産の内で一定範囲に属するものをひとまとめにして「**特定範囲責任財産上の包括担保**」という形で説明することも、流動動産譲渡担保の理解を助けよう（下森定「集合物（流動動産）の譲渡担保」下森定＝須永醇・物権法重要論点研究［酒井書店、1991年］122頁以下）。特定倉庫の内容物となる動産群についての集合物譲渡担保が、中身の個別動産が存在しない時点で設定されたり、途中で中身が全くなくなる時期があったとしても、その成立・存続を語り得ることを考えれば、観念的とはいえ「集合物」という枠とその将来的内容物について譲渡担保が設定されているのであり、その潜在的効力・期待権が実行時に確定的な動産譲渡担保となると考えるのが適当であるように思われる。

　(iii)　ABL の展開　　以上のように考えてくると、いささか内容が不安定なものとはいえ、担保目的となる財産権の可能性が大きく広がり、とりわけ担保目的物の不足しがちな中小・零細事業者にとっても融資枠が拡がって資金調達が容易になる可能性が見えてくる（たとえば、特定の「池の養魚」［後掲最判平成18・7・20］、ある小屋で飼育されている「豚」［東京地判平成6・3・28判時1503号95頁］などをはじめ、企業名義の「普通預金口座の残高」、ある企業が生産・販売する特定の「目玉商品の売上げ」を集合債権として担保目的とするようなことも考えられる）。流動性ある動産や権利を一定の角度から切り取って「1個の集合財産」と観念し、これを担保に供するという発想は、最近の、

主として売掛債権と棚卸資産を担保にした融資手法として注目されるABL（Asset-based Lending：**動産・債権担保融資**）において顕著である（森田修「動産譲渡登記制度とABLの課題」ジュリ1414号［2011年］84頁、中村廉平ほか「特集・ABL（流動動産担保融資）の普及のために」事業再生と債権管理24巻1号［2010年］62頁以下、池田真朗「ABL等に見る動産・債権担保の展開と課題：新しい担保概念の認知に向けて／ABLの展望と課題：そのあるべき発展形態と『生かす担保』論」同・債権譲渡の発展と特例法：債権譲渡の研究第3巻［弘文堂、2010年］319頁以下所収など。ABLについては第7章3(4)を参照）。

＊【集合物譲渡担保の効力は弱い？】「集合物論」を徹底すればするほど、平時における集合物の個別内容構成物と譲渡担保権の結びつきは間接的なものにとどまり、実行通知などのいわゆる「固定化」前の段階では、個々の構成動産に担保としての効力を及ぼすことには論理的困難が伴う。そのため、構成動産の譲受人や差押債権者等に対して返還請求したり、第三者異議を主張することが認められなくなり、動産売買先取特権等に対する優位も否定する方向に傾く。それが、設定者に一定の処分権を認め、公示も徹底しない流動する動産を譲渡担保にとった包括的担保権の宿命であるという判断が背後にある。しかし、これに対しては、①構成物の流動しない集合物譲渡担保や集合債権譲渡担保についての扱いとのアンバランスが大きすぎることや、②「集合物」という観念には「個々の構成物の総体」という意味も含まれているのであるから、個別動産に対する効力も同時に及んでいると考えても背理でないこと、③設定者による不履行前の在庫一掃の投げ売りや、悪意の第三者に対する多重の譲渡担保権設定に対して（それぞれ損害賠償請求の可能性はあるとしても）目的物そのものの取り戻しができないのは妥当ではないのではないかといった疑問も提起されている。加えて、後述のように動産・債権譲渡特例法の平成16（2004）年改正によって一定の公示方法が整備された今日では、いま少し、流動動産譲渡担保の効力を強化する方策が考えられるべきではないかが問題となっている。

(2) **目的物の範囲**

集合動産・流動動産譲渡担保にとって重要な課題の1つは、**目的物となるものの範囲**をどうやって確定するかである。この点については、外部的・客観的に「**種類・場所・量的範囲など**」が明らかであれば確定可能であるとするのがこれまでの判例の立場であるが（最判昭和54・2・15民集33巻1号51頁［S会社所有の食用乾燥ネギフレークのうち28トンが譲渡担保に供されていた（ただし、分離・特定ができていなかった）］）、おそらく目的物の「経済的一体性」

まで要求する必要はあるまい。ただ、種類や範囲画定の境界基準が曖昧になりがちであることは否めず（動産・債権譲渡特例法7条2項5号によって一定の**記載事項**が定められてはいるが）、公示の不完全さのゆえに他の債権者に対する関係で優先弁済権を確保することが困難になる場面も少なくないことには留意が必要である。

最判昭和57・10・14（判時1060号78頁）では、酒・食品販売業者である債務者Sが、その居宅・店舗内にある物および将来そこに搬入されるS所有の財産、すなわち「各建物内に納置する商品（酒類、食料品等）、運搬具、什器、備品、家財一切」を目的とする譲渡担保を設定したところ、このような指定だけでは譲渡担保の目的物の種類についての特定があったとするには不十分であるとされた。曰く、

「本件譲渡担保契約においては、一応目的物につきその種類、所在場所及び量的範囲が指定されてはいるが、そのうち『家財一切』とある部分は、そこにいう家財が営業用の物件を除き家庭内で家族全体の共同生活に供用されるある程度の恒常性と経済的価値を有する物件を指すものと解しうるとしても、家族の共同生活に使用される物件は多種多様であって、右のような指定だけでは個々の物件が具体的にこれに該当するかどうかを識別することが困難な場合が当然予想されるから、これだけでは譲渡担保の目的物の種類についての特定があったとするのに十分であると考えられないのみならず、右契約においては、譲渡担保の目的物として本件建物内に存すべき運搬具、什器、備品、家財一切のうちS所有の物という限定が付されているところ、右にいうS所有の物とそれ以外の物とを明確に識別する指標が示されるとか、また、現実に右の区別ができるような適宜の措置が講じられた形跡は全くないのであるから、これらの物件については本件譲渡担保契約は契約成立の要件としての目的物の外部的、客観的な特定を欠くものと解するのが相当である。」

もっとも、**他と区別ができるような適宜の措置**がとられていれば話は別であるとされているところを見ると、範囲の特定の仕方の問題というより、明認方法などの補助的公示が不足していたということが結論を大きく左右したのかも知れない。

(3) 効力

集合動産譲渡担保の効力については検討されるべき問題が多い。「集合物論」を前提とすると、現に存在する動産群だけでなく、担保権設定後（将

来）にその枠の中に搬入された物件にも当然に譲渡担保の効力が及び、搬出された物件にはもはや効力が及ばないことになりそうであるが、そのような将来物にまで担保権の効力を及ぼして良いのか、構成物件が処分されたり、差し押さえられたり、別の債権者によって担保目的とされていたような場合には、両者の関係をどのように考えるか（どこまで追いかけていけるのか）といった諸点が問題となる。

(a) 設定者による処分・分離物
(i) 通常の営業の範囲内の処分可能性　前述のように流動動産の譲渡担保においては、集合物を構成する個々の動産は、取引通念に従って「通常の営業・取引の範囲内」であれば、設定者による処分が容認されている（処分の授権があると構成されることが多い）。そこで、売却等により有効に第三者がその所有権を取得すると、譲渡担保権者による追及力は認められない。最判平成18・7・20（民集60巻6号2499頁）もこれを認め、「K漁場の生け簀内の養殖魚全部」等が譲渡担保に供されていたところ、後順位譲渡担保権者による私的実行に対し、譲渡担保権者が所有権に基づく物件の引渡しを求めた事案で、次のように述べる。すなわち、

「構成部分の変動する集合動産を目的とする譲渡担保においては、集合物の内容が譲渡担保設定者の営業活動を通じて当然に変動することが予定されているのであるから、譲渡担保設定者には、その**通常の営業の範囲内**で、譲渡担保の目的を構成する動産を処分する権限が付与されており、この権限内でされた処分の相手方は、当該動産について，譲渡担保の拘束を受けることなく確定的に所有権を取得することができると解するのが相当である」。

「他方、対抗要件を備えた集合動産譲渡担保の設定者がその目的物である動産につき通常の営業の範囲を超える売却処分をした場合、当該処分は上記権限に基づかないものである以上、譲渡担保契約に定められた保管場所から搬出されるなどして当該譲渡担保の目的である集合物から**離脱したと認められる場合でない限り**、当該処分の相手方は目的物の所有権を**承継取得することはできない**」

として問題の売却処分が「通常の営業の範囲内であるか」を確定すべく差し戻している。

(ii) 営業の範囲外の処分　通常の営業の範囲を超えた処分の場合をどう

考えるべきか。たとえば、閉店を意図した事業者Sが同業者や買取業者に在庫商品の全てを売却してしまったような場合や、閉店を前提として在庫一掃の「投げ売り」をしたような場合が考えられる。このとき、設定者の行為が譲渡担保契約上の債務不履行となること［担保価値維持義務違反。不法行為となる場合もあることにつき、東京地判平成6・3・28判時1503号95頁（養豚場の種豚の淘汰毀滅及び売却出荷の事案）］、及び悪意の第三者の行為が担保権侵害と評価されれば不法行為に基づいて損害賠償請求できることはほぼ明らかであるが、第三者に対する処分そのものの効力まで完全に否定することは困難かもしれない（分析論からは、善意・無過失でない第三者は担保の負担付き動産の所有権を取得するに過ぎないため、後に譲渡担保が実行されれば対抗できないという結果になる）。確かに、設定者の処分権限外の行為であるから（無権代理人による処分の場合のように）無効であるとすることも不可能ではなく、判例が言うように「承継取得することはできない」との帰結も考えられる。それでも、通常は表見代理と同様に効力が維持される余地があろうし、当該物件が集合物から完全に離脱してしまえば、譲渡担保の効力が及ばないとされるのが判例であるとすると、むしろ（二重譲渡の場合に類比させて）当該処分行為によっても不完全ながらも物権変動が生じている（承継取得されうる）と解する方が取引の実態に適うかもしれない。集合物論の立場からすれば、譲渡担保権者が、既にこの段階で個々の構成物件に対して、第三者の承継取得を否定するほどに具体的・確定的所有権を有していると考えることも適切ではあるまい。この点、前掲最判平成18・7・20の理解はやや混乱している。判決が、一方で、通常の営業の範囲を超えて目的動産が売却処分された場合を無権限処分であるとしつつ、他方で、集合物から離脱したときは目的動産の買主がこれを承継取得できるかのような表現を見せているためである。仮に当該処分が無権限処分であれば、買主は承継取得ではなく、192条の即時取得の要件が備わったときに限って原始取得できると考えるべきではないかとの疑問が出てこよう。あるいは、集合動産の所在場所から分離搬出された時点からは、集合動産の構成部分を外れ、買主は譲渡担保の拘束力の及ばない動産所有権を承継取得できるという趣旨であろうか（安永・421頁は、同判決の法律構成は不明という）。少なくとも、判決の説示だけからは、集合物か

らの離脱によって、処分の相手方が目的物を承継取得する可能性を示唆してはいるものの、その際の譲渡担保権の追及力の有無については、なお、今後の課題として残されているというべきか（宮坂昌利・最高裁判例解説民事篇平成18年度856頁）。いずれにせよ、通常の営業の範囲を超えて、譲渡担保目的物であることを知りつつ（悪意で）目的動産を（多くの場合廉価に）購入する相手方を保護する必要があるとは思われない。

　(iii)　取引によらない分離物　では、設定者の取引的処分等によって「離脱した」と認められないような単なる分離物（従前の場所的関係の事実的喪失）の場合はどうか。たとえば、目的物件が盗難等にあって集合物の範囲から離脱してしまったような場合は、もはや譲渡担保権の効力が及ばなくなると解すべきかは疑問である。なるほど、少なくとも担保的構成では、抵当権の付加一体物に対する効力に類比させて、分離によって付加一体物ではなくなることを前提に分離物には譲渡担保の効力が及ばなくなる（担保権の消滅）と考えることもできる。しかし、かかる離脱を単に譲渡担保権の対抗力が失われたに過ぎない状態と解すれば、不法占有者に対して返還請求ができても良さそうである。譲渡担保権者としては、設定者に対して担保価値維持請求権の一環として復元や増担保を要求できるだけでなく、不法占有者に対しても（あえて債権者代位権［423条］によって迂回する［抵当権に関する最大判平成11・11・24民集53巻8号1899頁参照］までもなく）担保権侵害を理由に、損害賠償請求のみならず、物権類似の返還請求権を直接行使できる余地があると解すべきではあるまいか。

　(b)　対第三者関係と対抗
　(i)　対抗要件　既述のように、一般に動産譲渡担保の対抗要件は、判例上「（占有改定・簡易の引渡しを含む）引渡し」とされているが、集合物譲渡担保における「譲渡」の対抗要件をどのように考えるべきかが改めて問題となる。所有権的構成によると、集合物に組み込まれた時点で個別物件の所有権移転を生じ、譲渡は占有改定（引渡し）によって対抗力を獲得する（最判昭和62・11・10民集41巻8号1559頁）。「集合物」について一括して占有改定が認められ、個々の動産が組み入れられると自動的に占有改定が及ぶと考える

ならば、集合物を構成した時点で当然に、「集合物」についての対抗力が派生的に及んでいくことになる。この対抗力は、譲渡担保権設定時に遡って獲得されていたと考えることも不可能ではない。

判例（前掲最判昭和62・11・10）は、訴外会社の4倉庫内及び同敷地・ヤード内に保管された普通棒鋼、異形棒鋼等一切の在庫商品の所有権を譲渡担保に供し、占有改定の方法によって引渡しを完了したという事案で、このことを次のように説示している。

「……債権者と債務者との間に、右のような集合物を目的とする譲渡担保権設定契約が締結され、債務者がその構成部分である動産の**占有を取得した**ときは債権者が占有改定の方法によってその占有権を取得する旨の合意に基づき、債務者が**右集合物の構成部分として現に存在する動産の占有を取得した場合**には、債権者は、当該集合物を目的とする譲渡担保権につき対抗要件を具備するに至り、この対抗要件具備の効力は、その後構成部分が変動したとしても、**集合物としての同一性が損なわれない限り、新たにその構成部分となった動産を包含する集合物について及ぶ**ものと解すべきである。したがって、動産売買の先取特権の存在する動産が右譲渡担保権の目的である集合物の構成部分となった場合においては、債権者は、右動産についても引渡を受けたものとして譲渡担保権を主張することができ、当該先取特権者が右先取特権に基づいて動産競売の申立をしたときは、特段の事情のない限り、民法333条所定の第三取得者に該当するものとして、訴えをもって、右動産競売の不許を求めることができるものというべきである。／これを本件についてみるに、……本件契約は、構成部分の変動する集合動産を目的とするものであるが、目的動産の種類及び量的範囲を普通棒鋼、異形棒鋼等一切の在庫商品と、また、その所在場所を原判示の訴外会社の第1ないし第4倉庫内及び同敷地・ヤード内と明確に特定しているのであるから、このように**特定された一個の集合物**を目的とする譲渡担保権設定契約として効力を有するものというべきであり、また、訴外会社がその構成部分である動産の占有を取得したときは被上告会社が占有改定の方法によってその占有権を取得する旨の合意に基づき、現に訴外会社が右動産の占有を取得したというを妨げないから、被上告会社は、右集合物について対抗要件の具備した譲渡担保権を取得したものと解することができることは、前記の説示の理に照らして明らかである。」

つまり、あくまで構成部分たる個別動産の所有権移転をも問題にして対抗を論ずる姿勢を崩していないのである。もっとも、占有改定によって対抗力が認められた場合も、個々の構成物が第三者に譲渡されて、そこに即時取得が認められることまでは阻止し得ない。従って、それを阻止するには第三者

を悪意もしくは有過失とするために、事業所や倉庫などに明認方法を施すなどして内容物が譲渡担保に供されていることを第三者に知らしめる必要がある。こうした措置は、しばしば譲渡担保を設定した企業の信用問題に関わるためにあまり好まれないことは確かである（平成16（2004）年の動産・債権譲渡特例法の制定によって事態は改善されつつあるが、登録に即時取得の効力を阻止するまでの効力は付与されていない）。しかも、通常の営業活動の範囲における処分が認められているだけに、対抗力や追及力に限界があることは、ある意味でやむを得ないことというべきであろうか。

(ⅱ) 他の担保権との優劣

① 動産売主の先取特権　前掲最判昭和62・11・10では、とくに、**動産売買先取特権との関係**が問題とされている点にも注目したい。

そこでは、債権者Xが債務者Aの倉庫中にある商品を譲渡担保に取っていたが、Yが当該倉庫中の特定種類の商品について動産売主としての先取特権を主張している。最高裁は、譲渡担保の対抗要件は当該個別商品にも及んでいるという前提で、Xは民法333条（動産先取特権は目的動産が第三者に引き渡された後は行使することができない）の「第三取得者」に当たるとして、「特段の事情のない限り」という留保を付けつつ、Yからの先取特権の主張を退けた（Xからの第三者異議の訴えを認めた）。この判決に対しては、Xの担保権者としての利益を保護すれば足りるという理由から、むしろ334条（動産先取特権と競合する動産質権と第1順位の先取特権を同一の権利とする）を類推適用すべきではないかとの見解も有力である。つまり譲渡担保権者を質権者と同視して「第1順位の担保権者」とするにとどめるというものである（田原睦夫「動産の先取特権の効力に関する一試論」林良平先生還暦・現代私法学の課題と展望（上）［有斐閣、1981年］69頁以下所収、平野・307頁注448）。担保的構成をとる抵当権説に立てば、なおさらであろう。もちろん、このように言ったとしても本件での結論が変わるわけではなく、動産売主の先取特権の方が譲渡担保権に劣後することになるが、少なくとも先取特権が消滅することはない。したがって、かりに、Xの譲渡担保権が弁済などによって消滅すれば、Yの先取特権につき優先弁済を受ける余地が残ることになる。さらに進んで、Xが譲渡担保権の設定によって把握しているのが一定の「集合物」と

いう「価値枠」に過ぎず、譲渡担保の効力が個々の動産にまで及んでいるわけではないと考えると（道垣内・280頁）、Ｘが現実に担保権実行に着手しない限り、個々の目的物処分には介入できないため、譲渡担保権者は333条の第三取得者にも該当せず、Ｙの先取特権が消滅することもないとする結論が導かれる。ここまでいくと、流動動産譲渡担保の効力は、相当弱められる結果となるが、それでよいとする見解も有力であり（大村・323頁など。なお、今尾真・後掲論文も、譲渡担保権者はせいぜい一般債権者に優位する程度の担保権でしかないという。なお、角紀代恵「動産売買先取特権と集合動産譲渡担保の優劣関係」ジュリ854号［1981年］118頁以下も参照）、これを支持したい。

　すくなくとも、最高裁の説示は、目的物価格が譲渡担保権者の被担保債権額を上回るときに、その余剰に相当する価値の動産が差し押さえられたような場合にまで及ぶものではあるまい。さもないと譲渡担保権者に過度の保護を与える結果となるからである。

　かくして判例を前提とすると、動産売主としては、動産先取特権にのみ頼るのは危険であるから、必要とあらば、所有権留保などの方法で自衛せざるを得ないことになる。判例によれば、「占有改定」では即時取得ができないから、譲渡担保権に優先することができるからである（ただ、取引のたびに所有権留保するのは相当煩瑣ではある。なお、担保的構成による処理につき、内田・544頁以下も参照）。

　② 他の集合物譲渡担保権との関係　　競合する他の譲渡担保権との関係は、前掲最判平成18・7・20で論じられた。事案は、ＹＡ間で一定の生け簀で飼育されている養殖魚が結果的に２重・３重にＢＣＸ等との間で譲渡担保に供されたというものであるが、判旨は、

「本件契約１［ＹＸ間の契約］が譲渡担保契約であれば、譲渡担保の実行に基づく引渡しを請求する趣旨（別除権の行使）を含むものであるとしても……これを肯認する余地はない。すなわち、本件物件１［対象生け簀内の養殖魚の一部］については、本件契約１に先立って、Ａ、Ｂ及びＣのために本件各譲渡担保が設定され、占有改定の方法による引渡しをもってその対抗要件が具備されているのであるから、これに劣後する譲渡担保が、Ｘのために重複して設定されたということになる。このように重複して譲渡担保を設定すること自体は許されるとしても、劣後する譲渡担保に独自の私的実行の権限を認めた場合、配当の手続が整備されている民事執行法上

の執行手続が行われる場合と異なり、先行する譲渡担保権者には優先権を行使する機会が与えられず、その譲渡担保は有名無実のものとなりかねない。このような結果を招来する後順位譲渡担保権者による私的実行を認めることはできないというべきである。また、Xは、本件契約1により本件物件1につき占有改定による引渡しを受けた旨の主張をするにすぎないところ、占有改定による引渡しを受けたにとどまる者に即時取得を認めることはできないから、被上告人が即時取得により完全な譲渡担保を取得したということもできない」

とした。集合物譲渡担保の多重設定が「通常の営業の範囲内の処分」に入らないことは明らかであるから、ここでは担保権相互の優劣が問題となるわけである。判決は、先行する譲渡担保権の効力を有名無実化することを理由に、後からの（即時取得型以外の）譲渡担保権の効力を制限した（引渡請求＝私的実行を否定した）。後順位担保権者に基づく引渡請求を認めると、目的物が更に第三者に処分され、当該第三者の即時取得によって先順位担保権者の地位が脅かされることから、先順位担保権者の保護を優先させたわけである。もっとも、譲渡担保権として併存しうることを認めた点は注目されてよく、判例が所有権的構成から担保的構成に傾斜していることが判る。

(c) 物上代位の可能性

譲渡担保権に基づく物上代位の可能性に関しては、最決平成11・5・17（民集53巻5号863頁：これは最高裁としてはじめて動産譲渡担保権に基づく個別動産の転売代金に対する物上代位を認めた判例と理解されているもの）に続いて、最決平成22・12・2（民集64巻8号1990頁＝金判1356号10頁＝金法1917号102頁＝平成23年度重判民法6事件［占部洋之］）が、流動動産譲渡担保に関しても正面から物上代位を認めている点で注目される（同決定につき、小山泰史「流動動産譲渡担保に基づく物上代位」NBL950号［2011年］25頁）。

事案は、魚の養殖業を営むYが、その所有する養殖いかだ等の養殖施設一式と養殖魚を目的として金融機関Xに流動動産譲渡担保を設定していたところ、養殖魚の一部が赤潮により死滅し、YとZの間で締結されていた共済契約に基づいて損害填補のための共済金が支払われることになり、この共済金請求権に対してXが譲渡担保権を実行し物上代位して差押えを申し立てたというものである。第一審は差押命令を発令し、Yの執行抗告に対して原審

（福岡高決平成22・3・17金法1917号105頁）も、次のように述べて執行抗告を棄却した。すなわち、

> 「一般に、譲渡担保が担保としての実質を有していることに照らし、譲渡担保の目的物が何らかの事情により金銭等に変形した場合には、譲渡担保権者の利益を保護するため、譲渡担保は当該代替物である金銭や債権の上に存続するものと認めるのが相当であり、本件譲渡担保権は、前記目的物の売却により消滅したとは認められず、前記目的物の売却前に発生した代替物である漁業共済金請求権の上に（集合物譲渡担保の特質から物上代位ができる時期については別途考慮しなければならない点は別として）存続しているものというべきである」

として、正面から物上代位の可能性を認め、その行使の前提として「**固定化**」を問題としつつ、次のように述べた。

> 「確かに、集合物譲渡担保においては、集合物を構成する個々の動産につき、設定者によって通常の営業の範囲内で処分がなされている限りにおいては、設定者には新たな動産の補充が義務付けられ、新たに補充された動産に対して譲渡担保権の効力が及ぶため、譲渡担保権者は、担保価値の維持を図ることができるから、**通常の営業の範囲内において処分された動産**に対しては、譲渡担保権の効力は及ばなくなると解すべきであり、**処分にかかる売買代金債権等**につき、物上代位を認めることはできない。／しかしながら、集合物を構成する個々の動産について、**通常の営業の範囲を超える処分が行われた場合**には、当然に新たな動産が補充されるとは限らず、担保価値の維持を図るためには、個々の動産の代替物ないし派生物に対して譲渡担保権の効力を及ぼす必要があり、また、物上代位権の行使を認めても、**譲渡担保権者の把握する担保価値が拡大しなければ**、第三者に不測の損害を与えることにもならないというべきである。／一件記録によれば、〔1〕Ｙは、平成21年8月上旬ころに発生した赤潮により、養殖魚2510匹が死亡する被害を受け、これによって漁業共済金請求権を取得したこと、〔2〕Ｙは、養殖魚の餌代を調達するために、相手方から繰り返し手形貸付を受けていたが、赤潮発生後、Ｘから今後の貸付は行わないと告げられたため、同年9月4日に廃業したこと、〔3〕Ｘは、同年10月23日、養殖筏等の養殖施設一式及び当時残存していた養殖魚を売却処分したこと、〔4〕Ｙは、平成22年2月8日、第三債務者Ｚに対し、共済事故関係書類を提出して、漁業共済金請求手続を取ったことがそれぞれ認められるところ、Ｙが漁業共済金請求権を取得したのは、通常の営業の範囲を超える処分というべきであるし、抗告人において、前記赤潮被害発生後、新たに養殖魚を補充した形跡がない……ことを考慮すると、赤潮被害が発生した時点において、Ｙが直ちに廃業を決意しなかったとしても、赤潮被害発生後、**通常の営業が継続していたとは認め難い**から、本件譲渡担保契約の目的物は、赤潮被害発生時に実質的に固定化したものということが

できる。／したがって、本件譲渡担保権の効力は、物上代位により漁業共済金請求権の上に及ぶうえ、その行使についても上記固定化によって当然許されると解するのが相当であるから、漁業共済金請求権に対する差押えを認めた原命令が違法であるとは認められない」。

この上告審で、最高裁は、

「構成部分の変動する集合動産を目的とする集合物譲渡担保権は、譲渡担保権者において譲渡担保の目的である**集合動産を構成するに至った動産**（以下「目的動産」という。）の価値を担保として把握するものであるから、その効力は、目的動産が滅失した場合にその損害をてん補するために譲渡担保権設定者に対して支払われる損害保険金に係る請求権に及ぶと解するのが相当である。もっとも、構成部分の変動する集合動産を目的とする集合物譲渡担保契約は、譲渡担保権設定者が目的動産を販売して営業を継続することを前提とするものであるから、譲渡担保権設定者が**通常の営業を継続している場合**には、目的動産の滅失により上記請求権が発生したとしても、これに対して直ちに物上代位権を行使することができる旨が合意されているなどの**特段の事情**がない限り、譲渡担保権者が当該請求権に対して物上代位権を行使することは許されないというべきである。／……相手方が本件共済金請求権の差押えを申し立てた時点においては、Yは目的動産である本件養殖施設及び本件養殖施設内の養殖魚を用いた営業を廃止し、これらに対する譲渡担保権が実行されていたというのであって、Yにおいて本件譲渡担保権の**目的動産を用いた営業を継続する余地はなかった**というべきであるから、相手方が、本件共済金請求権に対して物上代位権を行使することができることは明らかである」

として、抗告人の執行抗告を棄却した原審判断を結果として是認した。

　かねて学説では、弁済期到来後に譲渡担保権者が担保権の実行に着手した場合にはじめて譲渡担保の効力が売買代金等の債権に及ぶとしたり（我妻・665頁、668頁）、売却が通常の営業の過程でされたときは物上代位は認められないなどと論じられてきた（山野目章夫「流動動産譲渡担保の法的構成」法時65巻9号［1993年］24頁など。ちなみに、分析論・集合物論の違いが結論に影響しうることにつき、森田修・債権回収法講義〈第2版〉146頁も参照）。しかし、本判決は、時期を問わずに流動動産譲渡担保の効力が個々の構成物の価値代償物たる保険金請求権に及ぶとして、いささか無限定に物上代位の可能性を認めた上で、実際に何時行使できるかを問題にしている点で際立っている。原審が「固定化」という概念を操作しながら論理展開したのに対し、最高裁は、むしろ「通常の営業を継続している場合」は原則として物上代位権を行使で

きないとし、例外的に「直ちに物上代位権を行使することができる旨が合意されているなどの特段の事情」の有無で微調整をするという枠組の下で、その点の解釈を事案ごとの判断に委ねたわけである。本件の事案は、既に担保権が実行されていること、設定者が事業を廃止し目的動産を用いた営業継続の余地がないと見られることから、敢えて「固定化」を問題とするまでもなかったということであろうか。いずれにせよ、営業継続中は流動動産譲渡担保の効力が物上代位の形で顕在化しないこと、集合物についておおよそ把握していた担保価値を超えない限りで、担保権の実行として物上代位の可能性を肯定するという判例の結論は支持されて良いように思われる。

(4) 集合物譲渡担保の実行

債務者に債務不履行があると、譲渡担保権者は、必要に応じて債務者に実行通知をなし、対象となる「集合物」の範囲内にある個別動産を確定的に自己の物とし換価処分の上でその換価代金を債権回収に充てることになる（帰属清算型か処分清算型かによって清算金支払いと目的物の確定的帰属のタイミングは異なる）。このプロセスは、対象動産の数や種類が多くなる点を除けば、実行手続・清算金支払義務・受戻しなどの関係は、通常の動産譲渡担保の実行に準じて行われる。これが**私的実行**となることはいうまでもない。なお、判例上、後順位譲渡担保権者による私的実行が、先行する譲渡担保権の効力を有名無実化することを理由に制限されていることは前述の通りである（前掲最判平成18・7・20）。

(5) 対抗要件の簡略化と動産・債権譲渡特例法

別の機会にも言及した動産・債権譲渡特例法の平成16（2004）年改正の眼目は、集合動産譲渡担保に公示手段を提供し、それによって、比較的担保の乏しい中小企業の資金調達を容易にするところにあったと言われる（植垣勝裕＝小川秀樹編・一問一答動産・債権譲渡特例法〈3訂版〉［商事法務、2007年］7頁）。実体法上の整備に先んじて、とりあえず対抗要件制度・公示制度の不備を補おうとするものである。譲渡登記される動産の特定方法は、法務省令で定められるが（同法7条2項5号）、動産・債権譲渡登記規則では、①動産

の種類・型式・製造番号等による特定方法と、②動産の種類・保管場所による特定方法の2つが用意されている（前掲植垣＝小川・一問一答76頁以下、217頁参照）。外部的・客観的に種類・場所・量的範囲などによって集合物の範囲が特定されている必要があるとする判例の立場に照らせば、これによってある程度まで公示手段が整備されたことになる。したがって公示の不備を理由に、実行前の集合物譲渡担保の効力を強く認めることへの消極的立場（徹底した「集合物論」）にも一定の見直しが求められようか。ただ、この新しい動産譲渡登記の効力は、従来型の占有改定による動産譲渡担保と対等の対抗力しか認められておらず（→どちらか早いほうが優先する）、即時取得の成立を完全に阻止する効力が認められているわけでもない（→第三者の「悪意の推定」までは必ずしも働かない）。したがって、一方では、新たに集合物譲渡担保契約をしようとする者は、登記に加え、占有改定等によって先行する譲渡担保がないかなどを調査しなければ安心できず、動産譲渡登記があるからといって第三取得者・第三担保権者等の登場の可能性を否定しうるものではない。とはいえ、安易に占有改定の効力を弱めたり、動産譲渡登記制度を常に優先させるとすると、従来の動産物権変動の議論に大きな影響が出ることも予想され、踏み込んだ立法化が見送られていることも理解できよう。根本的な問題の解決には、集合物譲渡担保に関する実体法上の立法的手当てが必要であることは間違いない。

＊【参考文献】　文献はすこぶる多い。本文中に引用したものを含めて、以下のものを参照。堀竹学「流動動産譲渡担保と動産売買先取特権の優劣」総合政策論叢19号［2010年］21頁、今尾真「流動動産譲渡担保権と動産売買先取特権との優劣に関する一試論（1-3完）」明治学院論叢610号197頁、623号179頁、629号261頁［1998〜99年］、古積健三郎「『流動動産譲渡担保』に関する理論的考察（1・2完）」法學論叢133巻2号［1993年］16頁、6号51頁、同「『流動動産譲渡担保』と他の担保権の関係（1・2完）」彦根論叢287=288号（1994年）379頁、289号113頁、同「集合物の理論と流動動産譲渡担保」私法58号199頁［1996年］、福地俊雄「流動動産譲渡担保の基本的性格および効力」民商法雑誌110巻6号（1994年）943頁、山野目章夫「流動動産譲渡担保の法的構成」法時65巻9号［1993年］21頁、小山泰史「流動動産譲渡担保における『弁済期到来時』の持つ意味」みんけん637号［2010年］2頁、小山泰史「アメリカ法における浮動担保と売買代金担保権の競合——わが国の流動動産譲渡担保論への参考として（1・2完）民商105巻6号［1992年］816頁、106巻1号57頁、同「米・加における浮動担保と売買代金担保権の競合——わが国の流動動産譲渡担保への参考として」私法60号［1998年］227頁、千葉恵美子「集合動産譲渡担保の効力——設定者

側の第三者との関係を中心にして」判タ756号［1991年］33頁、761号14頁、763号12頁、766号45頁、松井宏興「集合物の譲渡担保」米倉明ほか編・金融担保法講座Ⅲ75頁以下、庄菊博「流動動産譲渡担保の成立――目的物の範囲の特定方法を中心として」専法34号［1981年］49頁、米倉明「流動動産譲渡担保論一斑（1-8）」北法18巻2号、3号、19巻2号、3号、20巻1号、2号、4号［1967～1970年］、同・譲渡担保［弘文堂、1978年］、同・譲渡担保の研究［有斐閣、OD版2009年］。なお、岡孝＝松岡久和＝和田勝行「譲渡担保関連文献目録（上）」学習院大法学会雑誌45巻2号［2010年］45頁以下では、譲渡担保に関する網羅的な文献目録の作成が試みられている。

7 債権の譲渡担保

ここでは、債権の譲渡担保について検討する。譲渡担保では何を担保目的とするかの自由度が高く、今日では、企業が保有する動産群のみならず、売掛代金債権、貸金債権などの債権群も担保目的とされる。理論的には、動産の場合とパラレルに、集合債権や日々新陳代謝する債権群（流動債権）、将来発生予定の債権（将来債権）の担保化やその対抗要件の確保・実行のあり方等が問題となる。

(1) 債権を譲渡担保の目的とすること

債権の譲渡担保を考える前提として、債権の譲渡性とその対抗要件に関する基礎的知識が必要となるが*、この点については物権変動との関連で既に論じた（河上・物権法講義56頁以下参照）。古来、債権は人と人を結ぶ「法鎖」であると観念され、その譲渡性は容易には認められなかったが（債権者の交替による更改［514条、515条］はその例外）、取引の進展と共に財産権として譲渡性が原則として承認されるところとなり（466条。但し、債権の性質や譲渡禁止特約の可能性に留意）*、その第三者対抗要件は、第三債務者の認識と表示を基軸として、これをインフォメーション・センターとして構成された、債権者からの（確定日付ある）通知もしくは第三債務者の承諾である（467条）。かくして、債権もまた、不動産や動産と同様に譲渡担保の目的となることは、明らかである。債権を担保に取る方法として、民法は債権質を用意しているから、立法論としては、債権質を使いやすくするという選択肢もないではないが、実務的には、圧倒的に譲渡担保の方が利用されている。

第 3 節　譲渡担保　385

＊【債権譲渡の意義と機能】　債権譲渡は、債権の同一性を保ったままでの移転を意味する。その**移転原因**は多様で、①法律行為による移転（売買・贈与・代物弁済[482条]・任意代位[499条2項]）、②法規定による移転（賠償者代位[422条]・弁済者代位[499条・500条]など）、③裁判による移転（転付命令[民執159条]・譲渡命令[民執161条]など）、④他の債権に随伴して（利息債権・保証債権など）、⑤債権者の一般承継によっても（相続・会社の合併・分割など）、移転を生じ得る。これに伴って、債権譲渡の機能にもいくつかのものが考えられ、債権回収型（代物弁済として）、債権担保型のものを中心に多彩である。資金調達手段として証券化と合わせた「仕組み金融」（ストラクチャード・ファイナンス）や、弁済期未到来債権を現金化すべく債権買取専門業者によるファクタリング、特定プロジェクト（事業）に対する融資の担保を当該プロジェクトの資産や収益（キャッシュフロー）に限定して為されるプロジェクト・ファイナンスでの包括的債権譲渡、取立委任の便法としての取立権限授与・信託的譲渡の機能を担う債権譲渡なども登場している。債権譲渡については、とりわけ、池田真朗・債権譲渡の発展と特例法：債権譲渡の研究第3巻[弘文堂、2010年]、同・債権譲渡の研究〈増補第2版〉[弘文堂、2004年]、同・債権譲渡法理の展開[弘文堂、2001年]を参照。

＊【譲渡禁止特約】　民法466条1項は、原則として債権の譲渡性を承認しているが、同条2項本文は当事者間における譲渡禁止特約の効力を認め、例外的に善意の第三者への対抗を否定している。この譲渡禁止特約の効力については、債権的効力説と物権的効力説が対立し、前者は、特約違反の譲渡であっても譲渡自体は譲渡人・譲受人の間で有効であり、第三債務者は譲渡禁止特約につき悪意の譲受人に対して「悪意の抗弁」を主張できるにとどまると解するのに対し（前田達明・口述債権総論〈第3版〉[成文堂、1993年]400頁、平井宜雄・債権総論〈第2版〉[弘文堂、1994年]136頁など）、後者は、譲渡禁止特約付きの債権が譲渡された場合は譲渡自体が無効となるが、善意（無重過失）の第三者にはその点を対抗できないと解している（我妻栄・新訂債権総論（民法講義Ⅳ）[岩波書店、1964年]524頁）。後者が、従来の通説であり、判例もこれを前提としているといわれる（最判昭和52・3・17民集31巻2号308頁、最判平成9・6・5民集51巻5号2053頁など）。ここでの問題は、譲渡禁止特約付債権が、債権譲渡担保に供された場合の効力に関してであるが、最判平成21・3・27民集63巻3号449頁（＝平成21年度重判民法7事件[角紀代恵]）は、「債権の譲渡性を否定する意思を表示した譲渡禁止の特約は、債務者の利益を保護するために付されたものと解される（ので）、……譲渡禁止の特約に反して債権を譲渡した債権者は、同特約の存在を理由に譲渡の無効を主張する独自の利益を有しないのであって、債務者に譲渡の無効を主張する意思があることが明らかであるなどの特段の事情がない限り、その無効を主張することは許されない」と判示した。物権的効力説を前提とした立論であるが、錯誤無効の場合と同様、表意者保護のための相対的無効と考えれば比較的分かりやすい。ただ、問題はこれに尽きない。債権譲渡禁止特

約は、資金調達のための債権流動化の阻害要因ともなっており、その効力についての見直しが必要な時期に入っているといえよう。なお、譲渡禁止特約付き債権の譲渡・質入れを絶対的無効とする限り、当該債権を質権や譲渡担保の目的とすることができないことになるため、後述の「代理受領」や「振込指定」の方法が用いられることになる。

(2) 集合債権譲渡担保契約の効力
(a) 未発生の将来債権・集合債権の譲渡可能性

集合債権譲渡担保契約の効力を考えるに当たっては、そもそも、未発生の将来債権も譲渡することが可能なのかという点が問題になる。これについて、最判昭和53・12・15（判時916号25頁）は、保険医が医療機器の購入に際して、将来の一定期間の保険診療の診療報酬債権を譲渡して担保目的とすることの可能性が問題となった事件で、

> 「現行医療保険制度のもとでは、診療担当者である医師のYら支払担当機関［健康保険団体連合会及び社会保険診療報酬支払基金］に対する診療報酬債権は毎月一定期日に1カ月分づつその支払がされるものであり、その月々の支払額は、医師が通常の診療業務を継続している限り、一定額以上の安定したものであることが**確実に期待されるもの**である。したがって右債権は、将来生じるものであっても、**それほど遠い将来のものでなければ**、特段の事情のない限り、現在既に**債権発生原因が特定**し、その発生を確実に予測しうるものであるから、**始期と終期を特定してその範囲を確定することによって、これを有効に譲渡できる**」

と述べ、一定制限の下で、将来1年分の診療報酬債権の譲渡（集合債権につき1回の通知で譲渡したもの）を有効と認めた。

(b) 可能性・確実性・特定性？

その後、判例の言う債権発生の**可能性・確実性**はどの程度まで必要なのか、**特定される期間の範囲の限界**はどのくらいなのかといった限定基準が問題となった（「特集・将来の診療報酬債権の譲渡に関する最三判平11・1・29を読んで」金法1544号［1999年］17頁など）。前掲最高裁昭和53年判決が単なる事例判決であるとしても、その限定の仕方からすると、将来発生する広範囲の債権を譲渡担保の目的とすることには自ずと限界があると考えられたからである。少なくとも「一切の将来債権の包括的譲渡担保」などは、債務者への資

金流入を途絶させる可能性があり、その自立的経済活動を阻害し、同時に、一債権者に全ての将来債権の経済的・担保的価値の独占を認めることによって他の一般債権者の利益を過度に害するおそれがあり、公序良俗に照らしても許されることではない（将来にわたる包括的な債権譲渡は「身売り」に近い！）。

この問題について、最高裁（最判平成11・1・29民集53巻1号151頁＝民法判百Ⅱ〈第7版〉28事件［潮見佳男］）は

「将来の一定期間内に発生し、又は弁済期が到来すべきいくつかの債権を譲渡の目的とする場合には、適宜の方法により右期間の始期と終期を明確にするなどして譲渡の目的とされる債権が特定されるべきで」あるが、「将来発生すべき債権を目的とする債権譲渡契約にあっては、契約当事者は、譲渡の目的とされる債権の発生の基礎を成す事情をしんしゃくし、右事情の下における債権発生の可能性を考慮した上、右債権が見込みどおり発生しなかった場合に譲受人に生ずる不利益については譲渡人の契約上の責任の追及により清算することとして、契約を締結するものと見るべきであるから、右契約の締結時において右**債権の発生可能性が低かったことは、右契約の効力を当然に左右するものではない**」として債権の識別可能性に影響しないとの立場を示しつつ、「もっとも、契約締結時における譲渡人の資産状況、右当時における譲渡人の営業等の推移に関する見込み、契約内容、契約が締結された経緯等を総合的に考慮し、将来の一定期間内に発生すべき債権を目的とする債権譲渡契約について、**右期間の長さ等の契約内容が譲渡人の営業活動等に対して社会通念に照らし相当とされる範囲を著しく逸脱する制限を加え、又は他の債権者に不当な不利益を与えるものであると見られるなどの特段の事情の認められる場合には、右契約は公序良俗に反するなどとして、その効力の全部又は一部が否定されることがあるものというべきである**」

との基本的な考え方を明らかにした。要は、①債権の発生確実性を問わず、②譲渡目的債権が他の債権から識別可能で、③債権譲渡契約が公序良俗に反して譲渡人の営業活動を制限したり他の債権者を不当に害しないこと（相当期間の債権譲渡）が、集合債権譲渡担保の有効性を語る前提とされたわけである。事案は、債権譲渡後8年3か月にわたる診療報酬債権についての譲渡担保の有効性を認めている。その理由は、債権発生の可能性は譲渡契約の当事者が自らのリスクで判断すべき事柄で、債権の発生の可能性が低いからといって譲渡契約の効力が当然に否定されるわけではない、というにある。具体的な当てはめにおいて、判決理由は次のように説いた。すなわち、

「本件契約による債権譲渡については、その期間及び譲渡に係る各債権の額は明確に特定されていて、X以外のK［K診療所を経営する医師］の債権者に対する対抗要件の具備においても欠けるところはない。Kが上告人との間に本件契約を締結するに至った経緯、契約締結当時のKの資産状況等は明らかではないが、診療所等の開設や診療用機器の設置等に際して医師が相当の額の債務を負担することがあるのは周知のところであり、この際に右医師が担保として提供するのに適した不動産等を有していないことも十分に考えられるところである。このような場合に、医師に融資する側からすれば、現に担保物件が存在しなくても、この融資により整備される診療施設によって医師が将来にわたり診療による収益を上げる見込みが高ければ、これを担保として右融資を実行することには十分な合理性があるのであり、融資を受ける医師の側においても、債務の弁済のために、債権者と協議の上、同人に対して以後の収支見込みに基づき将来発生すべき診療報酬債権を一定の範囲で譲渡することは、**それなりに合理的な行為として選択の対象に含まれている**というべきである。このような融資形態が是認されることによって、能力があり、将来有望でありながら、現在は十分な資産を有しない者に対する金融的支援が可能になるのであって、医師が右のような債権譲渡契約を締結したとの一事をもって、右医師の経済的な信用状態が当時既に悪化していたと見ることができないのはもとより、将来において右状態の悪化を招来することを免れないと見ることもできない。……してみると、Kが本件契約を締結したからといって、直ちに、本件債権部分に係る本件契約の効力が否定されるべき特段の事情が存在するということはでき」ない。

同判決の登場で、実務界では、安んじて広く将来債権譲渡担保が利用されるようになったといわれる。確かに、これによって債権発生の確実性や発生原因の確定性の基準による債権譲渡担保契約の有効・無効の判断という枠組みは取り払われた。しかし、広範な将来債権譲渡担保の獲得は、いってみれば当該債務者を債権者の組織へ組み込む市場再編行為に類比することも可能であり、個々の事業者が不安定な地位に置かれるだけでなく、その自立した経済活動への大きな拘束ともなりかねないことには留意すべきである。その意味でも、同判決が、譲渡人を過度に拘束する場合や、他の債権者に不当な不利益を与える場合は、債権譲渡担保契約が無効になる（あるいは詐害行為取消権や破産法上の否認権の対象ともなり得る）という可能性を示唆していることには、今後とも充分な配慮が必要である（近時の裁判例として、東京地判平成21・9・3判時2070号66頁など参照）。

(c) 本契約型と予約型の集合債権譲渡担保

集合債権譲渡担保判例のその後の展開において、最高裁は、債権譲渡担保契約時に債権を確定的に譲渡する「**本契約型**」と、予め譲渡の予約をしておく「**予約型**」の扱いに違いがあることを明らかにしている。

① 予約型　　まず、最判平成12・4・21（民集54巻4号1562頁＝民法判百Ⅰ〈第5版新法対応補正版〉98事件［角紀代恵］）は、事業会社が複数の取引先に対して将来取得する売掛代金債権の譲渡予約を用いた集合債権譲渡担保契約の効力と第三者からの差押可能性について、

「**債権譲渡の予約**にあっては、予約完結時において譲渡の目的となるべき債権を譲渡人が有する他の債権から識別することができる程度に特定されていれば足りる。そして、この理は、将来発生すべき債権が譲渡予約の目的とされている場合でも変わるものではない。本件予約において譲渡の目的となるべき債権は、債権者及び債務者が特定され、発生原因が特定の商品についての売買取引とされていることによって、他の債権から識別ができる程度に特定されて」おり、「本件予約によって担保される債権の額は将来増減するものであるが、予約完結の意思表示がされた時点で確定するものであるから、右債権の額が本件予約を締結した時点で確定していないからといって、本件予約の効力が左右されるものではない。」としてその有効性を承認した上で、「本件予約の締結に至る経緯に照らすと、YがAの窮状に乗じて本件予約を締結させ、抜け駆け的に自己の債権の保全を図ったなどということはできない。さらに、本件予約においては、AのYに対する債務の不履行等の事由が生じたときに、**Yが予約完結の意思表示をして、Aがその時に第三債務者であるXらに対して有する売掛代金債権を譲り受けることができるとするものであって**、右完結の意思表示がされるまでは、Aは、本件予約の目的となる債権を自ら取立てたり、これを処分したりすることができ、Aの債権者もこれを**差し押さえることができる**のであるから、本件予約が、Aの経営を過度に拘束し、あるいは他の債権者を不当に害するなどとはいえず、本件予約は、公序良俗に反するものではない」

と判断した。加えて、最判平成13・11・27（民集55巻6号1090頁＝民法判百Ⅰ〈第5版〉98事件［角紀代恵］、平成13年度重判民法9事件［石田剛］）は、

「民法467条の規定する指名債権譲渡についての債務者以外の第三者に対する対抗要件の制度は、債務者が債権譲渡により債権の帰属に変更が生じた事実を認識することを通じ、これが債務者によって第三者に表示され得るものであることを根幹として成立しているところ（最判昭和49・3・7民集28巻2号174頁参照）、**指名債権譲渡の予約につき確定日付のある証書により債務者に対する通知又はその承諾がされても**、債務者は、これによって予約完結権の行使により当該**債権の帰属が将来変更される**

可能性を了知するに止まり、当該債権の帰属に変更が生じた事実を認識するものではないから、上記予約の完結による債権譲渡の効力は、当該予約についてされた上記の**通知又は承諾をもって、第三者に対抗することはできない**と解すべきである」として、予約型の場合、債権譲渡の通知・承諾だけでは帰属の変更を第三者に対抗できないとした。予約型に似た停止条件型の場合も、破産手続開始決定などの停止条件が成就した段階で債権譲渡が生じたことになるため、支払停止後の譲渡と認定され「危機否認」の対象となる（破産162条1項1号参照。最判平成16・7・16民集58巻5号1744頁）。

② **本契約型**　これに対し、最判平成13・11・22（民集55巻6号1056頁＝民法判百Ⅰ〈第7版〉99事件［角紀代恵］）では、原審が、《将来債権の譲渡担保設定があったという通知だけでは、担保権者に債権が移転したことを通知したものと認めることはできず、債務者が同通知により債権の帰属に変動が生じたと認識することを期待することはできないから、かかる通知には、第三者対抗要件としての通知の効力を認めることはできない》としたのを覆して、

「甲が乙に対する金銭債務の担保として、発生原因となる取引の種類、発生期間等で特定される甲の丙に対する既に生じ、又は将来生ずべき債権を一括して乙に譲渡することとし、乙が丙に対し担保権実行として取立ての通知をするまでは、譲渡債権の取立てを甲に許諾し、甲が取り立てた金銭について乙への引渡しを要しないこととした甲、乙間の債権譲渡契約は、いわゆる集合債権を対象とした譲渡担保契約といわれるものの1つと解される。この場合は、**既に生じ、又は将来生ずべき債権は、甲から乙に確定的に譲渡されており、ただ、甲、乙間において、乙に帰属した債権の一部について、甲に取立権限を付与し、取り立てた金銭の乙への引渡しを要しないとの合意が付加されているものと解すべきである。**したがって、上記債権譲渡について第三者対抗要件を具備するためには、指名債権譲渡の対抗要件（民法467条2項）の方法によることができるのであり、その際に、丙に対し、甲に付与された取立権限の行使への協力を依頼したとしても、第三者対抗要件の効果を妨げるものではない」

と判断した。

こうなると、実務では、予約型より本契約型が債権譲渡担保契約の主流になり、このタイプに収斂するであろうことは容易に推察できよう。

こうして、多数の顧客に対する小口債権（たとえば医師の診療報酬債権、クレジット会社の金銭債権）など、債務者の営業活動から生じる様々な債権（多

くは将来債権を含む流動債権）を譲渡担保の目的とする集合債権譲渡担保の可能性が最高裁レベルでも承認されるに至った。もっとも、多くの債権の集合を「債権の束」として観念するとしても、被担保債権の多様な第三債務者の存在を考えると、動産の場合と同様に「1個の集合物」を観念する余地はなく（その必要もない）、結局は、それを構成する個々の債権が譲渡担保の目的であると解さざるを得ない（安永・423頁。これに対し、動産に関する集合物論と同様に「集合債権」という観念を認めようとする提案もあり、これについては堀龍兒「集合債権論」伊藤進先生古稀・担保制度の現代的展開［日本評論社、2006年］269頁参照）。

(d)　将来債権譲渡における債権の移転時期

最判平成19・2・15（民集61巻1号243頁＝平成19年度重判民法5事件［森田宏樹］）の原審判決（東京高判平成16・7・21）を契機として活発に議論されるようになったものに、将来債権の譲渡における債権の移転時期という問題がある。事案は、国がAの滞納していた国税のうち、Xの将来債権譲渡担保目的となっていた債権の発生前に、法定納期限等を徒過していた国税について、国税徴収法24条3項の規定に基づいて、譲渡担保権者たるXを第2次納税義務者とみなして第三債務者Cが行った供託における供託金還付請求権を差し押さえたために、Xが国を相手取って差押えの取消しを求めたものである。原審は、

「滞納者と譲渡担保権者が、既に発生した債権及び将来発生すべき債権を一括して譲渡担保の目的とするいわゆる集合債権譲渡担保契約を締結し、その旨を第三債務者に対し確定日付のある証書により通知して対抗要件を具備した場合であっても、**滞納者の滞納国税の法定納期限等が到来した後に発生した債権**については、当該債権の発生時に滞納者から譲渡担保権者に移転するものであるから、当該債権はその発生時に譲渡担保財産となったものと解すべきであ」り……「本件債権は、**本件国税の法定納期限等が到来した後に発生したもの**であって、本件国税の法定納期限等以前に譲渡担保財産となっていたものではないから、本件において、上告人が国税徴収法24条6項所定の証明をしたとはいえず、本件差押えに違法はない」

と判断した。これに対し、最高裁は、特段の理由を示すことなく、

「将来発生すべき債権を目的とする譲渡担保契約が締結された場合には、**債権譲渡

の効果の発生を留保する特段の付款のない限り、譲渡担保の目的とされた債権は譲渡担保契約によって譲渡担保設定者から譲渡担保権者に確定的に譲渡されているのであり、この場合において、譲渡担保の目的とされた債権が将来発生したときには、譲渡担保権者は、譲渡担保設定者の特段の行為を要することなく当然に、当該債権を担保の目的で取得することができるものである。そして、前記の場合において、譲渡担保契約に係る債権の譲渡については、指名債権譲渡の対抗要件（民法467条2項）の方法により第三者に対する対抗要件を具備することができるのである（最判13・11・22参照）。／以上のような**将来発生すべき債権に係る譲渡担保権者の法的地位**にかんがみれば、国税徴収法24条6項の解釈においては、国税の法定納期限等以前に、将来発生すべき債権を目的として、債権譲渡の効果の発生を留保する特段の付款のない譲渡担保契約が締結され、その債権譲渡につき第三者に対する対抗要件が具備されていた場合には、譲渡担保の目的とされた債権が国税の法定納期限等の到来後に発生したとしても、当該債権は「国税の法定納期限等以前に譲渡担保財産となっている」

とした。つまり、原審が将来債権の移転時期を当該債権の現実の**債権発生時**としたのに対して、最高裁は、**譲渡契約時**における財産的地位の帰属を考えたようである（同判決については、増田稔・ジュリ1340号（2007年）102頁＝同・曹時61巻1号119頁、特集「決着！　将来債権譲渡担保と国税債権の優劣」NBL854号［2007年］10頁以下、潮見佳男・NBL856号［2007年］11頁、古積健三郎・TKC速報判例解説民法（財産法）No.11）。同判決の結論は**目的債権の捉え方**によって左右されるもので、結果を導くにあたって債権移転時期についての判断は必須のものではないが、債権発生前は譲渡対象である債権が存在しないと考える「債権発生時説」に対し、「譲渡契約時説」では、たとえ債権の発生前であっても譲渡の客体としての「処分権を備えた将来債権」を法的に観念してその帰属先を変更する（譲渡担保権者に、当該債権が発生したときにはこれを当然に取得しうる法的権能を帰属させる）ことが可能であると考えているわけである（森田宏樹「譲渡の客体としての将来債権とは何か」金判1269号［2007年］1頁、同・平成19年度重判民法5事件も参照）。将来債権の譲渡担保では、特段の留保がない限り、債権発生の源泉部分から「根こそぎ」担保に取っているということになろうか。判決理由に言う「債権譲渡の効果の発生を留保する特段の付款」は、さしあたり、停止条件付き集合債権譲渡担保を含む予約型集合債権譲渡担保を指すことになろう（池田真朗・金法1812号

32頁、前掲森田・平成19年度重判75頁）。

　もっとも、国税の法定納期限等以前に債権譲渡登記や国税徴収法第15条第2項各号に掲げる書類によって債権譲渡の第三者対抗要件が具備されていない限りは、同法第24条第1項の適用は妨げられない（国税不服審判所裁決平成22・4・13裁決事例集79集671頁）。

(3) 対抗要件の具備
(a) 確定日付ある譲渡通知・承諾による包括的対抗要件

　一口に「集合債権」といっても、①特定の債権者・債務者間での継続的取引関係から発生する多数の債権を包括的に担保化する場面と、②多数の債務者に対する小口債権をひとまとめにして担保化する場面があるが、前者については、比較的容易に包括的対抗要件の具備が可能であるので問題は少ない。問題は、後者であり、将来発生する不特定多数の債権をも担保目的とするとなると、同時に、不特定多数の第三債務者に対する関係で如何にして対抗要件を備えればよいかが大きな課題となる。従来は、債権譲渡担保の実行時までは第三債務者に対する確定日付ある通知もしくは承諾が留保されている場合が多かったようであるが、基本的には、後述の譲渡特例法による債権譲渡登記ファイルへの登記によるか、さもなければ民法467条2項の指名債権譲渡の対抗要件によらざるをえない。民法による場合は、第三債務者への確定日付ある通知を、当事者・債権発生原因・期間を特定する形で行うことになる（譲渡通知をする際には、依然として譲渡人に受領権・取立権があることが付記されることが通常である）。前掲最判平成13・11・22は、債権譲渡契約時に将来債権についても譲渡の効力を生じさせる本契約型の集合債権譲渡担保の事案につき、譲渡契約時からの包括的な第三者対抗要件（事案では確定日付ある通知）の具備が可能であることを承認し、他方で、前掲最判平成13・11・27は、予約型、すなわち債権譲渡契約時には譲渡予約があるだけで、後からの予約完結権の行使によって初めて債権移転の効果が生ずるタイプの債権譲渡担保については第三者対抗要件の具備を否定するという判断を下した。

　これらの判例の集積によって、将来債権についても、債権譲渡契約時から第三者対抗要件具備が可能であることは明らかとなった。そうなると、少な

くとも本契約型では、一定の債権の集合について包括的な対抗要件具備によって個々の債権について権利移転の効力や対抗要件具備が肯定されるわけであるから、実質的には集合物論に類比した集合債権という「枠」が観念されているのと異ならない。

債権譲渡の対抗要件を備えた後に、被担保債権が弁済等によって消滅すれば、債権は設定者に復帰することとなるが、この復帰についても、対抗要件を備えていなければ、第三債務者及び第三者に対抗することはできないと考えられる。

(b) 動産・債権譲渡特例法との関係

不特定多数の債務者の小口債権をひとまとめにして担保化する局面で威力を発揮する対抗要件制度が、平成4（1992）年「特定債権法」、平成10（1998）年「債権譲渡特例法」以来進展をとげてきた「動産・債権譲渡特例法」（平成10（1998）年法104号、最終改正、平成19（2007）年法23号）である。同法は、債権譲渡登記を備えることが債権譲渡の第三者対抗要件となる（登記の日付が確定日付となる）ことを定めるが（同法2条）、この登記は、譲渡人・譲受人の共同申請で行われ、第三債務者の関与を要しない（同法3条）。それゆえ、第三債務者に知られることなく（信用不安の誘発を回避するためのサイレント方式）、譲渡担保権設定契約と同時に債権譲渡登記を行うことで、平時において、譲渡人・譲受人の合意だけで第三者対抗要件を具備することが可能となる（破産法164条の対抗要件の否認を回避できる）。譲渡人もしくは譲受人が「登記事項証明書」（特例法11条2項）を第三債務者に交付し「通知」をなし、または第三債務者が「承諾」することで、第三債務者に対しても対抗力を生ずる（同法4条2項）。民法468条2項の規定は、この通知があった場合に適用されるので、第三債務者は、通知を受けるまでに譲渡人に対して生じた事由をもって譲受人に対抗できる（同法4条3項）。

この仕組みは、今後クレジット業者のクレジット債権や、建物賃貸業者の賃料債権等の担保化にも活用されることになろう。但し、特例法の適用は、債権譲渡人が法人である場合に限られており（法人登記が基準となる）、譲渡人が法人でない場合の債権譲渡、法人であっても特例法を利用しない場合は、

従来通りの民法上の第三者対抗要件が利用される。それゆえ、他の債権者としては、債務者保有の債権が譲渡されているかどうかを確認するには、登記だけでなく、債務者に問い合わせるなどの必要を生ずる。債権譲渡の対抗要件を特例法のような登記制度に一元化することも立法論として考えられないではないが、なお課題は多い＊。

ちなみに、特例法には、「仮登記」の制度が用意されていないため、通知留保型・停止条件型・予約型の債権譲渡担保には同法を利用できない。それゆえ、登記面では譲渡の「本登記」をしておき、当事者間の特約で、一定事由が生じるまでは譲渡人が譲受人の代理人として取立てを行うことを合意し、第三債務者には通知を行わずに、支払停止等の危機時においてはじめて譲渡通知を行って譲受人が取立権を行使するという運用にならざるをえないが、その場合の担保としての効力に限界があることは既述の通りである。

なお、これまで、債務者の特定されない将来債権については、譲渡時から第三者対抗要件を備える手段はなかったが、実務の要請を受けて、債務者不特定の場合でも第三者対抗要件を具備することを可能にすべく、特例法の改正によって、将来債権についての登記に関しては債務者名が必要的記載事項からはずされた（特例法8条）。この改正は、債務者をインフォメーション・センターとして構築された従来型の債権譲渡対抗要件制度のあり方に大きな転換を迫るものである。

＊【金銭債権譲渡の対抗要件一元化】　民法（債権法）改正の動きとの関連で、債権法改正委員会案【3・1・4・04】、【3・1・4・07】（詳解・債権法改正の基本方針・［商事法務、2009年］288頁以下）、法務省「中間試案」第18-2(1)の甲案では、金銭債権譲渡の対抗要件を登記に一元化することが提案されていた。しかし、これに対しては、コスト面での問題や手続的バリアの高さから一般通常人の債権まで含めた対抗要件とすることが果たして適当か疑問があり、場合によっては登記制度完備が国民総背番号制につながる可能性もあるなど、慎重な対応が求められ、2015年3月に閣議決定された「要綱」では民法467条が維持されている。将来的には、法人企業の金銭債権に限って、登記優先主義を採用することも考えられる。

(4)　売渡型債権譲渡担保

売渡型の債権譲渡担保の場合、形式的には、当事者間に債権・債務関係が

残らない点に注意する必要がある。しかも譲渡債権についての回収不能のリスクを譲受人が引き受ける形になる点でも不安定要因を内包している。担保としては、狭義の譲渡担保の方が合理的であるから、譲渡担保か売渡担保かが判然としない場合には、原則として譲渡担保と推定されるべきであり、実際上の法律問題処理においても、譲渡担保についての考え方が準用されるべきである。売渡担保一般については、本章第3節1(1)参照。

＊【参考文献】 本文に掲げたもののほか、高木多喜男「集合債権譲渡担保の有効性と対抗要件（上・下）」NBL234号［1981年］8頁、235号23頁（同・金融取引の法理（第1巻）［成文堂、1996年］所収）、角紀代恵「集合債権の譲渡担保」争点Ⅰ188頁、同「流動債権譲渡担保をめぐる混迷」椿寿夫編・担保法理の現状と課題（別冊NBL31号）203頁、近江幸治「集合債権の譲渡担保」新争点155頁、椿寿夫・集合債権担保の研究［有斐閣、1989年］、堀龍兒「集合債権譲渡担保契約書作成上の留意点（上・下）」NBL201号［1980年］12頁、204号35頁、鎌田薫「債権を目的とする担保」磯村保ほか・民法トライアル教室［有斐閣、1999年］152頁、森田宏樹「事業の収益性に着目した資金調達モデルと動産・債権譲渡公示制度」金融法研究21号［2005年］86頁。

第4節　その他の権利帰属操作による非典型担保

1　仮登記担保（再論）

(1)　仮登記担保とは

　債権者と債務者の合意によって、債務者が本来負担していた債務（たとえば100万円の借金）の代わりに他の物（たとえば120万円相当の自動車）でもって債務を消滅させることを**代物弁済**という（482条参照）。そこで、貸金債権が弁済されない場合に備えて、代物弁済の予約や売買予約、あるいは債務不履行を停止条件とする代物弁済契約を予め結んでおき、債務の弁済が滞った場合に債務者の土地・建物等の財産の所有権を債権者に移転してしまうという形態の担保が考案された。これらは、譲渡担保が、予め所有権を移転してしまう形をとった上で、弁済がきちんとなされると目的物を返還する（受け戻させる）のに対し、弁済がない場合に所有権を移すことにして、そのような将来の所有権移転請求権を保全しておくために不動産について「仮登記」をしておくところから、**仮登記担保**とよばれる。かつて、金融界での「三種の神器」（抵当権設定・代物弁済予約の仮登記・併用賃借権の設定）の1つとして、さかんに利用された。代物弁済予約や売買予約という将来の所有権移転の法形式と仮登記の順位保全効を利用した不動産担保では、抵当権実行の面倒な競売手続を回避する目的があると同時に、かつての短期賃貸借や滌除といった制度に脅かされることを回避し、加えて、実行によって目的物を「丸取り」することで債権額以上の価値を取得できるといううま味もあったからである。しかし、そのような仮登記担保も、実質が担保である以上は、無条件での目的物の丸取りを認めることは適当でない。そこで、判例は、極端な場合はこれを公序良俗違反（暴利行為）として無効とし、無効にしないまでも、債権者に清算義務を課すことによって当事者間の公平をはかってきた。その集大成となるのが、最大判昭和49・10・23（民集28巻7号1473頁）である。長くなるが、主要な説示を再掲しよう。

「債権者が、金銭債権の満足を確保するために、債務者との間にその所有の不動産につき、代物弁済の予約、停止条件付代物弁済契約又は売買予約により、債務の不履行があったときは債権者において右不動産の所有権を取得して自己の債権の満足をはかることができる旨を約し、かつ、停止条件付所有権移転又は所有権移転請求権保全の仮登記をするという法手段がとられる場合においては、かかる契約（以下仮登記担保契約という。）を締結する趣旨は、債権者が目的不動産の所有権を取得すること自体にあるのではなく、当該不動産の有する金銭的価値に着目し、その価値の実現によって自己の債権の排他的満足を得ることにあり、**目的不動産の所有権の取得は、かかる金銭的価値の実現の手段にすぎない**と考えられる。したがって、このような仮登記担保契約に基づく法律関係……の性質及び内容については、右契約締結の趣旨に照らして当事者の意思を合理的に解釈し、かつ、関連法律制度全般との調和を考慮しながらこれを決定しなければならない。／この見地に立って考えると、仮登記担保関係における権利……の内容は、当事者が別段の意思を表示し、かつ、それが諸般の事情に照らして合理的と認められる特別の場合を除いては、仮登記担保契約のとる形式のいかんを問わず、債務者に履行遅滞があった場合に権利者が予約完結の意思を表示し、又は停止条件が成就したときは、権利者において目的不動産を処分する権能を取得し、これに基づいて、当該不動産を適正に評価された価額で確定的に自己の所有に帰せしめること（特段の事情のないかぎり、この方法［帰属清算型］が原則的な形態であると解される。）又は相当の価格で第三者に売却等をすることによって、これを換価処分し、その評価額又は売却代金等……から自己の債権の弁済を得ること［処分清算型］にあると解するのが、相当である。……右不動産の換価額が債権者の債権額（換価に要した相当費用額を含む。）を超えるときは、仮登記担保権者は、右超過額を保有すべきいわれはないから、これを**清算金**として債務者に交付すべきであり、その清算金の支払時期は、換価処分の時、即ち、(イ)適正評価額による所有権取得の方法によるいわゆる**帰属清算**の場合には、仮登記担保権者が目的不動産の評価清算によりその所有権を自己に帰属させる時（この場合債務者は、清算金の支払があるまで本登記手続義務の履行を拒みうるものと解すべきである。）、(ロ)第三者に対する売却等によるいわゆる**処分清算**の場合には、その処分の時であると解するのが、相当である。そして、清算金の支払時期である右換価処分の時に仮登記担保権者の債権は満足を得たこととなり、これに伴って仮登記担保関係も消滅するものというべく、その反面、債務者は、右時期までは債務の全額（換価に要した相当費用額を含む。）を弁済して仮登記担保権を消滅させ、その目的不動産の完全な所有権を回復することができるが、右の弁済をしないまま債権者が換価処分をしたときは、確定的に自己の所有権を失い、その後は仮登記担保権者に対して前述の清算金債権を有するのみとなるものと解すべきである。」

同判決は、判例法による新たな担保物権の創造ともいえるものであった。

しかし、判例法理はなお不安定であったため、昭和53 (1978) 年に「仮登記担保契約に関する法律（**仮登記担保法**）」（昭和53年法78号）を制定することによって、立法的にこれを規律することとした。同法は、仮登記担保を抵当権に近づける方向での規制を施すもので、結果的に、仮登記担保が抵当権に対して持っていたうま味を減殺してしまい、その後の利用は著しく減少したといわれる。しかし、権利移転型の変則的担保に対する規律として、1つのモデルを提供しており、その考え方は、譲渡担保に関する判例にとって一定の処理指針を示している点で今日なお重要である。

(2) 仮登記担保法の概要

以下、同法の概要を説明しておこう。

(a) 仮登記担保契約の意義

仮登記担保法1条によれば、「金銭債権を担保するため、その不履行があるときは債権者に債務者又は第三者［＝担保権設定者］に属する所有権その他の権利の移転等をすることを目的としてされた代物弁済の予約、停止条件付代物弁済契約その他の契約で、その契約による権利について仮登記又は仮登録のできるもの」を仮登記担保契約という。**仮登記や登録可能なものでなければならないので**、不動産所有権が中心になるが、不動産の地上権・賃借権のほか、特別法上の立木所有権・特許権・船舶や航空機の所有権などもその対象となりうる。仮登記担保は、それだけで独立に存在することも可能であるが（独立的仮登記担保）、同一不動産上に同じ債権を担保するための抵当権と並んで設定される場合も少なくない（併存的仮登記担保）といわれる。

(b) 設定方法

仮登記担保は、債権者と仮登記担保の目的物所有者（債務者か第三者かは問わない）が締結する**担保目的での仮登記担保契約**によって設定される。債権者が**仮登記担保権者**、目的物所有者が**仮登記担保設定者**と呼ばれる。一般に、仮登記・仮登録そのものには順位保全効しかなく、対抗力が認められていないが、仮登記担保権に関しては、仮登記・仮登録そのものによって抵当

権設定登記が行われたものとみなされ、第三者に対しても対抗することができ、強制競売等における優先弁済権が認められる（同法13条）。あくまで、担保目的であることが要件であり、たとえば、本来の意味での売買予約など、担保目的でないときは、仮登記担保契約は成立しない。

(c) 効力

① 優先弁済効　効力の中心は、弁済がなされない場合に、目的不動産等の所有権を取得するか、もしくは優先弁済を受けることである。被担保債権の不履行によって、仮登記担保権者は、担保実行の**通知**等（予約完結の意思表示など）の所定の手続きに従い、仮登記担保目的物の所有権を取得し、その価額と被担保債権額との差額を「**清算金**」として設定者に支払わなければならない（同法2条、3条）。なお、債権額の範囲については抵当権の場合（民法375条）のような、利息・損害金の範囲についての制限はないが、強制競売等の場合には満期となった最後の2年分に限定される（仮登記担保法13条2項）。

　注意を要するのは、通知の到達後2か月を経過して、はじめて目的物の所有権移転の効果が発生する点である（同法2条）。この期間は「**清算期間**」と呼ばれ、この期間内であれば、債務者はまだ弁済によって目的物を取り戻すことができ、後順位債権者にとってみれば、自分の権利を守るための法的手段をとることができる。逆にいえば、清算期間の終了によって、代物弁済の効果として目的物所有権が移転し、被担保債権が消滅する。また、担保権者の清算金支払義務が発生する。債権者には、清算金がいかに少額であっても支払義務があり、清算不要の特約でこれを排除しようとしても無効である（同法3条3項）。清算金支払いと、登記を本登記にして目的物を引き渡す義務とは同時履行の関係に立つ（同法3条2項）。清算すべき金額がなく、債権がなお評価額を超える場合は、差し引かれた残額は無担保債権として残ることになる（その意味では、厳密な代物弁済とは異なり担保的性格が表に出ている）。見積額が被担保債権額を下回る場合には、見積額の限度でのみ債権が消滅する（同法9条）。目的物の見積額や清算金については、担保権設定者（債務者等）が争うことは可能で、清算期間経過後の清算金請求権は、担保権者の提

示額ではなく、客観的に判断された不動産価額と債権の差額として発生する（争いがなければ提示額で確定する）。

なお、仮登記担保権者には自ら競売を申し立てる権利がない。抵当権と違い、裁判所の手続きを経ない私的実行手続として構築されているのである。但し、仮登記担保権の目的物について他の債権者によって担保権実行や強制執行・競売手続が開始された場合は（担保としての実質に鑑みて）、仮登記担保権者は、仮登記の順位で設定された**抵当権とみなされ**、その順位で、他の債権者に優先して弁済を受けることができる（同法13条）。このときは、抵当権と同様に扱われるのであるから、被担保債権の範囲も利息や損害金が２年分に縮減されること（同法13条２項、３項）、前述の通りである。

② 受戻権　上述の清算金が支払われるまで、設定者は、被担保債権額に相当する金銭を仮登記担保権者に提供して目的物の所有権を受け戻すことができる（同法11条本文）。この**受戻権**は形成権である。但し、清算期間が経過した時点から５年を経過したとき、または別の第三者が所有権を取得したときは、受戻権は消滅する（同法11条但書）。これらの規定は、**譲渡担保の受戻権**を考える場合にも、モデルとなるものである。ただ、譲渡担保の場合は、被担保債権の弁済によって譲渡担保権設定者が回復した所有権に基づいて返還請求できるため、所有権に基づく物権的請求権（返還請求権）と理解されており、形成権としての受戻権といった説明をする必要がないというのが判例の立場である（最判昭和57・1・22民集36巻1号92頁参照）。

(d) 実行手続における他の債権者との関係

以上が基本的な手続きであるが、目的不動産に他の抵当権者がいる場合には、やや問題がある。

① 先順位抵当権者との関係　先順位抵当権者Ａがいる場合の仮登記担保の実行は、形式的にせよ所有権移転を意味するため、Ａの抵当権が付着したまま仮登記担保権者が目的不動産を手に入れることになり、負担付きの不動産の譲渡を受けた第三取得者として、いわば物上保証人的地位に置かれる。したがって、不動産価格を評価する場合も、この先順位抵当権の債権額を控除して評価した上で、清算金を計算することになる。

② 後順位抵当権者との関係　後順位抵当権者Bがいる場合はどうか。仮登記担保権者が債務者に支払うべき清算金がある場合、それがBへの弁済に充てられるべきこととなる。そこで、清算金を不動産担保価値の変形物と考えて、後順位抵当権者による物上代位の考え方を用い、Bが清算金支払前にこの請求権を差し押さえた上で、そこから配当を受け取ることができる（仮登記担保法4条1項）。後順位の仮登記担保権者がいる場合も同様である（同法4条2項）。

更に、かかる後順位担保権者を私的実行の中で保護するための手当として、仮登記担保法は、いくつかの特別な規定を用意している。

第1に、仮登記担保権者は、私的実行に入った場合は、その旨の通知を後順位の担保権者に対して行わねばならない（同法5条1項）。これにより、後順位担保権者は清算金の有無や額を知ることができ、特に異存がなければ物上代位の前提となる差押えをすることができる。清算期間の2か月という期間はこれを可能にするための期間といってもよい。この期間中は、仮登記担保権者が一方的に清算金を支払っても、後順位担保権者に対抗できないからである（同法6条2項）。もっとも、仮登記担保権者としては、清算金をめぐる後順位担保権者間の争いに巻き込まれるのを避けるために、差押えを受けた場合は供託をすることができるから（同法7条）、そうなると、後順位担保権者は供託金還付請求権に物上代位していくことになる。

第2に、仮登記担保権者から通知のあった清算金見積額に不満のある後順位担保権者は、自ら、清算期間内に競売の申立てをすることができる（同法12条参照）。この場合には、後順位抵当権者の被担保債権の弁済期が到来していなくてもよく（この点で同法12条に積極的な意味がある）、これによって、仮登記担保権者は、もはや私的実行ができなくなり、競売手続の中で債権回収を図るほかない。この競売申立てがいつまで可能かは問題であるが、かつて最高裁（最大判昭和49・10・23民集28巻7号1473頁）は、後順位抵当権者との関係では、先着手主義をとって、仮登記担保権者が先に私的実行に着手していれば後順位抵当権者の競売を排除できるとしていたが、仮登記担保法は、私的実行が始まっても現実に清算金が支払われるまで（清算金ゼロの場合にも清算期間満了時まで）は、後順位担保権者や一般債権者による競売申立て

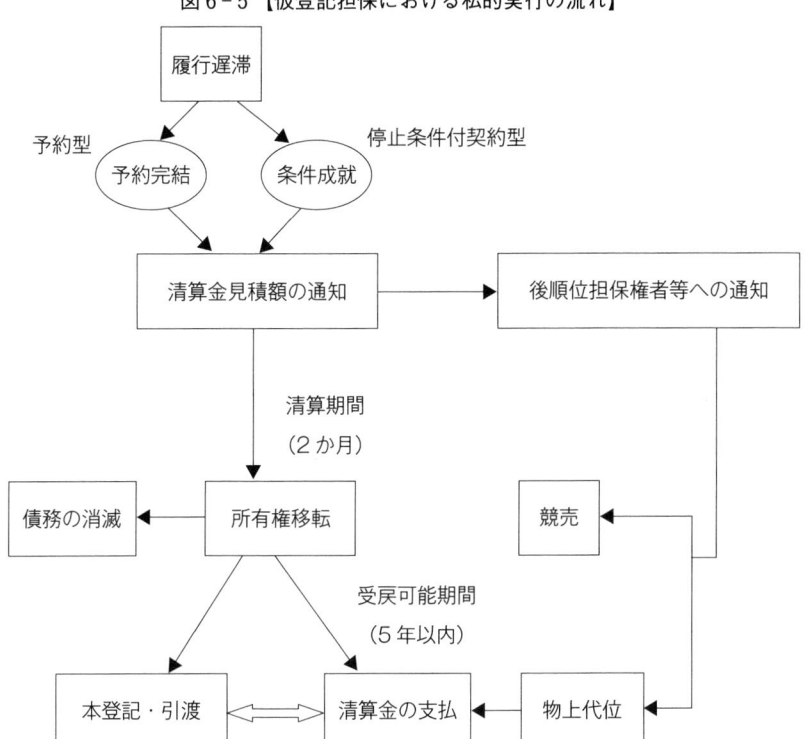

図6-5【仮登記担保における私的実行の流れ】

```
                        履行遅滞
                       ／      ＼
         予約型    予約完結    条件成就    停止条件付契約型
                       ＼      ／
                    清算金見積額の通知 ────→ 後順位担保権者等への通知
                          │
                       清算期間
                       （2か月）
                          ↓
     債務の消滅 ←──── 所有権移転                     競売
                       ／    ＼                      ↑
                 受戻可能期間（5年以内）
                     ↓        ↓
                本登記・引渡 ⇔ 清算金の支払 ←── 物上代位
                       同時履行
```

を認めることとした（同法15条。ここでは12条の場合と異なり、弁済期到来の要件が必要とされている）。その結果、債権者にとって私的実行を貫徹することが困難となっており、仮登記担保のもつうま味が減殺されている。

(e) 目的物の使用収益との関係

　仮登記担保が実行された場合、目的物の使用・収益関係（法定地上権や賃借権など）はどうなるか。法定地上権は若干修正された形で（地上権でなく法定借地権として）、その存続が認められる（仮登記担保法10条）。建物については賃借権も認められていないが、これは仮登記担保権者が予め停止条件付きの借地契約をしておくことが可能と考えられたためである。

短期賃貸借については民法旧395条が準用されなかったばかりか、判例も類推適用を否定していた(最判昭和56・7・17民集35巻5号950頁)。従来、短期賃貸借が濫用的に利用されることが多かったことに配慮したものである。平成15 (2003) 年改正後の395条の類推適用は改めて問題になり得るが、平成15年改正に際して仮登記担保法がとくに修正されなかったことを勘案すると、基本的にこれまでの扱いを維持するのが穏当である。

(f) 根仮登記担保

根抵当権の仮登記担保版とでもいうべき、「根仮登記担保」も考えられるところではあるが、立法者の評価は消極的で、競売が行われる場合は効力を有しない(つまり優先弁済権がない)と定めた(同法14条)。私的実行の限りでは有効であるが、競売申立てがいつあるか判然としない状態では、かなり不安定で、根担保としてはあまり使えまい。

* 【参考文献】 法務省民事局参事官室・仮登記担保法と実務(金融財政事情研究会、1979年)、吉野衛「仮登記担保法 (77ビジネスローの展望)」NBL127号[1977年]4頁、米倉明ほか「(特集)仮登記担保法の内容と銀行実務の要点」銀行実務8巻8号、「(特集)仮登記担保法の諸問題」ジュリ675号[1978年]、鈴木・247頁以下、道垣内・263頁以下。

2 所有権留保

(1) 意義

所有権留保とは、代金の全部または一部後払いの売買において、売買代金債権を担保するために、売買目的物を引渡すにもかかわらず、その所有権を買主に移転せず、代金完済まで売主に留保する旨の特約(所有権留保特約)を付しておくというものである(所有権留保の特約によって目的物所有権の移転時期が変わってくることについては、最判昭和38・5・31民集17巻4号588頁)。家電製品や車の売買のように売買代金完済前に目的物を引き渡す動産割賦販売では、このような特約が付されることが多い。もっとも、目的物は個別動産に限られず、不動産についても可能であり*、継続的供給契約から生ずる債権について商品全部を目的とする流動動産所有権留保も考えられる。ちな

みに、**割賦販売法**には、当事者間で明示の特約がない場合でも、指定商品に付き所有権留保がなされたことを推定する規定がある（割賦販売7条）＊。

　動産売買の売掛代金債権に関しては、法定担保である先取特権による優先弁済権が売主に認められているが（ただし、優先順位に絶対性がなく〔330条1項〕、目的物が第三取得者に引き渡されると行使できなくなり〔333条〕、転売代金に物上代位できるとしても現実に代金支払いの前に差し押さえることは不可能に近く〔304条1項但書〕、実行は動産競売の方法による必要がある〔民執190条〕などの制約がある）、特約で所有権留保を併用することによって、私的実行による債権回収が可能となり、第三者に対しても目的物返還を求めることができるようになる等のメリットがある。

　債権者が目的物の所有権を担保のために保有する点で、機能的には、譲渡担保と共通する面があるものの、債権者が担保目的で契約時に目的物所有権を自己に「移転させる」のでなく、既に有している所有権を担保目的で買主に渡さないで「留保する」ところに違いがある。それゆえ、理屈の上からは、物権変動の対抗要件は観念しがたく（動産譲渡登記制度も利用できない）、しばしば留保所有権の公示は不完全なものとなりがちである（不動産や自動車などの登記・登録、立木の明認方法などがある場合は、これによって公示されていることになる）。所有権留保特約の付された売買を**所有権留保売買**といい、売主を所有権留保売主、買主を留保買主などと呼ぶ。その性質をめぐっては、留保所有権が、本来の所有権が売主のところに留まっているだけのものと考えるのか（所有権的構成）、担保的性格のものであることを強調するか（担保的構成）によって、譲渡担保の場合と同様の議論がある。ただ、被担保債権とされる売買代金債権と目的物とは、いちおう**対価的牽連性**をもっているわけであるから、譲渡担保の場合と比べて「清算金」が発生する可能性は小さく、しかも、買主の使用によって目的物評価額が減価することを考えると、清算金支払義務の発生の仕方や内容は、相当に異なってこよう（東京地判昭和53・1・27判時909号73頁は清算金支払義務なしとしている）＊。

　　＊【**宅建業法43条における所有権留保等の禁止**】　本文と異なり、宅建業法43条は、宅地建物取引業者が自ら売主として宅地・建物の割賦販売を行った場合には、当該割賦販売にかかる宅地・建物を買主に引き渡すまで（または、代金の30％をこえ

る額の金銭の支払いを受けるまで)に、登記その他引渡し以外の売主の義務を履行すべき旨を定め、原則として、所有権を留保したり、譲渡担保を受けることを禁じている。担保の必要があるときは、移転登記を済ませた上で、抵当権設定もしくは不動産売買先取特権の登記を申請するか、人的保証によるべきものとされている。買主保護のために、業者の財産権移転義務を厳格に要求しているわけである。

　＊【割賦販売における信用供与】　割賦販売における信用供与は、自社割賦として売主自身が売買代金の支払いを猶予するタイプの「**狭義の割賦販売**」のほかに、第三者与信機関（クレジット会社）が信用供与者となる「**割賦購入斡旋**」（個別の商品ごとに与信する個品割賦購入斡旋と、様々な商品の代金について与信することが予定された総合割賦購入斡旋がある）、買主が売主と提携関係にある金融機関から購入代金を借り受ける形をとった「**ローン提携販売**」などの形態がある。割賦販売法7条が所有権留保の推定規定を定めているのは、売主・買主の2者間での狭義の割賦販売についてのみである。割賦購入斡旋では、もっぱら約款によって、立替払いをなすことによって販売業者から信販会社等に所有権移転を生じ、立替金の完済まで信販会社に所有権が留保される。他方、ローン提携販売の場合は、金融機関からの融資が、法形式上は売買契約と別個独立のものとされているため、金融機関が所有権留保をするのではなく、むしろ、提携している販売業者との保証契約によって担保を得ることが多い。資金調達能力に限界のある動産販売業者の実務では、与信業務や債権回収業務のノウ・ハウや資金力を持ったクレジット会社や金融機関が取引に参入して、**複合的取引形態**をとる場合が圧倒的に多い（たとえば、自動車販売につき、小峯勝美「クレジット取引と所有権留保(1)」NBL430号［1987年］20頁以下、より一般的には、千葉恵美子「複合取引と所有権留保」新争点153頁以下など参照）。

　＊【各種の所有権留保】　ここでは専ら代金債権が完済されるまで目的物所有権を売主に留めておくという単純な所有権留保を念頭におくが、そのほかにも、売主の留保所有権が買主による目的物の加工や譲渡によって生じる他の対象物にまで及ぶとする「延長された所有権留保」や、代金債権とは切り離された他の取引関係から生じた複数債権を留保所有権が担保する「交互計算留保」などの「拡大された所有権留保」なども問題となり得る。当事者の意思として、一旦は所有権が移転した目的物を再度譲渡担保を設定して代金債権とは独立した担保として利用しようとしているとすれば、虚偽表示や仮登記担保法の潜脱という問題が生じよう（石田穣・766頁以下など）。もっとも、被担保債権が目的物の売買代金債権である場合に限っていえば、「単なる所有権留保」と「譲渡担保としての所有権留保」を区別して論ずる実益は乏しいように思われる。ちなみに、動産の**ファイナンス・リース**も、その実質においては、ユーザーが販売店から目的物を購入する代金相当額をリース会社が立て替えて融資し、求償債権たるリース料の支払いが終わるまで、残リース料債権の担保として目的物所有権をリース会社が保有している関係と考えれば、権利留保型の担保と見ることができる。

(2) 効果

(a) 所有権留保売主・買主の法的地位

　被担保債権である代金債権が完済されるまで、所有権留保売主は、留保買主の他の債権者に対して、売買目的物の所有権を主張することができる。このことは、とくに第三者との関係で重要な意味を有する。所有権留保がついている場合の、対外的関係は、基本的に譲渡担保の場合のアナロジーで考えることができる。そこで、実質的には、所有権は売主に残っているが、それは本来の意味での所有権ではなく、**担保的内容に縮減された所有権**に過ぎず、買主にも、単に代金完済による所有権取得という条件付権利が付与されているだけでなく、将来完全な所有権を手に入れるという**物権的期待権**が分属しているものと説明される（鈴木・405頁は「債権的権利」と考えれば足りるというが、対第三者効を引き出すには、物権的であることが必要になろう）。

　しかし、法形式としては留保所有者がなお「所有権者」である点を前提とすると、たとえば、留保買主の他の債権者が目的物を差し押さえて強制執行に及んだ場合、留保売主は、所有権に基づいて**第三者異議の訴え**（民執38条）を提起し、これを排除することができることになる（最判昭和49・7・18民集28巻5号743頁）。同様に、留保買主が倒産した場合には、**取戻権・別除権**（破産62条、民事再生52条、会社更生64条）が認められよう。ただ、そのためには留保所有権について一定の対抗要件の具備が求められ、たとえば自動車販売会社に対して立替払いをしたクレジット会社が、未だ登録名義を得ていないときに、買主について再生手続が開始したような場合は、留保所有権を別除権として行使することは許されないとする判例がある（最判平成22・6・4民集64巻4号1107頁＝平成22年度重判民訴9事件［上江洲純子］、民事判例Ⅱ〈2010年後期〉142頁［荒木新五］、小林明彦・金法1910号［2010年］11頁など参照）。販売会社・購入者・クレジット会社の三者間契約によって留保所有権の移転が合意され（立替払いによる弁済者代位により求償権を担保すべく販売会社の保有する留保所有権が当然に移転するとも考えられようか）、販売会社において対抗要件を具備している以上、信販会社が自ら対抗要件を具備することを要しないとも考えられそうであるが（原審の立場である。福永有利編著・新種・特殊契約と倒産法［商事法務、1988年］42頁以下［千葉恵美子］も同

旨）、最高裁は、

「個別の権利行使が禁止される一般債権者と再生手続によらないで別除権を行使することができる債権者との衡平を図るなどの趣旨から、原則として再生手続開始の時点で当該特定の担保権につき登記、登録等を具備している必要があ」り（民事再生45条参照）、「自動車につき、再生手続開始の時点で被上告人［クレジット会社］を所有者とする登録がされていない限り、販売会社を所有者とする登録がされていても、被上告人が、本件立替金等債権を担保するために本件三者契約に基づき留保した所有権を別除権として行使することは許されない」

とした。信販会社の留保所有権による別除権を認めつつ、登記・登録制度を有する目的物に関しては、それが売主から承継されたものというよりも合意によって創設されたものであることを前提に（柚木＝高木編・新版注釈民法(9) 911頁［安永正昭］）、新たな対抗要件の具備を求めたわけである（あるいは最高裁が対抗要件と明示していないことからすると民事再生手続において他の一般債権者に優先するための保護資格要件たる公示手段を備えることを求めたものと解するのが無難かもしれない）。なお、被担保債権の内容如何では、担保権者が法定代位を正面から主張した場合の結論については、なおオープンな状態と考えるべきであろう。いずれにしても、当該自動車の登録における所有者欄が「販売会社」となっているとすると、信販会社・販売会社の協力なしには名義変更ができないため、一定の和解的解決で対処する局面も少なくあるまい（野村剛司ほか・破産管財実践マニュアル［青林書院、2009年］99頁参照）。

　他方で、留保買主は、物権的期待権を持って目的物を占有・利用することはできるが、いまだ完全な所有権を取得してはいないため、目的物を第三者に有効に譲渡・質入れ等することはできない（留保買主が代金完済の見込みもないまま目的物を転売することは横領罪を構成するとされている［最決昭和55・7・15判時972号129頁］）。ただし、**売買目的物が動産である場合**は、留保買主が目的物をオープン・マーケットで第三者に譲渡した場合、譲受人には、目的物を即時取得（192条）する可能性がある。これらは、所有権的構成からの帰結である（最判昭和42・4・27判時492号55頁）。仮に、ここで担保的構成を貫くとすれば、公示を備えていても、留保買主の一般債権者による強制執行には留保売主に優先弁済請求のみが認められ（民執133条類推適用により配当要求ができるのみ）、目的物譲受人は所有権留保という負担付きの所有権

を取得するということになろう。

なお、留保売主は、対外的に「所有者としての義務」を負担すべき場合もある。たとえば、Yのオート・ローンで自動車を購入したAが立替金債務の支払未完済の間に、自動車をXの駐車場に放置していたため、留保所有権者たるYが自動車の撤去を求められた事案で、最判平成21・3・10（民集63巻3号385頁＝平成21年度重判民法5事件［安永正昭］、藤澤治奈・NBL909号9頁、田髙寛貴・判タ1305号48頁など）は、

> 「本件立替払契約によれば、Yが本件車両の代金を立替払することによって取得する本件車両の所有権は、本件立替金債務が完済されるまで同債務の担保としてYに留保されているところ、Yは、Aが本件立替金債務について期限の利益を喪失しない限り、本件車両を占有、使用する権原を有しないが、Aが期限の利益を喪失して残債務全額の弁済期が経過したときは、Aから本件車両の引渡しを受け、これを売却してその代金を残債務の弁済に充当することができることになる。／動産の購入代金を立替払する者が立替金債務が完済されるまで同債務の担保として当該動産の所有権を留保する場合において、所有権を留保した者……の有する権原が、期限の利益喪失による残債務全額の弁済期……の到来の前後で上記のように異なるときは、留保所有権者は、残債務弁済期が到来するまでは、当該動産が第三者の土地上に存在して第三者の土地所有権の行使を妨害しているとしても、特段の事情がない限り、当該動産の撤去義務や不法行為責任を負うことはないが、**残債務弁済期が経過した後は、留保所有権が担保権の性質を有するからといって上記撤去義務や不法行為責任を免れることはないと解するのが相当である**。なぜなら、上記のような留保所有権者が有する留保所有権は、原則として、残債務弁済期が到来するまでは、当該動産の**交換価値を把握する**にとどまるが、残債務弁済期の経過後は、当該動産を**占有し、処分することができる権能**を有するものと解されるからである。もっとも、残債務弁済期の経過後であっても、留保所有権者は、原則として、当該動産が第三者の土地所有権の行使を妨害している事実を知らなければ不法行為責任を問われることはなく、上記妨害の事実を告げられるなどしてこれを知ったときに不法行為責任を負うと解するのが相当である」

として、単なる担保であることを前提にXの請求を退けた原審判断を覆し、破棄・差戻しとした。判例の立場からすると、留保所有権者は、（立替払契約の約定にもよるが）残債務弁済期経過後は「占有・処分権」を有する所有者としての地位を認められ、これに伴う対外的義務も引き受けねばならないこととなるわけである。一定の法形式を採用した以上、これに伴う責任から

完全に免れることはできないというべきであろう。目的物の危険負担についても、単なる担保目的物の滅失というにとどまらず、一定の場面からは、危険の移転を問題とする余地がありそうである。

(b) 流通過程の所有権留保

所有権留保付きで売買された目的物が、もともと転売予定のものであったような場合には、必ずしも、上述のような議論が妥当しない。たとえば、自動車ディーラーＸからサブディーラーＡに所有権留保付きで売り渡された自動車が、ＡからユーザーＹに販売されたような場合に、Ｙが代金を全額支払ったにもかかわらず、ＡがＸに対する代金未払いのまま倒産したという場面を想定されたい。このとき、法形式上はＸのところに所有権が留保された状態のままで、登録名義の書き換えもなされていないとすると、Ｙとしては自己の所有権をＸに対抗できない結果（登録自動車について即時取得はない［最判昭和62・4・24判時1243号24頁］）、ＹはＸの引渡請求に応じなければならないことになりそうである。しかし、自動車の流通過程においてディーラーとサブディーラーが一定の協力関係にあることを考えれば、サブディーラーの代金不払いリスクを、代金全額の支払いを済ませた顧客側が負うことは、やはり適切とは思われない。この問題について、最判昭和50・2・28（民集29巻2号193頁［＝民法判百Ⅰ〈第6版〉100事件（千葉恵美子)]）は、

「Ｘは、ディーラーとして、サブディーラーであるＡが本件自動車をユーザーであるＹに販売するについては、前述のとおりその売買契約の履行に協力しておきながら、その後Ａとの間で締結した本件自動車の所有権留保特約付売買について代金の完済を受けないからといって、すでに代金を完済して自動車の引渡を受けたＹに対し、留保された所有権に基づいてその引渡しを求めるものであり、右引渡請求は、本来ＸにおいてサブディーラーであるＡに対してみずから負担すべき代金回収不能の危険をユーザーであるＹに転嫁しようとするものであり、自己の利益のために代金を完済したＹに不測の損害を被らせるものであって、権利の濫用として許されない」

と述べ、①ディーラーによるサブディーラーに対する転売の容認ないし両者の協力関係、②顧客の代金完済を前提に、権利濫用ないし信義則違反を理由に、目的自動車の引渡請求を認めないとの判断を下し、その後も、③ＸＡ間

図6-6

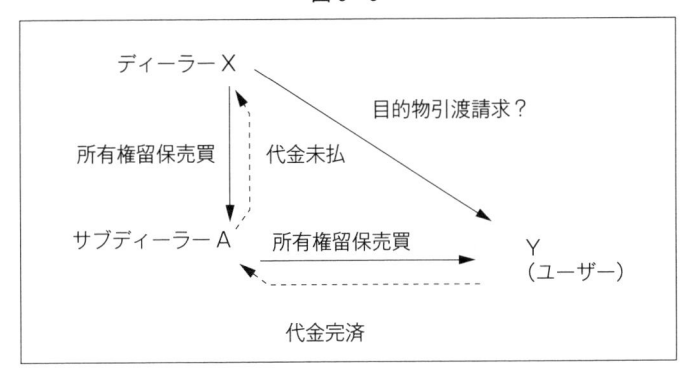

```
ディーラーX
    │↑         目的物引渡請求？
所有権留保売買 代金未払
    ↓│
サブディーラーA ──所有権留保売買──→ Y
              ← ─ ─ ─ ─ ─ ─ ─      （ユーザー）
                代金完済
```

の所有権留保特約についてのYの不知等の事情があることを考慮事由に加えつつ、かかる判断が踏襲されている（最判昭和52・3・31金法835号33頁、最判昭和56・7・14判時1018号77頁、最判昭和57・12・17判時1070号26頁など）。

とはいえ、権利濫用としただけでは、まだ顧客への所有権移転を正当化するまでには至らない。もともと、ディーラーからサブディーラーに対して一定の転売授権がなされていること、多くの場合サブディーラーはディーラーの代理店もしくはそれに準ずる立場にあることを考えれば、このような流通過程での顧客が直截に所有権を取得できると解すべきであり、XA間の所有権留保特約についてのYの知・不知を問いつつ権利濫用の成否を問題とするまでもないように思われる。少なくとも、流通過程に置かれることを予定した商品については、それが通常の営業の範囲内で転売され、当該代金が顧客によって完済された場合には、顧客に対する所有権留保主からの引渡請求は制限されるべきで、そこでは、有効な**転売授権**がサブディーラーに与えられ、転得者・顧客の代金完済によって有効な所有権移転も完了した（ディーラーの留保所有権に基づく追及効はそこで消滅する）と考えるのが適当である。これにより、顧客は、ディーラーから登録名義の移転を請求・取得できることになる（米倉明「流通過程における所有権留保再論」法学協会百周年記念論文集(3)［有斐閣、1983年］339頁、安永正昭「所有権留保における担保的機能の限界」金法1033号6頁［1983年］、手塚宣夫「所有権留保の追及力」争点Ⅰ184頁など参照）。転得者Yが代金未完済の場合に限り、サブディーラーの先取特権

あるいは留保所有権を代位行使するなどして、ディーラーの優先弁済権を認めるのが適当であろう。かりに判例の立場を前提としても、所有権留保特約についてのYの知・不知は問題とすべきではあるまい。

(3) 実行

代金債権の不履行に対して、留保売主は、債務不履行を理由に売買契約を**解除**して、留保買主に対して売買目的物の引渡しを求めるものとされている（もっとも、「担保の実行」に過ぎないとすると契約を解除する必要があるかは疑問で［道垣内・361頁以下参照］、そのままでも実行できそうな気もするが、実際問題として売主としての種々の債務を消滅させる必要があるため、実務では解除を行っているようである）。このことは、実質的には「所有権留保」という担保権の私的実行を意味するから、留保売主は、留保買主に対し、目的物評価価額と被担保債権との差額を「清算金」として支払わなければならない（もっとも、使用による減価の著しい動産では清算義務を生じない場合も少なくない）。

たとえば、顧客Bが、販売店Aから200万円の自動車を10回払いの割賦購入により所有権留保付きで手に入れ、引渡しを受けた場合、5回くらいまで代金を払った後に賦払金の弁済が滞って期限の利益を喪失した場合、Aは留保所有権に基づき、Bから車を引き揚げて売却処分することで、残代金分の債権を回収することになる。しかし、中古車としての評価額がたとえば120万円であるとすると、すでに100万円（5回分）の支払いを受けていたのであるから、差額の20万円（マイナス損害賠償額）は清算のためにBに返還する必要があり、以上の点では、譲渡担保における清算義務と同じ問題が生じる。

担保権の実行は、清算金の支払いと同時履行の関係に立つ。しかも、「引き揚げる」といっても、引き揚げに際しては仮処分のような法的手段による必要があり、勝手に実力で持ち帰るようなことはできないというべきである（所有権に基づく返還請求でも、自力救済は原則として禁じられており、勝手に持ち帰ると、不法行為になる場合もあろう）。

前述のように、所有権留保は、不動産についても利用できる。この場合は、売主のところに登記が留保されているために、買主が債務不履行に陥れば、

売買契約を解除するという方法で権利を行使するほかない。解除によって、売買当事者は原状回復義務を負うため、売主は受け取った代金分を返還する必要があり、買主は目的物を利用したことによる使用利益（通常は賃料相当額）を不当利得として清算すべきことになり、返還すべき代金からその部分が控除される。もっとも、不動産については、他に担保制度が用意されていることから、所有権留保が用いられる例は決して多くない。

これに対し、動産について、目的物を先に引き渡す形での割賦販売では、買主が不利にならないよう**割賦販売法**に詳細な規定が用意されている。たとえば、清算金を計算する場合の損害賠償額の予定や違約金の定めについては、内容が合理的な額になるよう規制され（割賦6条）、受戻しに関する買主の権利を保護するため、契約解除権を行使する前に20日以上の催告期間をおくこと等が留保売主に義務づけられている（割賦5条）。

　　＊【参考文献】　本文掲記のものを含め、先駆的研究に、米倉明・所有権留保の実証的研究［商事法務、1977年］、同・所有権留保の研究［新青出版、1997年］がある。また、最近のものとして、石口修・所有権留保の現代的課題［成文堂、2006年］、田村耕一・所有権留保の法理［信山社、2012年］が詳しい。なお、松岡久和「物権法講義41所有権留保」法セミ712号［2014年］80頁以下も参照。

第5節　担保的機能を果たすその他の諸制度

1　代理受領・振込指定

(1) 譲渡禁止特約付き債権の担保化

　債権を担保に取る方法としては、権利質や債権譲渡担保があることは既に見たとおりであるが (362条、343条)、この担保目的債権に**譲渡禁止特約** (466条2項) がついている場合には、その特約の効力に絶対効を承認する立場からすると、それらの債権を質権や譲渡担保の目的とすることはできない (かろうじて善意の第三者が保護されるにとどまる)。たとえば、国や地方公共団体に対する請負代金債権では、質権設定や譲渡が禁じられていることはよく知られている。このような場合に、なお融資を必要とする建設業者は、代理受領や振込指定の方法でこの債権を担保化することを試みており、実務上、そこでの担保的期待利益が認められている。

(2) 代理受領

　代理受領とは、債務者 (たとえば建設業者S) が第三債務者 (たとえば国・地方公共団体A) に対して有する債権 (たとえば請負工事代金債権) の受領をなす権限を、債権者 (たとえばSに融資した金融機関G) のみに委ね、この取立委任に基づいてGが受領した金銭を債務不履行時にSのGに対する債務と相殺することを約するもので (= 受任者GのSに対する受取物引渡債務 [646条] と貸金債権を対当額で相殺する [505条])、通常は、債権者Gあるいは債務者Sと共同で、第三債務者Aに対して、代理受領を行う旨の承諾を求めるというものである (「代理受領契約書」末尾に、これを承諾した旨の記載と第三債務者の署名・押印が付加されることが多い)。ここで第三債務者がなした「承諾」の効力をどのようなものと考えるかについては議論があるが[*]、単なる代理受領の確認でなく、GSA間での**三面契約**として、AのGに対してのみ弁済すべき義務を観念することができるとすれば、この義務に違反して、S

図6-7

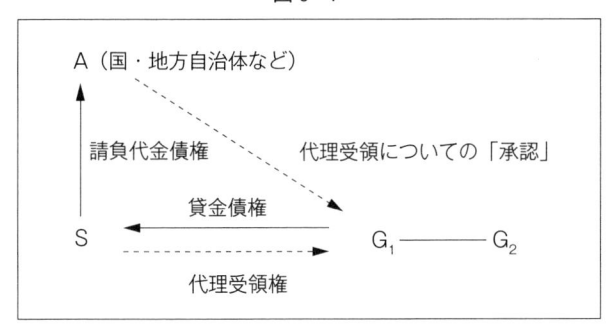

```
┌─────────────────────────────────────────────┐
│         A（国・地方自治体など）                  │
│          ↑  ╲                                │
│          │   ╲                               │
│    請負代金債権  代理受領についての「承認」       │
│          │       ╲                           │
│          │    貸金債権  ╲                    │
│          │   ←────────   ╲                  │
│         S              G₁ ──── G₂           │
│             - - - - - - →                   │
│                代理受領権                     │
└─────────────────────────────────────────────┘
```

本人や他の債権者に弁済することは債務不履行となる可能性がある（甲斐・後掲47頁など参照）。これに対し、通説・判例は、債権者がなおSのままであり、Sは取立権を失っておらず、また、GはSの一般債権者に対して優先的な地位を有するものではないとの態度を崩していない*。

　もっとも、判例（最判昭和44・3・4民集23巻3号561頁＝民法判百Ⅰ〈第5版補正〉100事件［加藤雅信］、最判昭和61・11・20判時1219号63頁など）は、Aのなした「承認」は、「単に代理受領を承認するというにとどまらず、代理受領によって得られるGの右利益を承認し、正当な理由なく右利益を侵害しないという趣旨を当然包含するものと解すべきである」と述べ、AがSに請負代金等を支払ったことが、かかる義務に違背するものとして不法行為責任を認める。つまり、代理受領を承認した第三債務者は、正当な理由なくこの**担保的利益を侵害しないよう配慮する義務**を負い、その義務違反が不法行為とされる限りで、譲渡担保ほど強力ではないにせよ、代理受領権者に事実上の保護が与えられているのである（野口恵三・NBL605号［1996年］57頁、大西武士・金法1581号［2000年］78頁も参照）。となると、仮にSのGに対する取立金返還請求権（代理受領の場合）や預金債権（振込指定の場合）をSの債権者が差し押さえたとしても、判例（後掲最大判昭和45・6・24）の立場によれば、Gの貸付金債権が差押え後に発生したものでない限り、両債権が相殺適状に達してさえいれば、Gによる相殺が認められ、Sについて、破産手続、再生手続あるいは更生手続が開始されていても、同様に、相殺権の行使は妨げられないから、相当に強力な担保と言えよう。

以上に関連して、代理受領が二重に設定された場合と、Aが自己の有するSに対する反対債権で相殺をする場合も考えられるので、この点を検討しておこう。

　まず、G_1のみならずG_2に対しても重ねて代理受領契約がなされた（承諾も二重に存在する）場合の効力をどう考えるべきか。これは、代理受領の担保的機能とAによって付加された「承認」の意味をどの程度重視すべきかに関わる。代理受領による担保設定を債権譲渡担保に近づけて考えると、Aの「承認」は対抗要件的意味合いを帯び、最初に代理受領契約についてAの承認を取り付けたG_1が優先し、G_2は、せいぜい第2順位の担保的期待権を有するに過ぎないことになりそうである。しかし、あくまでAS間の譲渡禁止特約から出発し、これと辻褄を合わせるためにS G_1が代理受領という法形式を採用していることを考えるなら、債権譲渡の場面とパラレルに問題を処理することは背理であろう。むしろ、前掲最判昭和44・3・4を前提とすれば、「承認」によってA G_1間に「正当な理由なく代理受領によって得られるG_1の担保的期待利益を侵害しない」という一定の相対的な不作為義務の発生を観念するのが適当である。だとすれば、かかる債権的期待利益をG_2に対しても主張できるとは限らず、G_2の行為が債権侵害に当たるような場合は格別、そうでない限り、両者は平等の立場に置かれると解さざるをえない。他方、ひとたびG_1にのみ弁済することを承認したAとしては、正当な理由なくG_2に対して同様の承認を与え、これに弁済した場合は、前掲昭和44年判決と同様、G_1に対し損害賠償責任を負うことを覚悟しなければなるまい。

　次に、AがSに対して反対債権を有していた場合に、代理受領「承認」後も相殺することは可能か。相殺を弁済と同視できると考えれば、（少なくとも異議なき承認をした場合は［468条1項参照］）これを認めるべきではないということになりそうであるが、Aの「承認」に相殺権放棄の効力まで認めるべきかは疑問である。むしろ、相殺によって反対債権を消滅させることについての期待（相殺の担保的効力への期待利益）と代理受領権者の担保的期待利益を比較すれば、代理受領契約における「承認」以前にAがSに対して取得していた反対債権をもってする相殺は許容されるべきであって、前掲最判昭和44・3・4との関連でいえば、仮に相殺を弁済と同視したとしても、「正

当な理由」が存在する場面と考えられよう。譲渡禁止特約付き債権を担保に取ろうとする代理受領は、ある程度まで期待利益を保護されるとはいえ、そのような制約を伴った担保と考えるべきである。

　＊【代理受領の法的性質】　代理受領の法的性質については、単なる取立委任とみるものから、債権質類似の無名契約、第三者のためにする契約、三面的無名契約、債権担保契約などの多彩な見方があるが（甲斐・後掲40頁参照）、要は第三債務者による「承諾」の意味をどの程度重視するかにかかっている。第三債務者において、代理受領の担保としての実質を認識しうる限りで、一定の弁済上の不作為義務が発生し、そこに代理受領権者の保護に値する担保的期待権が発生することは肯定されて然るべきであるが、「代理受領」という以上は、債権譲渡や債権質と同視して、債務者による第三債務者に対する直接の取立権を否定したり、第三債務者からの相殺を完全にブロックするのはやや困難である。特に、第三債務者が、債権者にのみ支払うという弁済制限を明示的に承認していない場合には、不法行為も成立しない（東京地判平成7・12・13判タ916号158頁）。

　＊【他に担保がある場合】　仮に最判昭和44・3・4のいうように第三債務者の他への弁済について不法行為が成立するとして、GがSとの関係で他に有する充分な担保や保証によって債権回収が見込める場合にも損害賠償が認められるかは、やや問題である（「損害」の発生の有無）。この点につき、最判昭和61・11・20判時1219号63頁は、債権者としては、どの担保権から債権の満足を得ることも自由であるから、そのうちの1個の担保が失われたことによって、当該担保から債権の満足を受けられなくなったということ自体が「損害」といえるとして、損害賠償請求を認めた。このことは、被担保債権のために複数担保権が存在する場合や被担保債権額に比して大きな価値の担保目的物を有する場面での担保権侵害一般に通ずる問題でもあり、興味深い（担保権侵害についての考え方に再考を迫るものである）。代理受領に関して、かかる場面でも損害賠償を認めるくらいであれば、三面契約説によって債務不履行責任を問うのが適当ではないかと思われるが、当事者の合意の解釈として、そこまで踏み込むことが困難であったということであろうか。

　なお、第三債務者が損害賠償をした場合、実質的には第三者弁済に相当するから、それによって債務者の債務は消滅するものと解される。したがって、いわば不真正連帯債務者間での求償として第三債務者から債務者への不当利得の返還請求が可能であり、弁済者代位の類推適用があり得よう。

(3)　振込指定

　振込指定は、債務者名義の特定の預金口座（通常は債権者たる銀行の預金口座）に第三債務者からの支払代金等が必ず振り込まれるように、債務者と銀

行が連名で第三債務者に依頼し、第三債務者がこれを承諾して支払金等を振り込むと、銀行が自己の債務者に対する債権と振り込まれた支払金等とを相殺して、貸付金を回収するという形で仕組まれた担保手段であり、代理受領と同様の機能を果たすものである。ここでも、第三債務者が、承諾に反して振込みをしなかったような場合に、代理受領と同様の問題を生ずる。

　判例（最判昭和58・4・14判時1131号81頁＝金法1030号43頁）は、建設会社に対し手形貸付をした銀行が右債権担保の目的で右建設会社に対し工事請負代金債務を負担する第三債務者も含めた三者間で、第三債務者は右工事請負代金を銀行の右建設会社の口座へ振り込むこと、右払込勘定は銀行と建設会社の双方同意のうえでなければ変更しえない旨合意していたにもかかわらず、第三債務者が直接建設会社に請負代金の支払いをしたために損害を被ったとして第三債務者に対し債務不履行に基づく損害賠償を求めた事案において、一般論として、第三債務者に債務不履行責任の発生する余地を認めつつも、具体的には事案における第三債務者の特定口座への振込義務を否定している。すなわち、《債権担保の目的で振込指定を利用した銀行が振込みをしなかった第三者に対し債務不履行に基づく損害賠償を請求するには、振込指定の合意において、①銀行の預金取引先に対する債権の担保またはその弁済充当のために振込指定の方法がとられたこと、②第三債務者振込人は指定された振込の方法によらず直接取引先に支払ってはならないこと、③振込指定方法の変更は取引先だけでなく銀行の承諾を要することの3点が第三債務者振込人に明示され、合意の内容となっていなければならないが、本件ではその事実は認められない》とし、第三債務者振込人の債務不履行責任を否定した上で、不法行為の成否につき判断させるべく原審を破棄・差戻しとした。差戻控訴審（福岡高判昭和59・6・11判時1137号80頁＝判タ535号228頁）は、下請会社・銀行間における振込指定方法の債権担保目的の利用関係を知りながら、振込みの方法によらず、直接下請会社に工事代金を支払い、その結果、銀行に債権の回収を事実上不能ならしめ、これと同額の損害を蒙らせたときは、元請会社（＝第三債務者）は、銀行に対し不法行為責任を免れないとした。理由は、「その合意の内容に従った振込みをなすべき契約上の債務まで負担するに至るとはいえないまでも……右債権担保の目的とされた本件下請工事代金

債務の弁済などに関する右両者間の約定に基づく諸制約の範囲内において右振込みによって得られるXの右利益を承認し、正当な理由なく右利益を侵害しないという趣旨をも当然包含するものと解すべきである」というにある。

2 相殺

(1) 相殺とは

さらに注目されてよいのは、**相殺**である。

相殺は、2人が互いに同種の目的を有する債務を負担する場合に、双方の債務が弁済期にあるときは、各債務者がその対当額で債務を打ち消し合って、その債務を免れることができるとする簡易な決済手段である（505条1項参照）。たとえば、AがB銀行に100万円の預金債権を有し、B銀行がAに120万円の貸付をしているという場合、互いに弁済期が到来して相殺可能な状態にある（「相殺適状」にあるという）場合は、AまたはBが相殺の意思表示をすると、対等額で債務が打ち消し合い（相殺適状の時点まで遡って効力を生ずる［506条2項参照］）、BのAに対する20万円の貸金債権が残るだけとなる。一方の財産状態が悪化しても、対当額で債権が決済されることが当事者の合理的期待と債権者間の公平にも適うと考えられるからである。このとき、相殺をする側の有する債権を「自働債権」、相殺を受ける側の有する債権を「受働債権」などと呼ぶ。とりわけ銀行取引では、この「相殺」が、担保としてしばしば利用されている。判例（後掲最大判昭和45・6・24）も、その期待に応えて相殺の担保的機能を広く保護しているところから、ときに、取引相手に信用不安を感じた債権者が人為的に反対債権を作り（相手商品の買取りによる新たな債務負担、相手の有する優良債権への第三者弁済・債権譲渡など）、危機時に自己の債権との相殺に持ち込む手法で、取引相手より信用の高い第三債務者へと回収不能リスクを移してリスクを縮減したり問題を回避することなどもあるといわれる（古曳正夫・条文にない債権回収のはなし［商事法務、2003年］89頁以下が興味深い）。先の代理受領や振込指定も、最終的には、相殺を用いた債権回収が行われていることは既に見たとおりである。

(2) 預金担保貸付

銀行Bが企業Aに貸付をする際、Aが銀行に対して有している定期預金債権を担保として、予め**相殺予約**をしておき、一定の信用不安状態が生じた場合（たとえば差押命令や通知等がなされたとき）に貸付金についての期限の利益を喪失させ（**期限の利益喪失約款**）、他方で、定期預金についての自己の期限の利益を放棄して相殺適状をもたらし、直ちに定期預金債権を受働債権とし、貸付金債権を自働債権として相殺することとしておくわけである*。これを**預金担保貸付**という*。これによって、Bは、一定の信用不安事由が発生した時点で、貸付金を預金と対当額で回収し、預金債権に対する差押え等を空振りに終わらせることになるため、少なくとも預金に関する限り、他の債権者に対する優先弁済効を確保できる。かような相殺予約の効力を手放しで認めて良いかは問題であり、かつては、自働債権の弁済期が先に到来する場合に限って、相殺への期待を保護すべきものとして、その効力を認めて良いとする制限説が判例の立場であったが（最判昭和39・12・23民集18巻10号2217頁）、やがて、511条の反対解釈から、差押え前に取得された債権であれば、弁済期の前後を問わず相殺適状に達しさえすれば相殺できるとする**無制限説**に転じて今日に至っている（最大判昭和45・6・24民集24巻6号587頁）。一般的に、自己の自働債権の弁済期が後に来るのに、受働債権の弁済期が到来しても弁済しないで履行遅滞の状態にしておきながら相殺できるというのは誠実な債務者としての合理的期待ではないとすると、制限説の考え方に分がありそうで、学説上は制限説が比較的有力であるが、判例には、少なくとも銀行取引では、継続的に債権・債務が発生しているために各々の偶然の弁済期を問題とすることが適当でないことや、期限の利益喪失約款が事実たる慣習として周知のことであるために他の債権者を害することはないという判断が働いているのかも知れない（詳しくは債権法で学ぶ。さしあたり、中田裕康・債権総論〈第3版〉［岩波書店、2013年］402頁以下、山田誠一「相殺の現代的機能」新争点215頁など参照）。いずれにせよ、銀行取引における相殺の担保的機能に関しては、根担保・流動担保という観点からの再検討が必要である。

* **【なぜ預金担保貸付が行われるのだろう】** 銀行に預金があるのなら、自己資金をそのまま運転資金に回せば良さそうなものであるのに、なぜこのような形をと

る必要があるのか。企業にとってみれば、預金の存在はバランスシート上で資産となって信用を支え、ときに預金残高以上の融資を引き出す可能性が生まれ、銀行にとっては預金高・貸付高となって銀行自身の信用を高めるという点で、両者の利害が合致するからである。

＊【**総合口座貸付**】　銀行取引における今日の主力商品である「**総合口座**」では、普通預金と定期預金が一体となり、預ける・貸す・支払うといった取引が一つの口座で行われる。このとき、普通預金残高がマイナスになった場合にも、一定の範囲で自動的に普通預金に入金・支払いが行われ、定期預金満期時に普通預金口座がなおマイナスのときは、定期預金支払債務と当然に相殺される約定になっており、これも実質的には預金担保貸付である。

(3) 拘束預金の問題

手形割引に際して、銀行が、割引の一定額を自行預金として積み立てさせるものを「**歩積預金**（ぶづみよきん）」、貸付に際して、貸付額の一部を定期預金として預金させ、貸付金の担保にあてるものを「**両建預金**（りょうだてよきん）」などという。かかる歩積・両建預金は、担保として払戻しが制約されているために「拘束預金」などと呼ばれる。手形が不渡りになったり、貸付金の返済が滞った場合には、預金の範囲で優先的な回収ができる点では、預金担保貸付の亜種である。しかも、結果的に、借主が自由に使える資金が少なくなり、手形の実質割引率が低下したり、実質金利が高くなるわけであるから、このような預金を顧客に強制することは、独占禁止法19条に違反する「優越的地位の濫用」とされる可能性がある（最判昭和52・6・20民集31巻4号449頁）。それが、直ちに公序良俗違反となるわけではないが、実質金利が利息制限法の制限利率を超過する限りで無効となる。

＊【**参考文献**】　所有権留保については、米倉明・所有権留保の研究［新青出版、1997年］、安永正昭「所有権留保の内容、効力」加藤＝林編・担保法大系(4)370頁、松井宏興「所有権留保売買で残された基本的論点は何か」椿寿夫監修・現代契約と現代債権の展望(3)［日本評論社、1994年］101頁以下、小林資郎「所有権留保売買における買主の物権的期待権」北海学園26巻2号1頁、30巻2号25頁［1990～1994年］、石口修・所有権留保の現代的課題［成文堂、2006年］などを参照。

代理受領については、松本恒雄「代理受領の法的効果（上・中・下）」判タ423～425号［1980年］、辻伸行「代理受領の法律関係（1・2完）」獨協法学16～17号［1981年］、甲斐道太郎「契約形式による担保――代理受領」遠藤浩ほか監修・現代契約法大系（第6巻）［有斐閣、1984年］34頁、安永正昭「代理受領の『担保』としての効力とその限界」金法

1193号［1988年］13頁、岩城謙二「代理受領・振込指定」NBL342号［1985年］48頁、藤田寿夫「代理受領と契約の第三者保護効」神戸学院法学21巻2号［1991年］89頁、同「第三者保護効の理論は、代理受領などにとりどのように有用か」椿寿夫監修・現代契約と現代債権の展望(4)［日本評論社、1994年］75頁以下、西尾信一「代理受領契約を承認した第三債務者が債務者に対する反対債権をもって相殺した場合と不法行為の成否」手形研究441号［1990年］46頁、鳥谷部茂・非典型担保の法理［信山社、2009年］177頁以下、宮川不可止「代理受領の現代的展開」京都学園法学56号［2008年］1頁、西尾信一「代理受領・振込指定の効力」同・銀行取引の法理と実際［日本評論社、1998年］242頁以下所収など多数の研究がある。

第7章

担保の多様化と担保法の展開

　ここでは、担保物権法の最終章として、現代における担保制度の特徴と今後の展開について検討する。前回までの新種の変則的担保あるいは担保的機能を果たしている諸制度の検討を踏まえて、これからの担保制度のあり方について考えよう。取引界の需要に応じて案出された多様で非正規の変則的担保は、従来の正規担保における諸原則を動揺させるとともに、物権・債権の峻別さえ相対化させていることは既に見た通りである。こうした問題は、それが単に民法の例外的現象なのか、それとも、「担保法」の根幹を変質させるものであるのか、それらと正規担保との関係をどのように考えていくべきなのかといった基本的な問題にもつながっている。

1　担保の多様化

　担保の多様化については、最早多くを語る必要はあるまい。民法が定める約定の担保物権は質権と抵当権の2種類に限られているが、現実には、既に見たように、仮登記担保・譲渡担保・売渡担保・所有権留保といった権利移転型担保が盛んに行われ、さらには、融資金債権と預金債権を相殺したり、企業用設備の購入に際して長期のリース形式をとって賃料名目で購入代金相当額の返済を行うファイナンス・リースや、請負代金の代理受領権や振込指定によって請負業者への融資金を事実上回収しようとするもの、債権譲渡担保を組み合わせた一括支払いシステム*など、特殊な形態での担保が展開している。こうした非正規担保・変態担保が盛んに利用される背景には、質権・抵当権という約定担保物権が必ずしも今日の複雑化した信用授受の実務的需要に応えきれていないこと、また、その設定・実行等について多くの手間ひまや費用がかかることに起因している。また、信用の裏付けとなる固定資産（不動産など）には既に目一杯の担保物権が設定されていて、新たな担保目的物として各種債権や在庫商品などの流動資産、ひいては「継続企業価値（going-concern value）」としての事業収益力に目が向けられるようになったことも少なからず影響している。

　こうした担保制度の多様化は、**目的物の多様化**（それは動産・不動産・債権的権利といった抽象的レベルを超えて、それぞれの価値の大小・保管の難易・同一性確保の難易などの具体的性質によっても形態が異なる）を反映して最も適合的な法形式が追求されてきた。また、**当事者**である債権者・債務者・物上保証人などの属性（企業・個人など）や、**被担保債権自体の性質・融資目的**なども反映して、多様な形態が展開されている。その担保としての内容や効力は、具体的にその設定契約にいかなる**条項**が付されるかによって決まってくるものが多く、契約的所産としての性格が極めて強い（しかもアメリカ法の影響のせいかカタカナの担保が多い）。

　もちろん債権者にとっては、担保の効力が強いに越したことはないが、他の関係者の利益に対する配慮と簡便で使い勝手の良い担保とは、二律背反的

要素を常に背負っており、相対効を前提とする契約的所産には自ずと限界があると言わねばなるまい。担保としての効力を発揮させる以上、当事者の合理的期待に添う形での担保を構成するばかりでなく、抵当権のような正規の担保物権をモデルとしつつ、関係者の利益調整のためにいかなる代替的措置が可能なのか、経済的便宜を超えた非正規担保の構造に即した法的正当化は可能なのかが追究されねばならないのである。

 ＊【一括支払いシステム】　バブル経済崩壊後の新たな資金調達方法として、資産流動化関連法が整備され、企業は、金融機関の融資を経ずに、証券化の手法によって直接に投資家から資金を調達することができるようになった。他方、実務では手形に代わる簡易な資金調達方法として、証券化を前提としない一括決済方式を編み出し、これを発展させてきた。要は、納入企業が支払企業等に対して取得する請負代金債権・賃料債権・売掛代金債権などを一括して金融機関に譲渡、信託譲渡あるいは譲渡担保に供し、当座貸越によって随時融資を受け、金融機関が債権の取り立てをなした後、当座貸越債権に充当して一括決済の上、残余金を入金するというもので、契約によって仕組まれた簡易な資金調達方法でもある。これについては、鳥谷部茂「一括支払いシステム――その発展と効力」伊藤進先生古稀・担保制度の現代的展開［日本評論社、2006年］312頁以下所収に詳しい。ちなみにこの一括支払いシステムの約定には、譲渡担保にとった売掛代金債権等を国税債権に優先させるために、これを担保とした当座貸越債権は、国税徴収法24条による告知が発せられたときには、何らの手続きを要することなく弁済期が到来して、当座貸越債権の代物弁済に充当される旨が定められていたが、最判平成15・12・19民集57巻11号2292頁は、当該条項を国税徴収法の趣旨に反して無効であるとしている。

2　担保法の揺らぎ

　各種の特別法上の担保や非正規担保の登場は、実務のニーズに合わせて便宜と効率性を追求する結果、正規担保について従来は動かしがたいと考えられてきた多くの諸原則を動揺させている。物上代位性については既に民法上の典型担保においてもその通有性に疑問が呈され、各担保物権の性質に応じて考えるべきこととされているので、ここでは、その他の性質について眺めてみよう。

(1) 附従性・随伴性

担保としての附従性やそのコロラリーとしての随伴性は大きく変容を受けている。たとえば、**担保附社債信託法**は、ほとんど担保の附従性を前提としていない。社債権を担保するために一定の物的担保の付けられた社債を**担保附社債**といい、具体的には、担保附社債信託法によって定められた担保の付けられた社債である。そこでの担保は、当初は動産質・株式質・不動産抵当・工場抵当などに限定されていたが（旧担信4条。明治38年法52号）、平成18（2006）年改正によって限定列挙が廃止され、多様な担保を社債に付することができるようになった。この場合、社債債権者は、当然のことながら極めて多数に及び、しかも流動する可能性が高い。となると、そうした社債債権者に対して個別に担保を提供することは事実上不可能である。現実問題として考えても、担保権の管理・処分・実行を各債権者が行うことは困難であるから、社債担保のための担保権は信託会社に帰属させて、信託会社が総債権者のために担保の保存や実行の義務を負うとするほかない（担信70条2項参照）。そこで、信託法理を利用して、起債会社と社債債権者の中間に信託会社を置き、起債会社を委託者、信託会社を受託者とする信託契約を締結することで（担信2条、8条〜21条参照）、受託者たる信託会社が担保権を取得するとともに、社債債権者は受益者となって担保の利益を受けるという法的仕組みができあがった（担信36条、37条。）。担保権が信託会社に帰属していること（債権ではない！）、社債発行の前提として担保が成立することが必要で、委託会社が社債の現実の発行以前に（被担保債権が成立していない状態で）担保権を設定するというためには、結果として担保の附従性を否定してかからざるを得ないことになる。このような**担保権信託**（セキュリティ・トラスト[security trust]などと呼ばれる）の手法は、複数の金融機関からなるシンジケート団による**協調融資**（シンジケート・ローン[syndicate loan]という）においても、利用される。これにより、債権者の異なる複数債権を一つの担保権で担保させ、受託者となるものを権利者として担保権を設定した上で、被担保債権の債権者を受益者に指定する形態を容易に生み出すことが可能となる（詳しくは、長谷川貞之・担保権信託の法理[勁草書房、2011年]、井上聡「資金調達の多様化に伴う担保付社債制度の立法課題」ジュリ1238号[2003年]

62頁、樋口孝夫「セキュリティー・トラスティー制度の日本導入に当たっての指針（上・下）」NBL787号［2004年］25頁、788号69頁、山田誠一「セキュリティ・トラスト」金法1811号［2007年］18頁など参照。長谷川・前掲書によれば、この**受益権を階層化**することによって債権者相互間に優先・劣後の構造を作り出すことができ、従来は物権・債権の峻別の下で形成されてきた物上担保権の法律関係に新たな境地を開くものであるという）。

　もっとも、既に、根抵当権のような根担保では、担保権が特定の被担保債権に附従しないことが前提とされているわけであるから、驚くには当たらない。「附従性・随伴性」という担保権の性質は、結局のところ、実行における附従性（その実行にあっては被担保債権の存在を必要とすること）に限定されて通有性を保持しているに過ぎないということになろうか。

(2) 特定性

　質権・抵当権の場合には、その目的物が特定の物に固定されて動かない。確かに、一般先取特権では目的物の特定性が否定されてはいるものの、それはあくまで法定担保物権として政策的見地から認められた特殊な債権の優先弁済効によるもので、対第三者効はあるものの、担保物権と呼ぶにはあまりにも心許ない。少なくとも約定担保権においては、何に担保権が付着しているかが周囲から明らかでないと取引の安全にとって大きな脅威となりかねず、そこに「特定性の原則」が語られてきたことにはそれなりの合理的理由がある。

　しかしながら、財団抵当・企業担保などでは、通常ならば独立の物とされる様々な物件の集合体を「一つの物（不動産）」と観念し、目的物の「範囲」が外から明らかになるようにした上で、その上に一括して抵当権設定を認めていることは既に見た。実務界で盛んに利用されるようになった集合物譲渡担保や集合債権譲渡担保は、公示方法に工夫を加えて、こうした特別法上の担保目的物の範囲を動産や債権に拡張し、さらに、流動資産にも及ぼそうとしているわけである（もちろん担保権の実行に当たって、どこかで目的物を固定させなければならないという固定化の問題は残り、とくに事業再生を想定した場合、その効力が何時の時点でどの範囲まで及ぶかについては微妙な問題が生ずる。

少なくとも倒産手続や民事再生手続が開始したからといって直ちに固定化を生ずると解することには疑問の余地がある)。流動性を持った対象を目的とする担保は、固定化・結晶化の段階に至るまでは、個別の財産とは結びついておらず、単なる期待権あるいは条件付担保権として限定的に保護されるに過ぎない。

(3) 公示原則

　質権においては目的物の現実の引渡しが、抵当権においては登記が、それぞれ担保物権の公示手段として認められていることは既に見た通りである。これは、目的物について新たな権利関係に入ろうとする者や後順位担保権者に対して不測の損害を与えないようにとの配慮による。しかし、動産譲渡担保のような非正規担保では、担保権設定者が目的物を現実に占有しているために、担保権の存在を第三者が知ることが困難であり、必ずしも公示が徹底しているわけではない。かろうじて、即時取得制度によって取引の安全が守られることで、バランスがとられている。公示の不完全さは、動産・債権譲渡特例法による動産・債権譲渡登記ファイルへの登記によって対抗要件の具備が可能となり、平成16（2004）年改正で第三債務者が特定しない将来債権譲渡も登記可能となるなど、担保としての効力を強化するための環境が整いつつあることは既に見た（その問題点については、道垣内弘人＝森田宏樹ほか「〈座談会〉資金調達手法の多様化と新しい担保制度」ジュリ1238号［2003年］2頁以下など参照）。

　いずれにせよ、公示方法の脆弱・不完全なところにおいては、強力な担保権を生み出すことには問題が多いことは否定できない。もっとも、かかる担保権が十全の効力を有しないことを前提としつつも、それなりの実際的需要を満たしているという点は注目されてよい*。契約的諸制度に仮託されて形成された不完全な担保も、実務では「そこそこの」担保としての役割を演じているわけである。つまり、担保といっても100％の力を持った担保である必要は必ずしもないのだとすれば、質権や抵当権のような担保物権としての基本的要件や前提を欠いた便宜的な非正規担保の存在も許容できるということになる。逆に言えば、そこにあまり強力な担保的効力を認めることは適切

ではない。

　＊【**不完全な担保**】　鈴木・417頁は、「登記留保」や「ネガティブ・クローズ」のように債務者の裏切りがあった場合には物的担保としての効力を発揮できないような不完全なものでさえ、実務界では一種の物的担保として観念されていることを指摘する。たとえば、**登記留保**は、債務者が所有する不動産について、特約で、債権者が必要とあればいつでも抵当権設定登記をすることができる権利を与えておいて、必要書類の交付を予め受けておくというもの、ネガティブ・クローズ（財務制限条項、ネガティブ・プレッジ条項）は、債務者が、その所有する不動産を他の債権者の担保に供しないといったことを債権者に約束するものであるが、結局、それらが担保として実際に機能するかどうかは、当事者間の人的信頼関係に依存している。それはそれで、良いということであろう。なお、道垣内弘人「ネガティブ・プレッジ条項の効力」谷口知平先生追悼（第２巻）〔信山社、1993年〕312頁以下も参照。

3　あらためて「担保」とは何か

(1)　債権の保全・確保

　契約をはじめとする種々の原因によって発生した債権は、最終的に、債務者の任意の履行によって満足を得て消滅するのがノーマルな流れである。しかし、債務が任意に履行されなかった場合、債権者としては、債権の実現のために強制的な手段に訴えざるを得ない。このとき、債権の目的が一定の経済的価値に置き換えられる限り、その最終的な引き当ては、債務者の責任財産に求められることになる。債権者は、必要に応じて債務者の責任財産を差し押さえ、これに強制執行をかけ、換価処分して債権の満足を図るわけである（債権の攫取力（かくしゅりょく）という）。その意味で、債務者の責任財産は、債務者の信用状態をはかる重要なメルクマールであり、債権を一般に「担保している」といってよい。いきおい、債権者としては、債務者の責任財産の状態に無関心ではおられず（モニタリングの重要性）、債権回収が危ぶまれるような状況下では、責任財産の維持・保全のために介入する権能も認められている（債権者代位権・詐害行為取消権など）。しかし、こうした債権の一般的性質や効力を超えて、より確実な債権回収・債権的利益の実現のために、様々な債権の保全・確保手段が求められる。

(2) 債権総論と担保法

「担保」とは、一般的には、債務者が自己の債務を完全には任意履行しなかった場合を想定して、その際に債権者が被る損失等の危険を考慮しつつ、予め、弁済または給付の履行を推進・確保しておき、債権者に満足を与えることに奉仕する法的手段を総称するものである。その意味では、双務契約における同時履行の抗弁権（533条）や相殺権（505条以下）などは、すみやかな債務の履行に寄与するものであり、さらに、債権の実現をヨリ確実なものとするために考案された法的仕組みは、ときに「相殺予約」や「代理受領」のように事実上の担保的機能を果たしていることは既に見た。それゆえ、講学上、債権総論や債権各論で論じられる諸制度の中にも、債権回収という観点から眺めた方がわかりやすいものが少なくない。「債権総論」のかなりの部分は、債権の実現や保全に関わるため、「担保物権法」は、広い意味での担保法の領域を全てカバーするものではない*。

ただ、ここで注意を要するのは、狭い意味での「担保」は、単に被担保債権の履行に推進力を与えるというにとどまらず、被担保債権の存在を前提として、それが任意に履行されなかった場合に、これに代わる補償的価値として、一定の価値物について、その将来における処分権・経済的支配権の移転が想定されているという点である。担保権者は、債務者の任意履行によって債権が満足されない場合、この担保を実行することで目的物の「処分権」を確定的に奪い、換価によって弁済にかえる力を予め獲得していることになる（質屋は中古品買取業者とは異なる！*）。狭義の担保にあっては、本来の履行請求とは別に、担保の対象となった財産についての価値支配・処分権の操作が伴うわけである。

> *【担保法・担保物権法】　大学の学部や法科大学院の講義科目等では、債権総論と担保物権をセットにしたり、金融担保法あるいは債権回収法としてまとめて別に扱う例がかなりある。教科書でも、たとえば、内田貴・民法Ⅲ〈第2版〉［東京大学出版会、2004年］は講義科目に合わせて債権総論と担保物権をまとめて対象とするものであり、大村敦志・基本民法Ⅲ〈第2版〉［有斐閣、2005年］は、債権の実現・債権の保護・債権の確保として全体を構成し、森田修・債権回収法講義〈第2版〉［有斐閣、2011年］は、債権の回収をどのような源泉から如何にして行うかに着目して関係者における債権回収の集団的秩序・関係当事者の行為規範のあり方

を問うている。また、最近現れた加賀山茂・担保法［信山社、2009年］、同・債権担保法講義［日本評論社、2011年］では、従来の通説との対決姿勢を明確にし、担保法の問題を全て債権法の中に組み込んだ一貫した説明を試みている。実は、ボアソナードによる旧民法の「債権担保編」も債権法と担保物権法を接合するものであった。しかし、だからといって、物の価値に対する排他的支配に着目した担保物権法という領域の意味が無くなるわけではない。

　＊【譲渡と質入れ】　鈴木・329頁は、質屋営業法の諸規制を前提に、「営業質屋への質入れは担保物権の設定ではなくて、一定期間（流質期限）内の物権的受戻し的約款附で質屋に質物を譲渡する行為で、質権設定者の債務ははじめから存在しないと考えることもできる」という。同じことは、手形債権等の譲渡担保についてもいえ、実質的には手形の割引（譲渡）と同じく、担保権者が第三債務者から直接に取り立てることによって、債務が弁済されたことになって万事が解決されるのがノーマルな事態であると指摘される（同・415頁）。実質的機能においてはその通りであるが、問題は、当事者によって採用された法形式にある。当事者の意思解釈として、当該行為を「売買」と性質決定するか、「担保権設定合意」と性質決定するかによって、その後の帰趨が定まるというべきであって、実質的機能の類比によって問題をなし崩しにすることは適当とは思われない。制度間バランスに配慮することは必要であるとしても、脱法や虚偽表示の可能性を含め、当事者は、その法形式の選択にも一定の責任を負うべきだからである。

(3)　物権的・債権的

既に学んだように、担保には、債権者が有する債権（被担保債権）をめぐって、抵当権を設定することや第三者と保証契約を結ぶことのように、物的担保・人的担保の双方が含まれる。保証債務や連帯債務では、主債務者自身の責任財産のほかに、保証人や（内部的には負担部分の小さな）他の連帯債務者の責任財産をも、債権の最終的な引き当てに利用できる点で、債権の引き当てファンドを量的に拡張することができ、「担保物権」における担保は、「物権」の持つ排他的性格を利用して、他の一般債権者に比して優先弁済権を確保する形で、担保を質的に強化するところに実質的意味があるわけである。しかし、事実上、債権者平等が破られる局面はこれに限られないことから、物権・債権の区別は、担保法を考える上で過大評価すべきではない。代物弁済予約や相殺が債権法の問題領域から担保物権法との類比で語られていることは既に見た通りである。実務では、様々な契約的技術を駆使して、金

融や債権の便宜・保護のために、種々の権利の担保化が指向される。ちなみに、自動車損害賠償保障法16条に見られる被害者から保険会社に対する直接的保険金請求のように、他から横取りされないで債権の回収・実現が可能となるように仕組まれた第三債務者への**排他的直接請求権***や、家屋賃貸借契約で借家人が予め差し入れる**敷金**なども、実質的担保として機能することは明らかである。

　もっとも、このことと対物的支配権たる物権と対人的請求権としての債権の峻別の理論的意義とは別問題である*。担保物権を物権法から分離することは、担保法の全体的理解にとって重要な視点であることは否定できないが、担保物権が用益物権とならぶ重要な「物権」の一部を構成するものであるとの認識が、担保権者の強力な権利を裏付けるものとなっている点も見過ごされてはならないからである。

　少なくとも担保物権について考える場合には、それが物権であることを十分に意識する必要がある。物権変動に関する議論は、どこまで担保物権について妥当するのか、担保物権に物権的請求権を考えるとすればいかなる要件の下でかといった議論は、自覚的に考えてみるべき問題である。物権総論と担保物権との緊密な関係は、抵当権設定登記のある不動産の第三取得者が抵当権の負担を背負うのは177条の適用結果であるといえば、腑に落ちよう。

　　*【直接請求権】　AがBによる交通事故で負傷し、Bに対する損害賠償請求権を取得したが、Bは無資力状態で他に多くの債権者がいるとしよう。Bが保険会社Cとの間で自動車事故に関する責任保険（自賠責保険）契約を締結しており、事故の発生によってBのCに対する保険金債権が成立する場合、被害者Aは保険者Cに対して直接に保険金請求ができるものとされている（自賠法16条）。しかも、同法15条では、被害者Aが損害賠償を受けるまでは賠償義務者Bには保険金請求権が成立しないこととされているために、BのA以外の債権者が保険金債権を横取りすることができない（Aが満足を得ない限り、他の債権者は差押えや代位行使ができない）という仕掛けになっている。民法613条の賃貸人から転借人に対する賃料の直接的請求権には、かかる仕掛けはないから、賃貸人が他の債権者を排除しようと思えば、予め自ら差押えをする必要がある。この問題については、他の適用可能な場面を含めて、平野裕之＝古積健三郎＝田髙寛貴・民法3担保物権〈第2版〉［有斐閣、2005年］340頁以下［平野］で興味深く説明されている。

　　*【物権的・債権的】　債権と物権の違いについては既に論じたところであるが、

物権の排他性に対する債権の非排他性、物権の絶対性に対する債権の相対性という性質は、担保の問題を考える上で重要である。権利が物権であると、一つの物に対して権利は一つあるいは優先劣後の関係でしか存在し得ない。したがって担保物権を設定することは、目的物の価値に対する排他的支配を対世的に得ることによって他の一般債権者や後順位担保権者に優先する弁済権を承認させる上で決定的に重要である。もちろん、債権によっても事実上の優先権を債務者に向かって主張することは可能である。しかし、債権はあくまで債務者に対する対人的・相対的権利であって、広く第三者に主張できるとは限らず、債務者の責任財産等とも直接には結びつけられていない。債務者が有する財産は、個人の自律、私的自治を財産的に基礎づけるものであって、本人の意思決定を介して任意に使用・収益・処分されるべきであるから、債権者による債務者の財産に対する物的支配は間接的であり、希薄であるといわねばならない。債務者の財産に介入できるのは、原則として法が債権保全のために特に認めた場合（債権者代位権・詐害行為取消権・法定の担保物権・債権侵害による不法行為責任など）か、裁判所を通じて差押えや強制執行の手続きに入った場合に限られるわけである。契約の仕組みに仮託することによって、担保的機能が期待されるとしても、それはなお事実上の効果でしかなく（判例法理の展開によって、法的保護が認められる場合もあるが）、物権的効力・対世効を当然に獲得できるわけではない。逆に、譲渡担保のような権利移転型担保の場合は、外形上、物権変動をもたらしていながら処分権に制限をかけている状態であるからこそ担保物権の一部に組み込まれ得る。これに対して、権利の担保化の場合は、その目的となるものの処分権が直接に移転しない限り、なお契約的所産と考えざるを得ない。もちろんそのような債権的権利に対していかなる法的保護を与えるかは、法政策的決定によって定まるものではあるが、責任財産を個人の意思に依存させて、その自律的活動の基盤とすることの意義は見失われるべきではない。合意の世界で仕組まれた担保は、あくまで合意の世界でのみ有効に機能するのが原則である。

(4) 資産そのものとその収益力

いまひとつ注意すべきは、これまで債務者の信用の基礎にある「責任財産」として語られていた債権の最終的引き当てが、次第に流動化し、とりわけ金融バブルの崩壊後には、次第に事業そのものの**「収益力」**に重心を移し、収益担保手法の活用の可能性が追求されているという点である（これには、融資先企業自体の信用に基づく融資（**コーポレート・ファイナンス** [corporate finance] と、特定事業の事業収益に着目して当該事業に関連した資産だけが担保目的となる**プロジェクト・ファイナンス** [project finance] がある）。その結果、従

来は、どちらかというと最後の最後に残された財産を、他の債権者とともに分かち合って、債権の回収をはかり、そこで少しでも優先的地位を得ようとするのが、担保取得者の主たる関心事と想定されていたのに対し（それだけに破産法・倒産法との関係も強く意識された）、最近では、最終的な執行段階での優先権確保よりも、むしろ事業を安定的に継続あるいは再生させて、その収益から債権回収をはかることに大きな関心が払われているのは、興味深い変化といえよう。いわば「**清算・債権回収のための担保から生かす担保へ**」の転換（池田真朗）である*。担保権者の権利を強化することによってこそ安定した金融が可能になるという認識は当然視されなくなっているのである（道垣内弘人「第3章　担保物権・序論」加藤雅信編集代表・民法学説百年史［三省堂、1999年］272頁以下、274頁、「特集　新しい担保制度を考える」ジュリ1238号［2003年］所収の諸論文参照）。

　これに関連して、**ABL**（Asset-Based Lending）と呼ばれる金融手法がある。アセット（asset）は「資産」を意味するが、ここでは主として企業の流動する**事業収益資産**をさしており、「流動資産一体担保型融資」、「流動資産担保融資」などと訳されている。もともとアメリカで用いられてきた考え方で、借り手企業の資金の流れ（キャッシュ・フロー）の源泉たる売掛金や在庫商品などの流動性が高い事業収益資産（原材料・在庫商品等［在庫動産］→売掛金債権［将来債権］→預金［回収金］のサイクル）の価値によって、当該企業の信用リスクを補完評価して行う融資を意味しており、融資の入口だけでなく期間中におけるモニタリングによって担保対象資産の急激な減少や借り手企業の財務状況の大幅な変化の兆候を事前に察知できる点で、これまでの担保以上に融資者が借り手の実態把握を行うことが容易になると言われている。具体的な担保設定は、一定範囲の事業収益資産に対する流動動産譲渡担保と流動債権譲渡担保（ときに預金口座の担保化もありうる）などの組み合わせによるが、たとえば、地域銀行が、当該地域特産品等を担保として活用し、地場産業を支える中小企業の資金需要に応えつつ、一種のコンサルティング機能を発揮するような場面も期待されている。その目指すところは、金融機関と借り手企業の密接な関係を前提として、より実質的な与信管理や企業経営のバック・アップをなすことであり、**倒産時の債権回収における優先権確保**

は二次的でしかない（だいいち、減価の著しい在庫品等からの債権回収は決して容易ではない）。つまり、ABL 取引にあっては、当然のことながら、企業活動の存続によって資金をできるだけ循環させ、収益の増加をはかるという企業金融の高度化が追求されているわけである。金融機関にとっては、与信リスクのコントロールという課題に資するものであり、不動産などの従来型担保の乏しい企業にとっても、金融機関のいわば「目利き機能」やガバナンス・チェックによって経営の存続・再建を支援してもらうことが期待される。ここでは担保目的の価値の源泉と目されるものが、「資産そのもの」というより、資産を運用する事業体としての将来性や活動力に見出されていることになろうか。もちろん、それが、優良事業や将来性のある事業に対する単なる支援という場合だけでなく、金融機関や融資企業の借り手企業に対する経済的支配につながるものであることも忘れてはならない。また、他方で、評価対象となる財務データの信憑性や債務者の不正行為に適切に対処できるかといった問題も内包している。ここに win-win の連携関係をもたらすには、何より融資者と（主体性を前提とする）借り手企業の信認関係の構築が鍵となるように思われるが、法制的には、ABL の法的処遇の明確化が一つの重要な課題たり得よう。

　いずれにせよ、担保法の新たな方向性を示唆するものといえよう。

　　＊【清算・回収のための担保から活かす担保へ】　かかる傾向は、抵当権の実行における不動産収益執行の導入などにも見られるが、それが融資の最初から仕組まれている点に特徴がある。池田真朗「ABL 等に見る動産・債権担保の展開と課題」伊藤進先生古稀・担保制度の現代的展開［日本評論社、2006年］275頁以下所収281頁は、「債権回収が確実に図れる『強い担保』が『良い担保』なのではない。債務者をつぶさずに、その企業活動を存続させるために適切に機能できるのが『良い担保』なのである」とされる。また、内田貴「担保法のパラダイム」法教266号［2002年］7頁以下も、交換価値把握の担保から収益注目的担保（経営維持機能重視）への転換を説く。さらに、吉田光碩「企業担保法の改正」円谷峻編・社会の変容と民法典［成文堂、2010年］168頁以下所収、中村廉平＝藤原総一郎「流動資産一体担保型融資（アセット・ベースト・レンディング）の検討」金法1738号［2005年］52頁、堀内秀晃「Asset Based Lending の事業再生融資への活用に関する考察」NBL955号48頁［2011年］も、今後の新たな担保のあり方の一端を示唆して興味深い。ABL についての文献は多いが、金融法学会第28回大会資料「特集：ABL の現在・過去・

未来——実務と比較法との対話」NBL1927号［2011年］71頁以下所収、実務を紹介するまとまったものとして山口明・ABLの法律実務［日本評論社、2011年］など参照。なお、ABL法制研究会の中村廉平氏［商工中金］からは、多くの文献とともに貴重な御示唆を頂戴した。

事項索引

い

- 生かす担保へ……………………434
- 異時配当……………………………249
- 異種の先取特権の優先順位………53
- 一括競売……………………………219
- 一括決済方式………………………425
- 一括支払いシステム………………425
- 一般財産………………………………2
- 一般先取特権…………………45,48
  - ──の効力………………………66
  - ──の実行………………………52
- 1筆の土地の一部への抵当権設定…126
- 違約金………………………………131

う

- 請負代金債権への物上代位………72
- 売主の担保責任……………………223
- 売渡型債権譲渡担保………………395
- 売渡担保……………………………309

え

- 営業的質屋…………………………79

か

- 会員権の譲渡担保…………………331
- 会社更生……………………………172
- 会社分割……………………………274
- 買戻代金債権………………………157
- 確定根抵当権………………………281
- 火災保険金請求権…………………163
- 果実…………………………………142
  - ──収取権………………………28
- 仮託行為……………………………327
- 価値権……………………………16,117
  - ──としての抵当権……………118

- 価値権説………………………118,155
- 価値代表物……………………………14
- 価値のなし崩し的実現……………158
- 価値変形物（代償物）…………14,69
- 価値枠………………………………366
- 割賦購入斡旋………………………406
- 割賦販売における信用供与………406
- 割賦販売法…………………………405
- 合併…………………………………274
- 株式の質入れ………………………110
- 仮差押解放金の取戻請求権………157
- 仮登記担保………………………308,397
  - ──契約…………………………313
  - ──における私的実行の流れ…403
  - ──の効力………………………400
  - ──の実行………………………318
  - ──の実行手続…………………401
  - ──の設定と公示………………317
  - ──の目的物の使用・収益関係…403
  - ──の目的物・被担保債権の範囲…317
  - ──目的物の第三取得者………323
- 仮登記担保権
  - ──と用益権……………………323
  - ──の後順位の担保権…………320
  - ──の消滅………………………325
  - ──の倒産手続との関係………324
- 仮登記担保権者……………………399
- 仮登記担保（権）設定者…………399
  - ──の受戻権…………………319,401
- 仮登記担保法………………………399
  - ──の概要………………………399
- 仮登録の順位保全効…………………314
- 代担保の供与…………………………28
- 換価権………………………………118
- 慣習上の担保物権…………………331
- 元本確定請求………………………275

元本確定前の根抵当権…………………270
元本の確定……………………………281
　　──事由………………………………282
管理占有………………………………196

き

機関保証…………………………………4
企業担保………………………………119
企業担保権……………………………296
　　──の効力…………………………296
　　──の実行…………………………297
　　──の設定…………………………296
期限の利益………………………151,225
　　──喪失約款………………………420
帰属清算………………………………315
帰属清算型
　　──の譲渡担保……………………356
　　── v. 処分清算型…………………353
記名株式………………………………105
記名社債………………………………105
求償権……………………………………6
共益費用…………………………………49
狭義の担保……………………………430
強制管理…………………………97,180
供託……………………………………107
供託金還付請求権……………………107
協調融資………………………………426
共同担保目録…………………………247
共同抵当………………………206,208,245
　　──と第三取得者…………………254
　　──と物上保証人…………………254
　　──の設定と公示…………………247
共同抵当の実行………………………247
共同根抵当………………………279,280
共有根抵当……………………………281
共有持分への抵当権設定……………128
極度額…………………………………263
　　──の定め…………………………269
　　──の変更…………………………276
　　──変更の付記登記………………276
近代的抵当権論………………………118
金融の三種の神器……………………397

け

形式的競売権………………………28,40
継続的取引関係………………………267
競売開始決定…………………………175
競売請求………………………………322
原始取得………………………………241

建設機械抵当…………………………119
建設機械抵当権………………………301
現地検分主義…………………………210
権利移転型担保………………………307
権利質……………………………80,100

こ

更改……………………………………272
広義の担保法…………………………430
工業労務者の賃金の先取特権…………58
航空機抵当…………………………119,300
公示の要請………………………………9
公示保全処分………………………117,176
後順位担保権者による競売請求……322
後順位抵当権の設定と第三取得者……260
工場供用物件…………………………140
工場供用物の搬出……………………146
工場財団抵当…………………………292
工場抵当権……………………………289
更生担保権……………………………172
　　──としての譲渡担保権…………333
コーポレート・ファイナンス………433
個別価値考慮説………………………208
雇用関係の先取特権………………44,50

さ

債権回収秩序……………………………17
債権回収の危殆化……………………152
債権質
　　──の効力…………………………106
　　──の実行…………………………107
　　──の設定…………………………101
　　──の設定と第三債務者の弁済制限…108
　　──の対抗要件……………………105
　　──の目的…………………………101
債権質権者の直接取立権……………107
債権者代位権の転用…………………192
債権者の清算義務……………………314
債権者の担保保存義務………………261
債権者平等の原則………………………2
債権譲渡
　　──の機能…………………………385
　　──の対抗要件………………106,338
　　──の対抗要件一元化……………395
債権的留置権……………………………28
債権と物権……………………………432
債権の掴取力………………………2,429
債権の譲渡担保………………………384
債権のペーパーレス化………………104

事項索引

債権の弁済期……………………36
債権の保全………………………5
債権発生の可能性・確実性………386
債権範囲基準の変更……………276
財産権の担保化…………………310
財団抵当…………………………119
財団抵当権………………………291
財団の一体性……………………293
財団の組成物……………………293
債務なき責任……………………122
債務引受……………………225,272
債務名義…………………………2
サイレント方式…………………394
詐害行為取消権…………………133
　――と否認権…………………369
詐害的短期賃貸借………………188
先取特権………………………18,44
　――の効力……………………62
　――の実行手続………………63
　――の順位……………………63
　――の消滅……………………76
　――の性質……………………45
　――の追及力…………………67
　――の物上代位………………62
先取特権者の配当要求…………64
差押えと相殺……………………161
指図債権…………………………104
　――への質権設定……………103
三面契約…………………………414

し

敷金………………………………432
　――との相殺…………………161
　――返還請求権を目的とする質権……102
事業収益資産……………………434
事業収益力………………………433
仕組み金融………………………385
自己借地権…………………203,204
自己地上権…………………203,204
事実上の動産抵当………………327
事前求償権………………………122
質入裏書…………………………104
質権………………………………19
　――侵害に対する救済…………89
　――に基づく物上代位…………87
　――の効力が及ぶ目的物の範囲……87
　――の即時取得…………………83
　――の歴史………………………79
質権者

　――による果実収取権…………88
　――による占有の継続…………85
　――の保管についての善管注意義務……88
　――の留置的効力………………81
質権設定者
　――と第三債務者との相殺……109
　――による質物の売却処分……87
　――による占有の継続と対抗…86
　――による代理占有の禁止……85
　――への拘束……………………108
質権設定通知………………………109
質物の留置…………………………88
質屋営業法…………………………79
執行異議の申立て…………………176
執行裁判所…………………………170
自動車抵当……………………119,299
指名債権……………………………105
借地権………………………………141
収益質………………………………80
収益執行手続の流れ………………182
収益執行と不動産競売……………181
収益執行の取消し…………………183
収益力………………………………6
集合債権譲渡担保の効力…………386
集合動産譲渡担保……………364,365
　――の効力………………………372
集合動産・流動動産譲渡担保目的物の範囲
　……………………………………371
集合物…………………………68,365
　――からの離脱…………………375
　――の個別内容構成物の固定化…371
集合物譲渡担保
　――の実行………………………382
　――の対抗要件…………………375
集合物論と分析論…………………367
従物……………………………133,135
　――の経済的効用………………138
修理代金債権………………………34
種苗又は肥料の供給の先取特権…57
純粋共同根抵当……………………280
証券化した動産の質入れ…………84
条件付担保権………………………428
証券抵当権……………………288,301
証券的債権の質権設定契約………103
証書への質入裏書…………………106
消除主義……………………………177
商事留置権…………………………25
承諾転質……………………………90
承諾転抵当…………………………234

譲渡禁止特約……………………101, 385
　──付き債権の担保化………………414
譲渡担保………………………………81, 309
　──と売渡担保…………………………328
　──と仮登記担保法の類推適用………355
　──と動産売買先取特権との関係……377
　──の意義………………………………327
　──の効力………………………………339
　──の実行と清算………………………350
　──の清算金額の確定時期……………356
　──の法的構成…………………………331
　──の目的………………………………335
　──目的物の対外的関係………………343
　──目的物の対内的利用関係…………342
　──目的物の第三者による侵害………349
譲渡担保権
　──消滅に伴う対抗問題………………363
　──に基づく競売申立ての可能性……351
　──に基づく物上代位権…………341, 379
　──の消滅原因…………………………362
　──の設定………………………………334
　──の即時取得…………………………345
　──の他の集合物譲渡担保権との関係
　　　………………………………………378
譲渡担保権者……………………………327
　──による追及力………………………373
　──の清算義務…………………………352
譲渡担保権設定者………………………327
　──の受戻権……………………………350
　──の受戻権の時効消滅………………360
　──の受戻権の放棄……………………358
　──の清算金支払請求権………………359
　──の担保目的物保存義務……………342
剰余主義…………………………………175
将来債権譲渡における債権の移転時期…391
将来債権の包括的譲渡担保……………386
将来の換価権(処分権) ……………………4
処分清算…………………………………315
庶民金融における動産質…………………81
所有権移転請求権保全の仮登記………313
所有権の構成…………………311, 332, 344
所有権留保………………………404, 406
　──の実行………………………………412
　──売買…………………………………405
　──特約…………………………………411
　──と転売授権…………………………411
所有者としての義務……………………409
シンジケート・ローン…………………426
信託受益権の階層化……………………427

新陳代謝する被担保債権………………263
人的抗弁……………………………………28
人的担保……………………………………3
信用金庫取引……………………………267

す

ストラクチャード・ファイナンス………385

せ

制限物権……………………………………4
製作物供給契約……………………………56
清算金支払請求権と留置権……………361
生産金融…………………………………119
責任財産……………………………………2
責任転質……………………………………90
　──の場合の原質権者の厳格責任……93
　──の法的性質…………………………91
責任転抵当………………………………234
絶対的・対世的効力………………………8
設定者留保権…………………………332, 333
全体価値考慮説…………………………208
船舶抵当……………………………119, 298
全部配当主義……………………………247
占有移転型担保……………………………10
占有移転型約定担保物権…………………78
占有改定…………………………327, 337
占有減価……………………………150, 188
占有屋……………………………………117

そ

総括抵当…………………………………209
総合口座貸付……………………………421
相殺………………………………………419
　──の担保的機能………………………419
　──への期待……………………………420
　──予約…………………………………420
造作買取請求に基づく代金債権と建物留置権
　　　…………………………………………35
葬式費用の先取特権…………………44, 51
相続・合併・会社分割…………………274
その物に関して生じた債権……………24
損害担保契約………………………………4
損害保険金請求権………………………163

た

代位………………………………155, 250
　──の仮登記……………………………251
　──弁済…………………………………271
代位権不行使特約………………………258

対価的牽連性……………………………405
代価弁済………………………………124, 226
第三債務者保護説………………………165
第三者異議の訴え……………132, 348, 407
第三者のためにする契約………………226
第三者弁済……………………………124, 224
対人的・相対的権利……………………433
代替物に対する物上代位………………156
滞納国税の法定納期限到来後の債権……391
代物弁済予約……………………307, 317
代理受領………………………………102, 414
　──によって得られる担保的期待利益
　　………………………………………416
　──の法的性質…………………………417
諾成的消費貸借……………………………11
宅建業法43条における所有権留保等の禁止
　………………………………………405
建付減価……………………………………219
建物明渡猶予………………………………199
建物買取請求に基づく代金債権と敷地留置権
　………………………………………35
建物抵当型の法定地上権…………………211
他人の物についての留置権の成立………32
短期賃貸借の保護…………………………186
担保価値維持請求権………………………196
担保価値の集積……………………………246
担保権信託…………………………………426
担保附社債…………………………………426
　──信託法………………………………426
　──制度…………………………………302
担保的期待利益……………………………414
担保的構成………………………311, 332, 344
担保としての性質決定……………………431
担保の管理権能………………………………11
担保の多様化………………………………424
担保物権
　──としての留置権……………………30
　──の意義…………………………………2
　──の権利取得的効力……………………9
　──の収益的効力………………………10
　──の随伴性……………………………13
　──の不可分性…………………………13
　──の物上代位性………………………154
担保不動産競売……………………………171
　──開始決定前の保全処分……………176
　──手続…………………………………174
　──担保不動産収益執行……96, 142, 171, 179, 180
　──制度…………………………………162
担保目的物

　──にかかる制限………………………144
　──の価値代償物………………………154
　──の価値変形物………………………154
　──の多様化……………………………424

ち

遅延損害金…………………………………131
知的財産権の担保化………………………100
重畳的（併存的）債務引受……………226
賃料債権……………………………………158
　──の帰属と相殺………………………143
賃料に対する物上代位と収益執行………181

つ

追及効…………………………………………8
追奪担保責任……………………………124, 224
通行地役権の承役地………………………144
通常の営業の範囲内………………………373
強い譲渡担保………………………………328
強い付合……………………………………134

て

停止条件型債権譲渡………………………390
停止条件付代物弁済契約…………………317
抵当権…………………………………………19
　──と質権との違い……………………116
　──と利用権……………………………185
　──に基づく妨害排除…………………190
　──に基づく妨害排除請求（権）
　　…………………………………117, 146, 149
　──に劣後する利用権…………………186
　──の一般的効力………………………120
　──の管理権能…………………………120
　──の公示……………………………116, 126
　──の効力の及ぶ目的物の範囲………132
　──の再利用……………………………234
　──の実行………………………………169
　──の実行方法…………………………170
　──の私的実行…………………………171
　──の順位確定の原則…………………128
　──の順位昇進の原則…………………128
　──の順位の譲渡………………………237
　──の順位の放棄………………………237
　──の譲渡………………………………237
　──の消滅………………………………240
　──の処分………………………………233
　──の第三者対抗要件…………………116
　──の対象目的物の特定………………126
　──の被担保債権………………………129

442　事項索引

──の被担保債権の範囲·················130
──の不可分性···························148
──の物上代位····························70
──の放棄·······························237
──の優先弁済的効力·····················169
抵当権者·······································114
──と他の債権者との優先関係···········170
──の同意による賃借権··················200
抵当権実行後の設定者自身の使用収益····204
抵当権消滅請求····················125, 227
──手続··························125, 230
──の請求権者·························229
抵当権侵害···································148
──に基づく損害賠償請求権···········151
抵当権設定契約·····························121
抵当権設定時の従物················135, 137
抵当権設定者································114
──の処分権能·························123
抵当権設定登記前からの利用権···········186
抵当権付不動産
──の時効取得·························242
──の譲渡担保·························336
抵当権登記の流用···························130
抵当権目的物の利用·························117
抵当直流·······································171
抵当建物の分割と複数建物の合体········246
抵当不動産上にある分離物················145
抵当不動産所有者からの相殺・免除·····166
抵当不動産に関する登記事項証明書·····231
抵当不動産に対する物理的侵害···········150
抵当目的物の時効取得と抵当権の消滅···241
抵当目的物の第三取得者·············123, 222
滌除制度·····························125, 228
鉄道財団·······································294
電子記録債権································269
転質···90
転質権
──設定契約····························91
──設定の対抗要件····················92
──の効力······························92
転譲渡担保権································345
転貸賃料債権································159
転貸賃料への物上代位····················159
転抵当································12, 233
──と順位の変更·······················277
転抵当権
──の付記登記·························235
──の実行······························236
天然果実·····································142

添付··134

と

登記事項証明書······················97, 175
登記留保·····································429
動産・債権譲渡特例法······105, 338, 382, 394
動産・債権担保融資························371
動産先取特権·································48
──と即時取得との関係···············55
──の成立······························52
──の内容······························54
動産質··80
動産質権·······································83
──における優先弁済権··············88
──の消滅······························93
──の被担保債権の範囲···············83
動産譲渡登記································338
動産抵当·····································298
動産の質権設定契約························84
動産売買の売掛代金債権··················405
動産売買の先取特権····················44, 56
──と譲渡担保··················68, 335
──の物上代位·························68
──の優先弁済権······················57
動産売買代金への物上代位················57
倒産法上の担保物権消滅請求············232
動産保存の先取特権························56
同時配当·····································249
同順位抵当権者への配当·················250
同時履行の抗弁権··················18, 24
登録株式質権者······························110
登録自動車の登録名義の書き換え·····410
特定性維持説································164
特定範囲責任財産上の包括担保········370
特別先取特権·································45
特別清算·····································172
特別法上の抵当権························287
特別法上の法定担保·························8
特別法による先取特権····················46
土地改良法に基づく補償金···············163
土地収用法に基づく補償金···············163
土地抵当型の法定地上権·················211
特権説·······································154

な

流質契約······································89
──の禁止························79, 89
流抵当·······································171

事項索引

に
- 二重競売開始決定……………………172
- 二重譲渡と留置権の成立………………33
- 二段階物権変動………………………333
- 日用品供給の先取特権…………………51

ね
- ネガティブ・クローズ………………429
- ネガティブ・プレッジ条項…………429
- 根仮登記担保…………………………404
- 根質………………………………………78
- 根譲渡担保……………………………364
- 根抵当……………………………12, 263
- 根抵当権…………………………………20
  - ――消滅請求権……………………284
  - ――の一部譲渡……………………278
  - ――の極度額減額請求権…………284
  - ――の譲渡…………………………278
  - ――の消滅…………………………286
  - ――の処分…………………………277
  - ――の分割譲渡……………………278
  - ――の優先弁済権の実現…………285
- 根不動産質権……………………………96

の
- 農業動産信用…………………………119
- 農業の労務従事者の先取特権…………57
- 農業用動産抵当権……………………299

は
- 売却基準価額…………………………176
- 売却許可決定…………………………177
- 背信的悪意者…………………………357
- 排他的直接請求権……………………432
- 売買代金債権…………………………156
- 売買予約………………………………317
- 破産……………………………………172
- 破産債権と先取特権……………………65

ひ
- 引換給付………………………………354
- 非正規担保……………………………424
  - ――の公示の不完全さ……………428
- 非占有移転型担保……………………115
- 被担保債権特定の原因………………268
- 非典型担保………………………6, 20, 306
  - ――の清算義務……………………311
- 費用償還請求権…………………………34

ふ
- ファイナンス・リース………………406
- 付加一体物……………………………133
  - ――についての対抗………………139
- 付加物…………………………………133
- 不完全な担保…………………………429
- 付合物……………………………133, 134
- 附従性……………………………………11
  - ――の緩和
- 物権的期待権…………………………407
- 物権的効力・対世効…………………433
- 物権的・債権的………………………431
- 物権法定主義……………………………9
- 物件明細書……………………………176
- 物上代位…………………………14, 155
  - ――と差押え……………………14, 69
  - ――と転付命令……………………168
  - ――における仮登記担保…………321
  - ――における差押えの第三者保護説……70
  - ――における差押えの特定性維持説……70
  - ――における差押えの優先権保全説……70
  - ――の対象債権の転付命令………167
  - ――の要件としての差押え………164
  - ――を認める理論的根拠…………154
- 物上代位権の効力保全…………………15
- 物上保証と保証の異同………………122
- 物上保証人………………………5, 83, 121
  - ――と後順位抵当権者……………256
  - ――と債権者………………………257
- 物的担保…………………………………4
  - ――の起源……………………………5
- 物的有限責任……………………………5
- 歩積預金………………………………421
- 不動産競売手続の流れ………………179
- 不動産競売申立書……………………175
- 不動産工事の先取特権………44, 59, 75
- 不動産先取特権…………………48, 58
  - ――の効力…………………………74
  - ――の内容…………………………59
- 不動産質………………………………80, 94
  - ――の実行方法……………………97
  - ――の存続期間……………………95
  - ――の対抗要件……………………95
- 不動産質権
  - ――の効力…………………………96
  - ――の他の担保権者との優劣関係……98
- 不動産質権者の被担保債権……………96
- 不動産収益執行申立書………………182

不動産長期金融·················114
不動産賃貸の先取特権···········44
不動産の構成部分···············134
不動産の従たる権利·············141
不動産売買の先取特権···········60
不動産保存の先取特権········59,75
不法行為に基づく損害賠償·······163
不法行為によって開始した占有と留置権···36
不法占有者····················117
振込指定·················102,417
プロジェクト・ファイナンス·····385

へ

併用賃借権···················188
別除権·······················172
別除権者·······················9
　　——v. 破産管財人············174

ほ

包括根抵当···················264
法定果実·····················142
法定担保物権···················6
法定地上権···················203
　　——の消滅·················219
　　——の登記·················218
法定地上権制度···············202
　　——の具体的適用···········205
法定賃借権···················203
法定無剰余措置···············228
保険金直接請求権·············432
保証委託取引·················267
保証金·······················161
保証債務······················3
保全処分による占有者排除·····189
本契約型債権譲渡担保·········389

ま

増担保請求···················151

み

未完成建物への抵当権設定·····128
未発生の将来債権·············386
民事再生·····················172
民事質························79
民事執行法上の法定地上権·····217
民事留置権····················25

む

無記名債権···················104

——への質権設定··············103

め

免責的債務引受···············226

も

モニタリング·················429

や

約定担保物権···················6

ゆ

優越的地位の濫用·············421
優先権保全説·················164
優先弁済的効力················9

よ

預金口座の担保化·············434
預金債権への質権設定·········102
預金担保貸付·················420
予約型集合債権譲渡担保·······389
予約完結の意思表示···········389
弱い譲渡担保·················328

り

履行拒絶権・引渡拒絶権········27
履行の引受··················224
利質·························80
留置権····················13,18
　　——と同時履行の抗弁権···26,29
　　——における物と債権の牽連性···34
　　——による不動産の執行妨害···39
　　——の意義··················24
　　——の効力·················38
　　——の消滅·················42
　　——の成立要件·············32
留置権者
　　——の果実収取権···········39
　　——の競売権···············40
留置の効力·················10,78
留置物
　　——の強制競売············38
　　——の使用承諾············38
　　——の占有喪失············42
　　——の保管················38
留置目的物の減少·············31
流通過程の所有権留保·········410
流動資産一体担保型融資·······434
流動動産譲渡担保··········364,365

——設定者による処分・分離物………373
　　——に基づく物上代位……………379
　　——の効力………………………378
　　——の固定化……………………381
留保買主の取戻権………………………407
留保買主の別除権………………………407
留保所有権による別除権………………408
立木抵当…………………………119, 288
流用登記…………………………………130
利用権・用益権……………………………16
両建預金…………………………………421
旅館宿泊の先取特権………………………44

　　　　　　　　る

累積根抵当………………………………280

　　　　　　　　れ

連帯債務……………………………………3

　　　　　　　　ろ

ローン提携販売…………………………406

　　　　　　　　わ

割合的な物上代位…………………………73
割り付け…………………………………249

　　　　　　　　A

ABL（Asset-Based Lending）………370, 434

判例索引

大審院

大判明30・12・8 民録3-11-36 …………… 330
大判明32・11・13民録5-10-44 …………… 123
大判明33・3・9 民録6-3-48 …………… 142
大判明34・10・25民録7-9-137 …………… 264
大判明34・11・1 民録7-10-10 …………… 123
大判明35・1・27民録8-1-72 …………… 264
大判明39・5・23民録12-880 …………… 136
大判明40・3・12民録13-265 …………… 163
大判明41・3・20民録14-313 …………… 171
大判明41・5・11民録14-677 ……… 204, 218
大判明45・7・8 民録18-691 …………… 328
大判大2・6・21民録19-481 …………… 142
大判大2・6・28民録19-573 …………… 128
大判大2・7・5 民録19-609 …………… 73
大判大3・7・4 民録20-587 …………… 55
大判大3・8・1 民集7-10-671 …………… 148
大判大3・11・2 民録20-865 ……… 330, 348
大判大4・6・30民録21-157 …………… 163
大判大4・7・1 民録21-1313 …………… 205
大判大4・9・15民録21-1469 …………… 131
大決大4・10・23民録21-1755 …………… 123
大決大4・11・2 民録21-1813 …………… 231
大判大5・3・11民録22-739 …………… 289
大判大5・5・31民録22-1083 …………… 146
大判大5・6・28民録22-1281 ……… 146, 163
大判大5・7・12民録22-1507 …………… 348
大判大5・12・25民録22-2509 ……… 85, 95
大判大6・1・22民録23-14 …………… 163
大判大6・1・27民録23-97 …………… 158
大判大6・2・9 民録23-244 …………… 60
大判大6・7・26民録23-1203 …………… 68
大決大6・10・22民録23-1410 …………… 252

大判大6・11・1 民録23-1715 …………… 226
大判大7・12・6 民録24-2302 …………… 205
大判大8・3・15民録25-473 …………… 136
大決大8・8・28民録25-1542 …………… 251
大判大9・5・5 民録26-1005 …………… 218
大判大9・9・25民録26-839 …………… 344
大判大9・12・3 民録26-1928 …………… 290
大判大10・5・9 民録27-899 …………… 226
大決大10・7・8 民録27-1313 …………… 137
大判大10・11・24民録27-2164 …………… 353
大判大10・12・23民録27-2175 …………… 36
大判大11・6・3 民集1-280 …………… 51
大判大11・11・24民集1-738 …………… 243
大判大12・4・7 民集2-209 ……… 15, 70, 163
大判大12・12・14民集2-676 …………… 214
大判大13・12・24民集3-555 …………… 328
大決大14・7・14刑集4-484 …………… 92
大判大14・7・18新聞2463-14 …………… 243
大判大15・3・18民集5-185 …………… 108
大判大15・3・25民集5-219 …………… 226
大判大15・4・8 民集5-575 …………… 251
大判大15・10・26民集5-741 …………… 173
大判昭4・1・30新聞2945-12 …………… 255
大判昭5・4・18民集9-358 …………… 231
大判昭5・12・18民集9-1147 …………… 137
大判昭6・3・23民集10-116 …………… 291
大判昭6・5・4 新聞3276-7 …………… 214
大判昭7・5・27民集11-1289 …………… 153
大判昭7・10・21民集11-2177 …………… 210
大判昭7・11・15民集11-2105 …………… 54
大判昭7・11・29民集11-2297 …………… 252
大判昭8・4・26民集12-767 ……… 328, 342
大判昭8・10・12民集12-2656 …………… 214
大判昭8・12・19民集12-2680 …………… 358
大判昭9・6・30民集13-1247 …………… 35
大判昭9・7・2 民集13-1489 …………… 137

判例索引

大判昭10・4・23民集14-601……………253
大判昭10・5・13民集14-876…………34,38
大決昭10・7・31民集14-1449…………229
大判昭10・8・10民集14-1549…………207
大判昭11・1・14民集15-89……………130
大判昭11・7・14民集15-1409…………252
大判昭11・12・9民集15-2172……256,259
大判昭11・12・15民集15-2211…………206
大判昭12・6・5民集16-760……………218
大判昭13・5・25民集17-1100……208,209
大判昭13・10・12民集17-2115…………346
大判昭14・4・28民集18-484…………32,34
大判昭14・7・26民集18-772……………211
大判昭14・8・24民集18-877………………35
大判昭14・12・19民集18-1583…………210
大判昭15・8・12民集19-1338…………242
大判昭15・11・26民集19-2100…………240
大判昭18・2・18民集22-91………………35
大判昭18・3・6民集22-147………………55

最高裁判所

最判昭29・1・14民集8-1-16………………35
最判昭29・12・23民集8-12-2235………216
最判昭30・3・4民集9-3-229………………38
最判昭30・6・2民集9-7-855……………337
最判昭32・12・27民集11-14-2524……290
最判昭33・3・13民集12-3-542……………25
最判昭33・5・9民集12-7-989…………129
最判昭34・9・3民集13-11-1357………344
最判昭35・12・15民集14-14-3060……342
最判昭36・2・10民集15-2-219……205,206
最判昭36・7・20民集15-7-1903………243
最判昭36・9・15民集15-8-2172………293
最判昭37・1・18民集16-1-36…………299
最判昭37・3・15裁判集民事59-243……115
最判昭37・6・22民集16-7-1389………128
最判昭38・5・31民集17-4-588…………404
最判昭39・12・23民集18-10-2217…110,420
最判昭40・5・4民集19-4-811…………141
最判昭40・10・7民集19-7-1705………102
最判昭41・1・21民集20-1-42…………215
最判昭41・3・3民集20-3-386……………37
最判昭41・4・28民集20-4-900……333,349
最判昭41・11・18民集20-9-1861………251
最判昭41・12・20民集20-10-2139……226
最判昭42・2・23金法472-35……………128
最判昭42・4・27判時492-55……………408

最判昭42・11・16民集21-9-2430……314,352
最判昭42・12・8民集21-10-2561………285
最判昭43・3・7民集22-3-509……………351
最判昭43・11・21民集22-12-2765………33
最判昭43・12・24民集22-13-3366……242
最判昭44・1・16民集23-1-18……………358
最判昭44・2・14民集23-2-357…………211
最判昭44・3・4民集23-3-561
　　　　　　　　　………102,415,416,417
最判昭44・3・28民集23-3-699
　　　　　　　　　…………136,137,139
最判昭44・4・18判時556-43……207,213,218
最判昭44・7・3民集23-8-1297
　　　　　　　　　………………252,255,259
最判昭44・7・4民集23-8-1347
　　　　　　　　　…………115,120,130
最判昭44・11・4民集23-11-1968………216
最判昭45・6・24民集24-6-587
　　　　　　　　　………110,415,419,420
最判昭45・7・16民集24-7-921…………206
最判昭45・7・16民集24-7-965……157,158
最判昭45・9・24民集24-10-1450………354
最判昭45・12・4民集24-13-1987………300
最判昭46・3・25民集25-2-208
　　　　　　　　　……339,352,353,354,361,363
最判昭46・3・30判時628-54……………186
最判昭46・5・20判時628-24……………320
最判昭46・7・16民集25-5-749……………36
最判昭46・10・21民集25-7-969…………52
最判昭46・12・21民集25-9-1610………216
最判昭47・4・7民集26-3-471…………216
最判昭47・9・7民集26-7-1314……………50
最判昭47・11・2判時690-42……………206
最判昭47・11・16民集26-9-1619…………30
最判昭48・9・18民集27-8-1066……210,213
最判昭48・10・5判時735-60………………37
最判昭48・12・14民集27-11-1586……241
最判昭49・3・7民集28-2-174…………389
最判昭49・7・18民集28-5-743…………407
最判昭49・10・23民集28-7-1473
　　　　　　　……313,314,322,356,357,362,397,402
最判昭50・2・28民集29-2-193…………410
最判昭50・7・25民集29-6-1147………331
最判昭51・6・17民集30-6-616……33,37,39
最判昭51・9・21判時833-69……………340
最判昭52・2・17民集31-1-67…………189
最判昭52・3・17民集31-2-308…………385
最判昭52・3・31金法835-33……………411
最判昭52・6・20民集31-4-449…………421

最判昭52・10・11民集31-6-785…………207
最判昭53・7・4民集32-5-785……256,258
最判昭53・9・29民集32-6-1210……211,213
最判昭53・12・15判時916-25……………386
最判昭54・2・15民集33-1-51
　　　　………………………68,335,368,371
最決昭55・7・15判時972-129…………408
最判昭56・7・14判時1018-77……………411
最判昭56・7・17民集35-5-950……………404
最判昭56・12・17民集35-9-1328……345,348
最判昭57・1・19判時1032-55………355,362
最判昭57・1・22民集36-1-92
　　　　………………344,351,356,360,401
最判昭57・3・12民集36-3-349
　　　　………………………………146,151,290
最判昭57・9・28判時1062-81………333,349
最判昭57・10・14判時1060-78…335,368,372
最判昭57・12・17判時1070-26……………411
最判昭58・2・24判時1078-76……………348
最判昭58・3・31民集37-2-152
　　　　…………………………34,319,361,362
最判昭58・4・14判時1131-81=金法1030号
　　　　43頁………………………………418
最判昭58・6・30民集37-5-835…………105
最判昭59・2・2民集38-3-431……57,70,168
最判昭60・5・23民集39-4-940…………257
最判昭60・7・19民集39-5-1326……15,57,70
最判昭61・4・11裁判集民事147-515
　　　　………………………………………355,362
最判昭61・4・11民集40-3-584……321,322
最判昭61・4・18裁判集民事147-575……255
最判昭61・7・15判時1209-23……………342
最判昭61・11・20判時1219-63……415,417
最判昭62・2・12民集41-1-67
　　　　………329,344,350,351,355,356,357
最判昭62・4・2判時1248-61…………15,165
最判昭62・4・24判時1243-24……………410
最判昭62・7・10金法1180-36…………33
最判昭62・7・9判時1256-15……………244
最判昭62・11・10民集41-8-1559
　　　　……………………68,335,368,375,376,377
最判昭62・11・12判時1261-71
　　　　…………………………………333,345,363
最判昭62・12・18民集41-8-1592…………286
最判昭63・1・26裁判集民事153-323……218
最判昭63・11・20判時1219-63……………102
最判平元・6・5民集43-6-355……………189
最判平元・10・27民集43-9-1070……158,180
最判平2・1・22民集44-1-314……211,212

最判平2・4・19判時1354-80…………136
最判平2・12・18民集44-9-1386………122
最判平3・3・22民集45-3-268……149,190
最判平3・3・22民集45-3-322……178,259
最判平3・4・19民集45-4-456…………319
最判平3・7・16民集45-6-1101……14,31
最判平3・9・3民集45-7-1121……261,262
最判平3・9・13判時1045-51……………193
最判平4・4・7金法1339-36……………207
最判平4・11・6民集46-8-2625……252,258
最判平5・1・19民集47-1-41…………267
最判平5・2・26民集47-2-1653……334,341
最判平5・3・30民集47-4-3300……………15
最判平5・12・17民集47-10-5508…………177
最判平6・1・25民集48-1-18………141,246
最判平6・2・22民集48-2-414……345,357
最判平6・3・25判時1501-107……………193
最判平6・4・7民集48-3-889……………217
最判平6・7・14民集48-5-1126……140,290
最判平6・9・8判時1511-71……………362
最判平6・12・20民集48-8-1470……216,217
最判平7・3・10判時1525-59……………240
最判平7・11・10民集49-9-2953
　　　　…………………………………229,334,336
最判平8・7・12民集50-7-1918…………338
最判平8・9・13民集50-8-2374…………193
最判平8・11・22民集50-10-2702……358,359
最判平9・1・20民集51-1-1……………280
最判平9・2・14民集51-2-375
　　　　…………………………………208,209,246
最判平9・2・25判時1606-44……………167
最判平9・4・11裁判1193-1……34,361,362
最判平9・6・5民集51-5-2053…………385
最判平9・6・5民集51-5-2096…………230
最判平9・6・5民集51-5-2116…………209
最判平9・7・3民集51-6-2500…………39
最判平10・1・30民集52-1-1
　　　　………………………………16,71,165,167
最判平10・2・10判時1628-3……………16
最判平10・2・13民集52-1-65……………145
最判平10・3・26民集52-2-483……16,71,167
最決平10・12・18民集52-9-2024…………73
最判平11・1・29民集53-1-151………386,387
最判平11・2・26判時1671-67……………361
最決平11・4・16民集53-4-740…………108
最決平11・5・17民集53-5-863
　　　　…………………………………340,367,379
最判平11・11・24民集53-8-1899
　　　　……………………117,149,194,197,375

判例索引　449

最判平11・11・30民集53-8-1965‥‥‥157,328
最決平12・4・7民集54-4-1355‥‥‥‥‥168
最決平12・4・14民集54-4-1552‥‥‥‥‥159
最判平12・4・21民集54-4-1562‥‥‥‥‥389
最判平13・3・13民集55-2-363
　‥‥‥‥‥‥‥‥‥‥‥‥‥‥144,161,166
最判平13・10・25民集55-6-975‥‥‥‥71,164
最判平13・11・22民集55-6-1056
　‥‥‥‥‥‥‥‥‥‥‥‥‥‥390,392,393
最判平13・11・27民集55-6-1090‥‥389,393
最判平14・3・12民集56-3-555‥‥‥‥16,168
最判平14・3・28民集56-3-689‥‥‥161,167
最判平14・9・12判時1801-72‥‥‥‥‥‥325
最判平14・10・22判時1804-34‥‥‥‥‥‥250
最判平15・3・27金法1702-72‥‥‥‥‥‥361
最判平15・12・19民集57-11-2292‥‥‥‥‥425
最判平16・7・16民集58-5-1744‥‥‥‥‥390
最判平17・2・22民集59-2-314‥‥57,71,167
最判平17・3・10民集59-2-356
　‥‥‥‥‥‥‥‥‥‥‥‥‥‥117,149,197
最判平18・2・7民集60-2-480‥‥‥329,334
最判平18・7・20民集60-6-2499‥‥‥329,333
　339,347,370,373,374,378,382
最判平18・10・20民集60-8-3098‥‥‥‥‥345
最判平18・12・21民集60-10-3964‥‥‥‥‥108
最判平19・2・15民集61-1-243‥‥‥‥‥‥391
最判平19・7・5判時1985-58‥‥‥‥‥‥267
最判平19・7・6民集61-5-1940‥‥‥‥‥212
最判平21・3・10民集63-3-385‥‥‥‥‥409
最判平21・3・27民集63-3-449‥‥‥‥‥385
最判平21・7・3民集63-6-1047‥‥144,161
最判平22・6・4民集64-4-1107‥‥‥‥‥407
最決平22・12・2民集64-8-1990=金判1356-
　10=金法1917-102‥‥‥‥‥‥‥341,379
最判平24・3・16民集66-5-2321‥‥‥‥‥242
最判平24・12・14判時2178-17‥‥‥‥‥‥273
最判平25・2・26民集67-2-297‥‥‥‥‥144

高等裁判所

東京高判昭24・7・14高裁民集2-2-124‥‥29
東京高判昭27・10・30下民集3-10-1511
　‥‥‥‥‥‥‥‥‥‥‥‥‥‥‥‥‥‥‥101
東京高判昭35・7・27東高時報11-7-218‥84
大阪高判昭43・3・22判時531-31‥‥‥‥101
東京高判昭53・12・26下民集29-9=12-397
　‥‥‥‥‥‥‥‥‥‥‥‥‥‥‥‥‥‥‥137
福岡高判昭59・6・11判時1137-80=判タ535
　-228‥‥‥‥‥‥‥‥‥‥‥‥‥‥‥‥418
東京高決昭59・10・3判時1134-85‥‥‥‥74
東京高判昭60・1・25高民集38-1-1‥‥‥142
高松高決平11・3・18判タ1011-174‥‥‥268
東京高判平16・7・21‥‥‥‥‥‥‥‥‥‥391
福岡高決平22・3・17金法1917-105‥‥‥380
東京高決平22・9・3金法1937-139‥‥‥199

地方裁判所

東京地判昭50・5・26判時799-66‥‥‥‥351
東京地判昭51・3・29判タ342-235‥‥‥351
東京地判昭53・1・27判時909-73‥‥‥‥405
東京地判平6・1・26判時1518-33‥‥‥‥102
東京地判平6・3・28判時1503-95
　‥‥‥‥‥‥‥‥‥‥‥‥‥‥‥‥‥370,374
東京地判平7・12・13判タ916-158‥‥‥‥417
東京地判平21・9・3判時2070-66‥‥‥‥388

その他

国税不服審判所裁決平22・4・13裁決事例集
　79-671‥‥‥‥‥‥‥‥‥‥‥‥‥‥‥‥393

河上　正二（かわかみ・しょうじ）
1953年　愛媛県生まれ
1975年　金沢大学法文学部卒業
1982年　東京大学大学院法学政治学研究科にて学位取得（法学博士）
　　　　千葉大学法経学部助教授、東北大学法学部助教授を経て、
1993年より、東北大学法学部・東北大学大学院法学研究科教授として民法講座を担当。
2008年より、東京大学法学部・大学院法学政治学研究科教授として民法講座を担当。現在に至る。
（2011年9月〜内閣府消費者委員会委員長）

主な著書
約款規制の法理（有斐閣、1988年）
民法トライアル教室（磯村保・鎌田薫・中舎寛樹と共著）（有斐閣、1999年）
歴史の中の民法──ローマ法との対話
　　　　　　　　　　　（訳著：オッコー・ベーレンツ著／日本評論社、2001年）
民法学入門──民法総則講義・序論（日本評論社、2004年、第2版、2009年）
民法総則講義（日本評論社、2007年）
物権法講義（日本評論社、2012年）
債権法講義（法学セミナー687号〜連載中）

担保物権法講義
たんぽぶっけんほうこうぎ

2015年7月20日　第1版第1刷発行

著　者────河上正二
発行者────串崎　浩
発行所────株式会社日本評論社
　　　　〒170-8474　東京都豊島区南大塚3-12-4
　　　　電話　　03-3987-8621（販売）　-8592（編集）
　　　　FAX　　03-3987-8590（販売）　-8596（編集）
　　　　振替　　00100-3-16
印　刷────精文堂印刷株式会社
製　本────牧製本印刷株式会社

Printed in Japan © Kawakami Shoji 2015　装幀／林　健造
ISBN 978-4-535-51980-0

JCOPY <（社）出版者著作権管理機構　委託出版物>
本書の無断複写は著作権法上での例外を除き禁じられています。複写される場合は、そのつど事前に、（社）出版者著作権管理機構（電話03-3513-6969、FAX 03-3513-6979、e-mail: info@jcopy.or.jp）の許諾を得てください。また、本書を代行業者等の第三者に依頼してスキャニング等の行為によりデジタル化することは、個人の家庭内の利用であっても、一切認められておりません。

民法学入門 [第2版] 増補版
——民法総則講義・序論

河上正二/著

民法のイメージを豊富に伝える良書であり、教科書・自習用に最適な入門書として高評を得ている本書第2版に最新の情報を増補。

■本体3,000円+税／ ISBN978-4-535-52048-6／A5判

民法総則講義

河上正二/著

民法総則のスタンダードな教科書。平易な文章で具体例を豊富にイメージできる。初学者から研究者まで満足できる本格的な体系書。

■本体3,900円+税／ ISBN978-4-535-51596-3／A5判

物権法講義

河上正二/著

■法セミ LAW CLASS シリーズ

『民法学入門』『民法総則講義』に続く、法学セミナー連載からの単行本。「人間や社会に対する深い洞察力」をコンセプトに、著者の体系を示す。

■本体3,300円+税／ ISBN978-4-535-51810-0／A5判

日本評論社　http://www.nippyo.co.jp/